»Die Strassen Wiens sind
mit Kultur gepflastert.
Die Strassen anderer Städte
mit Asphalt.«

Karl Kraus

Der Ring zu Beginn des Jahrhunderts,
ganz rechts die Staatsoper.

Das Riesenrad im Prater in den 30er Jahren, das später nicht zuletzt durch Carol Reeds Film *Der dritte Mann* (1949) weltweite Berühmtheit erlangte.

NARZ
GANG
eergass
nsels
STOCK
Dorotheer
NAN
dsch
M.Neu

Der Graben um 1900.
Im Vordergrund der Leopoldsbrunnen,
im Hintergrund die Pestsäule.

An diesem Reiseführer haben zahlreiche Landeskenner und Spezialisten mitgearbeitet.

Recherche und Text:
Natur: Philippe J. Dubois, mit Andreas Ranner und Pierre Crisol
Geschichte: Jean-Louis Poitevin, Jean-Claude Klotchkoff, François de Lannoy
Traditionen: Jean-François Frémont, Jean-Louis Poitevin
Architektur: Jean-Louis Gaillemin, Dominique Fernandes
Maler: Jean-Louis Gaillemin
Literatur: Jean-Louis Poitevin
Reiseteil: Jean-Claude Klotchkoff, Pierre de Lagarde, Jean-Louis Gaillemin
Prakt. Informationen: Laurence Lesage
Vor Ort: Catherine Polsterer

Zeichnungen:
Natur: Jean Chevallier, François Desbordes, Jean-Michel Kacédan, Alban Larousse, Catherine Lachaux, Claire Felloni, Pascal Robin, John Wilkinson
Architektur: Michel Simier, Maurice Pommier, Cent Alentar, Philippe Biard, Hugh Dixon, Michel Aubois, Frédéric Hillion
Reiseteil: Jean-Philippe Chabot, Jean-Marc Lanus, Vincent Brunot.
Prakt. Teil: Maurice Pommier
Kartographie : Vincent Brunot, Jean-Yves Duhoo, Caroline Picard
Infographik : Paul Coulbois, Cyrille Mallié

Fotografie:
Renata Holzbachovà, Kathrin Leithner, Philippe Bénet, Matthias Cremer.

Dank an: Richard Schmitz, Bürgermeister des I. Bezirks, und seine Frau Sonia Schmitz, Christian Brandstätter, Ferdinand Fellinger (Historisches Museum der Stadt Wien), Edwin Hofbauer (Österreichische Nationalbibliothek), Traudl und Eric Lessing, Andreas Ranner (Österreichische Gesellschaft für Vogelkunde).

DuMont Visuell Wien

Deutsche Textfassung: Jutta Westmeyer unter Mitarbeit von Beatrix Häusler, Viktoria Hausmann, Susanne Schleußer;
Für wissenschaftliche Beratung danken wir Fernando Pérez vom Zoologischen Institut an der Universität Köln (Natur).
Deutsche Literatur und Lesetips:
Beatrix Häusler
Übersetzung:
Anne Winterling, Karin Abramowsky, Annette Pundsack, Birgit Lamerz-Beckschäfer
Die Original-Ausgabe erschien im November 1993 unter dem Titel *Guides Gallimard Vienne*.

Die Deutsche Bibliothek – CIP-Einheitsaufnahme
Wien / [Dt. Textfassung: Jutta Westmeyer unter Mitarb. von Beatrix Häusler u.a.. Übers.: Anne Winterling ...].
- Köln : DuMont, 1993
(DuMont visuell)
Einheitssacht.: Guides Gallimard Vienne <dt.>
ISBN 3-7701-3217-3
NE: Westmeyer, Jutta [Bearb.]; Winterling, Anne [Übers.]; EST

ISBN : 3-7701-3302-1
Druck und buchbinderische Verarbeitung: Editoriale Libraria (Italien)
März 1994

DUMONT VISUELL

WIEN

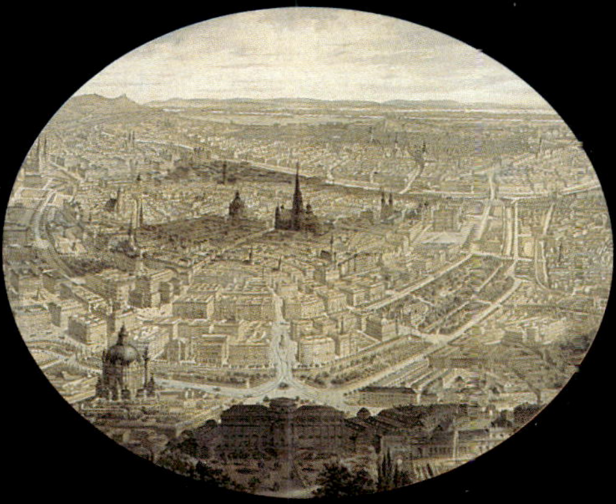

DUMONT BUCHVERLAG KÖLN

Inhalt
Wissenswertes auf einen Blick

Inhalt
Rundgänge und Ausflüge

Innere Stadt

Hofburg

Ring

Belvedere

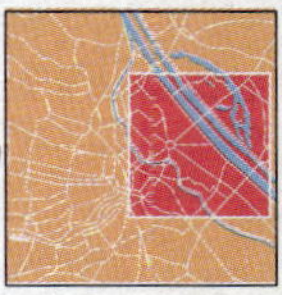
Prater

Schönbrunn

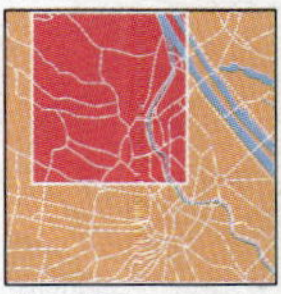
Der Wiener Norden

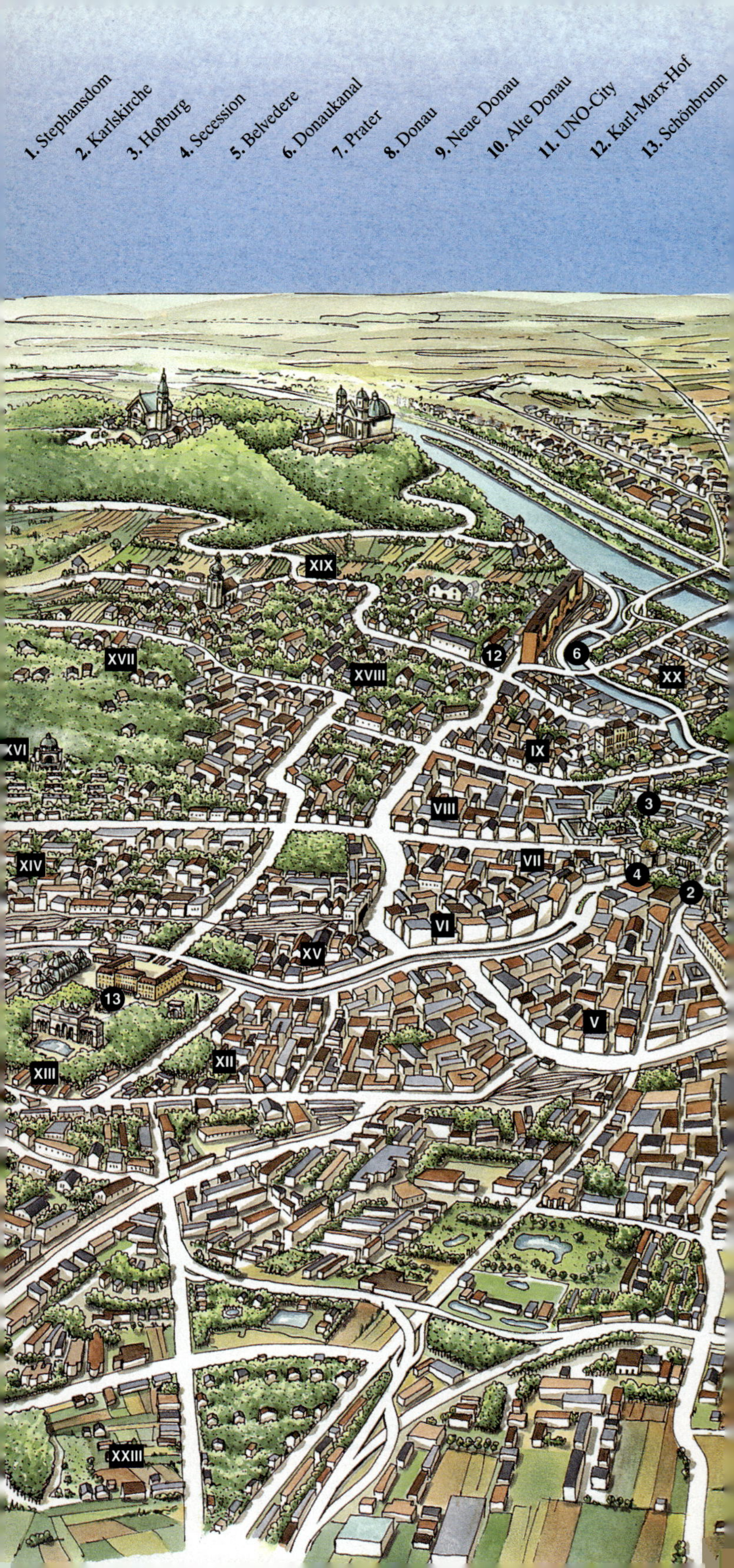
1. Stephansdom
2. Karlskirche
3. Hofburg
4. Secession
5. Belvedere
6. Donaukanal
7. Prater
8. Donau
9. Neue Donau
10. Alte Donau
11. UNO-City
12. Karl-Marx-Hof
13. Schönbrunn
XIX
XVII
XVIII
XX
XVI
IX
VIII
XIV
VII
VI
XV
V
XIII
XII
XXIII

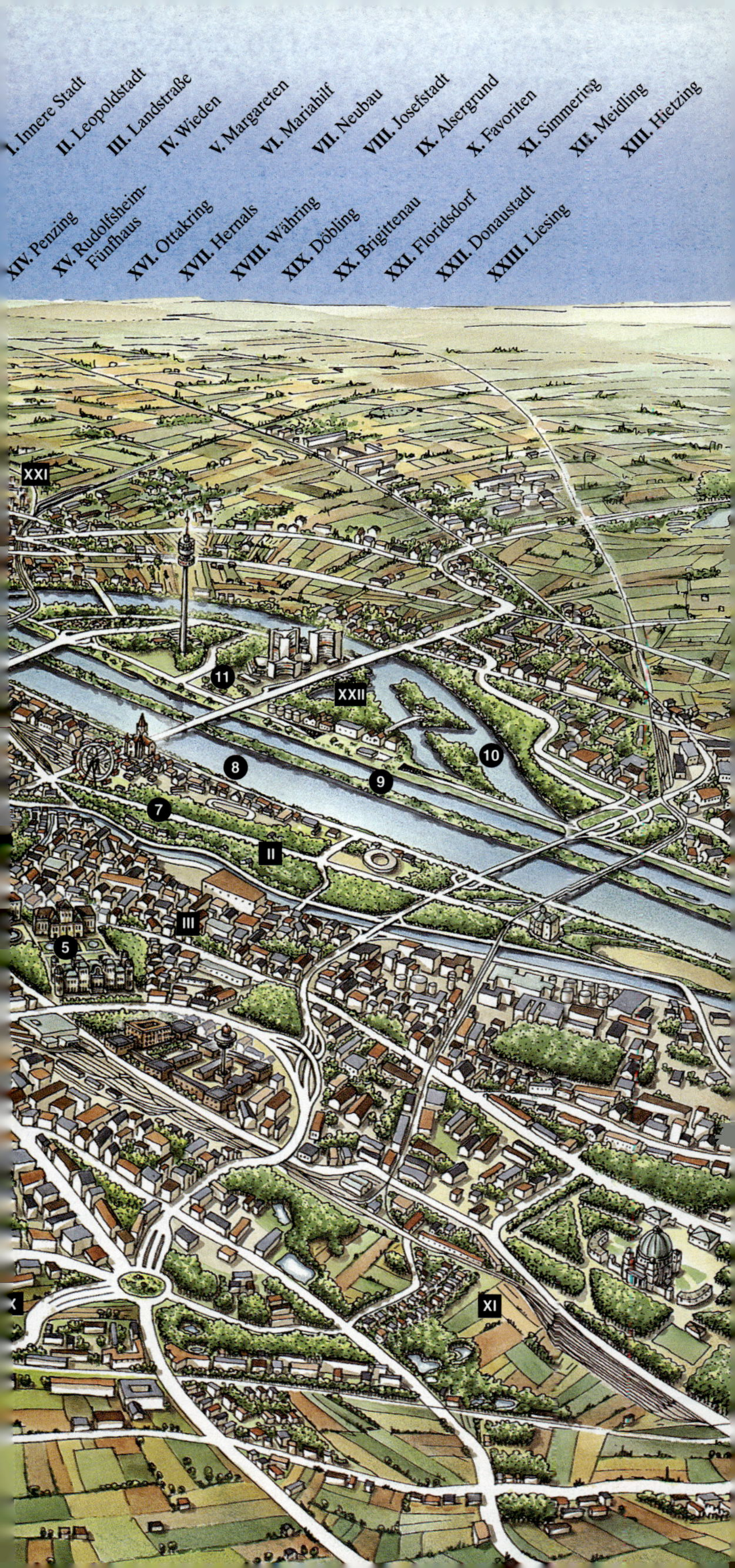
I. Innere Stadt
II. Leopoldstadt
III. Landstraße
IV. Wieden
V. Margareten
VI. Mariahilf
VII. Neubau
VIII. Josefstadt
IX. Alsergrund
X. Favoriten
XI. Simmering
XII. Meidling
XIII. Hietzing
XIV. Penzing
XV. Rudolfsheim-Fünfhaus
XVI. Ottakring
XVII. Hernals
XVIII. Währing
XIX. Döbling
XX. Brigittenau
XXI. Floridsdorf
XXII. Donaustadt
XXIII. Liesing
XXI
11
XXII
8
9
10
7
II
III
5
XI
X

Der weitläufige Park von Schloß Schönbrunn (▲ 284) bietet den Waldvögeln gute Lebensbedingungen.

Der Spaziergänger findet in Wien viele Grünanlagen – vom kleinen schattigen Plätzchen bis hin zum prachtvollen Park von Schloß Schönbrunn dienen diese Flächen auch zahlreichen Tieren als Unterschlupf. In den lichten Waldparks haben sich Vogelarten wie der Waldkauz, die Hohltaube und zahlreiche Unterarten der Spechte niedergelassen – sogar der sehr seltene Blutspecht, dessen Verbreitungsgebiet hier endet, ist in Wien vereinzelt zu sehen. In den großen Parks finden auch verschiedene Arten von Kleinsäugern wie Igel und Marder Lebensraum.

Der weitläufige Schloßpark von Schönbrunn weist eine Artenvielfalt auf, wie sie in Gartenanlagen Zentraleuropas heute eher selten zu finden ist.

Rabenkrähe und Nebelkrähe
Wien ist eines der mitteleuropäischen Gebiete, wo diese beiden Unterarten nebeneinander leben. Die Rabenkrähe scheint sich jedoch auf Kosten der Nebelkrähe nach Osten auszubreiten.

Spitzahorn
Der imposante Baum ist häufig in Parks zu finden.

Bergahorn
Der glatte Stamm kann eine Höhe von 35 m erreichen.

Gemeine Linde
Ein beliebter Straßenbaum im städtischen Raum.

Roßkastanie
In den Parkanlagen bilden jahrhundertealte Kastanienbäume eindrucksvolle Alleen.

Grünspecht
Diese Art kommt in ganz Europa vor.

Mittelspecht
Bevorzugt Eichen und ist auch mitten in der Stadt anzutreffen.

Buntspecht
Ist in allen Parks und größeren Gärten verbreitet.

Kleiber
Mit seinem klangvollen »tüit! tüit! tüit!« ist er leicht zu erkennen.

Amsel
Gut an den Lebensraum Stadt angepaßt, hackt auf den Rasenflächen nach Würmern.

Mönchgrasmücke
Ein Zugvogel, kehrt im April in die Parkanlagen Wiens zurück.

Eichhörnchen
Sehr zahlreich im Schönbrunner Park. Ist so zutraulich und neugierig, daß man sich ihm bis auf weniger als einen Meter nähern kann.

Der Wienerwald

Baummarder
Das flinke Tier jagt Nager und Vögel, verachtet aber auch Beeren und Wildfrüchte nicht.

Buche

Der Wienerwald erstreckt sich vor den Toren der Stadt auf den letzten Ausläufern der Alpen. Er ist ein typisches Beispiel für den mitteleuropäischen Wald mit vorherrschendem Buchenbestand. Auf eher trockenem Untergrund wachsen auch Stein - und Wintereichen, die zum Teil mehrere hundert Jahre alt sind. Die Hainbuche ist ebenso vertreten wie an einigen Stellen die Waldkiefer oder Föhre, die häufig neben den Eichen steht. Der üppige Wald bietet Hirschen, Damwild und Wildschweinen geschützte Reviere, oftmals in den früheren kaiserlichen Naturschutzgebieten. Typische Vogelarten sind Spechte und verschiedene Schnäpper.

Rothirsch
In abgelegenen Teilen des Waldes lebt eine größere Hirschwildpopulation.

Weibchen

Männchen

Halsbandschnäpper und Zwergschnäpper
Diese beiden Schnäpperarten sind charakteristisch für die großen Wälder Zentraleuropas. Im Wienerwald sind sie recht zahlreich vertreten. Im Frühling, ab Mitte Mai, findet man sie in Eichen- und Buchenhainen.

Waldlaubsänger
Der Vogel kommt in altem Hochwald häufig vor, wo sein in Kaskaden perlender Gesang zu hören ist.

Bären-Lauch
Im Mai bildet diese Pflanze einen großen Blütenteppich im Unterholz des Wienerwaldes.

Europäisches Wildschwein
Das Wildschwein ist sehr scheu und meidet Orte mit vielen Besuchern. Vor allem im Herbst kann man mit viel Glück kleinere Rotten auf den Feldern sehen.

Feuersalamander
Lebt an feuchten Plätzen des Unterholzes, wo er erst in der Abenddämmerung aktiv wird.

DIE DONAU

Einst hatte sich die Donau ein breites Flußtal mit vielen Seitenarmen und Inseln gegraben. In jedem Frühjahr bestand Hochwassergefahr – und das ist der Grund, warum die Wiener den Fluß bis heute genau beobachten.

Schon nach den großen Hochwasserkatastrophen von 1501 und 1787 versuchten die Wiener, die Donau zu regulieren, doch regelmäßig brach der Strom wieder aus seinem Bett aus. Im Laufe des 18. Jh. wurden auch mehrere kleine Flußarme trockengelegt. Am Ende des 19. und vor allem im 20. Jh. wurden Regulierungsarbeiten in großem Maßstab durchgeführt. 1972 konnten diese Arbeiten vorläufig beendet werden: Die Donau ist jetzt auf einer Länge von 21 km kanalisiert, in ihrer Mitte entstand eine künstliche Insel. Im Schatten der UNO-Gebäude hat sich dort inzwischen wieder eine reiche Vogelwelt entwickelt.

Kormoran
Ist in ganz Europa verbreitet. In Wien überwintert er in immer größerer Zahl an den Flußufern und kann sogar bis mitten in die Stadt vordringen.

Prachttaucher
Ebenso wie sein Verwandter, der Sterntaucher, verbringt er nur vereinzelt den Winter auf der Donau, während die meisten Exemplare dieser Art an arktischen Meeresküsten überwintern.

Obwohl sie so stark kanalisiert ist, zieht die Donau im Winter eine Vielzahl von Wasservögeln an, die hier größere Nahrungsvorräte finden.

Tafelente
Diese Entenart ist von November bis März an der Donau anzutreffen.

Karpfen
Lebt in den ruhigen Gewässer der Donau, wo er sich von Weichtieren, Würmern und Pflanzenresten ernährt.

Reiherente
Sie überwintert hier und taucht nach kleinen Muscheln, die es in den Gewässern der Stadt in großer Zahl gibt.

Katzenwels
Er stammt aus Nordamerika und hat sich auf Kosten anderer Fische ausgebreitet.

Wechselkröte
Man trifft sie selbst mitten im Zentrum von Wien.

Eisvogel
Nistete früher an den Steilufern der Donau. Seit der Kanalisation des Flusses ist er fast gänzlich verschwunden.

Lachmöwe
Ein sehr angepassungsfähiges Tier, das in Hafengebieten weit verbreitet ist.

Beutelmeise
Diese scheue Vogelart baut ihr Nest auf einem Weidenzweig in sorgfältig ausgeführter Kugelform.

Stromabwärts hinter Wien verzweigt sich die Donau in ein Netz natürlicher Wasserläufe und kleiner toter Flußarme. Dort gedeihen Weiden, Feldahorn und Ulmen. Manche Arme der Donau sind mit Röhricht zugewachsen. Diese stehenden Gewässer stellen für viele Fische ein günstiges Laichgebiet dar und bieten zahlreichen Tieren ein geschütztes Biotop.

Die Lobau ist ein Uferwald rings um die toten Arme der Donau. Die Feuchtgebiete sind untereinander verbunden und stehen auch noch mit dem Strom in Verbindung.

Biber
Der vom Aussterben bedrohte Nager wurde hier mit großem Erfolg (wie auch in anderen Gebieten Europas) wieder angesiedelt.

Gelbspötter
Sein unmelodischer Gesang schallt durch die großen Weidenwälder am Rande der toten Flußarme.

Schlagschwirl
Das Lied dieser in Osteuropa beheimateten Vogelart erinnert an das Geräusch einer alten Nähmaschine.

Rohrammer
Die Vögel leben in Feuchtgebieten und Röhrichten, wo sie am Boden nisten

Pirol
Sein »didelio« ist aus den höchsten Spitzen der Pappeln und Weiden zu hören.

Silberpappeln und Purpurweiden
sind die Hauptarten der Bäume an den Ufern der toten Flußarme.

Ringelnatter
Sie lebt an den Ufern und stellt kleinen Nagern, Fröschen und Molchen nach.

Graureiher
Dieser Schreitvogel jagt in den ruhigsten Gebieten der toten Arme nach Fischen und Amphibien.

Moorfrosch
Hält sich vorwiegend im Wald auf und kommt nur zu Frühlingsanfang zum Laichen ans Wasser.

Europäische Sumpfschildkröte
In der Lobau trifft man noch auf diese Wasserschildkröte, die woanders durch Verschmutzung und Austrocknung der Feuchtgebiete bedroht ist.

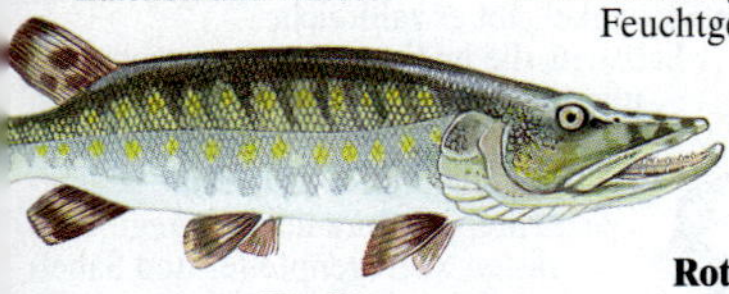

Hecht
Ein großer Räuber, der häufig in der Lobau vorkommt. Er laicht in den ruhigen Gewässern der toten Arme.

Rotauge. Der Fisch stellt keine hohen Ansprüche an die Wasserqualität. Er findet in der Lobau einen ausgezeichneten Lebensraum.

Neusiedler See und Seewinkel

60 km südöstlich von Wien liegen der Neusiedler See sowie die Teiche und Weiher von Seewinkel. Diese Region gehört zu den ursprünglichsten in Mitteleuropa, sie genießt aber auch einen internationalen Ruf als Fremdenverkehrsgebiet. Der Neusiedler See ist einer der größten Salzseen Europas. Bei einer durchschnittlichen Tiefe von einem Meter ist er mit weiten Schilfflächen umgeben, die eine beträchtliche Anzahl von Sumpfvögeln behergen. Im Seewinkel läuft die ungarische Steppe aus, die Puszta, die ebenfalls von Salzseen durchsetzt ist. Diese weiten Grasflächen werden heute auch für den Weinbau genutzt und drohen allmählich zu verschwinden.

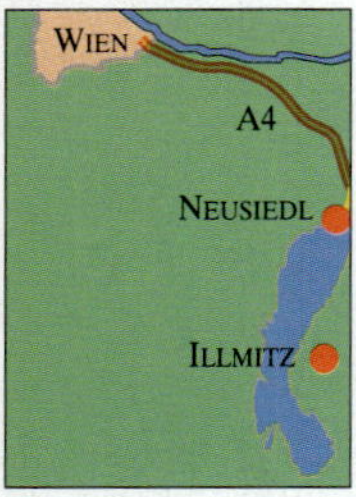

Von Wien aus braucht man eine Stunde auf der A 4, die zur ungarischen Grenze führt, um Neusiedl am See und Illmitz zu erreichen, die Zentren dieser Region.

Rohrdommel. Die einzigen österreichischen Exemplarer dieses Reihers leben in abgelegenen Röhrichtgebieten am Neusiedler See.

Seewinkel
Im Seewinkel gibt es zahlreiche Salzseen, die im Sommer oft austrocknen, und riesige Schilfflächen. Diese Region bietet den Zugvögeln außergewöhnlich gute Bedingungen, da sie eine beachtliche Steppenflora hervorbringt. Hier nisten Seeregenpfeifer und Säbelschnäbler, die eine salzhaltige Umgebung lieben, aber auch Kiebitze. Nebenstehend von links nach rechts: Seeregenpfeifer, der elegante Säbelschnäbler, Großreiher, Kiebitz.

Graugans
Sie nistet überall an den Seen von Seewinkel, wo im Frühling ganze Reihen junger Küken ihren Eltern folgen.

Drosselrohrsänger
der größte unter den Sumpfgrasmücken. Er singt gut sichtbar auf der Spitze eines Schilfrohres.

Äskulapnatter
Lebt vor allem auf den trockenen Anhöhen über dem See. Fühlt sie sich gestört, kann sie manchmal angreifen.

Grüner Laubfrosch
Mit Glück kann man diese kleinen Frösche am Seeufer beobachten. Sie sitzen gern in der Sonne und bekommen dann eine weiße Färbung.

Schilfrohrsänger
Kommt in den ausgedehnten Schilfflächen im Süden und Westen des Neusiedler Sees häufig vor. Manchmal hört man ihn auch nachts noch singen.

Die Schilfgebiete, in denen der Teilrohrsänger vorkommt, können zuweilen eine Breite von 6 km erreichen! Reiher, Löffler, Wasserrallen, Sumpfhühner und viele Singvögeln nisten hier. Auch mehrere hundert Paare der großen Silberreiher haben in diesen unzugänglichen Arealen Zuflucht gefunden.

Venus von Willendorf etwa 725-500 v. Chr. (Hallstattzeit).

Wien liegt am Schnittpunkt zweier alter Verkehrswege: Der eine führte parallel zur Donau durch Europa, der andere (die Bernsteinstraße) verband das Baltikum mit Italien. Von 500 bis 15 v. Chr. siedeln an dieser Stelle die Wenden, ein slawischer Stamm. Um 15 v. Chr. verschiebt das Römische Reich seine nördliche Grenze bis zur Donau.

VINDOBONA

15 v. Chr. erobern die Römer das Königreich Noricum, das südlich der Donau liegt, das römische Feldlager Vindobona wird gegründet. Um die Wende zum 2. Jh. n. Chr. ersetzen Steingebäude die älteren Holzbauten. Im ausgehenden 2. Jh. wird Vindobona während der Markomannenkriege zerstört. Nach der Rückeroberung erhält Vindobona das Stadtrecht und erlebt einen Aufschwung. Im 3. Jh. wird unter Kaiser Probus der Weinbau heimisch.

Herakles; Vase aus der Zeit vor dem 4. Jh.; Hoher Markt (rechts unten).

Die Völkerwanderung. 365 überqueren die Germanen die Donau. Vindobona wird erneut zerstört. Im 6. Jh. wird es von den Langobarden, später von den Awaren belagert und eingenommen. 795 besiegen der Markgraf Erich von Friaul und König Pippin von Italien, der Sohn Karls I., die Awaren. 881 nehmen die Mähren unter König Swatopluk (870-894) die Stadt ein, die nun den wahrscheinlich slawischen Namen Wenia trägt. Die Ungarn werden von Otto I. in der Schlacht auf dem Lechfeld (955) geschlagen. Dieser wird 962 in Rom vom Papst zum Kaiser gekrönt. Damit ist den deutschen Königen die römische Kaiserwürde vorbehalten. Otto II. erobert 974 die Bayrische Ostmark, in deren Gebiet Wien liegt, zurück.

DIE BABENBERGER

976 ernennt Otto II. den Babenberger Leopold zum Markgrafen und überträgt ihm die Ostmark. 996 taucht erstmals der Name *Ostarrichi* und 1030 der Name *Wien* auf. Wien ist jetzt nach Köln die wichtigste Stadt nördlich der Alpen. Die Babenberger dehnen ihr Einflußgebiet aus (1043 bis zur Leitha) und übernehmen um 1135 die Stadtherrschaft. Die erste romanische Kirche, St. Stephan, wird 1147 geweiht. Kaiser Friedrich Barbarossa verleiht Heinrich II. Jasomirgott den Titel eines Herzogs von Österreich, und dieser tauscht seine Residenz Leopoldsberg gegen Wien ›Am Hof‹ ein (1156). Ab 1160 kümmert er sich um den Wiederaufbau der durch einen Brand zerstörten Stephanskirche. 1192 wird der englische König Richard Löwenherz in Erdberg gefangengenommen; das Lösegeld für ihn dient zur Finanzierung des Baus der Wiener

Ab 1700 v. Chr.
Fertigkeiten der orientalischen Kulturen der Bronzezeit gelangen nach Europa.

5. Jh. v. Chr.
Die Boier, ein keltischer Stamm, siedeln auf dem Gebiet des heutigen Wien.

218 v. Chr.
Hannibal überquert mit einem riesigen Heer, das aus Soldaten zu Fuß, Reitern und Elefanten besteht, die Alpen.

395
Das Römische Reich spaltet sich in ein Ost- und ein Weströmisches auf.

5. Jh.
Das Weströmische Reich zerfällt.

800
Karl der Große wird Römischer Kaiser.

9./10. Jh.
Die Magyaren kämpfen mit wechselndem Erfolg um Wien.

962
Der deutsche König Otto I. wird in Rom zum Römischen Kaiser gekrönt.

1054
Die morgen- und abendländische Kirchen trennen sich.

1069-99
Der erste Kreuzzug findet statt.

»BELLA GERANT ALII, TU FELIX AUSTRIA NUBE.«
(»MÖGEN ANDERE KRIEGE FÜHREN, DU, GLÜCKLICHES ÖSTERREICH, HEIRATE.«)

MATTHIAS CORVINUS

Stadtmauer, die 1200 fertiggestellt wird. Rund um die Kärntner Straße, den Kohlmarkt und den Graben entstehen neue Gebäude. Leopold IV. verleiht Wien Stadt- und Handelsprivilegien (1221), unter anderem das Handelsmonopol mit Ungarn. Der letzte Herzog von Babenberg, Friedrich II. der Streitbare, fällt 1246 in der Schlacht gegen die Ungarn an der Leitha. Sowohl Ottokar II. von Böhmen als auch Bela IV. von Ungarn beanspruchen im Jahr 1256 den Thron; die Streitigkeiten führen zu einem 17jährigen Interregnum, während dessen der Thron des Heiligen Römischen Reiches Deutscher Nation unbesetzt bleibt.

1171-1187
Sultan Saladin bringt den Kreuzfahrern eine Reihe von Niederlagen bei.

1270
Siebter und letzter Kreuzzug, Tod Ludwig IX. vor Tunis.

WIEN – DIE RESIDENZSTADT

Die Habsburger. Das Interregnum ist 1273 zu Ende, als der Kompromißkandidat Rudolf I. von Habsburg (1218-1291), ein Parteigänger der Staufer, zum König gewählt wird. Rudolf erhebt Anspruch auf Österreich und fordert Ottokar II., der das Herzogtum Österreich in Besitz genommen hat, zum Verzicht auf. Dieser stirbt in der Schlacht auf dem Marchfeld im Jahr 1278, nachdem es Rudolf bereits zwei Jahre zuvor gelungen war, Wien zu erobern. 1282 übergibt Rudolf seinen Söhnen Albrecht I. und Rudolf II. Österreich und die Steiermark als Lehen. Die Wiener, die sich gegen Rudolf erheben, weil er ihre Privilegien beschneiden will, erhalten eine Stadtverfassung: Ein Bürgermeister verwaltet die Stadt. Die Habsburger vollenden den unter Ottokar begonnenen Schweizertrakt der Hofburg und treiben den Bau der Umgebung der Burg, des Herrenviertels voran. 1298 wird Albrecht I. zum deutschen König gewählt. Zwischen 1303 und 1340 nimmt die Habsburger Dynastie weitere Bauvorhaben in Angriff: der Chor von St. Stephan (1330-1339), die Augustinerkirche (ab 1330), Maria am Gestade und eine Erweiterung der Stephanskirche, der Südturm wird 1433 vollendet. Der Stifter, Rudolf IV., gründet 1365 eine Universität, die in Konkurrenz zur Prager Hochschule treten soll. 1437 wird Herzog Albrecht V. von Österreich (1404-1439) König von Böhmen und Ungarn und später unter dem Namen Albrecht II. Kaiser. Dieser Titel bleibt den Habsburgern – bis auf die Zeit zwischen 1742 und 1745 – bis 1806 erhalten. Als Folge von Unstimmigkeiten zwischen Friedrich III. (1443-1493) und dessen Bruder Albrecht belagern die Wiener den Herrscher und seine Familie zwei Monate lang in der Hofburg (1462), die damals noch eine Wehrburg ist. 1469 wird Wien Bischofssitz. 1485 nimmt Matthias Corvinus, König von Ungarn, die Stadt nach einer Belagerung von vier Monaten ein und stirbt fünf Jahre später in der Hofburg. Erzherzog Maximilian, der ›letzte Ritter‹, erobert Wien zurück. Er herrscht als Kaiser Maximilian I. (1493-1519). Sein Sohn Philipp heiratet 1496 Johanna von Kastilien, die Tochter der Katholischen Könige und Erbin von Kastilien und Aragon. 1515 schließen der Enkel und die Enkelin Maximilians I. die Ehe mit den Kindern von Wladislaw, dem König von Ungarn und Böhmen, in der Stephanskirche. Mit dieser Doppelhochzeit entstehen der spanische und der österreichische Zweig der Dynastie. 1522 setzt Karl V. seinen Bruder Ferdinand als

Rudolf II. (1552-1612).

1378
Abendländisches Schisma.

1440
Gutenberg erfindet den Buchdruck.

1453
Die Osmanen erobern Konstantinopel.

Maximilian I. (1459-1519), Porträt von Dürer.

Karl V. (1519-1556) und Ferdinand I. (1503-1564).

1517
Luther leitet die Reformation ein.

1520-1566
Herrschaft Süleymans I., Blütezeit des Osmanischen Reiches.

Prinz Eugen (1663-1736).

1535
Calvin publiziert sein Hauptwerk, die Institutio religionis Christianae.

1545-1563
Beginn der Gegenreformation.

Maximilian II. (1527-1576) mit Familie.

1555
Mit dem Augsburger Religionsfrieden werden die konfessionellen Kämpfe beigelegt.

1571
Die abendländische Flotte unter Don Juan d'Austria siegt bei Lepanto über die Türken.

1689-1725
Peter der Große begründet Rußlands Aufstieg zur Weltmacht.

Regenten von Österreich ein. Als der König von Böhmen, der Jagellone Ludwig II., in der Schlacht von Mohàcs gegen die Türken 1526 fällt, wird sein Schwager, Erzherzog Ferdinand, zu seinem Nachfolger gewählt. Ferdinand I. (1503-1564) schafft die Sonderrechte Wiens ab und läßt den Bürgermeister Martin Siebenbürger sowie andere Gegner der kaiserlichen Macht hinrichten. 1529 zerstört ein Brand Wien zur Hälfte. Im selben Jahr wählt Ferdinand I. Wien zur Residenzstadt und macht es 1533 zum Verwaltungszentrum seines Reiches, das das Elsaß, Süddeutschland, Österreich, Ungarn und Böhmen umfaßt.

Die Türken. 1529 steht Sultan Süleyman I. vor den Toren Wiens, aber der Widerstand durch die Truppen des Grafen von Salm und die sintflutartigen Regenfälle erlösen die Stadt von dieser ersten Belagerung. Ferdinand I., der seit 1531 deutscher König ist, wird 1558 der Nachfolger Kaiser Karls V. Der Ausbau der Wiener Verteidigungsanlage (1560) verschlingt einen großen Teil der Finanzen, daher gibt es in Wien so wenige Renaissance-Gebäude. Kaiser Maximilian II. bekennt sich zum Protestantismus, und nach 1570 haben fast 80 Prozent der Wiener Bevölkerung den neuen Glauben angenommen. Maximilian gründet 1572 die Spanische Hofreitschule. Sein Nachfolger Rudolf II. (1576-1612) verläßt Wien und wählt das weniger von Konfessionsstreitigkeiten geprägte Prag zur Residenzstadt (1582).

Der Sieg der Gegenreformation. In der ersten Hälfte des 17. Jh. kommen nach einem Aufruf des Kardinals Khlesl zahlreiche katholische Orden nach Wien, um dem Protestantismus Einhalt zu gebieten: Die Karmeliter und der Orden der Barmherzigen Brüder lassen sich in der Leopoldstadt nieder, die Paulaner auf der Wieden und der Servitenorden in der Rossau, die Augustiner errichteten die Rochuskirche in der Vorstadt Landstraße. Die erste Wiener Barock-Blüte, die durch italienische Baumeister und Künstler eingeleitet wird, geht auf die Zeit der Gegenreformation zurück: so die Franziskaner-, Dominikaner-, Kapuziner- und Jesuitenkirche; am Schottenkloster wird die Fassade barock gestaltet. Das Bild Jacob Hoefnagels, das Wien 1609 aus der Vogelperspektive darstellt, wird als letztes Bild der gotischen Stadt angesehen. Ferdinand II. (1619-1637) ist ein unerbittlicher Gegner des Protestantismus. Den Juden weist er 1625 die Leopoldstadt als Getto zu, aus dem sie knapp ein halbes Jahrhundert später wieder vertrieben werden. Von 1618 bis 1648 wird der Dreißigjährige Krieg ausgetragen. 1619 stehen aufständische Böhmen vor Wien. Ein Jahr später gewinnen die Habsburger die Schlacht am Weißen Berg bei Prag. Mit der Vertreibung der Protestanten aus Böhmen und Mähren hat die Gegenreformation gesiegt. Von 1642 bis 1645 steht zwar ein schwedisches Heer vor Wien, zieht aber kampflos wieder ab. Im Westfälischen Frieden, der den Dreißigjährigen Krieg beendet, wird auch ein Religionsfriede geschlossen. Die Macht des deutschen Kaisers, die nur in den kaiserlichen Erblanden und der Oberpfalz unangefochten ist, wird geschwächt. Das Recht der Territorialherren, die Landeskonfession zu bestimmen, wird eingeschränkt. 1679 wütet in

Wien die Pest, und vier Jahre später belagern die Türken unter Großwesir Kara Mustafa zum zweiten Mal die Stadt. Die unter dem polnischen König Johann III. Sobieski vereinigten Heere können die Belagerung der Stadt beenden. Karl von Lothringen und Max Emmanuel von Bayern gelingt es, Ungarn von den Türken zurückzuerobern. Der Feldzug endet mit dem Frieden von Karlowitz (1699). Die Habsburger herrschen nun über Ungarn, Siebenbürgen und Teile Slawoniens und Kroatiens.

Wien, die Kulturmetropole. Unter Leopold I. (1659-1705) wird Wien zum europäischen Musik- und Theaterzentrum. Vom Ende des 17. bis zur Mitte des 18. Jh. herrscht noch immer der Barock, und seine Meister sind Johann Bernhard Fischer von Erlach (Karlskirche) und Johann Lukas von Hildebrandt (Belvedere). Während der Spanische Erbfolgekrieg (1701-1714) tobt, legt man um die neuen Vorstädte herum Befestigungsanlagen an, um sich gegen die aufständischen Ungarn zu schützen. Unter Karl VI. (1711-1740) und seiner Tochter Maria Theresia (1740-1785) entwickelt sich Wien zur Kunstmetropole; die Porzellanmanufaktur im Augarten wird 1718 eröffnet. Während der Regierungszeit von Maria Theresia wächst die Bevölkerung von 88000 auf 175000 Einwohner an. 1740 beginnen die Kriege gegen Friedrich den Großen; sie werden Europa 20 Jahre lang in Atem halten. Zwei Jahre später geht die Kaiserkrone nach Bayern, bis Franz von Lothringen, seit 1736 mit Maria Theresia verheiratet, zum Kaiser Franz I. gewählt wird (1745). In dieser Zeit wird Schloß Schönbrunn fertiggestellt. Österreich verbündet sich mit seinem ehemaligen Feind Frankreich, was mit der Heirat von Marie Antoinette und dem zukünftigen König von Frankreich, Ludwig XVI., besiegelt wird. Joseph II. zentralisiert das österreichische Reich. Wichtige Reformen sind das Toleranzpatent und die Abschaffung der Leibeigenschaft(1781) sowie die Auflösung zahlreicher Klöster.

Karlskirche; links: Leopold I. (1640-1705); oben: Schlacht bei Wagram (1809).

1762-1796
Katharina II. von Rußland.

1773
Der 1534 gegründete Jesuitenorden wird aufgelöst.

1783
In Versailles wird die Unabhängigkeit der Vereinigten Staaten festgeschrieben.

1789
George Washington wird erster Präsident der Vereinigten Staaten.

1804
Die Serben lehnen sich gegen die türkischen Besatzer auf.

1805
Schlacht bei Trafalgar.

1809
Napoleon besetzt den Kirchenstaat.

1825
Erste Eisenbahn in England.

Die Einwohner von Wien versorgen verletzte Franzosen (Stich, 19. Jh.).

Franz I. (1768-1835)

DER WEG ZUR DOPPELMONARCHIE

Der Prinz von Metternich-Winneburg (1773-1859); rechts: Wiener Kaffehaus-Szene.

1871
Wilhelm I. von Preußen wird in Versailles zum Deutschen Kaiser ausgerufen, die kleindeutsche Lösung der Reichsbildung ohne Österreich hat sich durchgesetzt.

Franz Joseph (1830-1916).

Nach dem siegreichen Italienfeldzug von 1797 wendet sich Napoleon gegen Wien, wird aber durch Friedensverhandlungen gestoppt. Österreich muß Mailand und Mantua sowie die niederländischen Besitzungen (Belgien) abtreten. Auf Druck Napoleons verzichtet Franz II. (1792-1835) auf die römisch-deutsche Kaiserwürde. 1805/1806 ist Wien von den Franzosen besetzt. Das Heilige Römische Reich Deutscher Nation wird 1806 aufgelöst; Franz II. wird Kaiser Franz I. von Österreich. Nach dem Sieg in der Schlacht von Wagram (1809) besetzen die Franzosen Wien erneut. 1810 heiratet Napoleon die Erzherzogin Marie Louise. Die wirtschaftlichen Schwierigkeiten durch die Kontinentalsperre sind enorm. Nachdem Napoleon in der Völkerschlacht bei Leipzig besiegt worden ist, muß er seine eroberten Gebiete in Deutschland abtreten (1814), und die Österreicher besetzen Paris. Im Ersten Frieden von Paris wird Napoleon auf die Insel Elba verbannt. Auf dem Wiener Kongreß schließen Österreich, Preußen und Rußland die Heilige Allianz.

Die Biedermeierzeit. Die Zeit zwischen 1815 und 1848 (Metternich ist Staatskanzler) ist ein weiteres Goldenes Zeitalter für Wien. Während der Industrialisierung setzt sich im kulturellen Leben die Beschaulichkeit der Restaurationszeit durch. In Literatur und bildender Kunst entwickeln sich unterschiedliche Stilrichtungen. Die Wehranlagen, die die Franzosen 1809 zerstört haben, werden in Parks (Volksgarten und Burggarten) umgestaltet. 1817 wird die Stadtmauer zur öffentlichen Promenade. Die ersten neoklassizistischen Gebäude entstehen. Die Biedermeierzeit findet am 13. März 1848 ein abruptes Ende, als die Revolutionswelle, die ganz Europa erfaßt hat, auch auf Wien übergreift. Der Aufstand wird durch das Eingreifen des Fürsten Windischgrätz, dessen Truppen die Stadt beschießen, niedergeworfen. Der Bruder von Franz I., Ferdinand I. (1835-1848), dankt zugunsten seines Neffen Franz Joseph I. ab. Der sich bis 1850 hinziehende Aufstand in Ungarn wird mit Hilfe russischer Truppen niedergeschlagen, Ungarn bleibt ein Unruheherd.

Die Regierungszeit von Franz Joseph I. (1848-1916). Bis zur Reichsgründung kämpft Österreich mit wechselndem Erfolg gegen Preußen um die Vormacht im Deutschen Bund. Im Italienischen Krieg muß es nach den Niederlagen bei Magenta und Solferino (1859) die Lombardei an Italien abtreten. Durch die Niederlage von Sadowa (Königgrätz, 1866) im Deutschen Krieg verliert Österreich Venetien und tritt aus dem Deutschen Bund aus, der von nun an von Preußen geführt wird. Damit ist der Kampf um die Vorrangstellung mit Preußen entschieden. 1867 kommt es zum Ausgleich im Habsburger Reich: Ungarn wird selbstständig, ist aber mit Österreich in Personalunion verbunden (Doppelmonarchie). 1850 werden die Außenbezirke bis zum Gürtel (acht Bezirke und 431000 Einwohner) nach Wien eingemeindet. 1857 ordnet der Kaiser die Schleifung der Be-

»DIE ARMEE HITLERS ÜBERSCHREITET WAHRSCHEINLICH EBEN IN DIESEM AUGENBLICK DIE GRENZE, IN DIESEM AUGENBLICK STRÖMEN IN WIEN DIE NAZIS AUF DIE STRASSE, SIE HABEN SICH VOR DEM BUNDESKANZLER-PALAIS VERSAMMELT.«

MANÈS SPERBER

festigungsanlagen an, damit kann der Ring bebaut werden. Nach einer Überschwemmung (1862) wird der Bau des Donaukanals in Angriff genommen und 1875 fertiggestellt. Prachtbauten wie die Hofoper entstehen, sie wird 1869 mit Mozarts *Don Giovanni* eingeweiht. Die Weltausstellung (1873) ist ein Erfolg, auch wenn sie von einem Börsenkrach und einer Choleraepedemie begleitet wird. Zwischen 1894 und 1900 entsteht die Wiener Untergrundbahn. 1891 bis 1904 werden insgesamt vier Bezirke in die Stadt eingemeindet.

Revolutionsszene aus dem Jahr 1848.

WIEN – HAUPTSTADT VON ÖSTERREICH

1910 ist Wien (2 Mio. Einwohner) nach London, Paris und Berlin die viertgrößte Stadt Europas, ein Anziehungspunkt für die verschiedenen Nationalitäten des Kaiserreichs. 1914 wird der österreichische Thronfolger Franz Ferdinand in Sarajewo ermordet. Österreich erklärt Serbien den Krieg, und der Konflikt weitet sich auf ganz Europa aus. Der Neffe Franz Josephs, Karl I., folgt 1916 seinem Onkel auf den Thron. Separate Friedensbemühungen bei den Alliierten scheitern im Jahr 1917. Nach dem Krieg betreiben die Alliierten die Zerschlagung des Habsburger Reichs. Der Friedensvertrag von St. Germain verweigert Österreich das Selbstbestimmungsrecht und untersagt den Anschluß an das Deutsche Reich. Wien ist von nun an die überdimensionierte Hauptstadt einer 84 000 km² großen Republik mit sechs Millionen Einwohnern – gegenüber 700 000 km² und 52 Millionen Einwohnern zu Zeiten der k.u.k.-Monarchie. Bis 1934 hat Wien eine sozialistische Verwaltung, die mit der allgemeinen Wirtschaftskrise und bürgerkriegsähnlichen Zuständen in Wien zu kämpfen hat. 1927 und 1934 finden blutige Straßenkämpfe zwischen Sozialisten und ihren Gegnern auf konservativer und zunehmend auch faschistischer Seite statt. Nach 1934 gibt Bundeskanzler Dollfuß dem österreichischen Staat eine ständestaatlich-autoritäre Verfassung, 1938 wird der bejubelte ›Anschluß‹ Österreichs an das Deutsche Reich verkündet. Sieben Jahre später marschieren die Sowjets in die von Bomben zerstörte Stadt ein. Nach dem Zweiten Weltkrieg wird Österreich in vier Besatzungszonen unterteilt. Wien, das in der sowjetische Zone liegt, wird in vier Sektoren eingeteilt. Durch den österreichischen Staatsvertrag von 1955, an dessen Zustandekommen der spätere Bundeskanzler Bruno Kreisky maßgeblich beteiligt war, verpflichtet sich Österreich zu militärischer Neutralität und erlangt seine Souveränität zurück. Die österreichische Hauptstadt wird nach Genf und New York die dritte UNO-Stadt, Sitz der Atomenergiebehörde und Tagungsort verschiedener Abrüstungskonferenzen. 1986 wird der UNO-Generalsekretär Kurt Waldheim österreichischer Bundespräsident, wegen der Proteste gegen seine Nazi-Vergangenheit kandidiert er jedoch kein zweites Mal (1991).

1933
Hitler wird Reichskanzler.

1936
Gründung der Achse Berlin – Rom.

1945
Konferenz von Jalta, Hiroshima wird durch eine Atombombe zerstört.

1956
Aufstand in Ungarn.

1968
Prager Frühling.

1989
Öffnung des Eisernen Vorhangs.

1990
Krieg in Jugoslawien.

Kurt von Schuschnigg (1897-1977), Bundeskanzler nach Dollfuß.

Wiener vor einem zerstörten Kino 1940.

1991
Auflösung der UdSSR.

1993
Beitrittsgesuch Österreichs an die EG.

● Die Türken vor den Toren Wiens

Der polnische König Johann III. Sobieski (● *31*) befreit das belagerte Wien.

Nachdem Sultan Süleyman I. die Ungarn in der Schlacht von Mohàcs besiegt (1526) und Budapest erobert hat, zieht er 1529 mit einer gewaltigen Armee vor die Mauern Wiens. Aber die Truppen des Grafen von Salm und ein frühzeitiger Winter erlösen die westliche Bastion des Reichs von der ersten Türkenbelagerung. Nach diesem Angriff bauen die Wiener einen mächtigen Befestigungsring rund um die Stadt. 1682 schickt Sultan Mehmet IV. erneut eine Armee von 200000 Mann gegen Wien, die kaiserliche Familie ergreift die Flucht. Die zweite Belagerung beginnt am 14. Juli 1683. Doch der Graf von Starhemberg informiert die polnischen Truppen, die ihm am Kahlenberg zu Hilfe eilen.

Süleyman I. (1494-1566)
Als nach einmonatiger Belagerung ein kalter Winterregen einsetzt, bricht Süleyman I. (● *30*) den Kampf ab. Die Türken konzentrieren sich nun auf die Eroberung von Asien und Nordafrika. Gegen Ende seiner Herrschaft hat der Sultan, der in Europa den Beinamen »der Prächtige« trägt, nahezu die gesamte islamische Welt unter Kontrolle.

Kara Mustafa (1634-1683)
Mustafa »der Schwarze«, Großwesir und Hauptbefehlshaber der türkischen Truppen (● *31*), erleidet mit der Belagerung Wiens eine solche Niederlage, daß ihn Sultan Mehmet IV. am 25. Dezember 1683 in Belgrad hinrichten läßt.

Rückzug der Türken.
Um den unerwarteten Sieg vor Wien auszunutzen, beauftragt Leopold I. den Herzog Karl von Lothringen mit einem Feldzug gegen die Türken.

Karl von Lothringen erobert ganz Ungarn zurück und dringt 1688 bis Belgrad vor. 1697 schlägt Prinz Eugen von Savoyen (▲ *247*) die Osmanen in Zenta. 1699 wird der Friede von Karlowitz geschlossen, nach dem die Türken aus Ungarn abziehen. Bei seinem zweiten Feldzug erringt Prinz Eugen in Belgrad den endgültigen Sieg (1717).

Die Armee von Kara Mustafa belagert Wien
Die osmanischen Truppen hatten mit ihrer gefürchteten Artillerie schon zahlreiche befestigte Städte belagert und erobert. Ihre Niederlage vor Wien leitete dann aber den Niedergang des Reichs ein. Aus den Kanonen, die von den Türken erbeutet wurden, goß man später die Glocke des Stephansdoms, die Pummerin (▲ *134*). Unten eine Parade der Janitscharen, der gefürchteten Elitetruppe des Sultans.

Das Lustschloß Schönbrunn(▲ *274)*
In diesem von Maria Theresia gestalteten Rokoko-Ambiente pflegte das Kaiserpaar sein Familienleben inmitten seiner 16 Kinder.

Da Karl VI. von Habsburg keinen männlichen Thronfolger hat, tritt die 1713 erlassene Pragmatische Sanktion in Kraft, ein habsburgisches Hausgesetz, das die Unteilbarkeit des Territoriums festschreibt und die Erbfolge zugunsten der oder des Erstgeborenen festlegt. Karl VI. wirbt bei den europäischen Königshäusern für seine Sache. Gegen große territoriale und finanzielle Opfer des Kaisers sind diese schließlich bereit, Maria Theresia als Thronfolgerin anzuerkennen. Aber als der Kaiser 1740 stirbt, wendet sich das Blatt, und der Österreichische Erbfolgekrieg (1740-1748) beginnt. Die 23jährige Regentin verteidigt ihre Interessen gegen europäische Mächte und vor allem gegen Friedrich II. von Preußen, dessen Einmarsch in Schlesien weltweite Auseinandersetzungen hervorruft.

Maria Theresia (1717-1780) 1741 wird Maria Theresia (▲ *260, 280)* Königin von Ungarn. 1745 läßt sie ihren Gemahl Franz von Lothringen zum Kaiser wählen. Der Vertrag von Aachen (1748) bringt schließlich den Frieden, und die Kaiserin widmet sich einer Reihe von Reformen. Sie beschneidet die Privilegien des Adels und macht Wien zur Hauptstadt eines zentralistisch regierten Staates. Im Theresianum (▲ *244)* läßt sie Beamte ausbilden, sie baut den Verwaltungsapparat aus. Die Rechtspflege, das Schul- und Armenwesen werden reformiert und Manufakturen gegründet.

Franz I. (1708-1765)
Maria Theresias Gatte war nicht eben ein begabter Staatsmann. Er zog es vor, sich seiner naturwissenschaftlichen Sammlung zu widmen.

Joseph II. und Katharina II.
Nach dem Tod seines Vaters wird Erzherzog Joseph (▲ *291*) an der Seite seiner Mutter Maria Theresia zum Mitregenten der habsburgischen Erblande. Als die Kaiserin 1780 stirbt, folgt er ihr auf den Thron. Er treibt die Zentralisierung des Staates voran, baut den Verwaltungsapparat und das öffentliche Ordnungswesen aus und fördert die Künste und die Wirtschaft.

Joseph II. (1741-1790)
Der Josephinismus (▲ *291*) beschneidet die Macht der katholischen Kirche in den habsburgischen Erblanden durch die Aufhebung zahlreicher Klöster und die Einziehung der Kirchengüter. Allen Konfessionen wird die Religionsausübung (Toleranzpatent, 1781) zugestanden.

Der Siebenjährige Krieg
1756 will Österreich Schlesien von den Preußen zurückerobern und beginnt einen Krieg (▲ *260*), der auf ganz Europa übergreift. Den diplomatischen Schachzügen des Staatskanzlers Kaunitz ist es zu verdanken, daß die alten Bündnisse hinfällig werden: Österreich verbündet sich mit seinem traditionellen Feind Frankreich, nachdem sich der ehemalige Verbündete Großbritannien mit Preußen zusammengetan hat. Außerdem wird Österreich von Schweden, einigen deutschen Fürsten und Rußland unterstützt. Preußen erleidet 1759 bei Kunersdorf eine schwere Niederlage. Der Friedensvertrag von Paris (1763) bringt dem ausgebluteten Europa endlich den Frieden.

Kaiser Joseph II. pflügt in dem mährischen Dorf Slavikowitz einen Acker.

Das Ende des Heiligen Römischen Reiches Deutscher Nation

Ball im Redoutensaal.

Erzherzog Karl (▲ *261*), Sieger über Napoleon bei Aspern (1809).

1792 beginnen die Kriege gegen das revolutionäre Frankreich. Fünf Jahre später rückt der in Italien siegreiche Napoleon bis nach Leoben vor. Die Friedensverträge von Campo Formio (1797) und Lunéville (1801) besiegeln die Niederlage der Habsburger. Die Koalitionskriege führen zu Gebietsverlusten Österreichs; die Bildung des Rheinbundes sowie später der Frieden von Preßburg (1805) bedeuten den Untergang des Heiligen Römischen Reiches Deutscher Nation. 1806 verzichtet Franz II. auf die römisch-deutsche Kaiserwürde, bereits 1804 hatte er als Franz I. den Titel Kaiser von Österreich angenommen.

Der Wiener Kongreß (1814/15), aus dem die Heilige Allianz zwischen Öster-

Die Rückkehr des Kaisers
Auf diesem Fresko im Kunsthistorischen Museum (▲ *208*) ist die Rückkehr von Franz I. (1809) nach der Belagerung Wiens durch Napoleon dargestellt. Franz I. hatte sich am Bündnis gegen Frankreich beteiligt. Aber seine Politik sollte erst 1813 Früchte tragen, nach dem Sieg über Napoleon bei Leipzig und der Vertreibung der Franzosen aus Deutschland (● *32*).

»Der Kongreß tanzt.«
Zum Ball im Redoutensaal kamen statt 3000 Personen 6000. Denn nachdem die Gäste ihre Einladungen am Eingang abgegeben hatten, verkauften die Portiers die Karten nochmals. 1500 vergoldete Löffel, die für diesen Anlaß hergestellt worden waren, verschwanden.

Talleyrand (1754-1838)
Der französische Außenminister Talleyrand (▲ *147*) bemüht sich, die Forderungen der Verbündeten zu begrenzen. Aber die Rückkehr Napoleons im März 1815 macht all seine Bemühungen zunichte.

reich, Rußland und Preußen hervorgeht, kann Napoleon zunächst nicht stoppen. Dies geschieht erst am 18. Juni 1815 durch die Schlacht bei Waterloo.

Zar Alexander I. (▲ *180*) brüstet sich damit, auf dem Kongreß 40 Nächte durchtanzt zu haben.

Die Revolution von 1848

Karikatur von Metternich, die ihn auf der Flucht vor der Revolution zeigt.

Die Zeit vor der 1848er Revolution, der Vormärz, ist für Wien eine Epoche des Wohlstandes und der kulturellen Blüte, die ihren Niederschlag in zahlreichen Prachtbauten findet. Der vordergründige Glanz wird bei näherer Betrachtung der politischen und sozialen Zustände jedoch fleckig. Vormärz und Biedermeier-Zeit finden am 13. März 1848 ihr Ende. Vor dem Landhaus (dem niederösterreichischen Reichstag) demonstriert an diesem Tag eine Menschenmenge und fordert Reformen. Die kaiserlichen Truppen eröffnen das Feuer, es gibt Tote. Die Folge ist ein Massenaufstand, der im Lauf des Jahres immer wieder aufflammt. Die Nationalitäten, die unter der österreichischen Krone vereint sind, verstärken ihre Autonomiebestrebungen.

Die Wiener plündern das Arsenal und ermorden den Kriegsminister, den Grafen Latour (links). Fürst von Metternich, von 1815 bis 1848 Staatskanzler, ergreift die Flucht.

Exekution des Abgeordneten Robert Blum (9. November 1848), der am Oktoberaufstand teilgenommen hatte.

Die Universitätsgarde
Die Unruhen gehen von der Universität aus, wo auch Kämpfe stattfinden. Studenten bilden eine bewaffnete Truppe.

Barrikaden in Wien.

Ferdinand I. (1793-1875) Der Sohn von Franz I., Ferdinand I. (1835-1848), der den Beinamen »der Gütige« erhält, wird von Fürst Schwarzenberg gezwungen, zugunsten seines Neffen Franz Joseph abzudanken.

Franz Joseph (1830-1916; ▲ *144, 179)* Er besteigt 1848 den Thron und regiert bis 1916 also 68 Jahre. In diese Zeit fällt eine rege Bautätigkeit, da die Schleifung der Wälle das Ringstraßen-Projekt ermöglichen.

Windischgrätz tritt die revolutionäre Fahne mit Füßen. Als Fürst Windischgrätz in Wien einmarschiert, ruft er das Kriegsrecht aus und läßt die Führer des Aufstandes hinrichten. Fürst Schwarzenberg bildet eine neue Regierung, die die kaiserliche Autorität wiederherstellen soll. Die Wiener ergeben sich erst am 31. Oktober nach einem blutigen Kampf und nach dem Beschuß Wiens durch die Truppen von Windischgrätz. 1849 wird die Revolution in Ungarn von russischen und österreichischen Truppen niedergewalzt.

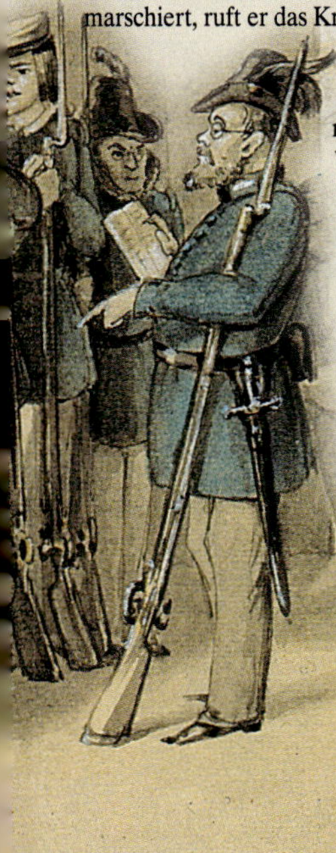

Der Schilling
Die 1942 eingeführte Währung wurde nach dem Krieg wieder aufgenommen.

Mit dem Fall der Habsburger (1918) endet das Kaiserreich, die Republik wird ausgerufen. Die 20er Jahre sind von einer schweren Wirtschaftskrise geprägt. Die Sozialisten, im restlichen Österreich in der Minderheit, beherrschen das politische Leben Wiens. Bei den Wahlen im Jahr 1930 verzeichnet die nationalsozialistische Partei Erfolge. Bundeskanzler Dollfuß, ein konservativer Gegner Hitlers, wird 1934 ermordet. 1938 überschreiten deutsche Truppen die österreichische Grenze, und Hitler verkündet nach einem triumphalen Einzug in Wien den Anschluß Österreichs. Österreich ist Deutschlands Verbündeter im Zweiten Weltkrieg. 1945 greifen die Sowjets die in Wien verschanzten Deutschen an und bombardieren die Stadt. Zehn Jahre lang lebt Österreich unter den Besatzungsmächten, Wien ist viergeteilt.

»Der dritte Mann«
Dieser Film von Carol Reed (▲ *192, 267)* mit Orson Welles aus dem Jahr 1949 steht ebenso wie seine Musik für das zerstörte Wien.

Ab 1944 verschärft sich die Lage Wiens. Neben den Bombenangriffen der Alliierten hat Wien mit Versorgungsproblemen zu kämpfen; der Schwarzmarkt entwickelt sich rasant. Im August 1944 werden Theater und öffentliche Veranstaltungsorte geschlossen, die Arbeitswoche zählt 60 Stunden. Durch Erlaß Hitlers müssen sich im Oktober 1944 alle Männer zwischen 16 und 60 Jahren zum Volkssturm melden, um die Wehrmacht zu unterstützen. Gleichzeitig wird Wien Zufluchtsort für Deserteure und Gegner des Naziregimes. Schließlich beteiligen sich österreichische Widerstandskämpfer an der Befreiung der Stadt.

Die Pummerin wird wieder aufgehängt
Der Stephansdom (▲ *132)* wird nach und nach renoviert und ab 1948 wieder genutzt. Ende der 50er Jahre wird der Südturm aufgebaut. Die neu gegossene Pummerin (● *35*, ▲ *134)* wird im Nordturm aufgehängt, der stark in Mitleidenschaft gezogene Südturm kann das Gewicht nicht mehr tragen.

Tod und Zerstörung
Die Bombardements haben 12000 Menschen getötet und 20 Prozent der Wohnhäuser zerstört. 270000 Wiener sind obdachlos. 1945 ist die Sterblichkeitsrate in Wien die höchste Europas.

Vier in einem Jeep
Die Soldaten der vier Besatzungsmächte (Amerikaner, Engländer, Franzosen und Russen) fahren gemeisam in einem Jeep Patrouille. Ein Film hat sie unsterblich gemacht.

Der zerstörte Dom
Das gesamte Dach ist eingestürzt, die Türme sind den Flammen zum Opfer gefallen.

Plakat für eine Ausschreibung
Zehn Jahre dauert die Restaurierung des Stephansdoms, der 1945 zerstört wurde. Die Oper (▲ *223)* wird 1955 wiedereröffnet, einige Monate nach der Unterzeichnung des Staatsvertrages, durch den Österreich seine volle Souveränität zurückerlangt.

Die Köchinn, der Vullnermeister und der croatische Leinwandhändler in Wien), Aquarell von Georg Emanuel Opiz, aus der Folge *Szenen aus dem Volks- und Straßenleben des Francisceischen Wien* (um 1810).

Ein Norddeutscher, der zum ersten Mal nach Wien kommt, geht davon aus, daß man auch hier seine Sprache, nämlich das Deutsche spricht. Doch kaum ist er angekommen, ist er zutiefst überrascht. Wohl hört er ›seine‹ Sprache, doch sie ist seltsam verwandelt. Die Konsonanten verschwimmen, die Vokale beginnen zu singen und zu pfeifen, so als sei die Sprache plötzlich fröhlich und ein wenig verrückt, angesäuselt und zugleich samtweich geworden. In dieser unerwarteten Melodie wird der Norddeutsche dennoch so etwas wie Verrat, ein Attentat auf die reine und wahre deutsche Sprache vermuten. Kleine Anweichungen und leichte Unterschiede haben zwar keinen Einfluß auf die Sprache an sich, zeigen aber, daß man es mit Dialekten zu tun hat. Erst

Drei Juden im Gespräch

»Freilich sind es die Slowenen, die polnischen und ruthenischen Galizianer, die Kaftanjuden aus Boryslaw, die Pferdehändler aus der Bacska, die Moslems aus Sarajevo, die Maronibrater aus Mostar, die Gott erhalte singen. Aber die deutschen Studenten aus Brünn und Eger, die Zahnärzte, Apotheker, Friseurgehilfen, Kunst-Photographen aus Linz, Graz, Knittelfeld, die Kröpfe aus den Alpentälern, sie alle singen die Wacht am Rhein. Österreich wird an dieser Nibelungentreue zu Grunde gehen, meine Herren.«

Joseph Roth, *Die Kapuzinergruft*

Ein Fuhrmann in der Unterhaltung mit Donauschiffern, Aquarell von Georg Emanuel Opiz.

nachdem Luther die Bibel ins Deutsche übersetzt hatte, und sie durch die Erfindung des Buchdrucks Verbreitung fand, entstand eine allgemein verbindliche Hochsprache. Die Sprechweisen im Norden sind regionale Einfärbungen der Hochsprache, der südliche Teil, Bayern und die verschiedenen Gebiete des heutigen Österreichs haben ihre Andersartigkeit und Besonderheit im Vergleich stärker bewahrt. Sprache kann Vehikel und Ausdruck eines Lebensgefühls sein. Die Wiener könnte man als die Südländer des deutschen Sprachraums bezeichnen.

Die Wurzeln des Wienerischen

In Wien, der kaiserlichen Hauptstadt, wurden alle Sprachen des Vielvölkerreiches gesprochen, und das Wienerische verdankt einige seiner Besonderheiten diesen vielfältigen Einflüssen. Auch am Hofe war es durchaus üblich, Wienerisch zu sprechen. Die Stadtviertel waren nicht nur sozial geschichtet, sondern die jeweiligen Nationalitäten bevorzugten bestimmte Viertel. Mindestens zwei Drittel der Wiener sind nicht deutschsprachiger Herkunft. Nach der Türkenbelagerung blieben einige Türken in Wien hängen, Slawen und Ungarn ließen sich nieder. Wien ist immer noch ein Anziehungspunkt für Slowenen, Kroaten oder Tschechen. All diese unterschiedlichen Volksgruppen haben den Wiener Dialekt geformt. Es ist eine detektivische Aufgabe herauszubekommen, was sich hinter bestimmten Wörtern oder Ausdrücken des Wienerischen verbirgt. Vor allem in der Küche haben die verschiedenen Nationalitäten ihre Spuren hinterlassen. So stammt das ›Risipisi‹, eine Mischung aus Reis und Erbsen, als Gericht und als Benennung aus dem Italienischen. Aus Böhmen kommen die leckeren süßen Mehlspeisen wie die ›Powidldatschgerln‹ (mit Zwetschgenmus gefülltes Gebäck) und die ›Golatschen‹ (süß gefüllter Blätterteig). An der Bezeichnung ›Gulyás‹ für das uns geläufige Gulasch läßt sich dessen ungarische Herkunft ablesen.Der Name der köstlichen Wiener Pfannkuchen, der ›Palatschinken‹, kommt ebenfalls aus dem Ungarischen, und die Ungarn hatten ihn von den Rumänen, die ihrerseits das lateinische Wort für Kuchen, *placenta*, leicht verändert haben. Die Bezeichnung ›Kukuruz‹ für Mais stammt vom Balkan, sie ist serbokroatisch beeinflußt. Die Aprikose nennt man in Wien ›Marille‹, ein Wort, das über das Italienische aus dem Lateinischen kommt. Schließlich das Wort Tomate, das aus dem Indischen über das Französische in die deutsche Sprache gelangte. In Wien heißen die Tomaten ›Paradeiser‹, denn die neue Frucht wurde mit dem Goldapfel aus dem Paradies verglichen und darum im Italienischen *pomodoro* genannt, während sich im Österreichischen ihr vermeintlicher Herkunftsort in der Benennung niederschlägt. Bei den aus dem Französischen stammenden Worten gibt es direkte Ableitungen, die leicht als solche erkennbar sind. So werden beim Kartenspiel viele französische Ausdrücke benutzt wie etwa ›coupiern‹ für stechen (frz. *couper*), aber auch *coeur*, *trèfle*, *carreau* und *pique* (Herz, Kreuz, Karo, Pik), die in der französischen Origi-

»Er begann zu raten, wer sie eigentlich sein könnte; eine Wienerin keineswegs. O nein. Und als sie lächelte –: vie leicht eine Reichsdeutsche? sie spräche so gebildet. Ah, eine gebürtige Italienerin sei sie! Ja, gewiß. Die dunklen Haare, der glühende, verheissungsvolle Blick; eine Italienerin, gewiß! – Fast erschrocken sah sie zu ihm auf. Er lachte. Nun jedenfalls stamme sie aus dem Süden, ihre Eltern, ihre Ahnen jedenfalls, daß sie selbst eine Wienerin sei, das höre man ja ganz genau, trotzdem sie so wenig rede – und eigentlich hochdeutsch.«

Arthur Schnitzler, *Therese*

Die Kleine Post

»Mirkwirdik san die Menschen!«

Karl Kraus

Nach dem Ende der Zweiten Türkenbelagerung im Jahr 1683 wurde Wien zu einer glanzvollen Metropole im barocken Stil wieder aufgebaut. Adel und gehobenes Bürgertum gewannen an Einfluß und wirtschaftlicher Macht und beteiligten sich neben dem Kaiserhaus aktiv am städtischen Musikleben. In Wien arbeiteten zahlreiche bedeutende europäische Komponisten. Vor allem Mozart, Haydn und Beethoven schufen einen Musikstil, der sich durch die Übereinstimmung von Form und Inhalt, Ausgewogenheit, Einheitlichkeit und Einfachheit auszeichnet.

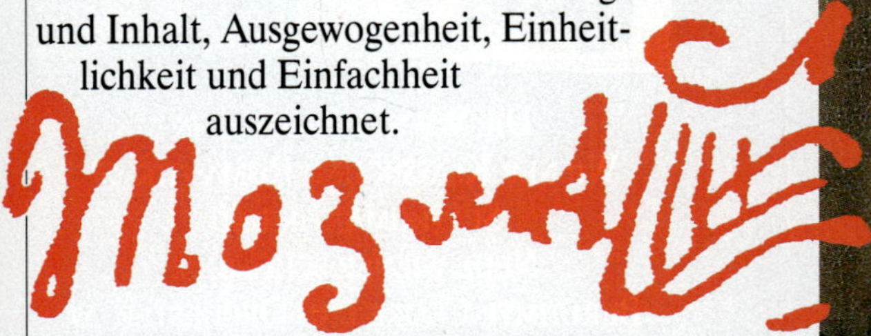

Wolfgang Amadeus Mozart (1756-1791; ● *106,* ▲ *147)* konnte eher Noten als Buchstaben schreiben und gastierte bereits als Kind mit Vater und Schwester an europäischen Fürstenhöfen. 1762 trat er im Schloß Schönbrunn (▲ *281)* auf. 1767/69 entstanden seine erste Opera buffa (*La finta semplice*) und sein erstes Singspiel (*Bastien und Bastienne*). Bei einem dritten Wien-Aufenthalt hörte er 1773 die Quartette von Haydn und schrieb unter ihrem Eindruck selbst sechs Quartette, die seine Loslösung vom italienischen Stil dokumentieren.

Christoph Willibald Gluck (1714-1787) Der Sohn eines Wildhüters war einer der berühmtesten und reichsten Opernkomponisten seiner Zeit. Er arbeitete zunächst bei reisenden Operntruppen mit und wirkte ab 1752 als Hofkapellmeister in Wien. Hier komponierte er auch sogenannte Reformopern wie *Orpheus und Euridike* (1762) und *Iphigenie in Tauris* (1779). Im Alter von 60 Jahren erlebte der inzwischen in ganz Europa Gefeierte einen Höhepunkt seiner Karriere, als seine frühere Schülerin Marie-Antoinette ihn zu sich nach Paris rief. 1779 kehrte er nach Wien zurück, wo er 1787 starb.

»Zuviel Genie, um zu gefallen«
1781 überwarf sich Mozart, seit 1769 Hofkonzertmeister in Salzburg, mit Erzbischof Colloredo (▲ *227*) und ließ sich in Wien nieder, obwohl er gewarnt wurde: »Die Wiener wollen ständig etwas Neues.« Er wurde von Joseph II. protegiert und hatte zunächst Erfolg. 1786 fiel *Figaros Hochzeit* beim aristokratischen Publikum durch, Mozart geriet in finanzielle Schwierigkeiten. Auch seine anderen Meisterwerke fanden keine Gnade vor den Augen des Publikums. Trotzdem arbeitete er weiter: »Ich bin Komponist [...] Weder will noch kann ich das Talent begraben, das Gott mir geschenkt hat.« Erst der *Zauberflöte* war, kurz vor Mozarts Tod, ein gewisser Erfolg beschieden.

Der Erneuerer
An Glucks Opern entzündete sich ein Streit zwischen seinen Anhängern und denen der italienischen Oper. Gluck bereitete den Boden für das deutsche Musikdrama, indem er die Musik nach den Erfordernissen der Handlung gestaltete.

Joseph Haydn (1732-1809)
Haydn, der seine Karriere als Chorknabe im Stephansdom begann, stand fast 30 Jahre lang im Dienst der Familie Esterházy (▲ *158*). Er hielt jedoch engen Kontakt mit dem Wiener Musikleben und tat sich vor allem durch die Entwicklung der Sinfonie und des Streichquartetts hervor. Der Komponist starb 1809 in Wien.

Fürstliche Mäzenaten
Haydn hatte, anders als Mozart, keine Probleme damit, für einen Fürsten zu arbeiten. Wie die Esterházys unterhielten auch andere Fürsten Privatkapellen und gaben Kompositionen in Auftrag.

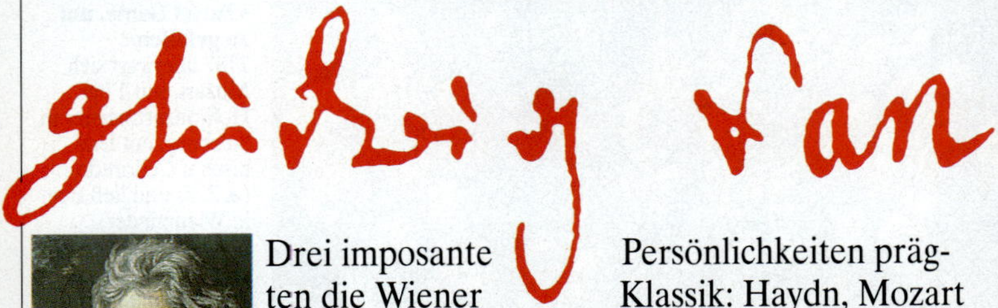

Drei imposante Persönlichkeiten prägten die Wiener Klassik: Haydn, Mozart und Beethoven. Zwei andere Komponisten sollten in den ersten Jahrzehnten des 19. Jh. die musikalische Größe Wiens bestätigen: Schubert und Brahms. Inmitten des frischen Windes, der durch die Kunstwelt wehte, waren sie Zeugen der Faszination, die Wien auf Künstler ausübte: Beethoven kam als Haydn-Schüler in die Stadt und blieb, auch Brahms siedelte sich hier an; und der gebürtige Wiener Schubert dachte nicht daran, die Kunst-Metropole zu verlassen.

Franz Schubert (1797-1828)
Der Lehrersohn war Chorknabe im Stadtkonvikt und lernte bei Antonio Salieri. Mit zwölf Jahren komponierte er Streichquartette für die Familie, doch erst im Lied kam sein Genie vollends zur Entfaltung. Seine 600 Lieder sind fast ausnahmslos Meisterwerke und zeugen von einem Sinn für Dramatik, der das Wesentliche sehr komprimiert auszudrücken weiß. Lange war er nur im Kreis seiner Freunde bekannt, die zu den Aufführungen seiner Werke (den ›Schubertiaden‹, ▲ *227)* zusammenkamen. Er hatte weder ein festes Einkommen noch eine eigene Wohnung und hielt sich gern in den Wiener Kaffeehäusern und Heurigenlokalen auf. Ab 1822 verschlechterte sich sein Gesundheitszustand, dennoch waren seine letzten Jahre künstlerisch sehr fruchtbar und geprägt von der Auseinandersetzung mit Beethoven, neben dem er beerdigt wurde (▲ *262)*.

»Nach Beethoven frage ich mich wirklich, ob noch etwas zu tun bleibt. «

Franz Schubert

Beethoven

Johannes Brahms (1833-1897)
Johannes Brahms wurde 1863 Chorleiter der Wiener Singakademie und übersiedelte 1868 endgültig von Hamburg nach Wien, um »den Wein zu trinken, den Beethoven trank«.

Ab 1875 war er als freischaffender Künstler tätig. Er brachte dem Musikleben entscheidende neue Impulse und begeisterte die Wiener. Der am meisten der Klassik verpflichtete deutsche Romantiker bewegte sich stilistisch zwischen Beethoven und Schubert (▲ *262*), indem er die deutsche Strenge des einen und den Wiener Charme des anderen übernahm.

Ludwig van Beethoven (1770-1827)
Der in Bonn geborene Beethoven kam 1792 nach Wien, um bei Haydn Unterricht zu nehmen. Er genoß bald großes Ansehen beim Adel, in desses Häusern er als Pianist, Komponist und Lehrer wirkte.

Ein gequälter Gigant
Diesem Mann, der von 1802 an unter seiner fortschreitenden Taubheit litt (▲ *298*), gelang es, in der Musik die Kohärenz zu schaffen, die ihm im Leben versagt blieb. Der Erbe Mozarts und Mitgestalter der Wiener Klassik schrieb Klavier- und Violinkonzerte, Violinsonaten, 16 Streichquartette, eine Oper (*Fidelio*) und neun Sinfonien. Diese Meisterwerke an Ausdruck und tiefer Empfindung sind so vollkommen, daß Wagner es für unmöglich hielt, nach Beethoven weitere Sinfonien zu schreiben.

Anton Bruckner
(1824-1896)

In der Tradition Wagners standen die Spätromantiker Anton Bruckner, Gustav Mahler und Hugo Wolf, der von Wagners *Tannhäuser* stark beeindruckt war. Auf ihre kühne Harmonik und fast bombastische Rhythmik folgte die kühle Rationalität der Neuen Wiener Schule von Arnold Schönberg, der von 1904 bis 1924 in Wien lehrte. Schönberg, dessen berühmteste Schüler Alban Berg und Anton (von) Webern waren, begann ab 1906 Tonalität und Harmonielehre zu überschreiten, nach der Phase ›freier Atonalität‹ entwickelte er nach 1918 die Zwölftonmusik.

Bruckner: »Halb Genie, halb Kretin« (Mahler) Noch in Linz, in dessen Nähe er geboren wurde, entdeckte Bruckner die Werke Wagners. 1868 siedelte er nach Wien über, wo er zum Hoforganisten und Professor am Konservatorium ernannt wurde. Bruckners Fauxpas sind legendär: Als Richter eine seiner Sinfonien dirigierte, gab er ihm ein Trinkgeld!

Ein einzigartiger Dirigent. Als herausragender Kapellmeister seiner Zeit interessierte sich Mahler sehr für die Inszenierung und wählte die Sänger danach aus, wie gut sie ihre Rolle verkörperten. Ab 1897 war er praktisch Herrscher über die Wiener Oper, ging jedoch später nach New York. Nach Wien kam er erst zurück, um zu sterben.

Hugo Wolf (1860-1903), Meister des Liedes Wolf, der das Konservatorium verlassen mußte, genoß wegen seiner Artikel im *Wiener Salonblatt*, in denen er für Wagner eintrat und Brahms scharf kritisierte, wenig Ansehen. 1888 begann er schließlich, Lieder zu schreiben (insgesamt 300), und stellte sich damit neben Schubert. Er beendete sein Leben in einer Heilanstalt und liegt auf dem Zentralfriedhof begraben (▲ *262*).

Gustav Mahler (1860-1911, ● *54*) Er war ein Schüler Anton Bruckners und teilte mit dem gleichaltrigen Hugo Wolf nicht nur die Liebe zu Wagner, sondern auch die Wohnung. Mahler wendete die Ästhetik Wagners auf die Sinfonie an, die nach dessen Verdikt ihren Abschluß bei Beethoven gefunden habe: »Mit allen Mitteln der vorhandenen Technik [...] eine Welt aufbauen.«. Er trat dem Kreis der Wiener Secessionisten bei (● *86*, ▲ *232*) und verteidigte die Frühwerke Schönbergs.

»DIE SYMPHONIE MUSS DEM UNIVERSUM GLEICHEN, SIE MUSS ALLES UMFASSEN.«

GUSTAV MAHLER

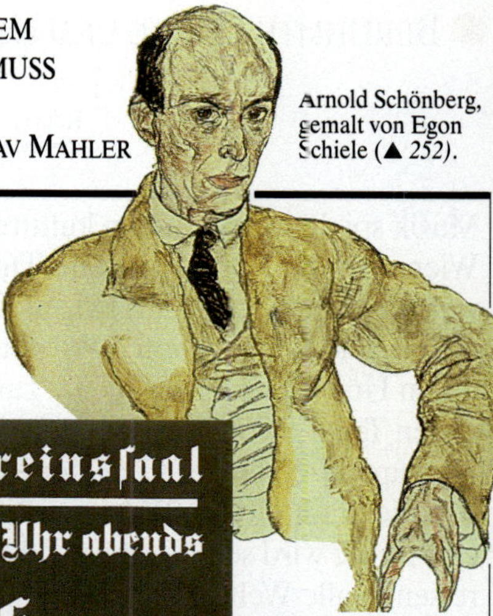

Arnold Schönberg, gemalt von Egon Schiele (▲ *252*).

Arnold Schönberg (1874-1951)
Schönberg wurde zunächst durch Brahms' Kompositionstechnik und die Chromatik Wagners und Richard Strauß' beeinflußt, distanzierte sich jedoch schon früh von der traditionellen Sprache der Musik. Seine berühmte *Harmonielehre* widmete er seinem Freund und Gönner Mahler.

Die Wiener Schule
Mit Schönberg läßt die Musik den »bildhaften« Ausdruck hinter sich. 1908 verbannt er jede Überlegenheit eines Tones über einen anderen (freie Atonalität). Daraus entwickelt er ab 1918 die Zwölftontechnik (Dodekaphonie), bei der die zwölf Halbtöne chromatisch aufeinanderfolgen und bei der kein Ton wiederholt werden darf, bevor nicht alle anderen erklungen sind. Die Zwölftonmusik ist eine der wichtigsten Grundlagen der modernen Musik des 20. Jh.

Anton Webern (1883-1945) Er studierte bis 1908 bei Schönberg. Nach einem Aufenthalt in Deutschland und Prag kehrte er 1918 zu seinem Lehrer zurück. Seine Werke in strenger Zwölftontechnik zeichnen sich durch Komprimiertheit und Abstraktion aus. Er wurde 1945 in der Nähe von Salzburg von amerikanischen Soldaten irrtümlich erschossen.

Alban Berg (1885-1935). Bei Berg (hier gemalt von Schönberg) siegte die Poesie über den Rationalismus. Nach ersten atonalen Werken (der Oper *Wozzeck*, 1919) wendete er sich der Zwölftontechnik zu (mit der *Lyrischen Suite für Streichquartett*, 1925). Eine zweite Oper (*Lulu*) blieb unvollendet, das Violinkonzert *Dem Andenken eines Engels*, 1935, schloß er kurz vor seinem Tod ab.

Konzert anläßlich der Hochzeit von Joseph II. und Isabella von Parma; Gemälde von Martin van Meytens (1695-1770; ● *98*).

Musik spielt auch heute im kulturellen Leben der Stadt Wien noch eine wichtige Rolle. Dies bezeugen die vielen berühmten ortsansässigen Orchester und Chöre. Die weltbekannten Wiener Sängerknaben, deren Ursprünge bis ins 15. Jh. zurückreichen, waren Teil der von Maximilian I. gegründeten Hofkapelle. Nach der Ende der Monarchie setzte sich die Stadt für den Wiederaufbau des Chors ein. Heute wird sein Fortbestand durch Konzertreisen in alle Welt gesichert. Seit dem Ende des zweiten Weltkrieg logieren die Sängerknaben im Augarten-Palais. 150 Jungen erhalten dort neben allgemeinem Unterricht eine umfassende Ausbildung in Gesang und Musiklehre. Der Chor singt sonn- und feiertags bei den Messen in der Burgkapelle (außer Juli und August).

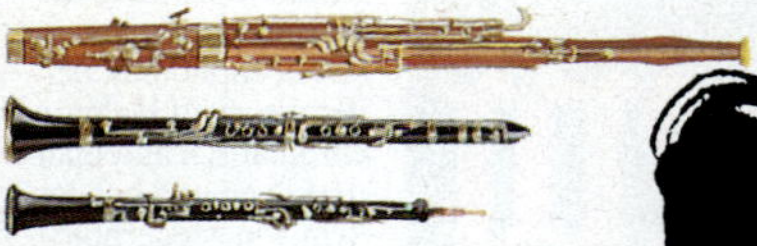

Wiener Philharmoniker. 1842 entschloß sich der preußische Dirigent Otto Nicolai, mit dem Orchester der Hofoper pro Jahr zwei Konzerte zu geben, die sinfonischen Werken vorbehalten sein sollten. Das zweite Konzert trug zum ersten Mal die Bezeichnung »philharmonisch«. Bis zum

Weggang Nicolais 1847 fanden diese Konzerte regelmäßig statt. Den Erlös teilten die Musiker unter sich auf. 1870 zogen die Philharmoniker in das Musikvereinsgebäude (▲ *242*, ◆ *327*) und spielen seitdem regelmäßig im Goldsaal (oben) mit seinen 2000 Plätzen und einer perfekten Akustik. Heute bestehen die Wiener Philharmoniker aus 140 Musikern, die zugleich auch Mitglieder des Staatsopernorchesters sind. Für die Jahresabonnements der zehn Konzerte bestehen lange Wartelisten.

Chöre
Die beiden größten Laienchöre, die schon der Romantik zu Glanz verhalfen, sind die Singakademie und der Singverein. Sie sind auch heute noch die wichtigsten Chöre von Wien. Die Singakademie tritt im Konzerthaus auf, der Singverein im Musikvereinsgebäude.

Berühmte Dirigenten
Bei den Philharmonikern gaben sich die größten Dirigenten die Ehre, unter ihnen Hans Richter und Gustav Mahler (● *52*, ▲ *232*, *301*, rechts). Ab 1908 beherrschte Felix von Weingartner 19 Jahre lang das Musikleben, nach ihm Wilhelm Furtwängler, der trotz seiner häufigen Abwesenheit wohl der glänzendste Wiener Dirigent dieses Jahrhunderts war.

Barockmusik. Das 1952 von Nikolaus Harnoncourt und Mitgliedern der Wiener Symphoniker gegründete Ensemble *Concentus Musicus* entwickelte eine eigenständige Vortragsweise der Musik des 17. und 18. Jh. In der Folge entstand in Wien eine neue Musiktradition, die z. B. vom *Clemencic Consort* gepflegt wird.

Kammermusik. Auch heute noch wird in Wien die Kammermusik gepflegt, und junge Musiker strömen aus allen Teilen der Welt in die Stadt, um sich mit den Stilen der Wiener Komponisten vertraut zu machen, vor allem Haydn, Mozart und Beethoven. In den letzten Jahrzehnten taten sich zahlreiche Ensembles hervor, viele von ihnen trotz beachtlichen Erfolges nur für kurze Zeit. Das 1971 gegründete *Alban Berg-Quartett*, das von der gleichnamigen Stiftung getragen wurde, errang weltweite Anerkennung. In neuerer Zeit waren unter den jungen Ensembles vor allem das *Hagen-Quartett* und das *Artis-Quartett* erfolgreich.

Der österreichische General Franz Freiherr von Uchatius (1811-1881) war auch Erfinder. Unten sein »Phenakistiscop«, eine Art Laterna Magica.

Die Begriffe walzen (»sich drehen«) und walzerisch tanzen (»sich beim Tanzen drehen«) tauchten Mitte des 18. Jh. im Zusammenhang mit dem Ländler auf, einem seinerzeit populären Tanz im Dreivierteltakt, der sich vom höfischen Menuett ableitete. Ab etwa 1790 setzte sich der neue Tanz, der weniger steif war als das Menuett, beim Adel und später auch beim Bürgertum durch. Der Wiener Kongress (1814-1815) machte den Walzer schließlich in ganz Europa populär. Der allseits als Gesellschaftstanz akzeptierte Walzer wurde zur Zeit der Revolution von 1848 stürmisch gefeiert und erreichte seinen Höhepunkt unter der Herrschaft des ›Walzerkönigs‹ Johann Strauß (Sohn, 1825-1899).

Johann Strauss (Vater)
1819 trat Johann Strauß (1804-1849) als Bratschist in das Ensemble von Joseph Lanner (oben) ein. 1825 gründete Strauß ein eigenes Orchester, weil Lanner Strauß' Kompositionen ausschlachtete und unter seinem Namen publizierte. 1829 unterzeichnete Strauß einen Vertrag mit dem populärsten Kaffeehaus Wiens, dem *Café Sperl*. Ab 1835 war Strauß Wiener Hofballdirektor.

Ins *Café Sperl* kamen Liszt, Wagner und Chopin, um sich die typisch wienerische Musik anzuhören. Strauß schrieb neben mehr als 150 Walzern auch Galopps, Polkas, Quadrillen und Märsche. Ab 1833 zog die Strauß-Kapelle kreuz und quer durch Europa und machte den Walzer überall populär.

Beim Walzertanzen beginnt man mit dem linken Fuß, doch um die Sache etwas komplizierter zu machen, tanzen die Wiener den Walzer auch linksherum.

Strauss und Sohn
Die Rivalität zwischen Johann Strauß Vater und Sohn beruhte auf dem triumphalen Erfolg, den der Sohn mit seinem Orchester verbuchen konnte. 1848, als der Vater den Sieg der nationalen Truppen über die italienischen Aufständischen mit dem *Radetzky-Marsch* feierte, komponierte sein Sohn die *Barrikaden-Lieder* und einen Revolutionsmarsch. Nach dem Tod des Vaters übernahm der Sohn (▲ *227*) die Leitung der Strauß-Kapelle, die neben den üblichen Konzerten in Wien auch internationale Tourneen unternahm.

Der Gleitschritt
Die wiegende Bewegung des Walzers entsteht durch das Vorziehen der zweiten und das Hinauszögern der dritten Schlagzeit des Dreivierteltaktes. Als in immer mehr Ballsälen die Lehmböden durch Parkett ersetzt wurden, konnte der Walzer mit Gleitschritt anstatt mit Sprung getanzt werden, wobei auch die Bewegung weniger ausladend wurde.

Ungestümer Elan
Johann Strauß Sohn komponierte 200 Walzer, 140 Polkas, 70 Quadrillen, 50 Märsche, 16 Operetten und gründete 1844 eine eigene Kapelle. 1863 wurde er Hofballdirektor. Wenig später überließ er seinen beiden Brüdern die Orchesterleitung und widmete sich ganz der Operette (● *60*, ▲ *140*). Das Orchester wurde 1901 aufgelöst.

Einführung in den Tanz und in die Gesellschaft
Oberst Willy von Vestenbrugg-Elmayer lehrte die Wiener Jugend Anfang dieses Jahrhunderts tanzen, so wie man die Pferde in den kaiserlichen Marställen dressierte. Er ließ keinen falschen Schritt durchgehen.

Kaiser Walzer

Bälle waren Tradition an allen europäischen Fürstenhöfen und gehören heute noch in Wien unbestreitbar zu den beliebtesten Vergnügungen. Die Ballsaison geht vom 31. Dezember bis Mitte Februar und fällt damit in den Fasching vor der Fastenzeit. Ab Beginn des 19. Jh. tanzte man beim Kaiser ebenso wie in den volkstümlichen oder bürgerlichen Tanzpalästen Walzer. Diese Säle wurden in Wien, angeregt von der Familie Strauß, nach Pariser Vorbild eröffnet.

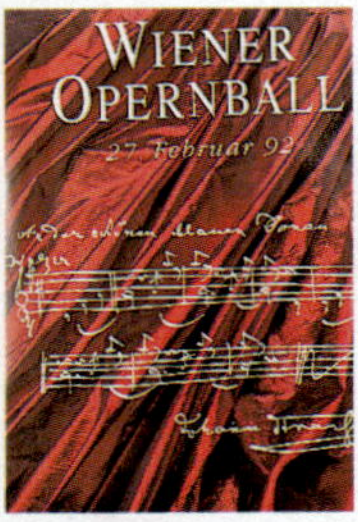

Der Walzer als berufsständisches Vergnügen
Bälle sind eingebunden in gesellschaftliche Hierarchien. Sie können soziale Unterschiede vertiefen, tun das aber auf eine ganz besondere Art. In Österreich geben jede Region, jeder Berufsstand, gelegentlich sogar einzelne Verbände ›ihren‹ Ball, so zum Beispiel der »Verband der Arbeiter und Angestellten der konservativen Partei, Sektion Verwaltung«.

Reglementierte Verrücktheiten
Einen Ball zu veranstalten bedeutet vor allem, ihm einen Namen zu geben und eine Auswahl zu treffen: Der Zuckerbäckerball wird von Konditoren und der Bonbonball von Süßwarenhändlern veranstaltet. Bälle sind Vergnügungen, aber man möchte ›unter sich‹ bleiben. Bälle spiegeln auch die Wiener Seele wider: Ein Sinn für Spaß und ein bißchen Verrücktheit, der jedoch nur begrenzt ausgelebt werden darf.

Die Ballsaison

Die Ballsaison beginnt am 31. Dezember mit dem Kaiserball, der in der Hofburg (▲ *175*) stattfindet. Am bekanntesten ist der 1877 für die Höflinge ins Leben gerufene Opernball. Heutzutage öffnet der Adel seine Pforten auch dem internationalen Großkapital, doch die Traditionen werden weiter gepflegt. Junge Mädchen von Adel oder aus reichen Familien werden bei dieser Gelegenheit in die Gesellschaft eingeführt.

Tradition verpflichtet

Kostümbälle werden heute relativ selten veranstaltet. Angemessene Ballkleidung ist üblicherweise der Abendanzug bzw. das lange Kleid oder aber Trachtenanzug und Dirndl (● *64*). Auf dem Ball soll bewiesen werden, daß man die Regeln der Etikette beherrscht (oben: Gendarmerieball, Jägerball und Opernball). Beim Jägerball geht es etwas ungezwungener zu.

Von 1815 bis 1848 (● *40*) herrscht Frieden in Europa. In Österreich geht der Beginn der Industrialisierung einher mit einem neuen Lebensstil: dem Biedermeier.

Mit dem Begriff ›Biedermeier‹ wird die Epoche zwischen den napoleonischen Kriegen und der 1848er Revolution benannt. Sie ist durch einen Rückzug ins Private geprägt, hat aber auch erfreuliche Aspekte: So setzte sich in dieser Zeit der anfangs als obszön geltende Walzer durch. Man weilte gerne in den Ausflugslokalen des Prater und im Wienerwald. Im Theater an der Wien (1831-1845) wurden Dramen von Grillparzer und Boulevardstücke von Nestroy und Raimund vor ausverkauftem Haus gespielt.

Schlichter Komfort
Der Biedermeierstil, auf den Designer der Moderne zurückgreifen, hat viele zweckmäßige Gebrauchs- und Ausstattungsgegenstände von nüchterner Eleganz hervorgebracht. Die klaren Linien, wie bei diesem Sekretär und diesem Stuhl, waren bei Hof und beim Wiener Bürgertum gleichermaßen gefragt.

Wiener Interieur
Die Wohnkultur ist schlicht, zweckmäßig und am Komfort orientiert. Die überladene, antikisierende Pracht des frühen 19. Jh. ist passé.

»Wiener Zimmer« (1837)
In der Malerei der Epoche dominieren Genrebilder, die das Ideal der gemütvollen Beschaulichkeit bürgerlicher Wohnstuben darstellen. Der Maler Ferdinand Georg Waldmüller (● *100*) gilt als bedeutender Vertreter des Biedermeier.

Die Wiener Mode hat sich stets ebensosehr an den lokalen Trachten wie an der neuesten Pariser Mode orientiert. Zur Zeit der Secession eröffnete die Hochschule für angewandte Künste einen Fachbereich für Mode. Die berühmteste Studentin war Emilie Flöge, eine Freundin von Gustav Klimt, die ihre Kleidung selbst entwarf. 1909 kreierte die Modeschöpferin Gertrud Pesendorfer auf alten Mustern aufbauend ein modernes Dirndl, und nach dem Ersten Weltkrieg stieg das Interesse an traditioneller Bekleidung weiter.

Die Modeschule von Wien befindet sich im Schloß Hetzendorf (XIII. Bezirk, Hietzing ▲ *286*).

Alltags-Dirndl und Fest-Dirndl
Farben, Schnitt und Stickereien variieren beim Dirndl je nach Anlaß oder regionaler Herkunft. Das aus Bozen (links) ist blau und rot mit schwarzem Besatz.

Das Dirndl-Kostüm besteht aus einer Bluse, dem Dirndl selbst und aus einer bestickten Schürze. Während die Bluse kurz unterhalb der Brust endet, besteht das Kleid aus einem Rock, an die eine Art Leibchen genäht ist, das wie ein Korsett geschnürt wird.

Frauen tragen Schuhe aus schwarzem Hirschleder, die mit einer Schnalle aus Silber und einer Quaste verziert sind. Männer haben Schnürstiefel. Die Hauben variieren je nach Region.

Materialien und Motive
Meist wird das Dirndl aus Baumwollstoff gefertigt, doch das Leibchen kann auch aus Leinen oder Samt sein. Die Röcke werden häufig mit Girlanden, kleinen Blumen, geometrischen Mustern oder auch einfach nur Streifen verziert.

Heute sieht man Trachten nur noch zu bestimmten Gelegenheiten: zu Hochzeiten, bei Jagden, beim Jägerball (● *59*), bei den Salzburger Festspielen oder in manchen Restaurants als Kellnerlivree

Auch die Unterröcke sind bestickt, Socken und Strümpfe mit Spitze verziert.

Das Winter-Dirndl
Im Winter wird zum Rock aus Wollbrokat eine Schürze aus Seidentaft getragen.

Die Männer tragen zur Lederhose ein Halstuch, dicke Socken und ein weites Hemd mit Falten.

Der Jagdanzug
Zur derben Lederhose, kurz für Jungen, lang für Männer (Knickerbocker), gehört eine Strickjacke aus Loden oder Leinen, die meist braun oder graugrün ist.

»Das Kaffeehaus ist ein Ort für Leute, die allein sein wollen, aber dazu Gesellschaft brauchen.« Alfred Polgar

Johannes Diodato, armenischer Einwanderer, erhielt 1685 von der königlich-kaiserlichen Kammer das Recht, »das türkische Getränk, das man Kaffee nennt, zuzubereiten« und wurde der erste Kaffeehausbesitzer von Wien. In rascher Folge eröffneten nun zahlreiche Kaffeehäuser: Hier waren die ersten Zeitungen zu finden und dazu eine Attraktion, die bisher der Aristokratie vorbehalten war: das Billardspiel. Man traf sich, um Schach oder Karten zu spielen oder auch musikalischen Darbietungen zu lauschen. Johann Strauß Vater, beispielsweise, begann seine Karriere im Kaffeehaus. Von jeher war das Wiener Kaffeehaus weit mehr als ein Ort, an dem verschiedene Sorten Kaffee und andere Getränke ausgeschenkt wurden. Seine gemütliche und intime Atmosphäre ließen es zum Treffpunkt von Künstlern, Journalisten und Politikern werden.

Das *Café Central* (▲ *160*).

Das *Hotel Sacher* (▲ *140*).

»Das erste Wiener Kaffeehaus«
Der Legende nach hat ein polnischer Geheimagent namens Kolschitzky (das Gemälde von Franz Schams, 1862, zeigt ihn in der Kleidung der Mauren) den Türken Säcke mit Kaffeebohnen gestohlen, die man zunächst für Kamelfutter hielt. Der Pole, der um das Geheimnis des Kaffeeröstens wußte, soll demnach das erste Wiener Kaffeehaus eröffnet haben.

Spezialitäten
Zum *Kleinen Schwarzen* (Espresso), zur *Melange* (Milchkaffee), zum *Kapuziner* (schwarzer Kaffee mit Sahne) oder zum *Einspänner* (schwarzer Kaffee im Glas mit Sahne) gehören immer ein Glas Wasser, manchmal auch ein *Kipferl* (ein weiteres Souvenir der Türkenbelagerung) sowie die obligatorische Zeitung. In jedem Kaffeehaus bekommt man feine Backwaren, auf Wunsch mit Schlagobers.

Kaffeehaus-Gespräche
Das Wiener Kaffeehaus erlebte seine Blüte als Zentrum des intellektuellen Lebens zu Beginn des 20. Jh. Jeder Kreis hatte sein angestammtes Kaffeehaus. Im *Café Central* verkehrten Karl Kraus, Peter Altenberg (der Mann mit Hut im Bild oben, hier im *Café Griensteidl*), Egon Friedell und Alfred Polgar. Bahr, Schnitzler und Hofmannsthal führten ihre Diskussionen gern im *Café Griensteidl* (▲ *175*). In den zwanziger Jahren trafen sich Musil, Broch, Werfel und Roth regelmäßig im *Herrenhof*. Klimt, Schiele und Kokoschka hatten ebenso wie die Jugendstil-Architekten Wagner und Loos ihren Stammtisch im *Museum*, dem Malercafé ganz in der Nähe der Secession. Auch Freud war häufig in den Wiener Kaffeehäusern zu Gast.

»Leidenschaftliche Zeitungsleser«
Humoristische Zeichnung aus der Zeit des Biedermeier (● *62*). Zeitung lesen, rauchen und diskutieren waren die Lieblingsbeschäftigungen der Kaffeehausbesucher. In den gemütlichen Wiener Cafés kann man bei einem *Kleinen Schwarzen* mehrere Stunden verweilen.

Ein Wiener Rezept: Tafelspitz

»Wenn unser Monarch, seiner öffentlichen Verpflichtungen ledig, privat diniert, unterscheidet sich das Menü kaum von jenem bürgerlicher Haushalte. Niemals fehlt ein schönes Stück Schmorfleisch, das zu seinen Leibgerichten zählt«, hieß es 1912 in einem Wiener *Handbuch für Hotelschüler*. Die von Franz Joseph eingeführte Vorliebe für gekochtes Rindfleisch wurde im vergangenen Jahrhundert zum wahren Kult. Noch heute gehört der *Tafelspitz* zu den berühmten Spezialitäten Wiens.

1. Zutaten: 1,5 kg Rindslende, 3 l Wasser, 2 Zwiebeln, 2 Möhren, ½ Knolle Sellerie, Petersilie, 2 Lorbeerblätter, 10 Pfefferkörner, 4 Wacholderbeeren, 1 Teelöffel getrockneter Liebstöckel, Salz, Muskatnuß.

2. Das Fleisch kalt abspülen und in kochendes Wasser geben. Nach 30 Min. das geputzte Gemüse, Suppengrün und Gewürze zugeben. 1½ Std. bei milder Hitze im halb zugedeckten Topf köcheln lassen. Das Fleisch mit einem Messer einstechen. Es ist gut durch, wenn es nicht am Messer kleben bleibt.

3. Beilagen: 1 kg Kartoffeln (mit Schale halb gar gekocht), 1 kleingehackte Zwiebel, Salz, Pfeffer, Öl, Butter, Kümmel.

4. Die abgekühlten Kartoffeln pellen. Die kleingehackte Zwiebel in einer Pfanne im Öl andünsten, die in sehr dünne Scheiben geschnittenen Kartoffeln hinzufügen, würzen und goldgelb braten lassen. Der Geschmack wird durch etwas Butter verfeinert.

5. Apfelmeerrettich: 4 Äpfel, ¼ l Weißwein, 1 Teelöffel Zucker, fein gehackter Meerrettich (oder kleine Stücke).

6. Die Äpfel schälen, entkernen und in Würfel schneiden.

»Was die ›Beilagen‹ anbelangt, wie sie bei den Reichsdeutschen heissen, würde ich mir den Kren beim nächsten Mal nicht so durchweicht wünschen. Er sollte sein Aroma nicht in der Milch verlieren.«

Joseph Roth

7. Die Apfelwürfel im Weißwein und Zucker ziehen lassen. Nach Abgießen der Flüssigkeit zu Püree einkochen lassen.

8. Die Masse wird sämiger, wenn man erneut etwas Wein hinzugibt. Zum Schluß den feingehackten Meerrettich untermischen.

9. Schnittlauchsauce: 2 hartgekochte Eier, 3 in Milch eingeweichte Scheiben Weißbrot, 2 Eigelb, 10 g Salz, 1 Prise Zucker, 1 Teelöffel Essig oder der Saft einer halben Zitrone, gehackter Schnittlauch, 150 ml Öl.

10. Das Weißbrot gut ausdrücken und zusammen mit den hartgekochten Eiern fein hacken oder mit dem Mixer pürieren.

11. Eigelb, Salz, Zucker und Essig dazugeben und gut verrühren.

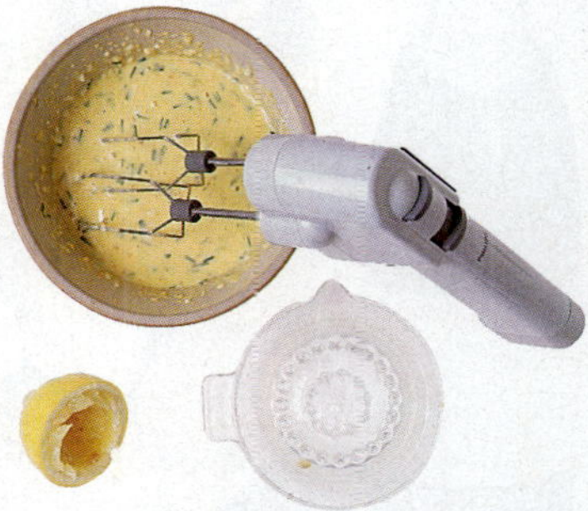

12. Die Masse zu Mayonnaise schlagen, wobei das Öl nach und nach untergerührt wird. Dann den Schnittlauch hinzufügen und mit Salz und Zitronensaft abschmecken.

13. Das gekochte Fleisch in etwa 1 cm dicke Scheiben schneiden (entlang der Fasern). Mit dem klein geschnittenen Gemüse anrichten und mit etwas Brühe übergießen. Die Kartoffeln und den Meerrettich auf einer extra Platte oder direkt auf dem Teller servieren. Die Sauce separat reichen.

Ende des 16. Jh. bot Wien, die Hauptstadt der streng katholischen Habsburger, zahlreichen italienischen Architekten die Möglichkeit, dem barocken Baustil Roms auch hier zum Durchbruch zu verhelfen. Aber die Österreicher Johann Bernard Fischer von Erlach (1656-1723) und sein Sohn Josef Emanuel (1693-1742) sowie der Deutsche Johann Lukas von Hildebrandt (1668-1754) beherrschten ihrerseits sehr bald dieses neue »Theater aus Stein«.

Franziskanerkirche
Diese 1603 bis 1611 errichtete Kirche (▲ *149*) vereint Formen der süddeutschen Renaissance und der Gotik.

Salvatorkapelle (1520-1530)
Das Portal der Salvatorkapelle (▲ *172*) gehört zu den wenigen Beispielen des Renaisance-Stils in Wien. Es ist mit Säulen und einer Einfassung nach italienischem Vorbild ausgestattet.

Karlskirche (1716-1737)
Die Karlskirche (▲ *238*) mit ihren beiden freistehenden Glockentürmen, die an die Trajans- oder Marc Aurel-Säule erinnern, wurde von J. B. Fischer von Erlach und seinem Sohn geschaffen. Sie bietet ein schönes Beispiel für den Stil des kaiserlichen Barock. Karl VI. gab diese Kirche zu Ehren des heiligen Karl Borromäus in Auftrag, um so für das Ende der Pest im Jahr 1713 zu danken. Der Bau erinnert mit seinem elliptischen Grundriß und der Kuppel an den Petersdom. Zur Schau gestellte Macht sowie antike oder biblische Symbolik manifestieren »den Ruhm Wiens, des neuen Rom«.

Ruprechtskirche (740)
Diese Kirche (▲ *154*) gilt als älteste Wiens. Das romanische Langhaus entstand zwischen 1130 und 1170.

Karmeliterkirche (1623)
Die dreigeschossige frühbarocke Fassade der Kirche des heiligen Josef (▲ *269*) verjüngt sich nach oben. Sie erweckt so den Eindruck einer aufwärtsstrebenden Linie, der noch durch Pilaster und verschiedene Schmuckelemente (Statuen, Obelisken, Feuerbehälter und Kreuz) hervorgehoben wird. Die sparsame Verwendung der dekorativen Elemente verleiht der Fassade ein eher schmuckloses Aussehen.

Die Dominikanerkirche (1631-1634; ▲ *152*) ist ein gemeinsames Werk der Architekten Spatz, Biasino und Canevale. Die zweigeschossige, sich verjüngende Fassade (1666-1674) zeigt eine breite untere Etage, die von einem schmalen Aufbau gekrönt wird, den wiederum Flügelspitzen in Form umgekehrter Kragsteine flankieren. Darüber erhebt sich ein dreieckiger Frontgiebel; die gesamte Fassade ist durch Nischen und Statuen gegliedert.

Peterskirche (1703-1753)
Diese Kirche (▲ *139*) schuf Johann Lukas von Hildebrandt nach einem Entwurf von Montani. Der Portalvorbau, wurde, nach einer Skizze von Andrea Altomonte, erst ein halbes Jahrhundert später angefügt. Die Kuppel krönt eine schmale, bewegt gestaltete Fassade, die sich zwischen zwei aufstrebenden Türmen erhebt.

Wiener Glockentürme

Innerhalb des Stadtkerns liegen die Kirchen häufig inmitten von Häusern und Höfen, so daß sich nur selten ein unverstellter Blick auf Fassaden und Glockentürme ergibt. In Wien finden sich sowohl Gebäude, die mit einer italienisch inspirierten Kuppel abgeschlossen werden als auch solche mit einer gotischen Turmspitze. Daneben gibt es zahlreiche reizvolle Mischformen wie die »Zwiebel« oder den »Kürbis«. Die Wiener Glockentürme, mögen sie klassische Frontgiebel flankieren oder sich frei in der Nähe der Apsis erheben, verleihen all jenen an Italien orientierten Fassaden – ob streng oder prächtig – eine heiter-fantasievolle Note.

Annakirche und Stiftskirche *(Mariahilfer Strasse 24)* Die barocken Kirchen St. Anna (1747, ▲ *146*) und Stiftskirche (1739) vereinen Kraft und Anmut.

Evangelische Kirche *(Dorotheergasse 16)* Der Glockenturm (1887) der Evangelisch-reformierten Kirche bildet eine harmonische Ergänzung des 1784 von Nigelli errichteten Gebäudes.

Servitenkirche (1651-1677) Die Glockentürme dieser Kirche (▲ *293*), die zwischen 1754 und 1756 nach Entwürfen von F. S. Rosenstingel erneuert wurden, unterstreichen die klare barocke Anlage der Fassade.

Schottenkirche Die Italiener Silvestro Carlone und Andrea Felice d'Allio verliehen diesem ehrwürdigen Gotteshaus (▲ *163*) zwischen 1643 und 1648 jene barocken Züge, die es bis heute besonders hervorheben. Der Hauptglockenturm, der sich freistehend hinter der Apsis erhebt, bildet mit seinem Zwiebelhelm einen liebenswürdigen Kontrast zu der einfachen Linienführung des Frontgiebels und der beiden Seitentürme.

Mariahilfer Kirche
(Mariahilfer Straße 55)
Diese Kirche wurde zwischen 1686 und 1689 vermutlich von Sebastiano Carlone errichtet. Vor dem Gebäude stellte man 1887 ein Denkmal für Joseph Haydn (● *49*) auf.

Jesuitenkirche
(1627-1705)
Die Fassade dieser Kirche (▲ *151*) läßt die Handschrift verschiedener Baumeister erkennen. Carlo Antonio Carlone stellte um 1531 die Proportionen des Bauwerks wieder her und verband in einer großzügigen Anlage die zahlreichen Akzente seines Entwurfs.

Die Glockentürme der Jesuitenkirche sind in eine überwiegend horizontal angelegte Fassade integriert, die ganz entscheidend den Charakter des vor ihr liegenden Ignaz-Seipel-Platzes bestimmt.

Minoritenkirche
Diese Kirche (▲ *161*) der *Fratres minores* von 1339, die anläßlich der Belagerung Wiens beschädigt wurde, erhielt später einige barocke Anbauten. Die Wiederherstellung ihres ursprünglichen Aussehens (von 1717 bis 1719) verdankt sie dem Architekten Ferdinand von Hohenberg. Der Chor dieser saalartigen Kirche wird zu beiden Seiten von je einer Apsis flankiert; dazwischen erhebt sich ein achteckiger Glockenturm, der in seiner schlankaufstrebenden Linienführung an italienische Campanile erinnert. Vor allem aber zeigt sich hier das gotische Element der Wiener Architektur.

Im Stadtbild Wiens sind die bürgerlichen Wohnhäuser nicht von denen des Adels zu unterscheiden. Die wohlhabenden Kaufleute und Handwerker übernahmen Form und Gestaltung der Palais, um nach diesem Muster Mehrfamilienhäuser mit vier bis sechs Stockwerken zu bauen, die die engen Gassen der Inneren Stadt säumen. Als Folge des sich ständig wandelnden Geschmacks veränderten die ältesten Bürgerhäuser aus dem 15. und 16. Jh. im Laufe der Jahrhunderte ihr Aussehen im Stil von Barock, Neo-Klassizismus oder auch Biedermeier. Die Blendsteinverkleidung der Fassaden zeigt eine lebhafte Vielfarbigkeit, manchmal auch den Glanz rein weißer oder hellbeiger Töne.

Erkerfenster
(Naglergasse)
Diese zur Straße weisenden Vorsprünge gliedern häufig die Fassaden von Wohnhäusern aus dem 17. und 18. Jh.

Das Eckhaus Naglergasse 13-15
(▲ *139)*
Große Bürgerhäuser, überwiegend aus dem 15. und 16. Jh., säumen die Straße, die in ihrer Linienführung der ehemaligen römischen Festungsmauer folgt. Das Wohnhaus aus dem 15. Jh. wurde im 17. Jh. mit einer klassizistischen Fassade ausgestattet und Laufe des 18. Jh. mit einem farbigen Relief geschmückt, das die Krönung der Jungfrau Maria darstellt.

Das Dreimäderlhaus
(1803; ▲ *166*) in der Schreyvogelgasse 10 ist ein typisches Beispiel für ein neo-klassizistisches Bürgerhaus.

»Zum blauen Karpfen«
(Annagasse 11)
Dieses Haus (▲ *146*) aus dem 17. Jh. wurde 1814 von dem Architekten Karl Ehmann grundlegend verändert. Er schuf einen eleganten Bau im neo-klassizistischen Stil, der mit pompejianischen Arabesken und Kameen verziert ist.

Geschmackvolles Biedermeier
Die für das Biedermeier (● *62*) typische zarte Farbgebung, kaum gemindert durch die kräftigeren Reliefs eines Frieses mit Kindern und Karpfen des Bildhauers J. Klieber, ist typisch für das Biedermeier, das im ersten Drittel des 19. Jh. die Stadt eroberte.

Barock-Fenster
(Kurrentgasse 12)
Der Bogen des auf Kragsteinen ruhenden Giebels unterstreicht die lebhafte Farbigkeit der Fassade.

Biedermeier-Fenster
(Nestroyplatz)
Feines Rankenwerk auf Fries und Brüstung unterstreicht die klassische Strenge der Linienführung.

Kurrentgasse 6-8
Diese Wohnhäuser bilden ein für das 18. Jh. charakteristisches Ganzes. Über einem Erdgeschoß mit Bossenmauerwerk erheben sich vier Stockwerke mit regelmäßigen Fensteröffnungen, deren Höhe nach oben kontinuierlich abnimmt. Die Häuser Nr. 6 und 7 stellen somit eine Variation des Grundmusters der räumlich fünffach gegliederten Fläche dar. Einzig die Besonderheiten in Aufteilung und Wahl der Schmuckmotive (Fensteröffnungen mit Säulen, Platten, Giebeln) schaffen die ungewöhnliche Vielfalt der Fassadengestaltung.

Doppeladler an der Fassade des Arsenals.

Die Palais des Adels entstanden rund um die Hofburg. Die Fassaden dieser Adelssitze beeinflußten die Gestaltung öffentlicher Bauten, die damit nur an den Wappen voneinander zu unterscheiden waren. Die erste Etage der Stadtpalais ist häufig durch Säulen und Pilaster gegliedert und weist einen reichen Skulpturenschmuck auf, der nachdrücklich und auffallend Gegensätze in der Anlage des Bauwerks betonen soll: Das Erdgeschoß ist wuchtig gehalten, Atlanten und Karyatiden stützen Balkone oder Giebel. Das harmonische Gleichgewicht ergibt sich aus Schmuckelementen in Form von Glorifikationen, Siegeszeichen und allegorischen, geflügelten Frauenfiguren; Götter krönen die Balustraden. Der Neo-Klassizismus mildert später diese Fülle im Dekor der Wiener Palais, die während der Ringstraßen-Epoche wieder auflebt.

Reichskanzlei (1726-1730; ▲ *176*) Der von Josef Emanuel Fischer von Erlach gestaltete Flügel der Hofburg.

Zeughaus. Anton Ospel gestaltete den Bau (1731; ▲ *167*). Seine strenge Regelmäßigkeit wird durch den Skulpturenschmuck von Lorenzo Mattielli gemildert.

Alte Universität
Die Aula der Alten Universität (1735-1755; ▲ *151*) ist im eklektizistischen Stil gehalten, in dem der Neo-Klassizismus bereits die barocken Elemente überlagert.

Palais Trautson *Museumstrasse 7*
Christian Alexander Oedtl hat dieses Palais nach den Plänen von J. E. Fischer von Erlach 1702/06 errichtet. Die klare Gliederung, der ausgeprägte Mittelteil und der Frontgiebel verweisen auf den Einfluß Palladios.

Belvedere (1714-1722) Die Anlage dieser beiden Palais, die durch einen Garten verbunden sind, spiegelt das Einverständnis zwischen dem Baumeister Johann Lukas von Hildebrandt und dem Prinzen Eugen wieder. Das Untere Belvedere (oben links, ▲ *246*) diente als Sommerresidenz, im Oberen Belvedere (oben, ▲ *256)* fanden Empfänge statt.

Portal des Palais Lobkowitz
(Lobkowitzplatz 2)
Giovann Pietro Tencala entwarf dieses Stadthaus 1685. Im 18. Jh. zugefügte Details wie das abgebildete Portal stammen von Vater und Sohn Fischer von Erlach.

Palais Daun-Kinsky. Die kunstvolle Gestaltung dieser ausladenden und überwältigenden Fassade, die von Johann Lukas von Hildebrandt geschaffen wurde, korrespondiert mit der einfallsreich gestalteten Innenausstattung (1713-1716; ▲ *164)*.

Palais Schönborn-Batthyány (1699-1706; ▲ *165)*
Das Werk Johann Bernhard Fischer von Erlachs läßt Ähnlichkeiten mit den römischen Bauten Berninis erkennen. Die Attika wurde im 19. Jh. entfernt, der Bau im Krieg teilweise beschädigt.

Karyatiden
Am Palais Pallavicini ersetzen F. A. Zauners Karyatiden die wuchtigen Atlanten des Barock.

Palais Pallavicini (1783-1784; ▲ *192)*
Dieser klassizistische Bau von Ferdinand von Hohenberg ist schlicht gehalten. Von Franz Anton Zauner stammen die Statuen auf der Attika.

Atlanten im Oberen Belvedere
Einer der vier Riesen, die das Gewölbe der Sala terrena im Oberen Belvedere stützen (▲ *256*).

Die Darstellung des gefangenen Feindes ist fester Bestandteil der antiken Architektur. Die Kraft des bezwungenen Gegners wird dienstbar gemacht, er wird zur tragenden Säule. In Wien, der Hauptstadt eines Reiches, das nur mit Mühe vor dem Zerfall zu bewahren war, wurden die ›steinernen Gefangenen‹ in reichem Maß verwendet. So erscheinen Türken als Atlanten an Fassaden und in Empfangsräumen herrschaftlicher Gebäude. Bärtig, muskulös und riesig, setzen sie Akzente in der barocken Architektur. Im Erdgeschoß steigern sie die Wucht der Bauten, in den oberen Etagen scheinen sie dagegen elegant nach oben zu streben.

Das Belvedere, Sommerresidenz von Prinz Eugen
Eugen von Savoyen (1663-1736; ● *35*, ▲ *247*), erfolgreicher Heerführer und Unterhändler, ließ das Obere Belvedere 1721-22 von Johann Lukas von Hildebrandt erbauen.

Ein Bauwerk zum Ruhm des »Türkenbezwingers«
Die Vielzahl der Atlanten und anderer Figuren wie z. B. Rossebändiger sollten den Ruhm Prinz Eugens mehren. Die Riesen in der Sala terrena, die auf den Garten hinausgeht, scheinen durch das Gewölbe erdrückt zu werden; weitaus zierlicher wirken die Hermenatlanten im Treppenhaus, das die Heldentaten Alexanders des Großen thematisiert. Alle Atlanten tragen Kriegstrophäen, die auf Prinz Eugen verweisen.

Neoklassik
Im 19. Jh. tritt zur Schau getragener Gleichmut an die Stelle der geballten Muskelkraft.

Variationen
Im Laufe des 18. Jh. gestatteten sich die Bildhauer größere Freiheit in der Gestaltung der Atlanten, die manchmal ihre Aufgabe vernachlässigen, um leicht ironisch auf alle herabzusehen, die die Portale des Palastes durchschreiten.

Das Winterpalais des Prinzen Eugen
Prinz Eugen schätzte die Darstellungen von muskulösen Riesen, die an seine Siege erinnern. Im Winterpalais (▲ *147*) geleiten sie den Besucher eine Treppe hinauf, die aus einem düsteren und strengen Erdgeschoß in das lichtdurchflutete erste Stockwerk hinaufführt, wo der Herr über Schloß und Menschen residierte.

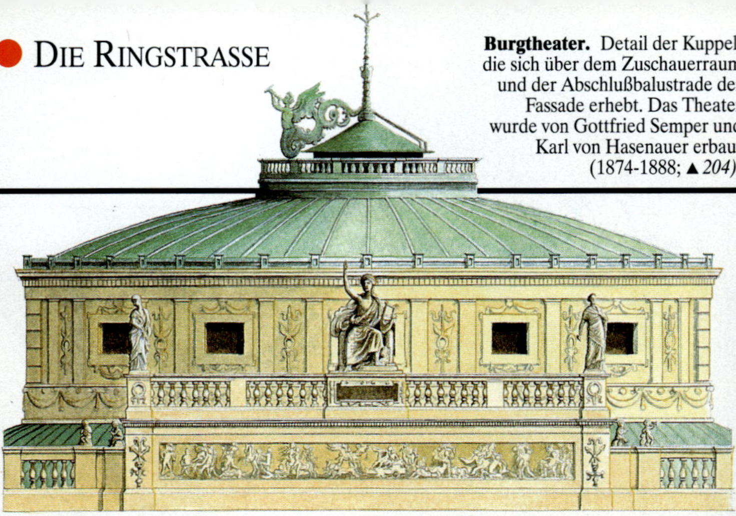

Burgtheater. Detail der Kuppel, die sich über dem Zuschauerraum und der Abschlußbalustrade der Fassade erhebt. Das Theater wurde von Gottfried Semper und Karl von Hasenauer erbaut (1874-1888; ▲ *204*).

Als Wien in seinen alten Befestigungsanlagen zu ersticken drohte, wurden im Jahr 1860 die Mauern geschleift. So bot sich dem in der Gründerzeit entstandenen Bürgertum Platz, seine ›heiligen Stätten‹ zu errichten, zu denen Rathaus, Börse und Parlament zählen, aber auch die Universität, Museen und – nicht zu vergessen – die Akademie der Bildenden Künste, die Staatsoper, das Burgtheater sowie ein Konzertsaal. Dieser fröhliche Eklektizismus, durch den die Ringstraße das Aussehen eines Baukastens für Erwachsene erhielt, wurde von Puristen kritisiert. Sie bezeichneten die Prachtstraße, so Adolf Loos, als »Potemkinsches Dorf«; es stellte in ihren Augen ein Symbol für das Unvermögen und die Scheinheiligkeit der Industriegesellschaft dar.

Kunsthistorisches und Naturhistorisches Museum
Die Museen (▲ *207*) wurden von Gottfried Semper und Karl von Hasenauer mit Stilelementen aus Barock und Renaissance gestaltet, um sie der benachbarten Hofburg anzupassen. Sie sind von Kuppeln mit kleinen Laternen gekrönt, die die Wucht der Gebäude hervorheben.

Rathaus.
Es wurde in den Jahren 1872/73 von Friedrich von Schmidt gebaut (▲ *205*). Ein Turm mit flämischen Anklängen überragt das Gebäude. Die Innengestaltung mit ihren weit ausladenden Treppen und prächtigen Repräsentationsräumen scheint mit dem kaiserlichen Prunk wettzueifern.

Athenebrunnen (Parlament)
(1874-1883; ▲ *205)*
In Anspielung auf das Ursprungsland der Demokratie erbaute Theophil von Hansen das Parlament im neugriechischen Stil. Die Athene aus weißem Marmor (ein Werk Karl Kundmanns von 1902), umringt von den allegorischen Figuren der Tugenden und aller großen Flüsse des Reiches, erinnert mit ihrem vergoldeten Helm und Schild an die in Gold und Elfenbein gehaltene Statue der Athena Parthenos auf der Akropolis.

Palais Todesco. Der Bau wurde von Ludwig Förster und Theophil von Hansen in der Kärntnerstraße gegenüber der Oper errichtet (1861-1864*)*. Dieses Palais gehörte zu den ersten, die sich der neue Geldadel im Stil der Neo-Renaissance bauen ließ. Es soll an die Pracht der Medici erinnern.

Das Mietshaus Ecke Grillparzerstraße und Rathausstraße ist ein überzeugendes Beispiel für das Geschick der Architekten des ausgehenden 19. Jh., Stockwerke zu kaschieren, um die Gliederung eines italienischen Renaissance-Palastes vorzutäuschen. Ganz in der Nähe ist an zwei Wohnhäusern von Otto Wagner das gleiche Bauprinzip zu sehen.

Votivkirche *(▲ 203)*
Heinrich von Ferstel schuf diese Kirche zwischen 1856 und 1879 nach dem Vorbild französischer Kathedralen. Gemäß der zu seiner Zeit verbreiteten rationalistischen Auffassung hob er die gotischen Bauelemente hervor, wie aus dem Aufbau der Hauptfassade ersichtlich ist.

Die Protagonisten der Wiener Secession (1897-1914) wollten mit der konservativ-akademischen Kunst und dem Eklektizismus der historistischen Ringstraßen-Architektur brechen und entwickelten eine strenge und ornamentale Kunst, die über den tragenden Eisenteilen Schmuckelemente aus Keramik oder Metall bevorzugte. Die Architektur der Secession erreichte schon lange vor 1900 jene Strenge, die später auch in die Art déco Eingang fand. Indem Josef Hoffmann (1870-1956) kubische Formen mit prächtigen Eisenfassungen versah, stellte er das klassische Bauprinzip der Gestaltung mit Schmuckelementen auf den Kopf. Adolf Loos (1870-1933), in der Rolle des provozierenden Dandy, unterzog in seiner Schrift *Ornament und Verbrechen* auch seine ehemaligen Mitstreiter einer polemischen Kritik.

Ankerhaus
(1893-1895; ▲ *138)*
Bei diesem Haus von Otto Wagner am Graben kontrastieren die leichte Metallkonstruktion von Erd- und Zwischengeschoß und die verglasten Terrassen mit der wuchtigen Gestaltung der Steinfassade.

Schützenhaus. Das mit einer Schleuse versehene Haus erbaute Otto Wagner 1906/07 im Zusammenhang mit seinen Arbeiten als künstlerischer Leiter der Donauregulierung. Der Sockel aus Granit, die Platten aus weißem Marmor, deren Befestigung nicht versteckt ist, sondern sichtbar die Fassade gestaltet, und der Fries aus blauer Keramik unterhalb des Daches bieten ein Beispiel dafür, daß auch ein funktionaler Nutzbau geschmackvoll und elegant gestaltet sein kann.

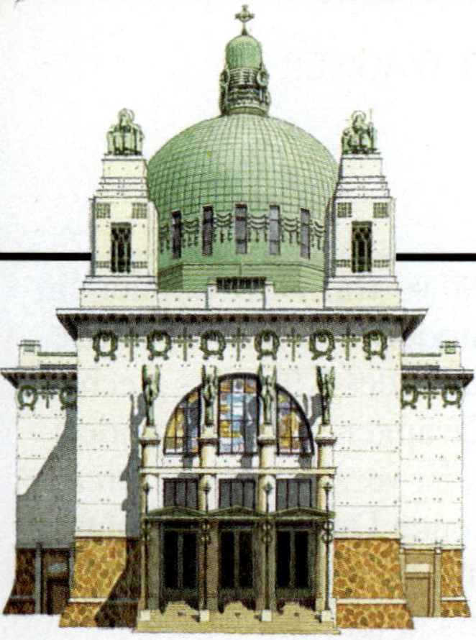

Kirche St. Leopold. Die von Wagner errichtete Kirche (1904-1907; ▲ *288)* wirkt wie eine Variation auf die Karlskirche (▲ *238)*, gehorcht aber modernen Bauprinzipien. Das sakrale Hauptwerk der Secession überragt den Gebäudekomplex der Nervenheilanstalt Steinhof.

Dr. Karl Lueger-Gedächtniskirche (1908-1910; ▲ *262)* Max Hegele errichtete diese Kirche zum Gedenken an Karl Lueger (▲ *227)*, 1897 bis 1910 christlichsozialer Bürgermeister von Wien, nach dem Vorbild und in Konkurrenz zur Kirche St. Leopold am Steinhof.

Secession (1898; ▲ *222, 232)* Josef Maria Olbrich (1867-1908) erbaute das Ausstellungsgebäude für die Künstler der Secession in der Nähe des Naschmarktes nach einem Entwurf von Klimt (▲ *227, 250)*. Zunächst fallen das Hauptportal und die aus vergoldeten Lorbeerblättern gestaltete Kuppel ins Auge, auf den zweiten Blick erst offenbart sich das einfache Konstruktionsprinzip aus glatten, kubischen Formen. Das Dach ruht ausschließlich auf sechs Pfeilern, die Trennwände sind beweglich. So war der Innenraum je nach Bedarf veränderbar und ermöglichte in der Präsentation der secessionistischen Kunstwerke eine bislang unbekannte Flexibilität.

Villa Vojczik (1902) Der Bau wurde von Otto Schönthal ausgeführt. Er ist ein Beispiel für die Verbindung von Schmuckelementen und klassisch gegliederter Struktur.

Karlsplatz (1898; ▲ *223, 240)*

Das Stationsgebäude der Stadtbahn ließ Wagner aus vorgefertigten Metallteilen errichten und mit farbiger Keramik verkleiden.

Mietshäuser Wagner erbaute 1898 in der Linken Wienzeile zwei Häuser (▲ *237)*, die funktional und gleichzeitig poetisch gestaltet sind. Die Medaillons stammen von Kolo Moser, die Fliesen des benachbarten Majolikahauses entwarf Alois Ludwig.

Die Postsparkasse von Otto Wagner

Warmluftausbläser (▲ 228).

In den Jahren 1890 bis 1900 vertrat Otto Wagner ein Architekturkonzept, das moderne Techniken nutzte und der individuellen Freiheit des Künstlers Rechnung trug, sich von allen Zwängen historisierender Stilrichtungen zu befreien. Er verzichtete bei seinen Bauten auf jedes schmückende Dekor und betonte die Wirkung der Oberfläche. Gemeißelte Motive wurden durch flache Reliefs in feinen Farbabstufungen ersetzt. Dem klar gegliederten Grundriß sollte ein ebenso klar gegliederter Bau entsprechen. Die Postsparkasse (1904-1906) ist ein vollkommenes Beispiel für eine Bauweise, die Konstruktion und formale Gestaltung in den Dienst der Funktion stellte. Dieses Prinzip wurde zu einem wesentlichen Bestandteil der Moderne.

Außengestaltung
Der mächtige Granitsockel trägt vier mit Sterzing-Marmor verkleidete Stockwerke, die eine glatte Fläche aufweisen. Ein vorspringendes Kranzgesims betont durch seine auffälligen Rechtecke aus Metall die Attika mit ihrer Aluminiumbalustrade.

Fassadenverkleidung
Die Verkleidung aus Granit- und Marmorplatten ist mit einer Vielzahl von Nieten aus Bronze befestigt, die die Fassade optisch gliedern.

Treppe
Eine monumentale, klar strukturierte Treppe aus weißem Marmor führt in die Schalterhalle.

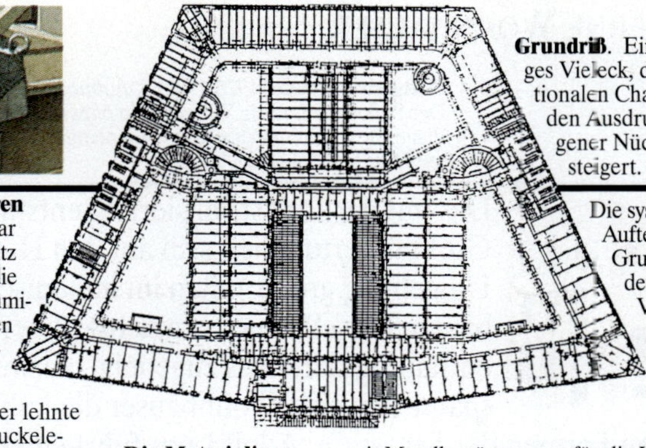

Grundriß. Ein regelmäßiges Vieleck, das den funktionalen Charakter sowie den Ausdruck sachbezogener Nüchternheit steigert.

Die systematische Aufteilung dieses Grundrisses verdeutlicht die Verwendung des Metallgerüstes.

Dachfiguren
Von Othmar Schimkowitz stammen die beiden Aluminiumfiguren mit Siegesgeste.

Otto Wagner lehnte zwar Schmuckelemente ab; den wuchtigen Skulpturen, wie diesen Siegesgöttinnen, gestand er jedoch einen bedeutenden Platz zu. Sie erheben sich, archaischen Koren vergleichbar, am Dachgesims.

Die Materialien
Otto Wagner hob die Künstlichkeit industrieller Materialien hervor und bevorzugte Baukonstruktionen mit Metallgerüsten. Die sichtbaren Teile werden als Schmuckelemente eingesetzt und schaffen so abstrakte geometrische Kompositionen, für die Wagner meisterlich die optische Wirkung des Materials einzusetzen weiß: es ist matt oder glänzend, glatt oder genarbt.

Schalterhalle
Die Einheit von Form und Funktion tritt hier ganz unmittelbar vor Augen. Baustruktur und technische Vorrichtungen werden zu Gestaltungselementen, die den Grundsatz des Architekten versinnbildlichen: »Nur die Notwendigkeit gebietet der Kunst.«

Das Glasdach der Schalterhalle
Die Konstruktion der Schalterhalle erinnert an dreischiffige gotische Sakralbauten. Überwölbt wird sie durch ein Glasdach, das durch horizontale und vertikale Eisenträger gestützt wird. Die Halle besticht in ihrer Gesamtheit durch ihre überaus große Leichtigkeit und Transparenz.

Wittgensteinhaus (1926-1928) *Kundmanngasse 19*
Der Philosoph Ludwig Wittgenstein entwickelte selbst die Pläne für sein minimalistisches Wohnhaus und realisierte es mit Hilfe von Paul Engelmann.

Das mit der Industrialisierung entstandene Großbürgertum ließ sich auf den Hügeln der Umgebung große Villen im italienischen Stil bauen. Otto Wagner, zunächst dieser Prachtentfaltung durchaus zugeneigt, verwendete später für seine Wohnhäuser die kühnen geometrischen Formen der Secession. Adolf Loos führte diesen Purismus mit äußerster Konsequenz weiter, ohne jedoch die Strenge etwa von Wittgenstein zu erreichen. Josef Hoffmann schließlich wandte sich zunehmend Variationen der klassizistischen Formen zu.

Haus Arnold (1923-1925)
Die Schüler Hoffmanns – so etwa Lois Welzenbacher – wandelten den klassizistischen Stil ihres Lehrers weiter ab, wie an dieser eher traditionellen Fassade zu sehen ist.

Villa Skywa-Primavesi (1913-1915, ▲ *287*)
Hoffmann nahm bei dieser Fassade die Grundsätze der klassischen Komposition auf. Typisch ist die vertikale Gliederung.

Grundriß der Ersten Villa Wagner (1886-1888) *Hüttelbergstraße 26*
Die beiden von Säulen getragenen Flügel, der Zugang über majestätische Treppen und die Anlage der Terrassen gehen auf Palladio zurück, sind jedoch auch vom Symbolismus beeinflußt.

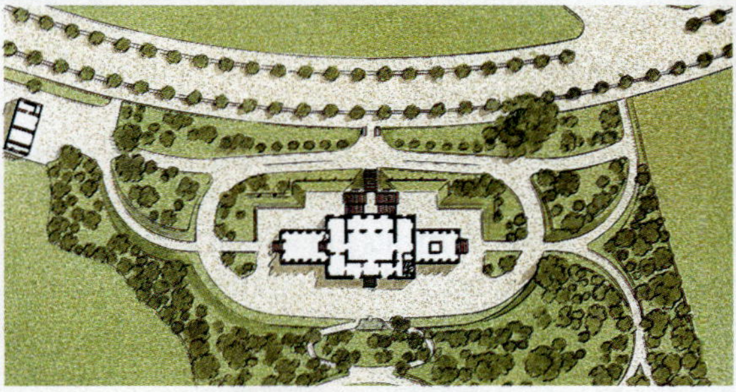

Arnold Böcklin inspirierte mit seinem Bild *Villa am Meer* die Überwindung des italienischen Vorbilds.

Portal der Zweiten Villa Wagner
Die stilisierte Athene in Waffen (Leopold Forstner) über dem Portal ist in die strenge Linienführung des Türstocks integriert.

Zweite Villa Wagner
(1912-1913) *Hüttelbergstraße 28*
Geometrische Strenge der Ornamentik und die strenge Farbgebung belegen die Entwicklung Wagners hin zu monumentaler Einfachheit, die Merkmale der Secession mit denen der Wiener Werkstätte verband.

Haus Hoffmann (1930-1932)
Es wurde für eine Ausstellung des Werkbundes gebaut und verbindet in bemerkenswerter Formgebung Sparsamkeit der Materialien und Funktionalität, was die Gestaltung des verglasten Eingangs verdeutlicht.

Haus Moller
(1927-1928; ▲ 294).
Adolf Loos, der engagierte Kritiker des Jugendstils verwendet hier in ironischem Zitat doch wieder Schmuckelemente und gliedert den Bau symmetrisch, was den Prinzipien der Moderne widerspricht und ihm die Ablehnung der Befürworter einer radikaleren Formensprache eingebracht hat.

Villa Ast (1909-1911) *Steinfeldgasse 2*
In dem letzten der von ihm gebauten Häuser an der Hohen Warte verwirklichte Josef Hoffmann seine Auffassung vom Klassizismus. Bei der Innenausstattung achtete er genau auf Lichteinfall, Ausblicke und die sorgsame Verteilung der Funktionen der Räume.

Haus Moll (1906-1907) *Steinfeldgasse 8*
Hier verbindet Hoffmann Anklänge an das Biedermeier mit modernen Formen.

Nach dem Zerfall des Kaiserreiches und der Proklamation der Österreichischen Republik im Jahr 1918 verlor Wien seine Stellung als Hauptstadt eines Vielvölkerstaates. In der Folgezeit verursachte eine starke Zunahme der Wiener Bevölkerung bittere Wohnungsnot. 1919 veränderte der Wahlsieg der Sozialisten auf kommunaler Ebene die Stadt insofern, als ein »Staat im Staat« entstand, ein Versuchsfeld der Arbeiter-Demokratie. Die großen, zwischen 1919 und 1933 entstandenen Wohnanlagen für Arbeiter (Gemeindehöfe) sind heute noch ein beeindruckendes Zeugnis dieses politisch-sozialen und architektonischen Experimentes.

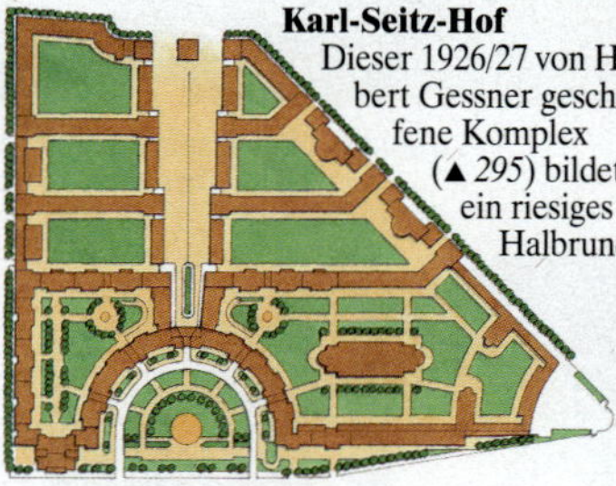

Karl-Seitz-Hof Dieser 1926/27 von Hubert Gessner geschaffene Komplex (▲ *295*) bildet ein riesiges Halbrund.

Karl-Marx-Hof Dieses majestätische, 1 km lange Bauwerk (▲ *295*) mit mehr als 1600 Wohnungen schuf Karl Ehn 1927-1930. Es gruppiert sich um sechs Türme, die sich über 13 m langen, gewölbten Brücken erheben und die Gesamtanlage wie einen Triumphbogen erscheinen lassen.

Wohnkomplex (1924-1925) *(Phillipsgasse 8)* Mit seinen reizvollen Flechtdekorationen in der Fassade, den Eckmauersteinen in Wimpelform, dreieckigen Erkern und unterschiedlich großen Fensteröffnungen vermeidet dieses Wohnhaus von Siegfried Theiss und Hans Jaksch jede städtische Gleichförmigkeit.

Reumann-Hof (1924-1926)
Um der Anlage (▲ *297*) ein schloßähnliches Aussehen zu geben, spielt Gessner in diesem mächtig-massiven Bau immer wieder mit dem Motiv vorspringender Erker, die sich über Mittelteil und Arkaden des Erdgeschosses und der Attika ordnen.

Die Tür des Klosehofes (1924)
zeigt die Eleganz des klassischen Modernismus von Hoffmann.

Liebknechthof (1926)
Elemente aus der historistisch orientierten Bauweise des Architekten Karl Krist wie Spitzbogen und Giebeltürmchen der Erkerfenster, die der Gotik nachempfunden sind, werden mit Hilfe expressionistischer und konstruktivistischer Elemente feinfühlig abgewandelt.

Tür des Sandleitenhofes
(1924-1928)
Hoppe, Schönthal, Matuschek, Theiss, Jaksch, Krauss und Tölk: Viele bekannte Architekten gestalteten diese Anlage, in der alltägliche Motive fantasievoll umgesetzt wurden.

Zeitgenössische Bauwerke

Schule Köhlergasse Fortwährende Veränderungen des ursprünglichen Projektes verleihen diesem Gebäudekomplex von Hans Hollein (▲ *137*) eine große Formenvielfalt.

Die moderne Architektur Wiens zeigt höchst unterschiedliche Formen wie z. B. die ausgeklügelten Bauten von Hans Hollein (1934), den neuen »Klassizismus« von Robert Krier (1938), die Heftigkeit des »Ungestalteten« einer Architektengruppe namens »Coop Himmelblau« oder die ökologischen Bauten des Malers Friedensreich Hundertwasser. Diese Konzepte lassen sich nur in einer Stadt verwirklichen, wo architektonischer Pluralismus immer noch die Regel ist.

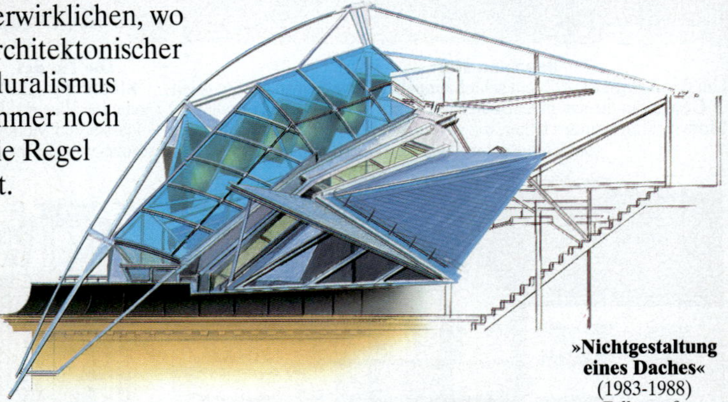

»Nichtgestaltung eines Daches« (1983-1988) *Falkestraße* Das Dach dieses avantgardistischen Gebäudes setzt sich, entsprechend den Ideen der Gruppe »Coop Himmelblau«, aus zahlreichen geometrischen Formen zusammen. Neben der Lust an der Provokation äußert sich in diesem Bauwerk eine Vorliebe für ungewöhnliche Formgebung.

Wohnhauskomplex (1983-1987, *Schrankenberggasse*): Robert Krier zeichnet sich durch seinen Sinn für Proportionen aus. Das Spannungsverhältnis der Motive und das Spiel der Farben kennzeichnen ein Bauwerk, das der Tradition des sozialen Wohnanlagenbaus in Wien verpflichtet ist.

Hundertwasserhaus (1983-1985; ▲ *228*; *Kegelgasse Ecke Löwengasse*) Hundertwasser verwirklichte mit Unterstützung Peter Pelikans seine Vorstellungen vom ökologischen Bauen in der Stadt.

Wien – von Malern gesehen

Jean-Louis Gaillemin

Bernardo Bellotto (1720-1780) ließ sich in Venedig bei seinem Onkel, dem Vedutenmaler Antonio Canal, genannt Canaletto, ausbilden. Anfänglich knüpfte er an dessen Stil an, litt auch unter der fehlenden Eigenständigkeit, was ihn jedoch nicht daran hinderte, dessen Beinamen zu übernehmen. 1740 verließ erVenedig und ging nach Rom. 1746/1747 nahm er eine Einladung von August III., Kurfürst von Sachsen und König von Polen, an und zog nach Dresden. Bellottos romantische Landschaftsbilder verschafften ihm Ruhm und Aufträge. Er verbrachte die Jahre 1759/1760 auf Einladung Maria Theresias in Wien und porträtierte die Stadt in insgesamt 13 Veduten. Sein Gemälde *Wien vom Belvedere aus gesehen* (Bild oben) von 1759 zeigt im Vordergrund die Gärten des Salesianerinnen-Klosters, das Untere Belvedere und seine Orangerie sowie das Palais Schwarzenberg. Eingerahmt wird die Szenerie von den Kuppeln der Karlskirche und der Salesianerinnen-Kirche. Im Hintergrund sieht man die Altstadt, die von der Spitze des Stephansdoms überragt wird. Am Horizont ist der Wienerwald zu erkennen. Der Maler spielt gekonnt mit dem Gegensatz zwischen dem mondänen Belvedere und der romantischen Stimmung des abgeschlossenen Gartens des Palais Schwarzenberg. Die *Freyung in Wien* (Bild rechts) zeigt den gleichnamigen, malerischen Platz in der Inneren Stadt. Neben bürgerlichen Häusern sind die Palais Harrach, Kinsky und Batthyány-Schönborn zu sehen, im Hintergrund die Schottenkirche. Auf dem Platz tummeln sich Menschen aus allen Gesellschaftsschichten.

Manche Maler erlangen posthume Berühmtheit weniger aufgrund ihres Talentes, als vielmehr in ihrer Eigenschaft als Zeitzeugen: Longhi in Venedig, van Mour in Konstantinopel und Martin van Meytens (oder Mytens) in Wien. Der Holländer Meytens (1695-1770) wuchs in Stockholm auf, wo sein Vater Porträtmaler am Hofe war. Im Anschluß an Studienaufenthalte in Holland und England arbeitete er als Miniaturmaler in Paris. Nach Aufenthalten in Dresden und Wien widmete sich Meytens in Italien dem Studium der großen Venezianer. Schließlich ließ er sich erneut in Wien nieder, wo man ihn 1730 offiziell zum kaiserlichen Hofmaler ernannte. 1759 wurde er Direktor der Akademie der Schönen Künste. Von besonderem Interesse sind heute vor allem Meytens Darstellungen der zeitgenössischen Mode sowie seine großen Ölgemälde. Diese bestechen nicht durch die malerische Komposition, sondern weil sie hervorragende Zeitdokumente sind. So auch die Gemälde, die Maria Theresia (● *36*) 1760 zur Heirat ihres Sohnes, des künftigen Joseph II., mit Isabella von Parma in Auftrag gab. Das obere Bild zeigt den prachtvollen Hochzeitszug aus 94 Wagen auf dem Weg zur Augustinerkirche. Ein anläßlich der Vermählung vor der Kaiser-Familie im Burgtheater aufgeführtes Konzert ist das Motiv des nebenstehenden Gemäldes. Das Kind rechts im Bild stellt angeblich Mozart (● *48*, ▲ *147, 281*) dar.

Das bevorzugte Ausflugsziel der Wiener, der Wienerwald (■ *18*), inspirierte auch die Maler zu romantischen Ansichten der Stadt und der umliegenden Dörfer. So auch Ferdinand Georg Waldmüller (1793-1865), der 1848 und 1859 Ansichten von Mödling schuf. Als Vertreter des österreichischen vormärzlichen Realismus lehnte Waldmüller eine akademische Kunstauffassung ab. Er hinterließ eines der bedeutendsten Zeitdokumente über das Biedermeier (● *62*). Seine Hofporträts, die Bildnisse von Schauspielerinnen und bürgerlichen Familien sowie seine Darstellungen des ländlichen Lebens zeigen eine patriarchalische Gesellschaft zu Beginn der Industrialisierung. Berühmt geworden ist Waldmüller vor allem durch seine Landschaften, denen er durch plastisch modellierendes Sonnenlicht eine unwirkliche Schärfe verleiht. Anders als viele neoklassizistische Landschaftsmaler ließ sich Waldmüller kaum von den italienischen Meistern beeinflussen. Vielmehr bemühte er sich, am Motiv selbst zu arbeiten. Er wählte bevorzugt die Perspektive der Nahsicht, die es ihm erlaubte, aus dem Diktat der »schönen Komposition« auszubrechen. Dies wird bei der Ansicht des Prater deutlich (Bild rechts), dessen Wiesen damals von den Bauern der Umgebung gemäht wurden. Auch in seinen idyllischsten Landschaften gelingt es ihm, die Härte des Landlebens zum Ausdruck zu bringen.

»Treffpunkt war am nächsten Tag, gegen Mittag, am Schild Zum Blauen Hirschen, einer Schänke in Grinzing. Sobald der Sommer gekommen war, brachten sie Wurst und Schinken mit, um dazu den jungen Wein zu trinken, und speisten unter der Akazie, zwischen Fässern mit sechzehn Fassreifen.«

Paul Morand

Selbstportrait Rudolf von Alt.

Die bekanntesten Mitglieder der Familie Alt sind Franz und Rudolf, Söhne des in Frankfurt geborenen Jakob. Als reisender Vedutenmaler schuf Jakob Alt Aquarelle mit verschiedenen Ansichten des Kaiserreichs, so auch von Wien (Bild unten, 1817). Rudolf, der ›Wiener Canaletto‹, führte die Vedutenmalerei zur Vollendung. Später malte er vornehmlich Innenansichten. Dieser Blick in das Atelier von Hans Makart (1885) vermittelt einen Eindruck von der Welt Malers, der sich zudem als Porträtist der Damen von der Ringstraße einen Namen gemacht hat.

Engelhart und Moll

Nach einem raschen wirtschaftlichen Aufschwung erlebte Wien im Jahre 1900 soziale Unruhen, die die avantgardistischen Maler nur selten thematisierten. Josef Engelhart (1864-1941), ein dem Verismus und Naturalismus nahestehender Künstler, stellte bevorzugt das Wiener Bürgertum dar, wie etwa in dem Ölbild *Gesellschaft im Sophiensaal* von 1903 (rechts). Carl Moll (1861-1945) (▲ *255*), Sohn eines Großkaufmanns, war ein diskreterer Beobachter. Er sah die soziale Realität mit dem sorglosen Blick der holländischen Maler (Bild oben, *Die Muttelfabrik*).

Wien in der Literatur

KARA MUSTAFA UND DIE BELAGERUNG VON WIEN

Kara Mustafa, der Stellvertreter des Sultans, bezahlte das Scheitern der zweiten Belagerung Wiens im Jahr 1683 mit seinem Leben. Der Autor des Tagebuches ist Zeremonienmeister an der Hohen Pforte, berichtet aber nicht nur über seinen Aufgabenbereich, sondern auch über sonstige Ereignisse während der Belagerung.

“Samstag 17. Juli. Am späten Vormittag bestieg der hochmächtige Großwesir seinen windschnellen Renner, um die Umgebung der Festung in näheren Augenschein zu nehmen. Er ritt durch den Strom zu der Insel hinüber, deren Brücke gestern abgebrannt worden war, begab sich dort zu dem herrlichen Park, der als ›Kaisergarten‹ [gemeint ist der heutige Augarten in der Leopoldstadt] bezeichnet wird, besichtigte ihn und ruhte eine Weile. Darauf besah er sich durch das Fernrohr die Festung und die große Brücke über die Donau und ritt dann ohne die geringste Besorgnis etwa auf Flintenschußweite an der Festung vorbei, überquerte das Wasser an der gleichen Stelle, wo er hergekommen war und an der man inzwischen in aller Eile eine Brücke geschlagen hatte, und traf zur Zeit des Nachmittaggebetes wieder in seiner hohen Zeltburg ein. Nach dem Nöbet [Wachablösung, die von einer Musikparade begleitet wird] hielt er Diwan und widmete sich der Obsorge für die Knechte Allahs.

In dem vorhin erwähnten Kaisergarten gibt es so kunstvolle Teichanlagen und Lustbauten und so mannigfache Blumen und Obstbäume, daß es unmöglich zu beschreiben ist. Man führte dem Großwesir einen Vogel vor, der Ziegenvogel genannt wird; sein Kopf und Hals gleichen denen des Pfauen, den Rumpf hat er genau so wie eine Ziege, und die Füße sind wieder wie bei einem Vogel. Auch ein Vogel Strauß wurde herbeigebracht. Und in den Gärten der Giauren gedeihen auch Zitronen, Datteln und Kardamom, wahrlich ein Land, das dem Islam zugedacht war! Preis sei Allah, daß Er es in unsere Hände gegeben hat! –

Der Pfortenagent des Emîr (Mehmed) Pascha, der die Meldung von der Einnahme der Brücke gebracht hatte, wurde mit einem mittleren Ehrengewand bekleidet. Nunmehr haben die Giauren in der Festung keine einzige Brücke mehr, über die sie von den Giauren im Feldlager draußen Verstärkung erhalten könnten. Allah sei gepriesen – auch dies ist ein Vorzeichen des großen Sieges, daß sie nun wie aufs Marterholz hingestreckt von allen Seiten eingeschlossen sind und unter Belagerung stehen!”

KARA MUSTAFA, *DAS TÜRKISCHE TAGEBUCH DER BELAGERUNG WIENS 1683, VERFASST VOM ZEREMONIENMEISTER DER HOHEN PFORTE,* ÜBERSETZT, EINGELEITET UND ERKLÄRT VON RICHARD F. KREUTEL, VERLAG STYRIA, GRAZ, WIEN UND KÖLN 1966

MOZART UND DER PRATER

Eduard Mörikes (1804-1875) Novelle erschien 1855 im Morgenblatt für gebildete Stände. *Sie bewegt sich zwischen romantischer Künstlernovelle und historisch situierter Charakterstudie. Mozart ist zusammen mit seiner Frau Konstanze auf dem Weg nach Prag, um dort seine neue Oper* Don Juan *zur Uraufführung zu bringen.*

“Er bückte sich, brach einen Pilz und pries die prächtige hochrothe Farbe des Schirms, die zarten weißlichen Lamellen an dessen unterer Seite, auch steckte er verschiedene Tannenzapfen ein.

»Man könnte denken,« sagte die Frau, »du habest noch nicht zwanzig Schritte hinein in den Prater gesehen, der solche Raritäten doch wohl auch aufzuweisen hat.«
»Was Prater! Sapperlot, wie du nur das Wort hier nennen magst! Vor lauter Carossen, Staatsdegen, Roben und Fächern, Musik und allem Spektakel der Welt, wer sieht denn da noch sonst etwas? Und selbst die Bäume dort, so breit sie sich auch machen, ich weiß nicht – Bucheckern und Eicheln, am Boden verstreut, sehn halter aus als wie Geschwisterkind mit der Unzahl verbrauchter Korkstöpsel darunter. Zwei Stunden weit riecht das Gehölz nach Kellnern und nach Saucen.«
»O unerhört!« rief sie, »so redet nun der Mann, dem gar nichts über das Vergnügen geht, Backhähnl im Prater zu speisen!«”

EDUARD MÖRIKE, *MOZART AUF DER REISE NACH PRAG*, J. G. COTTASCHER VERLAG, STUTTGART UND AUGSBURG 1856

CASANOVA ÜBER MARIA THERESIA

Giacomo Girolamo Casanova de Seingalt (1725-1798), adliger Lebemann mit wenig sittsamem Lebenswandel, verfaßte als 65jähriger im böhmischen Exil seine Memoiren. Auf fast 4000 Seiten schildert er seine bewegte Geschichte, die ihn nach der Flucht aus seiner Heimat Venedig auch mehrmals nach Wien führte.

“Alles in Wien war schön; es gab dort viel Geld und viel Luxus, aber große Hemmnisse für die Anhänger der Venus. Schändliche Spione, die man Keuschheitskommissare [diese Sittenpolizei wurde 1751 eingerichtet und 1753 unmittelbar der Regierung unterstellt] nannte, waren die unerbittlichen Quälgeister aller hübschen Mädchen; die Kaiserin hatte alle Tugenden, nicht aber die der Duldsamkeit, wenn es sich um unerlaubte Liebe zwischen Mann und Frau handelte. Die große, sehr fromme Herrscherin haßte die Todsünde ganz allgemein, und in dem Wunsch, sich vor Gott in deren Ausrottung ein Verdienst zu erwerben, glaubte sie füglich, man müsse jede einzelne streng bestrafen. Sie nahm also das Verzeichnis der sogenannten Todsünden in ihre königlichen Hände, fand ihrer sieben und beschloß, daß sie sechs übersehen könne; die Unzucht aber erschien ihr unverzeihlich, und gegen diese wandte sich ihr Eifer und überschlug sich. [...]

»Meinen Untertanen steht es frei, alle Frauen hübsch zu finden, die ihnen hübsch erscheinen, und die Frauen werden alles mögliche anstellen, um so auszusehen; soll man einander anschmachten, solange man will, ich kann es nicht verhindern. Aber ich werde niemals die unwürdige Handlung dulden, die darauf abzielt, diese Begierde zu befriedigen, auch wenn sie von der menschlichen Natur untrennbar und Anlaß für die Fortpflanzung der Art ist. Man heirate, wenn man dieses Vergnügen haben will, und zuschanden soll werden, wer es sich um Geld verschaffen möchte; nach Temesvar [Verbannungsort für Prostituierte, heute Timisoara in Westrumänien] soll man alle Unwürdigen schicken, die von dem Gewinn leben, den sie aus ihren Reizen ziehen zu können glauben. Ich weiß, daß man auf diesem Gebiet in Rom nachsichtig ist, um angeblich die Sodomie, die Blutschande und den Ehebruch zu verhüten. Aber unter meinem Himmel ist es anders; meine Deutschen haben nicht den Teufel im Leib wie die Italiener und finden im Gegensatz zu diesen ihren Trost in der Flasche.«”

GIACOMO CASANOVA, *GESCHICHTE MEINES LEBENS, BD. 3*,
PROPYLÄEN VERLAG, BERLIN 1985

LADY MONTAGU ÜBER DIE ÖSTERREICHISCHE MENTALITÄT

Mary Wortley Montagu (1689-1762) reiste mit mehreren Zwischenstationen 1716 in die Türkei, wo sie sich bis 1718 aufhielt. Sie genoß schon zu Lebzeiten die Wertschätzung ihrer Zeitgenossen wegen ihrer lebendig und pointiert geschriebenen Briefe. Im Herbst und Winter 1716/17 weilte sie für längere Zeit in Wien, bevor sie in den Orient weiterreiste. Der Brief stammt vom 26. September 1716.

“Aus Österreich kann man keine feurigen Briefe schreiben, ich bin schon von dem Phlegma dieses Landes angesteckt. Selbst ihre Liebeshändel und Zänkereien tragen sie mit erstaunlicher Mäßigung aus; sie werden nur dann lebhaft, wenn es um das Zeremoniell geht. Da zeigen sie in der Tat ihre ganze Hitze. Erst kürzlich begegneten sich zwei Kutschen bei einbrechender Nacht in einer engen Gasse. Die Damen, die darin saßen, konnten sich über das Zeremoniell, welche von beiden Kutschen zurückfahren sollte, nicht einigen, und nun saßen sie mit gleichem Heldenmute da, bis zwei Uhr morgens, fest entschlossen, eher auf der Stelle zu sterben, als in einer Sache von dieser Wichtigkeit nachzugeben. Auf diese Weise wäre die Gasse vor ihrem Tod nie wieder freigeworden, hätte nicht der Kaiser seine Garde geschickt. Auch da wollten sie nicht heraus, bis man den Mittelweg fand, beide pünktlich in dem nämlichen Augenblick herauszuheben und in Sänften zu setzen. Nun hatte der Streit zwischen den Damen ein Ende, allein es gab neue Schwierigkeiten mit den Kutschern, die nun um den Vortritt stritten; denn sie wachen über ihren Rang ebenso hartnäckig wie ihre Herrschaft.”

LADY MARY WORTLEY MONTAGU, *BRIEFE AUS DEM ORIENT*,
STEINGRÜBEN VERLAG, STUTTGART 1962

STIFTERS WIEN

Adalbert Stifter (1805-1868) hat die Beiträge zu einer Anthologie »Wien und die Wiener«, deren Redaktion er auch übernahm, auf Anregung des Verlegers Heckenast verfaßt. Die Texte sind stark autobiographisch, Stifter zeichnet sein Wien und die Wiener ›nach dem Leben‹.

“Ganze Gassen schimmern im Morgenglanze, ganze Fensterreihen belegen sich mit Gold – Turmkreuze und Kuppeln funkeln – von einzelnen Türmen fallen die sanften Klänge der Glocken zum Morgen-Ave. In den Gassen regt sich's; schwarze Punkte werden sichtbar und bewegen sich und schießen durcheinander, sie werden immer mehr, einzelne frische Schalle schlagen herauf, das Rollen, Rasseln und Prasseln wird immer dichter, das verworrene Tönen ergreift alle Stadtteile, als ob sich Gassen und Häuser durcheinander

»Er kaufte das Buch, weil der Antiquar ihm erzählte, Mark Aurel sei in Wien gestorben.«

John Irving

rührten, bis ein einziges dichtes, dumpfes, fortgehendes Brausen unausgesetzt durch die ganze Stadt geht. Sie ist erwacht. Indes schwingt sich die Sonne siegend und lächelnd, wie ein silbern reines Schild, immer höher über das wirre Babel empor. Und nun, da der Tag alles ins Klare gebracht hat, lasse unsere Blicke durch dies schöne Schauspiel wandern, ehe der Wind sich hebt, und der Staub seine schmutzigen Schleier über ganze Teile der Stadt, und jenen schönen Schmelz der Fernsicht legt. Der Teil gerade zu unsern Füßen ist die eigentliche Stadt. Wir sehen sie, wie eine Scheibe um unsern Turm herumliegen, ein Gewimmel und Geschiebe von Dächern, Giebeln, Schornsteinen, Türmen, ein Durcheinander von Prismen, Würfeln, Pyramiden, Parallelopipeden, Kuppeln, als sei das alles in toller Kristallisation an einander geschossen, und starre nun da so fort.
– In der Tat, von dieser Höhe der Vogelperspektive angesehen, hat selbst für den Eingebornen seine Stadt etwas Fremdes und Abenteuerliches, so daß er sich für den Augenblick nicht zu finden weiß. Wie eine ungeheure Wabe von Bienen liegt sie unten, durchbrochen und gegittert allenthalben und doch allenthalben zusammenhängend, nur die Gassen nach allen Richtungen sind wie hineingerißne Furchen, und die Plätze wie ein Zurückweichen des Gedränges, wo man wieder Luft gewinnt. Senkrecht im Abgrund unter uns liegt der Platz St. Stephans; die Menschen laufen auf dem lichtgrauen Pflaster wie dunkle Ameisen herum, und jene Kutsche gleitet wie eine schwarze Nußschale vorüber, von zwei netten Käferchen gezogen, und immer mehr und mehr werden der Ameisen und immer mehr der gleitenden Nußschalen. Dort, nur durch eine dünne Häuserschicht von uns getrennt, steht die schöne schwarze Kuppel St. Peters, von dieser Höhe erst sichtbar, wie weit sie die Häusermasse überragt – hinter ihr der freundliche Turm der Schottenabtei, links der schlanke Stift St. Michaels, dann die Augustiner, die Kapuziner, und zwischen ihnen allen – (selber eine kleine Stadt) – die ehrwürdigen Gebäude der kaiserlichen Hofburg. Dann schwingt sich von Süd gegen Ost herum die Häusermasse des Kärntnerviertels, durchschnitten von dem sanften Bogen

der Kärntnerstraße, der menschenwimmelnden – dort ragen die Franziskanertürme, weiter links die der Universität empor, und dort gegen Nordwest – du kleines bescheidenes Türmchen! St. Ruprecht, ältestes der Stadt – und wieder links davon die zart durchbrochne Spitze von Maria am Gestade – und noch andere und andere Türme, Giebel, Erker und Balkone.”

ADALBERT STIFTER, *WIEN UND DIE WIENER IN BILDERN AUS DEM LEBEN*,
WINKLER VERLAG, MÜNCHEN 1954

THEATER – HOFMANNSTHAL ÜBER DIE DUSE

Hugo von Hofmannsthal (1874-1929) gehört ebenso wie Arthur Schnitzler zu den prägenden Autoren der Wiener Moderne, der nicht zuletzt durch seine Libretti für Opern von Richard Strauss bekannt wurde. Sein Text über die Schauspielerin Eleonora Duse, die mehrmals am Wiener Burgtheater auftrat, erschien 1892 in der Zeitschrift Moderne Kunst.

“Sie reist durch Europa; sie ist sehr berühmt. In Deutschland kaum gekannt. Sie heißt also Eleonora Duse.
Wir haben sie dreimal gesehen; ihr Bild ist seither unaufhörlich um uns, wie der Zwang einer Suggestion; aber wir wissen nicht, wie sie aussieht.
Wir sahen einmal eine Fürstin Fedora: eine große Dame, mit blassen, energischen, nervösen Zügen; ihre Lippen waren hochmütig, und in dem Stil, wie sie die Handschuhe auszog, war die aristokratische Grazie einer Sacré-cœur-Erziehung.
Dann sahen wir eine kleine Frau, die hieß Nora; sie war kleiner, viel kleiner als die Fürstin und hatte ganz andere, lachende Augen; sie trippelte im Gehen, wo die andere schwebte, und schwatzte, wo die andere eine Konversation führte; sie hatte im Lachen und Weinen den Ton eines kleinen Kindes und kniete auf den Stühlen und schaukelte und kauerte mit der herzigen Grazie der Frauen aus der kleinen Bourgeoisie, wenn sie sehr jung sind.
Zum dritten Male sahen wir die mit den Kamelien und der sehnsüchtigen Sentimentalität. Da war in weichen Linien, in schwimmenden Blicken, in naiven Geständnissen und Lockungen der Glieder die ganze Grazie der Kokotte in Moll.
So sehr hat die Duse die eine große Schauspielergabe: die der Gestaltung. Sie schafft aus den Intentionen des Dichters heraus mit einem Scharfsinn, dessen Resultat wie Naturnotwendigkeit aussieht. Ihre Schauspielerei ist wie die Historik der Goncourts: wie diese aus einem Kleiderfetzen, einem Menü und einem Sonett eine Gesellschaft rekonstruieren, so konstruiert die Duse aus einem hingeworfenen Wort, einer Gebärde, einer Anspielung den lebendigen Menschen, den der Dichter gesehen hat. So wäre sie die vollendete Schauspielerin des Naturalismus. Sie könnte tote Schlagworte beleben und die kühnsten Hoffnungen derer wahr machen, die an die Nachahmung der Natur glauben.”

HUGO VON HOFMANNSTHAL, *GESAMMELTE WERKE*,
S. FISCHER VERLAG, FRANKFURT/M. 1979/80

ZWEIG ÜBER DIE THEATERLEIDENSCHAFT DER WIENER

Stefan Zweigs (1881-1942) Erinnerungen an das alte Europa sind 1941, nachdem er bereits sieben Jahre im Exil lebte, erschienen und können als Porträt Wiens und seiner Bewohner gelesen werden. Das Wiener Lebensumfeld von Zweig, der einer wohlhabenden jüdischen Familie entstammte, ist heute unwiderbringlich verloren.

“Und was im Theater geschah, betraf indirekt jeden einzelnen, sogar den, der damit gar keinen direkten Zusammenhang hatte. Ich erinnere mich zum Beispiel aus meiner frühesten Jugend, daß unsere Köchin eines Tages mit Tränen in den Augen in das Zimmer stürzte: eben habe man ihr erzählt, Charlotte Wolter – die berühmteste Schauspielerin des Burgtheaters – sei gestorben. Das Groteske dieser wilden Trauer bestand selbstverständlich darin, daß diese alte, halb analphabetische Köchin nicht ein einziges Mal selbst im vornehmen Burgtheater gewesen war und die Wolter nie auf der Bühne oder im Leben gesehen hatte; aber eine große

nationale Schauspielerin gehörte in Wien so sehr zum Kollektivbesitz der ganzen Stadt, daß selbst der Unbeteiligte ihren Tod als eine Katastrophe empfand. Jeder Verlust, das Weggehen eines beliebten Sängers oder Künstlers verwandelte sich unaufhaltsam in Nationaltrauer. Als das ›alte‹ Burgtheater, in dem Mozarts *Hochzeit des Figaro* zum erstenmal erklungen, demoliert wurde war die ganze Wiener Gesellschaft wie bei einem Begräbnis feierlich und ergriffen in den Räumen versammelt; kaum war der Vorhang gefallen, stürzte jeder auf die Bühne, um wenigstens einen Splitter von den Brettern, auf denen ihre geliebten Künstler gewirkt, als Reliquie nach Hause zu bringen, und in Dutzenden von Bürgerhäusern sah man noch nach Jahrzehnten diese unscheinbaren Holzsplitter in kostbarer Kassette bewahrt, wie in den Kirchen die Splitter des heiligen Kreuzes. Wir selbst handelten nicht viel vernünftiger, als der sogenannte Bösendorfer Saal niedergerissen wurde. An sich war dieser kleine Konzertsaal, der ausschließlich der Kammermusik vorbehalten war, ein ganz unbedeutendes, unkünstlerisches Bauwerk, die frühere Reitschule des Fürsten Liechtenstein, und nur durch eine Holzverschalung völlig prunklos zu musikalischen Zwecken adaptiert. Aber er hatte die Resonanz einer alten Violine, er war den Liebhabern der Musik geheiligte Stätte, weil Chopin und Brahms, Liszt und Rubinstein konzertiert, weil viele der berühmten Quartette hier zum ersten Male erklungen. Und nun sollte er einem neuen Zweckbau weichen; es war unfaßbar für uns, die hier unvergeßliche Stunden erlebt. Als die letzten Takte Beethovens verklangen, vom Roséquartett herrlicher als jemals gespielt, verließ keiner seinen Platz. Wir lärmten und applaudierten, einige Frauen schluchzten vor Erregung, niemand wollte es wahrhaben, daß es ein Abschied war. Man verlöschte im Saal die Lichter, um uns zu verjagen. Keiner von den vier- oder fünfhundert der Fanatiker wich von seinem Platz. Eine halbe Stunde, eine Stunde blieben wir, als ob wir es erzwingen könnten durch unsere Gegenwart, daß der alte geheiligte Raum gerettet würde. Und wie haben wir als Studenten mit Petitionen, mit Demonstrationen, mit Aufsätzen darum gekämpft, daß Beethovens Sterbehaus nicht demoliert würde! Jedes dieser historischen Häuser in Wien war wie ein Stück Seele, das man uns aus dem Leibe riß.
Dieser Fanatismus für die Kunst und insbesondere für die theatralische Kunst ging in Wien durch alle Stände.‟

Stefan Zweig, *Die Welt von Gestern*,
Suhrkamp Verlag, Frankfurt/M. 1949

BROCH ÜBER DIE STAATENLOSEN WIENER

Hermann Broch (1886-1951) ist ein aufmerksamer Beobachter des Zeitgeschehens, das er in seinen geschichtsphilosophisch motivierten Romanen sprachlich virtuos einfängt. Sein erstes großes literarisches Werk, die Romantrilogie Die Schlafwandler, *erschien erst nach einer Reihe von theoretischen Essays, wie etwa diesem, in dem er sich mit der ›Gefallsucht‹ der Wiener auseinandersetzt.*

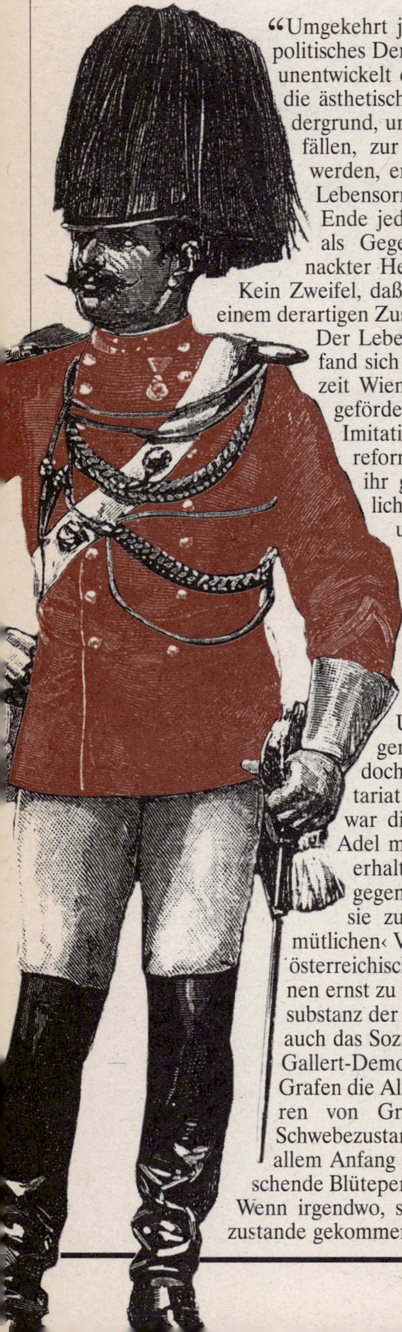

“Umgekehrt jedoch, dort wo im gegenteiligen Extrem politisches Denken gänzlich fehlt, entweder weil es noch unentwickelt oder aber wieder verkümmert ist, da tritt die ästhetische Kategorie mehr und mehr in den Vordergrund, und ohne darum, es sei denn in Ausnahmsfällen, zur wahrhaft künstlerischen Produktion zu werden, erzeugt sie mehr und mehr den Hang zur Lebensornamentierung und Lebensdekoration, am Ende jedoch jene ethische Gleichgültigkeit, die – als Gegenstück zur Bilderstürmerei – sich als nackter Hedonismus, als nackte Gefallsucht äußert. Kein Zweifel, daß das zur Politik unfähig gewordene Wien einem derartigen Zustand zusteuerte.

Der Lebensstil der aristokratischen Oberklasse befand sich bereits in diesem Zustand; die Endblütezeit Wiens im letzten Jahrhundertdrittel hatte ihn gefördert, und sie förderte desgleichen seine Imitation. Was durch die jesuitische Gegenreformation und jahrhundertelang durch die an ihr geschulte Habsburgerpolitik und schließlich durch Metternich im Vormärz angestrebt und niemals errreicht worden ist, nämlich die Erzielung einer tunlichst entpolitisierten, tunlichst einheitlichen, tunlichst harmlosen, einem einfachen Lebensgenuß und seinen friedlichen ästhetischen Werten zugekehrten gesamtösterreichischen Bevölkerungsmasse, das war nun plötzlich in Wien und seinem Umkreis nachträglich und nutzlos gelungen. Vom Erzherzog bis zum Volkssänger, doch auch vom Großbürgertum bis zum Proletariat prävalierte die hedonistische Haltung; sie war die Basis jener ›Stil-Demokratie‹, die den Adel mit dem Volk verband, bei aller Aufrechterhaltung des gesellschaftlichen Abstandes ihre gegenseitige Verständigung gewährleistete und sie zu der so spezifisch österreichischen ›gemütlichen‹ Vertraulichkeit machte. [...] als Produkt der österreichischen Substanzlosigkeit, in der keiner keinen ernst zu nehmen vermochte, weil außer der Staatssubstanz der Krone nichts ernst zu nehmen war, wurde auch das Sozialgebilde substanzlos, wurde zu einer Art Gallert-Demokratie, in der, wenn's drauf ankam, die Grafen die Allüren von Fiakern und die Fiaker die Allüren von Grafen annahmen; es war ein sozialer Schwebezustand (für Österreich der adäquateste von allem Anfang an), und er konnte es sein, weil die herrschende Blüteperiode alles in der Schwebe hielt.

Wenn irgendwo, so war hier eine staatenlose Gesellschaft zustande gekommen, nicht nur weil sie als die aristokratische

»VOM ERZHERZOG BIS ZUM VOLKSSÄNGER, DOCH AUCH VOM GROSSBÜRGERTUM BIS ZUM PROLETARIAT PRÄVALIERTE DIE HEDONISTISCHE HALTUNG.«

HERMANN BROCH

und aristokratisierende, die sie war, stets über die Staatsgrenzen hinaus ins Internationale schielte, sondern noch viel mehr weil innerhalb dieser Grenzen statt eines Staates ein Abstraktum sich befand."

HERMANN BROCH, *DICHTEN UND ERKENNEN*,
RHEIN-VERLAG, ZÜRICH 1955

ES TRITT AUF: DIE STRUDLHOFSTIEGE

Heimito von Doderer (1896-1966), dessen erste Texte in den 20er Jahren erschienen, wurde erst 1951 mit dem Roman Die Strudlhofstiege *bekannt. Doderer beschreibt hier Wien im Übergang von der k.u.k.-Monarchie zur Republik. Exakte Komposition und ironische Erzählweise machen das fast tausendseitige Werk zur Herausforderung und zum Vergnügen.*

"Währenddessen war René an die Ecke der Strudlhofgasse gelangt und dort stehen geblieben. Eine schräge Sonne lag überall noch, wo sich ihr Fläche bot, wie ein dicker poröser Teppich. Hier nun, an der Ecke, erstreckte sich das Sonnenlicht in die Lücke und auf die Baumwipfel dahinter. Rechterhand standen glatt und verschlossen die Bauten der Universitäts-Institute für Physik und Radiologie, unbegreiflichen Inhalts, und hauchten jene neue Art von Romantik, die gerade von den allerexaktesten Wissenschaften am meisten ausgeht, als würde deren Wesen in ihrer Emanation gleichsam ins Gegenteil verkehrt.
Die Richtung, in welche René Stangeler ging, hatte mit seinem Heimwege keinen Zusammenhang. Diese Richtung hätte sich nur mit ›nicht-nachhause‹ bezeichnen lassen. Die Verfassung subjektiver Trunkenheit, in der sich René befand, wird man einem Jüngling für angemessen halten. Aber das Lebensalter hat in diesem Falle hier viel weniger zu bedeuten, als man auf den ersten Blick vermeinen möchte. Auch den erwachsenen Mitgliedern der Familie eignete die gleiche Verfassung, und zwar als Grundlage ihres Alltags. So wie René jetzt bei seinem Gange zur ›Strudlhofstiege‹ nichts Geringeres erwartete als das Außergewöhnliche: so hielten auch seine Geschwister dieses für eine ihnen sozusagen zukommende Gebühr und für einen zu beanspruchenden Maßstab ihres Lebens; vor jedem anderen scheuten sie zurück. Und diese Menschen, die manches vermochten, hätten doch eines unmöglich fertiggebracht: nämlich ganz gewöhnliche Menschen zu sein.
Nun endete die Straße. René stand am Beginn der Stufen. Stangeler kannte seine Vaterstadt verhältnismäßig wenig und diese Gegend hier fast gar nicht. Nächtliche Exkursionen, die er, ebenso wie seine Schwester Etelka, jedoch allein, schon damals nicht selten unternahm, führten ihn immer wieder nur in die Bars und Cafés des ersten Bezirkes, also der inneren Stadt, oder in die Artisten-Lokale der seinem Elternhaus nahegelegenen Praterstraße. Die kleine Überraschung, welche Stangeler jetzt am oberen Ende der ›Strudlhofstiege‹ empfand, paßte in seinen romantischen Kram, setzte gleichsam das i-Pünktchen noch auf seine ganze Stim-

Arthur

mung, welche durch den geringen Anlaß eine unverhältnismäßige Steigerung erfuhr. Hier schien ihm eine der Bühnen des Lebens aufgeschlagen, auf welchen er eine Rolle nach seinem Geschmacke zu spielen sich sehnte, und während er die Treppen und Rampen hinabsah, erlebte er schnell und zuinnerst schon einen Auftritt, der sich hier vollziehen könnte, einen entscheidenden natürlich, ein Herab- und Heraufsteigen und Begegnen in der Mitte, durchaus opernhaft.
Kurz: eine jener Szenen, die man nur von der Bühne in Erinnerung hat, die es aber im Leben – wirklich gibt, wenn auch selten; und dann kommen sie völlig unvermutet zustande. Und erst hintennach erkennt man sie als solche.
René stieg langsam hinunter, mehr genießerisch als nachdenklich.”

HEIMITO VON DODERER, *DIE STRUDLHOFSTIEGE ODER MELZER UND DIE TIEFE DER JAHRE*, BIEDERSTEIN VERLAG, MÜNCHEN 1951

SCHNITZLER BEGEGNET IN DER ESCHENBACHGASSE DER LIEBE

Arthur Schnitzler (1862-1931) thematisiert in seinen Bühnenstücken, Romanen und Erzählungen die Innenwelt seiner Protagonisten, ihre persönlichen Regungen und Überlegungen. Die psychologisch dichte Beschreibung der Personen und ihrer Beziehungen in seiner posthum erschienen Autobiographie zeichnet ein einfühlsames Bild der Wiener Gesellschaft der Jahrhundertwende.

“Uns gegenüber, ein Stockwerk höher als wir, auf der anderen Seite der Eschenbachgasse, die zwischen Opern- und Burgring mündet, wohnte im Jahre 1875 ein Kaufmann oder Börsianer mit Frau, vier oder fünf Söhnen und einer einzigen Tochter. So war man einander von Angesicht zu Angesicht schon lang nicht mehr fremd, als eines frühen Sommertags die förmliche Vorstellung erfolgte, im Volksgarten, wo Fanny mit ihrem jüngsten Bruder, dem dreijährigen Fritz, und ich mit ›Fräulein‹, Geschwistern, Schulkollegen zu lustwandeln pflegte. Schon in unserer ersten Unterhaltung ergab es sich, daß wir beide kurz vorher, und zwar am gleichen Tag, dem 15. Mai, unseren dreizehnten Geburtstag gefeiert hatten; und diesem Schicksalszeichen gehorsam, beschlossen wir, uns unverzüglich ineinander zu verlieben. Spaziergänge in den grünenden Alleen des Volksgartens, Versicherungen gegenseitiger Zuneigung, Händedrücke, Blicke und andere Verständigungszeichen von Fenster zu Fenster, auch naivster Art – so stellte ich mich einmal auf einen Stuhl, um der Angebeteten meine ersten langen Beinkleider vorzuweisen – das waren die unschuldigen Äußerungen unserer Seelenregungen; – aber so harmlos die Beziehung sich auch anließ und weiterspann, die Eltern hüben und drüben zeigten sich recht ungehalten; und einmal trat ich gerade ins Zimmer, als die meinen sich über die Notwendigkeit besprachen, sich mit denen Fannys ins Einvernehmen zu setzen, damit insbesondere der skandalösen Fenstertelegraphie ein Ende gemacht werde, die wir unter Verwendung von Fensterpolstern und brennenden Kerzen zu hoher Vollendung ausgebildet hatten. Aber es bedurfte gar keiner besonderen Maßregeln; schon im Herbst desselben Jahres zogen unsere Nachbarn aus; und da weder mir noch meiner Liebsten viel Freiheit vergönnt war, blieb mir nichts übrig, als manchmal nach der Schule in der Nähe ihrer neuen Wohnung auf der Wieden, einen glücklichen Zufall erhoffend, umherzustreifen.”

ARTHUR SCHNITZLER, *EINE JUGEND IN WIEN. EINE AUTOBIOGRAPHIE,* VERLAG FRITZ MOLDEN, WIEN, MÜNCHEN, ZÜRICH UND NEW YORK 1981

Schnitzler

Im Fiaker zum Prater

Joseph Roth (1894-1939) stammt aus Ostgalizien und lebte als Journalist und freier Schriftsteller in Wien, Berlin und Frankfurt am Main. Seine Figuren verharren in einer abgeschlossenen Welt, führen ein Leben mit Bezügen nur zu ihrer eigenen Wirklichkeit. Der Roman Die Kapuzinergruft *ist ein Jahr vor seinem Tod im Pariser Exil erschienen.*

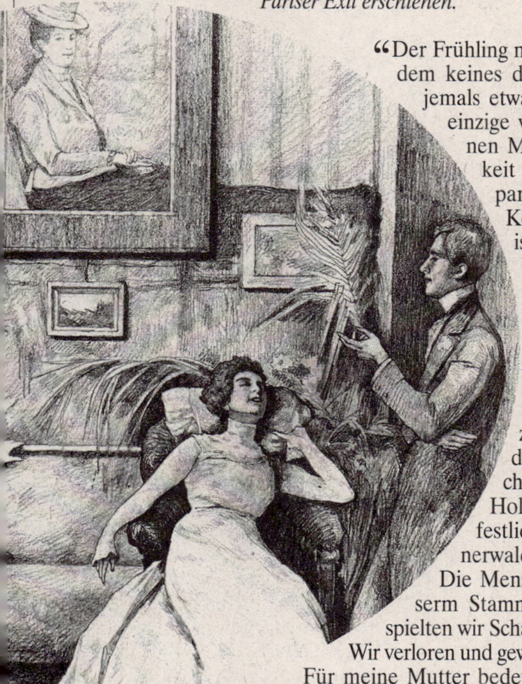

“Der Frühling nahte, der Wiener Frühling, dem keines der weinerlichen Chansons jemals etwas anhaben konnte. Keine einzige von den populär gewordenen Melodien enthält die Innigkeit eines Amselrufs im Votivpark oder im Volksgarten. Kein gereimter Liedertext ist so kräftig wie der liebenswürdig grobe, heisere Schrei eines Ausrufers vor einer Praterbude im April. Wer kann das behutsame Gold des Goldregens besingen, das sich vergeblich zu bergen sucht zwischen dem jungen Grün der nachbarlichen Sträucher? Der holde Duft des Holunders nahte schon, ein festliches Versprechen. Im Wienerwald blauten die Veilchen. Die Menschen paarten sich. In unserm Stammcafé machten wir Witze, spielten wir Schach und Dardel und Tarock. Wir verloren und gewannen wertloses Geld.

Für meine Mutter bedeutete der Frühling so viel, daß sie, vom fünfzehnten April angefangen, zweimal monatlich in den Prater fuhr, nicht nur einmal, wie im Winter. Es gab nur noch wenige Fiaker. Die Pferde starben vor Altersschwäche. Viele schlachtete man und aß sie als Würste. In den Remisen der alten Armee konnte man die Bestandteile der zertrümmerten Fiaker sehen. Gummiradler, in denen die Tschirschkys, die Pallavicinis, die Sternbergs, die Esterházys, die Dietrichsteins, die Trautmannsdorffs einst gefahren sein mochten. Meine Mutter, vorsichtig, wie sie von Natur aus war, und noch vorsichtiger durch das Alter geworden, hatte mit einem der wenigen Fiaker ›akkordiert‹: Er kam pünktlich zweimal im Monat, um neun Uhr morgens. Manchmal begleitete ich meine Mutter, besonders an den Tagen, an denen es regnete. In der Unbill – und ein Regen war für sie schon eine – wollte sie nicht allein sein. Wir sprachen nicht viel in dem stillen, gütigen Dämmer unter der aufgeschlagenen Regenplache.”

Joseph Roth, *Die Kapuzinergruft,* Allert de Lange und Kiepenheuer & Witsch, Amsterdam und Köln 1972

Fiaker begegnen sich

Karl Kraus (1874-1936), ein Zeitgenosse der Autoren des Jungen Wien, ist im Gegensatz zu diesen ein scharfzüngiger und brillanter Kritiker seiner Zeit. Von 1899 bis

zu seinem Tod gibt er die satirisch-kritische Zeitschrift Die Fackel *heraus, mit der er das Ziel verfolgt, den »Phrasensumpf« auszutrocknen. Der Journalismus ist für Kraus ein Sündenfall, unbarmherzig analysiert er immer wieder die in der Presse benutzte Sprache.*

“Das hätte ich nicht erfinden können: »(Ein vierfacher Wagenzusammenstoß.) Durch die Unvorsichtigkeit eines Kutschers wurde gestern nachmittag auf dem Franz Josefskai der Zusammenstoß von vier Wagen verursacht. Gegen ¾ 6 Uhr abends stand ein Fiaker, den der Kutscher Oskar Schner lenkte, vor dem Café Residenz auf dem Franz Josefskai 31. Der bei der Internationalen Transportgesellschaft bedienstete Kutscher Franz Ertel kam mit seinem zweispännigen, mit Kisten beladenen Wagen vom Morzinplatz auf den Kai und wollte ordnungswidrig die Kurve schneiden. Er fuhr an den Fiaker derart heftig an, daß der Türschlag beschädigt wurde. Als nun die beiden Wagen aneinander gefahren waren, war die Straße verlegt, und der Kutscher Georg Erschinger wollte, als er von der Marienbrücke mit seinem zweispännigen Paketwagen der Poststation Simmering, Am Kanal Nr. 527, gegen den Morzinplatz fuhr, den beiden Wagen ausweichen. Er fuhr aber bei dem Versuch an einen entgegenkommenden Straßenbahnwagen der Linie »EK« an. Durch den Zusammenstoß wurde Erschinger vom Bocke geschleudert. Er blieb zum Glücke unverletzt. An dem Motorwagen wurde die Vorderwand eingedrückt. Ertel ist an dem doppelten Unfalle schuldtragend. Die Strafamtshandlung ist eingeleitet.«

Das hätte ich nicht erfinden können. Es ist ein Stück Wiener Natur, gesehen durch das Temperament eines Weltblattes. Es ist die endgültige Plastik des hiesigen Daseins, das vor seiner Unabänderlichkeit zum dasigen Hiersein zwingt. Nicht, daß sie zusammenstoßen müssen, wenn hier vier Wagen fahren, und nicht, daß was hier geschieht, auch in seiner Unmittelbarkeit gesehen wird, sondern die Identität des Geschehens und Sehens schafft das Bild dieser Welt. Es ist so: auf der Straße des Wiener Lebens hat jeweils nur eine Individualität Platz: der Kutscher Oskar Schner oder der Kutscher Franz Ertel oder der Kutscher Franz Erschinger oder der Straßenbahnwagen, der auch eine Individualität ist, denn wenn man auch nicht weiß, wie der Motorführer heißt, so heißt jener doch »EK«. Nur eine Individualität hat Raum, will sich ausleben, gesehen werden. Nun geschieht es aber, daß der Kutscher Oskar Schner um ¾ 6 Uhr abends auf dem Franz-Josefs-Kai steht. Aber wo? Bei Nr. 31. Was befindet sich dort? Das Café Residenz, das unter der bewährten Leitung steht. Wir würden uns gern dabei aufhalten, aber es handelt sich jetzt nicht um den Cafétier, sondern um den Kutscher. Er steht da. Vor dem Café Residenz, welches sich auf dem Franz-Josefs-Kai 31 befindet. Das ist klargestellt. Da kommt nun der Kutscher Franz Ertel, der bei der Internationalen Transportgesellschaft bedienstet ist – für Details ist keine Zeit – mit seinem zweispännigen, mit Kisten beladenen Wagen. Von wo? Vom Morzinplatz. Wohin? Auf den Kai. Und fährt den Fiaker, eines der gediegensten Zeugeln, heftig an, so daß. Nachdem nun einmal der Türschlag beschädigt ist, bleibt die Straße verlegt. Der Ausblick war schon durch die riesenhafte Erscheinung des Kutschers Oskar Schner gesperrt, jetzt ist es auch der Verkehr, der sich bis dahin doch mühsam durchquetschen konnte. Wenn man nur wüßte, wie der Wachmann heißt, der nicht da ist! Dafür ist plötzlich der Kutscher Georg Erschinger da. Sehen wir uns einstweilen den Kutscher Georg Erschinger an, von wannen er kam und wohin er fahren wollte. Er kam von der Marienbrücke mit seinem zweispännigen Paketwagen der Poststation Simmering, Am Kanal Nr. 527, und fuhr gegen den Morzinplatz. Ja, was will denn der da? Das ist ja ein dritter! Wir möchten uns vor Zerstreuung bewahren, aber er ist nun einmal hier und zieht uns in seinen Bannkreis. Er wollte ausweichen, wollte sich unserer Beachtung entziehen, aber wenn eine Individualität ausweichen will, stößt sie bei dem Versuch unfehlbar an einen entgegenkommenden Straßenbahnwagen der Linie »EK« an. Das verwirrt vollends. Das hat uns noch gefehlt! Durch den Zusammenstoß wurde Erschinger vom Bocke geschleudert. Das ist bedauerlich, er blieb aber gewiß in der Luft hängen, wie auf einem Bild von Schönpflug, von dem ja dieser Zusammenstoß und dieses ganze Wiener Leben überhaupt ist. Er blieb zum Glücke unverletzt. Zum Glücke: da klingt das goldene Wiener Herz! Aber es kann ja auch nicht anders sein; was vom Schönpflug kommt, fällt nicht auf die Erde. Was geht, steht; was steht, fällt. Das sind Gefahren. Aber – zum Glücke – was fällt, hängt; was hängt, steht; was steht, bleibt; was bleibt, ist ein Dreck. Also eine Individualität. Drei waren zuviel, man soll das Schicksal nicht versuchen. Es kann einmal schief gehen. Seien wir froh, wenn nur das geschieht, was ich nicht hätte erfinden können.”

KARL KRAUS, *WIDERSCHEIN DER FACKEL*,
KÖSEL-VERLAG, MÜNCHEN 1956

FACKEL

AM WETTER SOLLST DU SIE ERKENNEN

Robert Musil (1880-1942) hat sein Hauptwerk Der Mann ohne Eigenschaften *nach über vierzigjähriger Arbeit nicht vollenden können. Sein Held ist nicht das tätige, sich selbst entwickelnde Individuum des klassischen Bildungsromans, in ihm treffen sich vielmehr die Kategorien des Möglichen. Diese »konstruktive Ironie«, um Musils Worte zu benutzen, wird bereits in den ersten Sätzen des Romans deutlich.*

“Über dem Atlantik befand sich ein barometrisches Minimum; es wanderte ostwärts, einem über Rußland lagernden Maximum zu, und verriet noch nicht die Neigung, diesem nördlich auszuweichen. Die Isothermen und Isotheren taten ihre Schuldigkeit. Die Lufttemperatur stand in einem ordnungsgemäßen Verhältnis zur mittleren Jahrestemperatur, zur Temperatur des

kältesten wie des wärmsten Monats und zur aperiodischen monatlichen Temperaturschwankung. Der Auf- und Untergang der Sonne, des Mondes, der Lichtwechsel des Mondes, der Venus, des Saturnringes und viele andere bedeutsame Erscheinungen entsprachen ihrer Voraussage in den astronomischen Jahrbüchern. Der Wasserdampf in der Luft hatte seine höchste Spannkraft, und die Feuchtigkeit in der Luft war gering. Mit einem Wort, das das Tatsächliche recht gut bezeichnet, wenn es auch etwas altmodisch ist: Es war ein schöner Augusttag des Jahres 1913. Autos schossen aus schmalen, tiefen Straßen in die Seichtigkeit heller Plätze. Fußgängerdunkelheit bildete wolkige Schnüre. Wo kräftigere Striche der Geschwindigkeit quer durch ihre lockere Eile fuhren, verdickten sie sich, rieselten nachher rascher und hatten nach wenigen Schwingungen wieder ihren gleichmäßigen Puls. Hunderte Töne waren zu einem drahtigen Geräusch ineinander verwunden, aus dem einzelne Spitzen vorstanden, längs dessen schneidige Kanten liefen und sich wieder einebneten, von dem klare Töne absplitterten und verflogen. An diesem Geräusch, ohne daß sich seine Besonderheit beschreiben ließe, würde ein Mensch nach jahrelanger Abwesenheit mit geschlossenen Augen erkannt haben, daß er sich in der Reichshauptstadt und Residenzstadt Wien befinde.”

Robert Musil, *DER MANN OHNE EIGENSCHAFTEN*,
ROWOHLT TASCHENBUCH VERLAG,
REINBEK BEI HAMBURG 1978

WIEN – DIE GETEILTE STADT

Graham Greene (1904-1991) gehört zu den zahlreichen englischen Autoren der Zwischenkriegszeit, die zum Katholizismus konvertierten. In seinen Werken, die häufig ein kriminalistisches Element beinhalten, thematisiert er Schuld, Vergebung und Sühne. Der Roman Der Dritte Mann *geht auf das Drehbuch zum gleichnamigen Film zurück und erschien ein Jahr nach dessen Fertigstellung.*

“Wenn Sie diese seltsame und sehr traurige Geschichte verstehen wollen, dann müssen Sie wenigstens eine gewisse Vorstellung von dem Hintergrund haben, vor dem sie sich abspielte, von dem zerstörten, bedrückend öden Wien, das unter die vier Besatzungsmächte aufgeteilt ist, in eine russische, eine britische, eine amerikanische und eine französische Zone, Gebiete, die bloß durch Wegweisertafeln voneinander abgegrenzt sind. Und im Mittelpunkt, umgürtet von der Ringstraße mit ihren wuchtigen öffentlichen Gebäuden und ihren Denkmälern bäumender Rosse, liegt die Innere Stadt, die der Kontrolle aller vier Mächte unterstellt ist. In dieser einst so vornehmen Innenstadt übernimmt jeden Monat eine der vier Besatzungsmächte den Vorsitz und damit die Verantwortung für die öffentliche Sicherheit. Des Nachts kann man, wenn man so dumm ist, seine österreichischen Schillinge in einer Bar auszugeben, mit größter Wahrscheinlichkeit die Internationale Patrouille an der

»DIE DONAU WAR EIN BREITER, SCHMUTZIGGRAUER STROM WEIT HINTER DEM ZWEITEN BEZIRK IN DER RUSSISCHEN ZONE, WO SICH DER ZERSTÖRTE UND UNKRAUTÜBERWUCHERTE PRATER IN TROSTLOSER ÖDE HINBREITETE.«

GRAHAM GREENE

Arbeit sehen – das sind vier Militärpolizisten, von jeder Besatzungsmacht einer, die sich, wenn sie überhaupt miteinander reden, in der Sprache ihrer gemeinsamen Feinde verständigen müssen.

Ich kannte Wien in der Zeit zwischen den beiden Weltkriegen nicht und bin noch zu jung, um mich an das alte Wien mit seiner Musik von Strauß und seinem falschen, leichtlebigen Charme zu erinnern. Für mich ist Wien nichts weiter als eine Stadt würdeloser Ruinen, die sich in diesem Februar in riesige Schneeberge und Eisgletscher verwandelten. Die Donau war ein breiter, schmutziggrauer Strom weit hinter dem zweiten Bezirk in der russischen Zone, wo sich der zerstörte und unkrautüberwucherte Prater in trostloser Öde hinbreitete. Einzig und allein das Riesenrad drehte sich langsam über den Fundamenten einstiger Ringelspiele, die wie verlassene Mühlsteine dalagen, über dem rostenden Eisen zerschossener Panzer, die niemand weggeräumt hatte, und über den im Frost erstarrten Stauden, die sich da und dort aus der dünnen Schneedecke reckten. Ich besitze nicht genug Phantasie, mir den Prater in seinem einstigen Glanz zu vergegenwärtigen, genau so, wie ich mir unter dem ›Hotel Sacher‹ nur ein Durchgangshotel für britische Offiziere und unter der Kärntnerstraße nicht die elegante Geschäftsstraße von ehedem vorstellen kann, sondern nur zwei Häuserzeilen, die größtenteils bis zur Augenhöhe reichen oder vielleicht bis zum ersten Stockwerk wieder aufgebaut sind. Ein russischer Soldat mit einer Pelzmütze auf dem Kopf und dem Gewehr über der Schulter geht vorüber, ein paar leichte Mädchen drängen sich um das amerikanische Informationsbüro, und in Wintermäntel gehüllt, schlürfen in den Fensternischen des Café ›Old Vienna‹ ein paar Herren ihren Ersatzkaffee.

Bei Nacht tut man gut, in der Inneren Stadt zu bleiben oder in einer von drei Besatzungszonen, wenngleich auch dort gelegentlich Menschen geraubt werden – so sinnlos schien uns dieser Menschenraub bisweilen: ein ukrainisches Mädchen ohne Paß, ein alter Mann, der niemand mehr nützen konnte; manchmal freilich auch der Techniker oder der Verräter. So sah in groben Zügen das Wien aus, in dem am 7. Februar des vergangenen Jahres Rollo Martins eintraf.“

GRAHAM GREENE, *DER DRITTE MANN*, ÜBERSETZT VON FRITZ BURGER, PAUL ZSOLNAY VERLAG, WIEN UND HAMBURG 1962

EINE FRAU UNSERES JAHRHUNDERTS

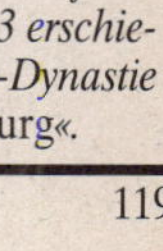

Paul Morand (1888-1976), Diplomat und Schriftsteller zeichnet sich weniger durch literarische Originalität, als durch kluge Beobachtungen zur europäischen Kulturszene aus. Der journalistische Text stammt aus dem 1963 erschienenen Buch über die Habsburger-Dynastie »La dame blanche des Habsbourg«.

"Sie ist eine Frau unseres Jahrhunderts in den guten wie in den schlechten Eigenschaften; sie ist in das vergangene, in das 19. eingetreten, als sei sie an die verkehrte Tür geraten. Eine Königin für Demokraten, die Thronbaldachin gegen Feldbett eintauscht, Ehrungen für nichtig hält, ohne indessen Luxus, Komfort und Aufwand zu verachten, ganz im Gegenteil. Ein falsches ›Naturkind‹, eine wirklich übernervöse Person. Ihre Anlagen, Herkunft, Zeitalter – von George Sand bis Heinrich Heine – all das spielt eine Rolle, wenn es um ihr Verhalten geht. Als Mischung von Herzogin von Alba bei den Zigeunern und Maria Bashkirtseff in Nizza, die ihrerseits eine Kreuzung von einer amerikanischen Millionärin (vom Alkohol abgesehen) und einer heimatlosen russischen Prinzessin war, scheint sie direkt aus dem ›Cosmopolis‹ von Paul Bourget zu entspringen. Ein Frauentypus, der sich seitdem bis zum Überdruß verbreitet hat, damals aber eine erlesene Seltenheit bildete. Sie hegte leidenschaftlich ihre Seele und ihren Körper, war sich ihrer unbeherrschten Gefühle durchaus bewußt, züchtete ihre Originalität bis aufs äußerste, wachte narzißtisch über ihre 46 kg Gewicht und ihre 45 cm Taillenweite. Ihre besondere Bedeutung liegt im Kontrast, den sie zu dem steifen Habsburger-Milieu bildete, in das sie gegen ihren Willen verpflanzt worden war. Ihr tragischer Tod durch das Stilett eines Anarchisten erschüttert uns zutiefst. Sie wurde das Opfer des damals einsetzenden Klassenkrieges, eines zufälligen Mißgeschicks, das ohne jegliche technische Akkuratesse ausgeführt und mit sozialromantischer Schwärmerei befleckt war. Elisabeth ist in der gesamten Welt sehr bewundert, in Österreich aber gehaßt worden. Sie hat ganz Europa vierzig Jahre lang überrascht, verblüfft, befremdet, schockiert. Heute stehen Historiker, Drehbuchautoren und Dramaturgen in ihrem Bann: eine anarchische Kaiserin, ein gekröntes Haupt, das unter seinen Amtspflichten schier erstickte und gegen den eigenen Stand revoltierte – das genügt, um das Lesepublikum der Wochenzeitschriften zu begeistern, das so danach lechzt, daß Königinnen sich als solche kleiden und sich wie Hennen verhalten. So wie es ihre Nachbarin Carmen Sylva sagte, eine Herrscherin, die übrigens viel klüger als die anderen war und Elisabeth sehr zugeneigt: »Die Mode ist für Frauen ohne Geschmack, die Etikette für Menschen ohne Manieren und die Kirchen für die, die keine Religion haben.« Elisabeth besaß genügend Format, um ohne all dieses auszukommen, selbst wenn sie durch ihr unmögliches Benehmen den Tod des alten ›morschen Stammes‹ des Habsburgerthrones beschleunigt hat. Sie war davon überzeugt, daß ihr das österreichische Königshaus alle Unglücke eingetragen hatte. Das stimmte aber nicht, denn Elisabeth hatte bereits ihre eigenen als Mitgift mitgebracht.

Mancher Tod steht im Einklang mit dem Leben, das er beendet. So bei Elisabeth: »Ich möchte aus dieser Welt fliegen wie ein Vogel, wie eine Rauchwolke... « sagte sie oft. So war auch ihr Sterben, eine Rauchwolke im reinen Septemberhimmel... Der Tod hatte auf auf sich warten lassen. Endlich war er gekommen, so heftig hatte sie ihn herbeigesehnt – das war der einzige Despotismus, den sie überhaupt duldete.
Sie war ein Wesen, das für die Lebensfreude geschaffen, aber von irgendeiner ursprünglichen Desillusion getrieben, sie immer abgelehnt hatte.
Ihr Mörder tötete sie mit einem Wort, das viel schlimmer war als sein unheilvolles Stilett. Als er festgenommen wurde, gestand Lucheni, er sei nach Genf gekommen mit der Absicht, den Herzog von Orléans umzubringen."

Paul Morand, *Eine Frau unseres Jahrhunderts*,
in: *Elisabeth von Österreich*, hg. v. Verena von der Heyden-Rynsch,
Matthes & Seitz Verlag, München 1983

Streifzüge durch Wien

Adressen und Öffnungszeiten der Sehenswürdigkeiten finden Sie nach Stadtteilen geordnet auf den Seiten 342-361.

▲ Der Prater zwischen Donaukanal und Donau.

▼ Blick auf Morzinplatz und Donaukanal zwischen Salztorbrücke und Marienbrücke.

▼ Blick auf den 16. Bezirk (Ottakring).

▲▼ *Café Sperl*, Gumpendorfer Strasse.

▼ Das berühmte *Café Demel* am Kohlmarkt.

▲ Das *Café Central* im Palais Ferstel, Herrengasse.

▲ *Café Schwarzenberg*, Kärntner Ring.

▼ *Café Griensteidl*, Michaelerplatz.

▲ Die Lobau. ▼ Der Tiergarten im Park von Schloß Schönbrunn.

▼ Der Augarten.

▲ Schloß Schönbrunn mit einem Najadenbrunnen im Vordergrund.

▲ Der Garten des Belvedere.

▼ Im Park von Schloß Schönbrunn.

▲ Das Naturhistorische Museum am Maria-Theresien-Platz.

▲ Das Obere Belvedere.

▼ Schloß Schönbrunn.

Die Innere Stadt

1 Stephansdom
2 Graben
3 Peterskirche
4 Neuer Markt
5 Staatsoper
6 Albertina
7 Kunsthistorisches Museum
8 Messepalast
9 Volkstheater
10 Naturhistorisches Museum
11 Neue Burg
12 Justizpalast
13 Hofburg
14 Volksgarten
15 Parlament
16 Burgtheater

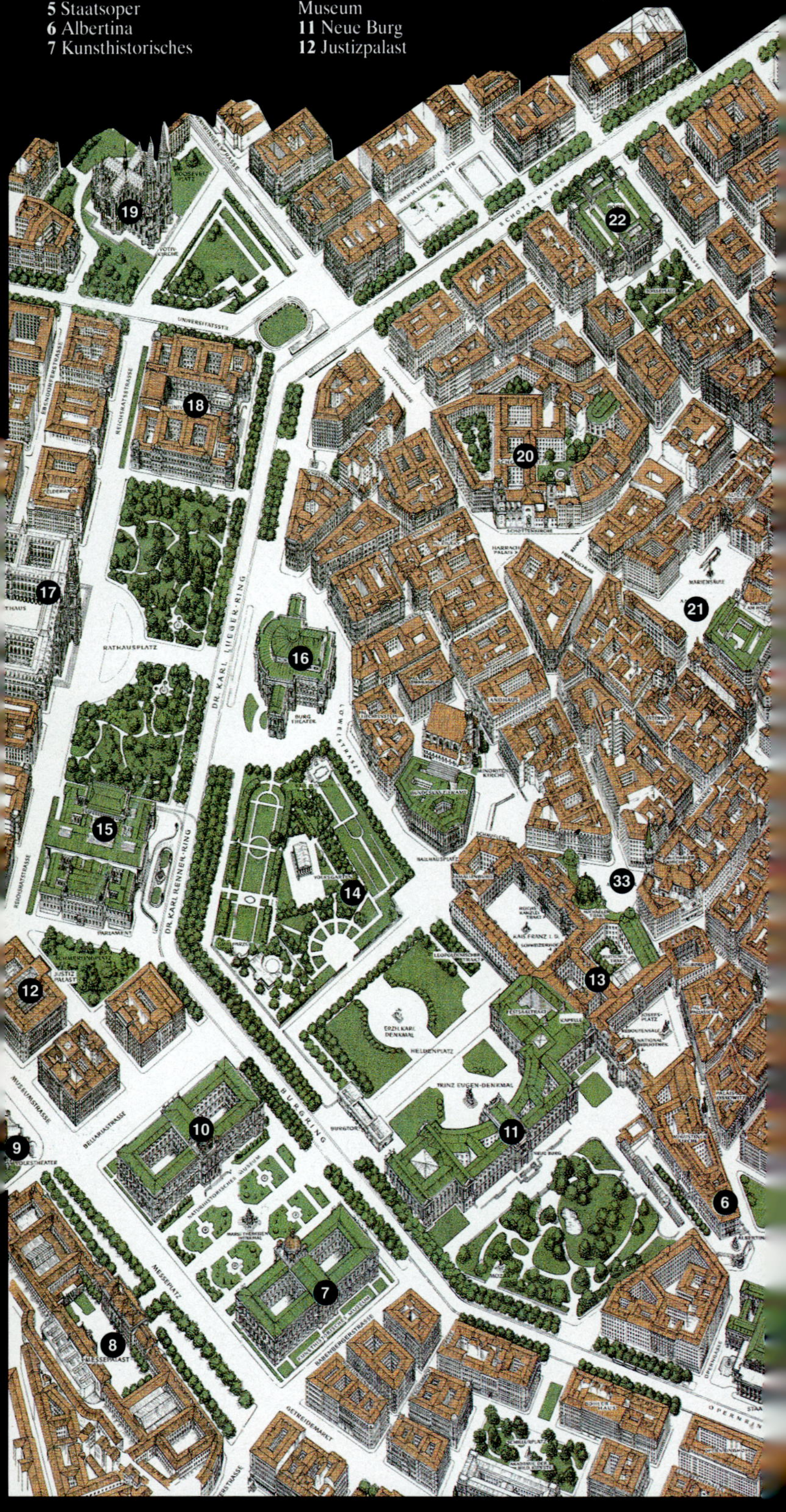

17 Rathaus
18 Universität
19 Votivkirche
20 Schottenstift
21 Am Hof
22 Börse
23 Stadtpark
24 Palais Coburg
25 Jesuitenkirche
26 Dominikanerkirche
27 Postsparkasse
28 Hoher Markt
29 Maria am Gestade
30 Altes Rathaus
31 (Ehemalige) Böhmische Hofkanzle
32 Judenplatz
33 Michaelerplatz

Waluliso
Dieser Mann ist ein Wiener Original. Bekleidet mit einer Toga und auf dem Haupt einen Lorbeerkranz läuft er, mit einem Wander-

stab bewaffnet, durch die österreichische Hauptstadt. Der selbstgewählte Name ›Waluliso‹ ist eine Abkürzung aus Wald-Luft-Licht-Sonne und spielt auf seinen Kampf gegen die Umweltzerstörung an. Er predigt den Weltfrieden und behauptet, regelmäßig mit Gott zu telefonieren.

Der Steffl
"Wenn man Wien von einem dieser Hügel entdeckt, die sich in der Nähe der Stadt befinden, wirkt der Stephansdom wie die Mitte, um die sich die Stadt wie ein Kreis ausbreitet. Der Turm des Doms ist das Symbol seiner Pracht. [...] Wenn man so weit weg ist, daß man weder die Stadt noch den Rumpf des Doms sehen kann, erhebt sich sein Turm immer noch wie ein blauer Schatten, ein etwas unscharfer Strich oder gar wie eine Pappel in die Dämmerung."
Adalbert Stifter, *Wien und die Wiener*

Stephansdom

Der Stephansdom gilt als Herzstück und Wahrzeichen Wiens zugleich. Sein 137 m hoher Turm ist fast überall, aber vor allem kilometerweit auf der ehemaligen Straße nach Budapest zu sehen. Die Wiener nennen ihn kurz »Steffl«.
Unvollendetes Meisterwerk. Begonnen hat die Geschichte des Doms mit einer romanischen Basilika, die im 12. Jh. für die Babenberger Markgrafen (● *28*, ▲ *304*) erbaut wurde. Nach zwei Bränden wurde die Kirche bis 1263 vollständig erneuert, Reste dieses Baus, das Riesentor mit den Heidentürmen, bilden heute die Westfassade des Doms. Als Rudolf I. von Habsburg zum König gewählt wurde (1273, ● *29*), erhob man Wien zur Reichsstadt und wollte es nun auch zum Bischofssitz machen. Ohne eine Entscheidung abzuwarten, wurde mit dem Umbau begonnen, der einen würdigen Rahmen für diese zukünftige Funktion schaffen sollte (erst Ende des 15. Jh. wurde sie ihr zuerkannt). Von 1304 bis 1340 entstand ein gotischer Hallenchor, der die alte romanische Basilika verlängerte. Unter Rudolph IV. (1339-1365) – er hieß auch der »Stifter«, weil er die wichtigsten Arbeiten am Dom finanziert hat, ohne je die Vollendung seines Projektes erlebt zu haben – begannen die Arbeiten am neuen Mittelbau. Der Westfassade, die erhalten blieb, fügte man zwei gotische Eckkapellen hinzu. Das Langhaus (1455) und der Südturm (1433) konnten jedoch erst im folgenden Jahrhundert fertiggestellt werden. Von den zahlreichen Dombau-

»Das braune Gemäuer dieser Kirche wartet mit Feinheiten auf, die in der Feudalarchitektur ihresgleichen suchen.«

Gérard de Nerval

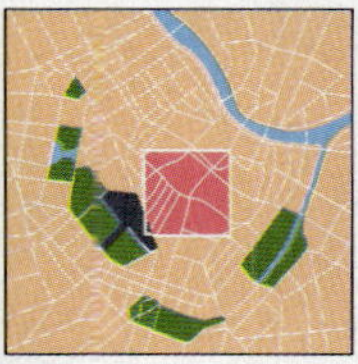

1/2 Tag

Farbige Ziegel
Nach dem Brand von 1945 wurde das Dach des Stephansdoms als Stahlkonstruktion nachgebaut. In farbigen Ziegeln zeigt es das Habsburger Wappen (Doppeladler mit Kaiserkrone und Goldenem Vlies, ▲ *183*).

Kapistrankanzel
Über der Kanzel sieht man die Figur des hl. Franz, zu dessen Füßen ein gefallener Türke liegt. Von hier rief der italienische Franziskaner Capistranus (1386-1456), der apostolische Legat von Papst Nikolaus V., zum Kreuzzug gegen die Osmanen auf (1451).

meistern waren Hans von Prachatitz, der den Südturm vollendete, und Hans Puchsbaum, der am Langhaus arbeitete, die wichtigsten. Puchsbaum begann auch mit dem Bau eines zweiten Turms. Doch Anfang des 16. Jh. stand der Angriff der Türken auf Wien bevor, und die Wiener steckten ihr Geld lieber in den Bau von Befestigungsanlagen (▲ *198*). Deshalb blieb der Nordturm unvollendet, erst 1578 schloß man ihn mit einer Renaissance-Kuppel ab. Das Dach wurde 1490 mit farbigen, rautenförmigen Ziegeln gedeckt. 1515 wurden die Bauarbeiten schließlich nach mehr als zwei Jahrhunderten mit der Vorhalle des Bischofstors beendet. 1683 beschossen die Türken den Stephansdom (eine Kanonenkugel aus diesem Jahr steckt noch immer in der Mauer über der Sakristei, ● *34)*, 1809 die Franzosen unter Napoleon (● *31*). Die schlimmsten Schäden wurden dem Dom jedoch 1945 zugefügt, als der gesamte alte Dachstuhl ausbrannte.

Riesentor. An der Westfassade flankieren die beiden Heidentürme, einzige Überreste der ehemaligen romanischen Basilika, und zwei gotische Kapellen mit filigranen Steinrosetten den Haupteingang. Den Dom betritt man durch das linke Riesentor, das seinen Namen von einem Mammutknochen hat, den man bei den Bauarbeiten an dieser Stelle fand und in dem man damals den Beinknochen eines während der Sintflut ertrunkenen Riesen zu erkennen glaubte. Das Tympanon über dem Tor und die Säulen beiderseits des Tors sind mit pittoresken romanischen Skulpturen bedeckt. Zu sehen ist Christus als Weltenrichter, eingerahmt von zwei Engeln und umgeben von unzähligen kleinen Heiligen- und Tierfiguren aus der Mythologie: Greife, Drachen, Affen, Schlangen, etc.

Bischofstor. Umrundet man den Dom nach Norden, passiert man das gotische Bischofstor, das lange Zeit der Eingang für die Frauen war; auf den Pfeilern steht die Figur einer Schutzmantelmadonna.

Innenraum des Stephansdoms im 19. Jh.

Die Pötscher Madonna
Unter einem marmornen Baldachin ist das Gnadenbild der Pötscher Madonna zu sehen (Bild rechts). Aus ihren Augen sollen während der Schlacht Prinz Eugens (● *35*, ▲ *147, 247*) gegen die Türken (1696) Tränen geflossen sein. Leopold I. erwarb das Bild 1697.

Adlerturm. Im unvollendeten Adlerturm oder Nordturm hinter den Bauhütten hängt seit 1957 die Pummerin (● *43*), eine über 20 t schwere Glocke, die 1711 aus 100 erbeuteten türkischen Kanonen gegossen wurde. Sie wird vor allem zu großen Ereignissen geläutet; beispielsweise in der Sylvester-Nacht, wenn die Neujahrsfeierlichkeiten beginnen. Unterhalb des Turms befindet sich der Eingang zu den ›Katakomben‹, in denen die Skelette Tausender von Wienern liegen. Die meisten waren ursprünglich auf dem St. Stephansfriedhof begraben, der sich früher rund um den Dom erstreckte, im 18. Jh. jedoch aufgelöst wurde.
Herzogsgruft. Das Herzstück der Grabanlagen ist die Herzogsgruft, in der mehrere Kupfersarkophage und Urnen mit den sterblichen Überresten der Habsburger (● *29*, ▲ *143, 144, 176, 280)* stehen. Rudolf IV. ließ diese Gruft einrichten. Ein Baldachin, der Meister Puchsbaum zugeschrieben wird, krönt das Adler- oder Turmtor. Jeder, der im Mittelalter den Asylgriff am linken Pfeiler umfaßte, genoß den Schutz der

»Wir besitzen den weihevollsten Kirchenraum der Welt.«
Adolf Loos

Kirche. An der Ostseite des Mittelchores steht der sogenannte »Zahnwehherrgott«.
Der Südturm ♥. An der Südseite kann man den Turm bis zur Wachstube hinaufsteigen, von der man einen überwältigenden Ausblick hat. Während der Belagerung von 1683 (● *34*) sah der Graf von Starhemberg von dort oben die türkischen Truppen nahen und gab Leuchtzeichen, um den König von Polen und den Grafen von Lothringen mit ihren Soldaten zu Hilfe zu rufen.
Singertor. Das Singertor war früher der Eingang für die Männer. Im Tympanon (14. Jh.) des Tores wird das Leben des heiligen Paulus bildlich erzählt, umrahmt von gotischen Heiligenfiguren.
Der Innenraum. Der Innenraum des Doms, dessen hohe Säulen ein Kreuzrippengewölbe tragen, hat die Form eines lateinischen Kreuzes, mit dreischiffigem Langhaus und einem Querschiff. Der Chor ist nicht so hoch wie das große Langhaus, da er früher und als Verlängerung der romanischen Basilika gebaut wurde. Zuerst fällt die prachtvolle gotische Innenausstattung ins Auge. Dann bemerkt man die barocken Zusätze aus dem 17. Jh.: die Altäre an den Säulen des Langhauses oder in den Nischen der Seitenkapellen, darunter vor allem der Hochaltar, die unzählige Statuen und Ornamente aus farbigem Marmor zieren. Aber es ist dennoch ein gotisches Werk links vom Mittelschiff, das alle Blicke auf sich zieht: die sandsteinerne Kanzel, die der Meister Anton Pilgram um 1500 geschaffen hat.
Hochgrab Friedrichs III. Weitere Meisterwerke gotischer Bildhauerkunst sind auf die ganze Kirche verteilt, so der Orgelfuß von Meister Pilgram im linken Seitenschiff; der Wiener Neustädter Altar (1447) in der Kapelle links vom Chor, der die Jungfrau Maria zwischen der heiligen Katharina und der heiligen Barbara darstellt. Am Hochgrab Friedrichs III. in der Kapelle rechts vom Chor soll Niclas Gerhaert van Leyden mitgearbeitet haben (Ende des 15. Jh.); Außerdem bemerkenswert sind schließlich die Taufbecken in der Katharinenkapelle unterhalb des Südturms und der gotische Steinbaldachin rechts vom Haupteingang, unter dem das Gnadenbild der Pötscher Madonna sowie die Dienstbotenmadonna zu sehen sind. Diese Madonna soll eine Dienstmagd, die des Diebstahls beschuldigt wurde, vor der Bestrafung gerettet haben: Den Schmuck, den die Dienstherrin verloren hatte, ließ die Madonna durch ein Wunder wieder erscheinen. Mittelalterliche Glasfenster, die nach dem Zweiten Weltkrieg restauriert wurden, zieren den Chor (die anderen sind im Museum für angewandte Kunst und im Historischen Museum der Stadt Wien zu sehen). Sie stellen die Passion Christi in kräftigen Farben dar; Rot, Gelb und Grün sind am häufigsten.

Selbstbildnisse
Meister Pilgram hat sich in der Pose der ›Fenstergucker‹ an Kanzel und Orgelfuß

(unten) selbst ein Denkmal gesetzt.

Kanzel des Meisters Pilgram
Das 16. Jh. war in Wien die Blütezeit der Spätgotik. Das beste Beispiel ist die Kanzel des Bildhauers Pilgram, der eine mit Rosetten, filigranen Balustern und stalaktiten-, flammen- und blattförmigen Ornamenten geschmückte Steinmetzarbeit schuf. Salamander und Kröten, die als Symbole des Bösen das Stiegengeländer hinaufkriechen, werden von einem Hund – Symbol des Guten – am Vordringen gehindert.

Leopolds- und Josephsbrunnen Die Figuren der Markgrafen Leopold (1096-1136, rechts) und Josef beherrschen den Leopoldsbrunnen und den Josephsbrunnen. Beide Brunnen werden von einem Löwenmaul geziert; sie stehen sich am Graben gegenüber.

Pestsäule. Die Pest- oder Dreifaltigkeitssäule erinnert an die Geißel des ›schwarzen Todes‹, die die europäische Bevölkerung im 17. Jh. fürchterlich dezimierte. Die Epidemie wütete in Wien bis ins Jahr 1679 und forderte mehr als 100000 Opfer. Kaiser Leopold I. (1640-1705) ließ diese Gedenksäule errichten und widmete sie der Dreifaltigkeit. Unter anderem arbeitete Johann Bernhard Fischer von Erlach (● *74, 80,* ▲ *147)* an dem Monument (ab 1686). Im Alter von 30 Jahren kam Fischer von Erlach aus Rom zurück, wo sein Stil vom Barock-Bildhauer Borromini, einem Rivalen Berninis, beeinflußt wurde. Die spiralförmigen Skulpturen, die die Säule zu erklimmen scheinen, sind die Dreifaltigkeit und der knieende Kaiser. Die alte zerfurchte Frau, die ein Engel in die Hölle stößt, stellt die Pest dar. Neben der Säule steht der heilige Leopold, der Schutzpatron Niederösterreichs.

Grabenhof und Ankerhaus. Die meisten Häuser am Graben sind im Stil der Jahrhundertwende gebaut. Zwei jedoch zeugen von der ersten Schaffensphase des Architekten Otto Wagner (● *86)*. In den Jahren 1870-1880 baute Otto Wagner unter dem Einfluß der Neo-Renaissance den Grabenhof (Nr. 14-15) und das Ankerhaus mit einem Glasdach und Kuppeln an der Ecke zur Spiegelgasse.

Beides sind schöne Beispiele für den klassizistischen Stil jener Zeit.

SPIEGELGASSE

In der Spiegelgasse Nr. 9 steht das Haus Franz von Schoberts, der dort seinen Freund Franz Schubert (● *50*) wohnen ließ. Dieser komponierte hier (1822) die sog. Unvollendete Symphonie, die aus nur zwei Sätzen besteht.

DOROTHEERGASSE

Die Straße ist berühmt für ihre Antiquitätenhändler. Im Dorotheum, dem staatlichen Pfand- und Auktionshaus, werden in zahlreichen Sälen Möbel, Kunstwerke und mancherlei Nippes zur Versteigerung ausgestellt. Das *Café Hawelka* (♥), ebenfalls in der Dorotheergasse, ist ein ehemaliger Treffpunkt von Schriftstellern und Künstlern (● *67*). Heute ist es bis 2 Uhr in der Früh der Studenten-Treffpunkt schlechthin. Aber frühmorgens, wenn das Café öffnet, sind die Künstler noch unter sich.

TUCHLAUBEN

»Kreutzersonate«
In der Dorotheergasse erinnert ein Schild an den Violonisten Kreutzer, dem Beethoven seine Neunte Sonate für Klavier und Violine widmete.

Als das Haus Tuchlauben 19, am Ende des Graben, in den 80er Jahren umgebaut wurde, entdeckte man unter dem Verputz alte Fresken. Der Tuchhändler Michael Menschein hatte sie im 15. Jh. in Auftrag gegeben, im 18. Jh. waren sie übertüncht worden. Die Motive der restaurierten Gemälde sind vom Werk des Minnesängers Neidhart von Reuenthal (1190-1241) beeinflußt. Durch ihn hatten zum ersten Mal bäuerliche Themen in den Minnesang, der die höfische Liebe und die Heldentaten der Ritter rühmte, Einzug gehalten.

Naglergasse. Das Haus in der Naglergasse 13 ziert ein Basrelief aus dem 18. Jh., das eine Marienkrönung zeigt.

Engelapotheke
Ein Jugendstil-Fresko (● 86) schmückt die Fassade der Apotheke in der Bognergasse.

PETERSKIRCHE ♥

Auf dem kleinen Petersplatz, am Ende einer Stichstraße des Graben, steht die Peterskirche. Man betritt sie durch den prächtigen Barock-Portalvorbau von Andreas Altomonte. Der Kuppelbau ist oval, weil man auf engem Raum die größtmögliche Raumwirkung erzielen wollte. Durch seine acht Fenster läßt er viel Licht in den Innenraum. Das Kuppelfresko mit der Himmelfahrt Mariens sowie das Altarbild in der zweiten Kapelle rechts, das dem heiligen Franz von Sales gewidmet ist, hat Johann Michael Rottmayr (▲ *293*) geschaffen. Die vergoldete Barock-Kanzel von Matthias Steinl ist das Pendant zu einem monumentalen Barock-Altar (Bildhauer Lorenzo Mattielli), der Johann Nepomuk, dem Beichtvater der Königin von Böhmen, gewidmet ist. Er starb 1393 den Märtyrertod, weil er sich geweigert hatte, das Beichtgeheimnis zugunsten des böhmischen Königs Wenzel IV. zu brechen.

Der Chor. Die Chorkuppel hat Antonio Galli-Bibiena durch perfekt gemalte Scheinarchitektur erhöht. Am Hochaltar von Santino Bussi sind das Altarblatt von Martin Altomonte und

Peterskirche
Die Peterskirche entstand Anfang des 18. Jh. unter der Leitung Johann Lukas von Hildebrandts (● *75, 81*) am Standort der ersten Kirche Wiens (4. Jh.), die abgebrannt war.

In der Kärntner Straße gibt es neben zahlreichen anderen Geschäften ein Casino. In einem der Souvenir-Läden wird die Sachertorte (◆ *324*) zum Mitnehmen verkauft.

das Immaculata-Bild von Leopold Kuppelwieser sehenswert. Über einer der beiden Mauerlogen oberhalb des Chors erkennt man den Habsburger Doppeladler. Häufig ließ sich Sissi, die Kaiserin Elisabeth (● *120,* ▲ *143, 178*), in diesen Logen nieder, um dort spätnachts unerkannt zu beten.

Reliquienschreine. In den mit falschen Edelsteinen und anderem Zierat geschmückten Reliquienschreinen zu beiden Seiten des Chors liegen die Skelette von Heiligen, die in Rom den Märtyrertod starben, unter anderen die Knochen des heiligen Benedikt. Während der Gegenreformation war die Heiligenverehrung eine Art Waffe im Kampf gegen die Ketzerei. In barocker Pracht stellte man die Heiligenreliquien wie in dieser Kirche zur Schau.

Der Johanniterorden auf Malta
1530 überließ Karl V. die Insel Malta dem Orden des hl. Johannes als Dauerlehen. Gegründet am Hospital Johannes des Täufers zu Jerusalem, war der Orden von Mamlucken und Türken aus Jerusalem, Akko, Zypern (12. bis 13. Jh.) und Rhodos (1522) vertrieben worden.

KÄRNTNER STRASSE ♥

Die Kärntner Straße, inmitten der Inneren Stadt gelegen, ist zusammen mit dem Graben die belebteste Einkaufsstraße in Wien. Seit 1973 ist sie Fußgängerzone, und der Trubel in dieser Straße nimmt auch dann kein Ende, wenn die eleganten Läden, Restaurants und Straßencafés längst geschlossen haben. Den ganzen Tag über schlendern Bummler und Spaziergänger scharenweise an den Schaufenstern vorbei, sitzen in den Straßencafés oder scharen sich um Straßenmusikanten.

Malteserkirche. Links, Richtung Ring, steht die Malteserkirche, mit gotischem Innenraum und Empire-Fassade aus dem 19. Jh. Der Malteser- oder Johanniterorden, zur Zeit der Kreuzzüge in Jerusalem gegründet und ursprünglich der Krankenpflege gewidmet, kümmerte sich um die Wallfahrer, die die heiligen Stätten in Jerusalem besuchten. Schon bald wandelte er sich in einen Ritterorden um, der gegen die Araber und später die Türken kämpfte. Im Innenraum der Malteserkirche ist ein Denkmal des Großmeisters Jean de la Valette zu sehen, der die Insel Malta (Sitz des Ordens von 1530 bis 1798) erfolgreich gegen die türkische Flotte des Sultans Süleyman des Prächtigen verteidigte (1565). Nicht von ungefähr gedenkt man in Wien dieses Sieges, denn die Truppen dieses Sultans haben 1529 auch die Hauptstadt Österreichs belagert (● *34*). Im Innern sind die Wappen der österreichischen Familien zu sehen, die dem Ritterorden angehörten. Kurz vor dem Ring geht rechts die Philharmonikerstraße ab, in der sich die Oper (● *59,* ▲ *223*) und das Hotel Sacher befinden.

Hotel Sacher. Das Hotel Sacher ist seit seiner Gründung (1876) eine Institution (● *66,* ▲ *223*) und bekannt bei der internationalen ›VIP-Gemeinde‹ – Königen, Diplomaten,

»Die Fledermaus«
Dieses berühmte Kabarett in der Kärntner Straße entstand in der Jugendstil-Epoche. Der Name ist eine Anspielung auf die beliebte Operette *Die Fledermaus* (1874) von Johann Strauß Sohn (● *56*).

Dichtern ... In seinen gediegenen Separées saßen häufig Schriftsteller, etwa Arthur Schnitzler. Viele illustre Gäste haben sich hier die Sachertorte schmecken lassen, deren Rezept ein unbekannter Konditor während des Wiener Kongresses (1814-1815) erfunden haben soll. Doch erst Anna Sacher, die Witwe des Hotelgründers, soll ihre Kunden Ende des 19. Jh. auf den Geschmack gebracht haben. Unter diesen Gästen waren auch die sogenannten ›Sacherbuben‹, Söhne angesehener Wiener Familien, die weniger wegen der köstlichen Sachertorte ins Hotel kamen, sondern um sich von Anna Sacher Geld zu leihen. So

wurde ihr Hotel zum ersten Geldleihinstitut Wiens!

Neuer Markt ♥

Der Neue Markt führt über die Donnergasser zur Kärntner Straße. Im 12. Jh. wurde hier ein großer Mehlmarkt eingerichtet, und seither heißt der Platz Neuer Markt. Es ist einer der schönsten Plätze der Inneren Stadt, auch wenn er leider nicht verkehrsberuhigt wurde.

Donner-Brunnen. In der Mitte des Neuen Marktes steht der schönste Brunnen Wiens, der Donner-Brunnen (eigentlich Providentia-Brunnen, ▲ *170, 304*). Er ist das Meisterwerk des Bildhauers Georg Raphael Donner und stammt vom Anfang des 18. Jh. Herzstück des Brunnens ist die Providentia-Statue, deren Sockel vier Putti zieren. Die Figuren am Brunnnenrand personifizieren die vier österreichischen Donau-Nebenflüsse Traun, Enns, Ybbs und March. Da Maria Theresia an den nackten Skulpturen Anstoß nahm, ließ sie sie vom Brunnen entfernen. Im 19. Jh. ersetzte man die Bleifiguren Donners durch Bronzekopien

Marco d'Aviano
In einer Fassadennische der Kapuzinerkirche steht die Statue des Mönchs Marco d'Aviano, päpstlicher Legat im Heer Karls von Lothringen. Er hielt vor der Schlacht gegen die Türken (● *34*) auf dem Gipfel des Kahlenbergs den Gottesdienst.

Schamlose Skulptur
Um sich an einem Auftraggeber zu rächen, streckte Bildhauer Donner dessen Fenstern das Hinterteil einer der Skulpturen seines Brunnens entgegen.

Erzherzog Salvator, ein Neffe Franz Josephs, verschwand auf seiner Reise nach Südamerika.

»Nichts ist mir erspart geblieben«, diese pessimistischen Worte Franz Josephs I. scheinen über den Geschicken der Habsburger im 19. Jh. zu stehen. Gegen Ende seiner Regierungszeit – er starb 1916, mitten im Ersten Weltkrieg – lebte der Kaiser fast völlig zurückgezogen in den Räumen der Hofburg und des Schlosses Schönbrunn. Die Serie der Schicksalsschläge begann mit der Hinrichtung Marie-Antoinettes, der Tochter Maria Theresias. Sie war mit Ludwig XVI. verheiratet und wurde 1793, im selben Jahr wie ihr Gemahl, guillotiniert. Es geht die Legende, Todesfälle würden durch eine weiße Frau angekündigt, die die Säle der Hofburg durchschreite.

Franz Joseph I. (1830-1916) und Erzherzog Otto (1912)
Die Regentschaft Franz Josephs I. (● *41*, ▲ *142, 178*) dauerte 68 Jahre und markiert den Übergang zum Parlamentarismus. Sein Großneffe Karl I. (1887-1922), der letzte Kaiser von Österreich, folgte ihm 1916 auf den Thron, dankte 1918 ab und mußte 1919 in die Schweiz fliehen. Nach zwei vergeblichen Rückkehrversuchen starb er im Exil in Madeira an Tuberkulose.

Elisabeth (1837-1898)
Kaiserin Elisabeth (● *119*, ▲ *142, 178*), seit 1854 Gemahlin Franz Josephs, machte den Wiener Hof zu einem der glänzendsten in ganz Europa. Unter der Last der kaiserlichen Aufgaben wurde sie zunehmend schwermütig. Sie unternahm lange Auslandsreisen: auf einer dieser Reisen erstach sie der italienische Anarchist Luigi Lucheni in Genf.

Maximilian I. (1832-1867)
Der jüngere Bruder Franz Josephs, Erzherzog Maximilian, war Kaiser von Mexiko. Er wurde 1867 von den Partisanen des Juarez Garcia hingerichtet. Seine Frau Charlotte, Tochter des belgischen Königs Leopold I., wurde wahnsinnig.

Franz Ferdinand (1863-1914)
Nach dem Attentat auf Kronprinz Franz Ferdinand am 28. Juni 1914 in Sarajewo brach der Erste Weltkrieg aus. Er war der Neffe von Franz Joseph und nach dem Tod Rudolfs Thronfolger.

Franz Ferdinands Uniformrock
Im Heeresgeschichtlichen Museum (*▲ 258*) ist diese blutige ›Reliquie‹ ausgestellt.

Rudolf (1858-1889)
Kronprinz Rudolf beging zusammen mit seiner Geliebten Mary Vetsera im südlich von Wien gelegenen Jagdhaus von Mayerling Selbstmord. Dieses Ereignis war und ist noch immer Stoff für Filme und Romane. Dazu hat der Diebstahl des Sarges von Mary Vetsera aus dem Mausoleum des Klosters, das Franz Joseph in Mayerling (*◆ 322*) hatte bauen lassen, noch beigetragen.

»Der Dauphin verläßt am 3. Juli 1793 seine Familie«
Der Sohn von Marie-Antoinette und Ludwig XVI. wurde nach dem Tod seines älteren Bruders Kronprinz. Er saß mit seiner Familie im Konvent in Haft und wurde nach der Hinrichtung seines Vaters in die Obhut des Schusters Simon gegeben, wo er am 8. Juni 1795 starb.

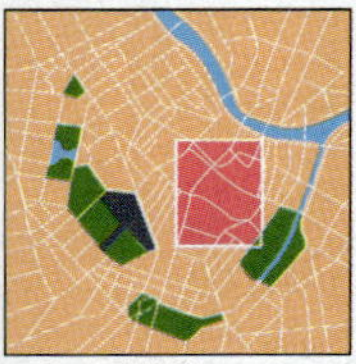

1/2 Tag

»Annakirche im Schnee« von Hans Götzinger (1914).

»Das Werk von Grillparzer in all seiner Sensibilität spiegelt die problematische Zerrissenheit Österreichs wider, die bis zu dem Zusammenbruch von 1918 unversöhnt blieb.«

Claudio Magris

»Haus zum blauen Karpfen«
Das *Haus zum Blauen Karpfen* (Annagasse 14, oben) ist eines der bemerkenswertesten Häuser in der Annagasse. Fresken und Reliefs schmücken die Fassade (Anfang des 19. Jh.); das Hauszeichen zeigt einen blauen Karpfen.

ANNAGASSE

Schöne Palais. Wenn man die Kärtner Straße Richtung Stephansplatz einschlägt und auf halber Höhe rechts in die Annagasse abbiegt, gibt es eine Reihe schöner Gebäude zu sehen: Das Palais Esterházy (Nr. 2) aus dem 17. Jh., das im 18. und 19. Jh. umgebaut wurde; den Kremsmünsterhof (Nr. 4), den eine elegante Fassade aus dem 17. Jh. ziert; den Herzogenburgerhof (Nr. 6) im Barockstil; den Deybelhof oder Täuberlhof (Nr. 8), im 18. Jh. nach den Plänen Hildebrandts (● *75, 81*) gebaut; das *Haus zum blauen Karpfen* (Nr. 14, ● *79*) aus dem 19. Jh. und das *Haus zum römischen Kaiser* (Nr. 18).
Annakirche. Die Annagasse ist nach der Annakirche benannt, einer gotischen Pfarrkirche, die seit 1897 den Oblaten des heiligen Franz von Sales zugehörig ist. Die Kirche wurde im 15. Jh. errichtet und im 18. Jh. barock umgestaltet. Die Deckenfresken im Innenraum thematisieren die Unbefleckte Empfängnis. Sie sind von Daniel Gran (1694-1757) ausgemalt, ebenso wie der Hochaltar mit der Darstellung der hl. Sippe. Die Figurengruppe am Altar, Anna selbdritt, (hl. Anna, Jungfrau Maria und Jesuskind) stammt aus dem frühen 16. Jh. und ähnelt Werken von Veit Stoß.

Ein Meister der Intrige. Vom Bischof zum Minister: Charles-Maurice de Talleyrand-Périgord (1754-1838) gestaltete zwischen 1797 und 1815 Frankreichs Außenpolitik. Er beteiligte sich am Sturz Napoleons, um die Herrschaft der Bourbonen wiederherzustellen. Auf dem Wiener Kongreß (● *38*) versuchte er, die Forderungen der Siegermächte möglichst zu beschneiden.

JOHANNESGASSE

Die Rückkehr Napoleons (1815) machte seine Anstrengungen zunichte.

Ursulinenkirche und -kloster. In der Parallelstraße der Annagasse befinden sich die Ursulinenkirche und das Ursulinenkloster, die im 18. Jh. erbaut wurden. Dieser Orden, der sich um die Erziehung und den Unterricht von Mädchen kümmerte, wirkt in rund 30 Ländern. Die heilige Ursula soll von 11 000 Jungfrauen nach Köln begleitet worden und dort den Märtyrertod gestorben sein, da sie sich weigerte, einen Hunnenkönig zu heiraten. In der Kirche gibt es eine kleine Sammlung religiöser Volkskunst.

In der Johannesgasse. Gegenüber steht das Savoysche Damenstift (Nr. 15). Das Hofkammerarchiv (Nr. 16), das sich zur Annagasse hin erstreckt, besteht aus zwei Flügeln (18. und 19. Jh.). Es wurde im letzten Jahrhundert von Franz Grillparzer geleitet. Im Palais Questenberg-Kaunitz (18. Jh.), ganz in der Nähe der Kärtner Straße, war Talleyrand während des Wiener Kongresses untergebracht.

Franz Grillparzer
Der Sohn eines Wiener Anwaltes gilt als der bedeutendste österreichische Dramatiker (1791-1872). Seine Stücke thematisieren Figuren aus der griechischen Mythologie wie Sappho, Medea, aber auch den böhmischen König Ottokar und Libussa, laut Legende die Gründerin Prags. Er hat von 1832 bis 1856 das Hofkammerarchiv geleitet, wo ihm ein Raum gewidmet ist.

HIMMELPFORTGASSE

Winterpalais des Prinz Eugen ♥. Das Palais erstreckt sich über einen guten Teil der Himmelpfortgasse, einer kleinen Parallelgasse zur Johannesgasse. Der Sieger über dieTürken (● *34*) ließ in Wien mehrere Palais (darunter das Belvedere, ▲ *246*) erbauen, in denen er seine Kunstsammlungen unterbrachte. Er beauftragte die bedeutendsten Architekten seiner Zeit, Johann Bernhard Fischer von Erlach und Johann Lukas von Hildebrandt. Fischer von Erlach (● *74, 81*, ▲ *138, 169*) arbeitete von 1697 bis 1698 an dem Barock-Palais. Er hat die Prunktreppe geschaffen, bemerkenswert durch die Atlanten, die als Karyatiden dienen; die Brunnenfigur des Herkules im Vestibül stammt ebenfalls von ihm. Hildebrandt war von 1702 bis 1724 für den Prinzen tätig. Er schuf die Fassade, die er mit gestreiften Pilastern äußerst lebendig gestaltete. Prinz Eugen starb 1736 in seinem Stadtpalais, das seit 1848 Sitz des Bundesministeriums für Finanzen ist.

Palais Erdödy-Fürstenberg. Gegenüber dem Stadtpalais befindet sich das Barock-Palais Erdödy-Fürstenberg. Seine Fassade (frühes 18. Jh.) ist mit einem wundervollen atlantengeschmückten Portal versehen.

RAUHENSTEINGASSE

Mozarts Tod. Das Haus, in dem Mozart (● *48*) seine letzten Lebensjahre verbrachte, wurde 1847 abgerissen; ein modernes Gebäude steht nun an seinem Platz. In das Gebäude in der Rauhensteingasse Nr. 8 zog der hochverschuldete Musiker nach seiner Rückkehr aus Prag ein (1787). Er hat hier mehrere Meisterwerke komponiert: *Don Giovanni*, *Cosi fan tutte*, *Die Zauberflöte* und sein

»Ich bin am Ende, bevor ich mein Talent ausgeschöpft habe. Dennoch war das Leben so schön, meine Laufbahn begann unter solch glücklichen Vorzeichen, aber man kann sein eigenes Schicksal nicht wenden. Man muß sich mit der Vorsehung abfinden. Deshalb beende ich meinen düsteren Gesang, den ich nicht unvollendet lassen darf.«
Mozart im September 1791

Mozart und Beethoven
Das einzige Treffen zwischen dem scheuen, damals 17jährigen Beethoven (● *50*) und dem 31jährigen Mozart fand im Haus in der Rauhensteingasse statt. Seinen Freunden vertraute Mozart an: »Achtet auf ihn, man wird in der Welt von ihm sprechen.«

Franziskanerkirche
Sie wurde von 1603 bis 1611 im süddeutschen Renaissance-Stil erbaut.

Requiem, das er nicht mehr vollenden konnte. So sehr seine Berühmtheit bis zum Jahr 1788 auch zugenommen hatte und obwohl er von Joseph II. gefördert wurde, verschlechterte sich seine finanzielle Lage immer mehr. Mozart war erst 35 Jahre alt, als er 1791, von Krankheit geschwächt, bettlägrig wurde. Den Musiker schüttelte ein schlimmes Fieber, und am 28. November hielten die Ärzte seinen Zustand für hoff-

nungslos. In der Nacht vom 4. auf den 5. Dezember 1791 starb er. Am nächsten Tag brachte der Leichenwagen den Sarg zunächst zum Katakombeneingang des Stephansdoms (▲ *132*), wo er gesegnet wurde, und dann zum St. Marxer Friedhof (▲ *262*).

Ballgasse. Auf halber Höhe der Rauhensteingasse führt ein Gäßchen, die Ballgasse, in einen überwölbten Durchgang zum Franziskanerplatz.

FRANZISKANERPLATZ ♥

Mosesbrunnen. Dem hübschen Franziskanerplatz geben eine kleine Kirche, ein schöner Brunnen und einige alte Häuser seinen Charme. Den Mosesbrunnen (1798) hat Johann Martin Fischer entworfen.

Figur am Mosesbrunnen.

Franziskanerkirche. Die Kirche Sankt Hieronymus oder Franziskanerkirche (● *74*) gehört dem von Franz von Assisi gegründeten Orden. Sie ist die einzige Wiener Kirche, die Anfang des 17. Jh. mit einer Renaissance-Fassade versehen wurde. Im barocken Innenraum befinden sich ein Hochaltar (1707) von Andrea Pozzo (▲ *152*) und eine reichgeschnitzte Orgel (1643) von J. Wöckerl.
»Kleines Café«. Auch wenn das Kleine Café am Franziskanerplatz erst in den 70er Jahren entstanden ist, paßt es sich gut in den Rahmen ein. Dafür hat der nostalgische Stil des Architekten Hermann Czech gesorgt.

SINGERSTRASSE

Barocke Palais. Über den Franziskanerplatz gelangt man nördlich in die lange Singerstraße, die in den Stock-im-Eisen-Platz (▲ *137*) mündet. In dieser Straße liegen das Palais Rottal (Nr. 17-19), das vermutlich nach den Plänen Hildebrandts entstandt und ehemals Sitz der Staatsschuldenkassa war, und das Palais Neupauer-Breuner (Nr. 16, unten), ebenfalls im 18. Jh. erbaut, das ein atlantengeschmücktes Monumental-Portal aufweist.
Der Deutsche Ritterorden. Der Deutsche Ritterorden ließ sich im 14. Jh. in dem weitläufigen Komplex, zu dem auch die gotische Kirche St. Elisabeth gehörte, nieder. Der Orden entstand während der Kreuzzüge als Spitalbruderschaft und hatte seinen ersten Sitz in Akko (Palästina). Er wurde in einen Ritterorden umgewandelt, der gegen die Ausbreitung des Islam kämpfte. Im 13. Jh. verlegte der Hochmeister des Ordens die Residenz von Palästina auf die Marienburg in Polen, um von dort aus Osteuropa zu christianisieren. Preußen, Litauen und Estland wurden kolonialisiert, der Orden herrschte im 14. Jh. über einen souveränen Staat mit Marienburg als Zentrale, der aus gut 20 Provinzen bestand.
Schatzkammer des Deutschen Ordens. Einige Säle der Wiener Niederlassung des Deutschen Ordens beherbergen den Ordensschatz: Münzen und Medaillen, Ringe und Ketten der Hochmeister, Prunkwaffen, religiöse Gegenstände, Uhren und astronomische Instrumente. Diese Objekte dokumentieren einige bedeutende Etappen in der Geschichte des Ritterordens, der im Mittelalter eine europäische Großmacht war. Doch der Krieg gegen Polen, das von Preußen aus Angst vor der wachsenden Macht des Ordens unterstützt wurde, leitete im 15. Jh. seinen Niedergang ein.

Deutschordenskirche Sankt Elisabeth. Die Deutschordens-Kirche war ursprünglich ein gotischer Bau (14. Jh.) und wurde im 18. Jh. behutsam umgestaltet. Das holländische Altarblatt aus dem 16. Jh. ist äußerst wertvoll. In einem der Innenhöfe des Deutschordenshauses wohnte Mozart (● *48*) im Frühjahr 1781. Maria Theresia (● *36* ▲ *260, 280)* war gerade gestorben und Colloredo, der Fürstbischof von Salzburg,

Der Deutsche Ritterorden
Der Film *Aleksandr Newskij* (1938) von Eisenstein zeigt die Ritter des Deutschen Ordens als Fanatiker,

die durch ihre Politik der Ostkolonisation die Bemühungen zur Einigung der russischen Fürstentümer erschweren. Doch ihre Brutalität und Eroberungslust stießen auf zunehmenden erbitterten Widerstand. Nach schweren Niederlagen im 15. Jh. und den Säkularisationen des 16. Jh. verlor der Orden seine Gebiete und nahm seine ursprüngliche Tätigkeit als Spitalbruderschaft wieder auf. 1809 löste ihn Napoleon auf, 1840 wurde er in Österreich zu neuem Leben erweckt; seit 1929 widmet er sich karitativen Aufgaben.

Gedenktafel am Figarohaus.

Hermann von Salza
Mit dem Segen von Papst Gregor IX. und auf Geheiß des Hohenstaufenkaisers Friedrich II. begann der Hochmeister des Deutschen Ordens, Hermann von Salza (1170-1239), die baltischen Stämme im späteren Preußen, die Pruzzen, zu christianisieren (1234). Dieser Kreuzzug, einer der ersten Schritte der Ostkolonisation, legte den Grundstock für einen Ordensstaat in Nordosteuropa.

Wappen des Deutschen Ordens
Der Innenraum von St. Elisabeth ist mit den Wappen der Ritter des Deutschen Ordens ausgeschmückt.

Figarohaus.

hatte die Familie Mozart für die musikalische Gestaltung des Begräbnisses nach Wien geholt. Zur gleichen Zeit feierte der junge Mozart mit seiner für München im Januar 1781 komponierten Auftragsoper *Idomeneo* auch in Wien Triumphe (eine Gedenktafel erinnert an seinen Aufenthalt).

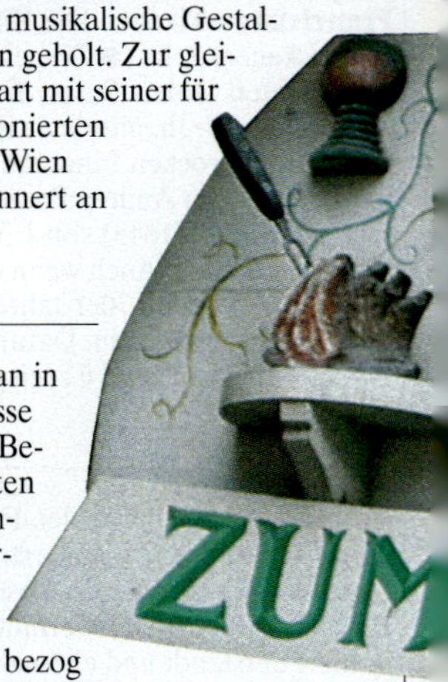

DOMGASSE

Von der Singerstraße gelangt man in die Blutgasse, die in die Domgasse mündet. Verfolgt man nach der Besichtigung der Sehenswürdigkeiten die Domgasse in westlicher Richtung, gelangt man in die Schulerstraße und von da aus auf den Stephansplatz (▲ *132, 136*).

Figarohaus ♥. Im Herbst 1784 bezog Mozart das Haus in der Domgasse 5. Dort spielte er mit Freunden (unter ihnen Haydn, ● *48*) Kammermusik und arbeitete Ende 1785 an einer seiner bedeutendsten Opern: *Figaros Hochzeit*. Das Libretto stammte von Lorenzo da Ponte (1748-1838), der für Mozart schon den Text für *Cosi fan tutte* geschrieben hatte. In Wien hatte die Oper nur mäßigen Erfolg; die Premiere fand im Mai 1786 statt. Doch in Prag, wo Mozart Anfang 1787 die Oper selbst dirigierte, wurde er von seinem Publikum bejubelt. Nach seiner Rückkehr tauschte der schuldengeplagte Musiker sein schönes Haus in der Domgasse gegen die bescheidene Wohnung in der Rauhensteingasse ein. Im ehemaligen Domizil Mozarts in der Domgasse 5, heute ›Figarohaus‹ genannt, wurde ein Museum eingerichtet (es ist das einzige noch erhaltene Wohnhaus Mozarts). Dort sind persönliche Gegenstände, Gemälde und Partituren des Komponisten ausgestellt.

Haus »Zum roten Kreutz«. Das erste Wiener Kaffeehaus öffnete 1683 in der Domgasse 6 (● *66*) seine Pforten. Das Haus wurde im 18. Jh. restauriert und trägt als Hausschild ein rotes Kreuz.

Palais Fürstenberg. An der Ecke Domgasse/Grünangergasse steht das Palais Fürstenberg (18. Jh.), das eine schöne Fassade und ein großes skulpturengeschmücktes Treppenhaus aufweist. In den Gäßchen um den Stephansdom fallen die sogenannten ›Durchhäuser‹ auf, die als Durchgang von einer Straße in die nächste dienen, in denen Läden und Restaurants zu finden sind.

BÄCKERSTRASSE ♥

Nach der Überquerung zweier Einkaufsstraßen, der Schulerstraße (die entweder nach der Juristenschule aus dem Jahr 1389 oder der Lateinschule Sankt Stephan aus dem Jahr 1237 benannt ist) und

der Wollzeile, gelangt man in die Bäckerstraße, die mit mehreren Sehenswürdigkeiten aufwartet, darunter dem Haus Schwanenfeld (Nr. 7). Gegenüber, im Palais Seilern (Nr. 8), wohnte 1808 Madame de Staël (1766-1817), die Verfasserin des Essays *Deutschland*. Unweit davon befindet sich das *Café Alt Wien*. In der Bäckerstraße gibt es mehrere In-Cafés, wie das *Oswald & Kalb* oder das *Kix*, das von einem zeitgenössischen Künstler gestaltet wurde.

Akademie der Wissenschaften. In westlicher Richtung führt die Bäckerstraße auf den Lugeckplatz – hier befinden sich eine Statue von Gutenberg und mehrere Restaurants mit Terrassen – und endet an der Rotenturmstraße, einer Einkaufsstraße. Wendet man sich in die Gegenrichtung, gelangt man zum Dr.-Ignaz-Seipel-Platz. Hier steht die ehemalige Universitätsaula, die unter Maria Theresia (● *36*) erbaut wurde. Die Pläne stammen von dem Franzosen Nicolas Jadot de Ville-Issey (1753-1755), den Franz I., der Gatte Maria Theresias, nach Wien kommen ließ. Unter Kaiser Ferdinand wurde das Gebäude im Jahr 1847 Sitz der Akademie der Wissenschaften.

Jesuitenkirche. Gegenüber der Akademie erhebt sich die Jesuiten- oder Universitätskirche (● *77*). Ferdinand II. hatte den Jesuiten das Monopol verliehen, Philosophie und Theologie an der Universität zu unterrichten. Diese Aufgabe versah der Orden bis zum Jahr 1761, als ihm im Zuge der Reformpolitik Maria Theresias (▲ 291) dieses Privileg

»Figlmüller«
Dieses Beisl liegt in einer Passage, die auf die Bäckerstraße mündet. Es rühmt sich, die größten Wiener Schnitzel in ganz Wien zu servieren.

Haus Schwanenfeld
Der arkaden- und galeriengeschmückte Hof dieses Hauses ist einer der wenigen Renaissance-Höfe Wiens. Renaissance-Bauten sind in dieser Stadt sehr selten zu finden, da die Türken zu jener Zeit kurz vor Wien standen. So flossen alle finanziellen Mittel in den Ausbau der Befestigungsanlagen. In diesem Anwesen lebte Friedrich von Amerling (1803-1887, ▲ *280*), der Porträtmaler der Wiener Aristokratie. Er hat hier eine Schmiedekunst-Sammlung zusammengetragen, deren schönste Stücke im Hof zu sehen sind.

Griechische Kirche
Engel (oben) und Portal (rechts) der in rotem Backstein gehaltenen Kirche, die von einem Turm mit Kuppelhaube überragt wird.

»Oh, du lieber Augustin«
«Oh, du lieber Augustin, 's Geld is hin, 's Mensch is hin, Oh, du lieber Augustin, alles is hin !»
Dieses Lied entstand während der Pestepidemie 1629 und sollte den Kranken und Überlebenden Mut machen. Denn Augustin ist in dem Lied so betrunken, daß er in eine Pestgrube fällt, aber wegen seines Alkoholpegels nicht angesteckt wird. Die Melodie dieses Liedes haben Mozart und Schönberg wieder aufgenommen (Zweites Quartett).

Der Bischof von Salzburg
Ruprecht war Bischof von Worms, bevor er sich nach einer Missionsreise durch Bayern um 700 in Salzburg niederließ und die Ruprechtsabtei gründete. Ihm ist die älteste Kirche Wiens geweiht.

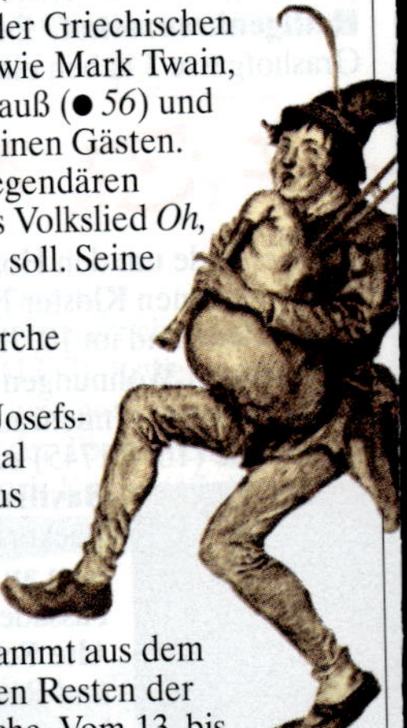

Die In-Beisln liegen rund um die Ruprechtskirche und die Synagoge.

Griechische Kirche. Die Kirche wurde 1782-1787 errichtet und Mitte des 19. Jh. im byzantisierenden Stil umgestaltet. Im Inneren ist eine schöne Altarwand aus dem 8. Jh. zu sehen. Die hier abgehaltenen orthodoxen Gottesdienste sind sehr eindrucksvoll und feierlich, sie finden im Kerzenschein statt und werden von Chorgesang begleitet.

»Griechenbeisl«. Das Beisl neben der Griechischen Kirche zählte früher Berühmtheiten wie Mark Twain, Johannes Brahms (● *51*), Johann Strauß (● *56*) und Franz Grillparzer (▲ *147, 159*) zu seinen Gästen. Bekannt ist es vor allem durch den legendären Bänkelsänger geworden, der hier das Volkslied *Oh, du lieber Augustin* geschrieben haben soll. Seine Figur schmückt die Fassade.

Ruprechtskirche. Die Ruprechtskirche (● 75) wurde auf einer alten Bastei errichtet und beherrscht den Franz-Josefs-Kai (▲ *200, 229*) und den Donaukanal (▲ *229*). Sie ist das älteste Gotteshaus der Stadt und soll 740 am Nordrand des ehemaligen Römerlagers Vindobona gegründet worden sein, die erste urkundliche Erwähnung stammt aus dem Jahr 1161. Im 12. Jh. entstand auf den Resten der ersten Kapelle eine romanische Kirche. Vom 13. bis zum 15. Jh. erweiterte man die Kirche, Glockenturm,

Chor und Seitenschiffe kamen hinzu, die Decke wurde eingezogen. Der Umbau war so grundlegend, daß heute nur noch Langhaus und das untere Turmgeschoß romanisch sind. Sankt Ruprecht ist die Pfarrkirche der französischen Gemeinde in Wien. Im Innenraum, über dem Chor, ist eine Glasmalerei aus dem 13. Jh. erhalten, und auf dem Maria-Loretto-Altar steht die schwarze Madonna, die die Wiener bei den Türkenbelagerungen und Pestepidemien anriefen.

HOHER MARKT ♥

Der Hohe Markt, ältester Platz Wiens, ist das ehemalige Forum des römischen Castrums Vindobona. Hier starb wahrscheinlich der römische Kaiser Marc Aurel an der Pest (180 n.Chr.). In der benachbarten Marc-Aurel-Straße steht die Statue des Herrschers, der mit Seneca befreundet war und selbst philosophische Schriften verfaßte. Unter dem Platz hat man römische Mauerreste gefunden (Zugang über Haus Nr. 3). Es sollen die Ruinen zweier Häuser sein, in denen Garnisonsoffiziere des Lagers Vindobona lebten (2., 3. Jh.). Unter den Babenbergern und, im Mittelalter, unter den Habsburgern hatte der Hohe Markt zwei Funktionen: Er war sowohl öffentlicher Hinrichtungsplatz, auf dem der Galgen stand, als auch Marktplatz.

Vermählungsbrunnen. An die Stelle der düsteren Hinrichtungswerkzeuge traten angenehmere Bauwerke. So ließ Kaiser Leopold I. (1640-1705) von Johann Bernhard Fischer von Erlach (● *74, 81, 138*) mitten auf dem Platz zunächst im Jahr 1706 eine hölzerne Votivsäule (Josefssäule) aufstellen, zum Dank dafür, daß sein Sohn, der spätere Kaiser Josef I., die Belagerung der Stadt Landau (1702) wohlbehalten überstanden hatte. 1732 ersetzte man sie durch den Vermählungsbrunnen, auch Josephsbrunnen genannt. Der Sohn Fischer von Erlachs, Joseph Emanuel (● *74, 80*) errichtete ihn aus weißem Marmor und Bronze. Die Figuren schuf der Italiener Antonio Corradini.

Ankeruhr ♥. Die Jugendstiluhr von Franz von Matsch ist den Bombardements von 1945 (● *42*) entgangen. Seit 1913 ziert sie den Sitz der Versicherungsgesellschaft gleichen Namens. Zu jeder vollen Stunde erscheint vor dem Zifferblatt eine andere Figur: Marc Aurel, Karl der Große, Leopold der Glorreiche und seine Gemahlin Theodora, Prinz Eugen, Maria Theresia, Haydn, Rudolf I., Walther von der Vogel-

Andenken an die Belagerung
Auf dieser Tafel sind drei Kanonenkugeln zu sehen, die die Türken (● *34*) auf Wien während der Belagerung abfeuerten. Man findet ähnliche Erinnerungsstücke, wenn man durch die Gassen streift. Auch in der Fassade des Stephansdoms (▲ *132*) steckt noch eine Kanonenkugel.

Hoher Markt, der ehemalige Richtplatz
Der Galgen wurde Anfang des 18. Jh. entfernt, der Pranger erst im folgenden Jh. – er diente zur Bestrafung betrügerischer Bäcker. Sie wurden in einen Eisenkäfig gesperrt und dreimal in die Donau getaucht ...

Detail des Fassadenschmuckes an der Synagoge.

Theodor Herzl
Als Korrespondent der liberalen Zeitung *Neue Freie Presse* nahm Herzl (1860-1904), zunächst ein Verfechter der Assimilierung, am Dreyfus-Prozeß in Paris teil. Unter dem Eindruck des Prozesses trat er für die Gründung eines jüdischen Staates in Palästina ein. 1897 berief er den ersten Zionistenkongreß in Basel ein. Dort sagte er die Gründung eines jüdischen Staates nach 50 Jahren voraus; er hat sich nur um ein Jahr vertan: Der Staat Israel entstand 1948.

weide, Prinz Eugen ..., und mittags um zwölf spazieren alle zusammen zu Musikklängen vorbei. Eine Szene aus dem Film *Der dritte Mann* von Carol Reed (● *42*, ▲ *192, 267*) spielt unterhalb der Ankeruhr.

JENSEITS DES HOHEN MARKTES

Nördlich des Platzes zweigt die Judengasse ab, über die man wieder die Ruprechtskirche erreicht. Verläßt man den Platz in östlicher Richtung, stößt man auf die breite Rotenturmstraße, dann auf den Stephansdom (▲ *132*).

Synagoge. Inmitten des lärmenden Restaurant- und Kneipenviertels liegt die schlicht gehaltene Synagoge. Ihr Baumeister befolgte die Vorschriften, die Joseph II. in seinem Toleranzpatent von 1781 festgelegt hatte: Alle nichtkatholischen Religionen hatten das Recht auf freie Religionsausübung, nur durften sie im Stadtbild nicht in Erscheinung treten. Eben weil die Synagoge wie ein ganz gewöhnlicher Profanbau aussieht, entging sie der Vernichtung durch die Nationalsozialisten, die nach dem Anschluß (● *42*) alle anderen etwa 40 jüdischen Gotteshäuser systematisch niederbrannten. Im Inneren wurde ein kleines jüdisches Museum eingerichtet.

Das jüdische Wien. Das 19. Jh. war eine Epoche der Toleranz, die 1867 erfolgte Emanzipation, also die rechtliche Gleichstellung, führte zu einer Einwanderungswelle ungarischer und mährischer Juden. Durch die liberale Wirtschaftspolitik ab 1860 benötigte man Kapital für den wirtschaftlichen Aufschwung; unter anderem mußten die Prunkbauten am Ring (▲ *198*) finanziert werden. Die bedeutende Rolle, die dabei einige jüdische Familien spielten, veranlaßten den Kaiser dazu, sie in den Adelsstand zu erheben. Einige Politiker, so der spätere Bürgermeister von Wien und Begründer der christlich-sozialen Partei, Karl Lueger (▲ *227*) oder der Deutschnationale Georg von Schönerer nutzten den Börsenkrach von 1873 , um den Antisemitismus neu zu schüren. Der klerikal geprägte Austro-Faschismus des Bundeskanzlers und Außenministers Engelbert Dollfuß konkurrierte zwar mit dem Nationalsozialismus, in der Diskriminierung der jüdischen Bevölkerung unterschieden sie sich jedoch kaum. Die Vertreibung und Vernichtung der jüdischen Bevölkerung geschah in Wien und ganz Österreich ebenso vollständig wie im Deutschen Reich.

»Der barocke, kaiserliche, wienerische Prunk hat seinen Ursprung weniger im Machtrausch als in der Vorahnung von deren Instabilität.«

Guy Hocquenghem

Barocke Atlanten und Karyatiden
"Eine Gebäudefassade, die den Ansprüchen der Ringstraße gerecht werden wollte, mußte mit Karyatiden und anderen Figuren, allen erdenklichen Vasen, Motiven und Verschönerungen geschmückt sein. Die offiziellen Gebäude übertrafen die Privathäuser noch an Opulenz und Vielfalt der Stilrichtungen."
George Clare

Fassade des Palais Ferstel
Heinrich Ferstel (Architekt der Votivkirche und der Neuen Universität) entwarf Mitte des letzten Jahrhunderts das Palais Ferstel und benutzte Stilmittel aus Romanik und Renaissance.

Wien sieht rot
❝An einem jener schönen Aprilvormittage, […], erschien auf der bevölkerten Sonnenseite des Grabens Franz Tunda in demselben Anzug, in dem er vor dem Moskauer Konsulat aufgetreten war, und erregte zweifellos Aufsehen. Er sah genauso aus, wie sich ein Drogist, […], einen ›Bolschewiken‹ vorstellte.❞
Joseph Roth,
Die Flucht ohne Ende

Barockgemälde von Altomonte und Rottmayr (▲ *139, 293)* sowie Kunstwerke von Kokoschka (▲ *254*) sind dort zu sehen.

Landhaus. Im imposanten ehemaligen Freihaus Liechtenstein (Nr. 13) mit der spätklassizistischen Pilaster-Fassade wurden früher die niederösterreichischen Stände empfangen. Heute ist es der Sitz der niederösterreichischen Landesregierung. Im 16. Jh. wurde das Palais mit Unterstützung des Adels gebaut und unter dem Architekten Alois Pichl von 1837 bis 1848 vollständig umgebaut. Bedeutende Ereignisse, sowohl künstlerischer Art (Konzerte von Beethoven, Schubert und Liszt) als auch politischer Natur, haben sich hier abgespielt. Die Wiener 1848er Revolution (● *40*) nahm von hier aus ihren Ausgang, als Aufständische den Hof des Landhauses stürmten. Im großen Sitzungssaal wurde am 12. November 1918 nach der Abdankung Karls I. die Republik ausgerufen (● *33,* ▲ *144*).

Palais Ferstel ♥. Die vielen überdachten Passagen und Treppen des Palais Ferstel sind labyrinthartig angelegt. Früher war das Palais Sitz der Österreichisch-Ungarischen Bank. Heute halten sich Tagungsbesucher und Kunden der hier ansässigen Luxusgeschäfte in den aufwendig renovierten Sälen und Gängen des Palais auf.

»Café Central«. Vom Eingang Herrengasse oder über die Innengänge des Palais Ferstel gelangt man in die prächtigen Hallen des *Café Central* (links), das seit über einem Jahrhundert Intellektuellen-Treffpunkt ist (● *66*). Stefan Zweig (● *110,* ▲ *202*) diskutierte hier mit seinen zahlreichen Freunden, unter ihnen auch der Exilrusse Lew Dawidowitsch Trotzki.

Palais Porcia. Inmitten der vielen barocken oder neoklassizistischen Bauten fällt die Renaissance-Fassade des Palais Porcia (Nr. 23) aus dem 16. Jh. ins Auge.

Vorahnung
»Wer wird der Rädelsführer der russischen Revolution sein? Vielleicht der Herr Bronstein aus dem Café Central?«, schrieb ein Diplomat 1917 an den Rand einer Depeche.

BANKGASSE

Barocke Palais ♥. Mehrere sehenswerte Barock-Palais (● *80*) zieren die kleine Bankgasse, die von der Herrengasse

abzweigt: Das Palais Batthyány (Nr. 2) wurde in Anlehnung an den Stil J. B. Fischer von Erlachs gebaut (● *74, 81*); die beiden Palais Trautson und Strattmann-Windischgrätz (Nr. 4 und 6) wurden nach Plänen von Franz Hillebrand verbunden und mit einer einheitlichen Fassade versehen. Den ehemaligen Sitz der Kanzlei des ungarischen Königreichs nutzt heute die Ungarischen Botschaft .

Stadtpalais Liechtenstein. Am äußersten Ende der Gasse, in der Nähe von Volksgarten und Burgtheater (▲ *204*) steht eines der zahlreichen Palais, die sich die Fürsten von Liechtenstein in Wien erbauen ließen. Domenico Martinelli (1650-1718) entwarf dieses Winterpalais im Stil des italienischen Barock. Mehrere Baumeister führten von 1694 bis 1719 seine Pläne aus. Besonders sehenswert ist die prächtige Fassade mit Pilastern und Plastiken.

MINORITENPLATZ

Minoritenkirche (Maria Schnee). Die Minoritenbrüder, die auf den von Franz von Assisi (1182-1226) gegründeten Franziskaner-Orden zurückgehen, kamen zu Beginn des 13. Jh. nach Wien und erbauten auf dem Platz ein Kloster und eine Kirche. Das Kloster mußte dem Österreichischen Staatsarchiv weichen (Nr. 1). Das Hauptportal wird von einem kleinen Glockenturm flankiert. Die Fassade ziert ein dreiteiliges Tympanonfeld mit gotischem Relief, die *Kreuzigung Christi*, Werk des Franziskanermönches Jakobus von Paris. Am rückwärtigen Teil gruppieren sich mehrere Apsiden um einen hohen, ungewöhnlich schlanken, achteckigen Turm(● *34*).

»Das Abendmahl«. Die Hauptsehenswürdigkeit dieser Kirche ist die orginalgroße Mosaikkopie von Leonardo da Vincis *Abendmahl*, die Giacomo Raffaelli im Auftrag Napoleons I. ausführte. Der Kaiser wollte das Original aus Mailand in den Pariser Louvre entführen und den Mailändern dafür die Kopie überlassen. Sein Sturz verhinderte die Ausführung des Plans. Franz I. ließ es dann Mitte des

Portal der Minoritenkirche
Ursprünglich war diese Kirche nur eine kleine, kurz nach dem Tod Franz von Assisis entstandene Kapelle. Nachdem sie mehreren Feuersbrünsten zum Opfer gefallen war, baute man sie im 14. Jh. im gotischen Stil wieder auf und veränderte sie nach den Zerstörungen während der Türkenbelagerungen (● *34*) mehrmals. Ihr gotischer Ursprung ist auch heute noch sichtbar.

Metastasio
Der gebürtige römische Abt Pietro Antonio Domenico Bonaventura Trapassi, genannt Metastasio (1698-1782), galt als bedeutendster Vertreter der arkadischen Liebeslyrik. Er verfaßte Texte für Melodramen, Oratorien und Kantaten. In Wien schrieb er zahlreiche Bühnenstücke, die von den Komponisten als Opernlibretti verwendet wurden.

Das Palais Esterházy.

Nicolas der Prächtige
(1765-1833)
Der ungarische Fürst Nicolas Esterházy (unten, ● *49*) wurde 1770 zum Marschall ernannt. Doch der Liebhaber von Luxus und Kunst lebte lieber in seinem Schloß in Eisenstadt, das dem Versailler Schloß nachgebaut war, als in Wien.

19. Jh. in der Minoritenkirche anbringen. Sehenswert sind auch das Madonnen-Basrelief von Rosselino aus dem 15. Jh. und das Grabmal des italienischen Lyrikers Metastasio. Dieser war nach seinem Opernerfolg *Die verlassene Dido* 1730 von Karl VI. als Hofdichter nach Wien gerufen worden. 1790 lernte Metastasio Joseph Haydn (● *48*, ▲ *152, 164*) kennen. Beide bewohnten das selbe Haus.

Palais Dietrichstein und Starhemberg. Am Minoritenplatz steht neben dem Palais Dietrichstein (Nr. 3) aus dem 17. Jh. mit seiner zartgegliederten Rokoko-Fassade auch das Palais Starhemberg, das heutige Unterrichtsministerium (Nr. 5), in dem Ernst Rüdiger Graf Starhemberg lebte, der Verteidiger Wiens während der Türkenbelagerung 1683 (● *34*).

WALLNERSTRASSE

Die Wallnerstraße zweigt vom Kohlmarkt ab. In dieser Straße stehen zwei sehenswerte Palais.

Das Palais Esterházy (Nr. 4) ist neben dem Palais in der Annagasse (▲ *146*) das zweite Palais, das sich die Fürsten von Esterházy im Barockstil (● *80*) erbauen ließen. Auch wenn beide Bauten sehr imposant sind, so können sie nicht mit dem prächtigen Schloß des Fürsten Nicolas von Esterházy am Neusiedler See (■ *24*) verglichen werden. Die Familie Esterházy hatte sich während der Türkenkriege einen Namen gemacht und wurde nach der Belagerung Wiens (1683) in den Fürstenstand erhoben. Sie waren geschickte Diplomaten und fähige Offiziere und wußten ihren Prunk in Friedenszeiten zur Schau zu stellen.

Haydn im Dienste der Esterházy. Neben der Architektur liebte die Familie Esterházy die Musik. Sie verfügten sogar über ein festes Orchester, das zu den rauschenden Festen in ihren Residenzen aufspielte. Dessen Kapellmeister war zu Zeiten der Fürsten Paul Anton und Nicolas Joseph (1761-1790) der Musiker Joseph Haydn. Auch wenn das Schloß in Eisenstadt sehr luxuriös war, langweilte sich Haydn dort und wartete mit Ungeduld darauf, mit seinem Brotgeber nach Wien zurückkehren zu können, um dort Schüler, Freunde und Bewunderer zu treffen. Einer seiner Freunde war der 24 Jahre jüngere Mozart (● *48*, ▲ *147, 281*), der mit ihm Quartett spielte. Auch der 22jährige Beethoven (● *51*, ▲ *298*) zählte zu seinen Schülern.

Joseph Haydn
(1732-1809, rechts)
❝Da bin ich nun in meiner Wüste, verlassen wie eine arme Waise, fast ohne menschliche Gesellschaft, voll der Erinnerung an wertvolle vergangene Tage, ja, leider, vergangen! Und wer weiß schon, wann sie wiederkommen? [...] Hier, in Eisenstadt fragt mich niemand: »Möchten Sie eine heiße Schokolade? Mit oder ohne Milch? Kaffee vielleicht? Schwarzen Kaffee oder Eiskaffee? Was darf ich Ihnen anbieten, mein lieber Haydn? Möchten Sie ein Eis? Vanille oder Ananas?«❞
Brief von Joseph Haydn

»Als die letzten Akkorde der von Haydn gespielten Nationalhymne verklungen waren, verharrten wir einen Augenblick ganz still. Dann, bevor auch nur einer von uns den Mund öffnen konnte, hörten wir tosenden Beifall.«

George Clare

Das Palais Caprara-Geymüller (erbaut 17. Jh. und erneuert im 18. Jh.) steht auf derselben Seite wie das Palais Esterházy. Zwei Atlanten (● *82*, ▲ *157*) flankieren das schöne Barock-Portal. Nach dem Frieden von Campo Formio (1797), der den Italien-Feldzug Bonapartes gegen die Österreicher beendete, mietete das französische Direktorium das Palais für den französischen Gesandten, General Bernadotte (1763-1844), den späteren König von Schweden. Als Bernadotte im April 1798 in das Palais einzog, ließ er zu Ehren der Französischen Revolution die Trikolore hissen, die die empörten Wiener jedoch wieder herunterrissen. Tief gekränkt reiste der Botschafter ab. Aufgrund dieses Vorfalls erhielt die kleine Verbindungsstraße zwischen Wallnerstraße und Herrengasse den Namen Fahnengasse.

Freyung

Dieser dreieckige Platz zählt zusammen mit Graben (▲ *137*), Am Hof (▲ *166*) und Hoher Markt (▲ *155*) zu den größten Plätzen der Innenstadt. Sein Name (Freyung = Freistatt) erinnert an das Asylrecht, das das Schottenstift Fremden und Kleindieben gewähren durfte. Erst Maria Theresia hob das Recht wieder auf.

Austria-Brunnen. In der Mitte des Platzes steht der Austria-Brunnen, der 1846 nach den Entwürfen des Deutschen Ludwig Schwanthaler gefertigt wurde. Seine Figuren symbolisieren die ehemaligen Hauptflüsse des Habsburgischen Reiches: Elbe, Donau, Weichsel und Po.

Schottenkirche. Eigentlich gründeten irische Benediktiner-Mönche Schottenkirche und Schottenstift zu Beginn des 12. Jh. Der Name geht auf den Sitz der irischen Missionare auf der Insel Iona im Nordwesten von Schottland zurück. Dieses Kloster galt seit seiner Gründung durch den heiligen Colomban im 6. Jh. als Hauptsitz des Ordens. Von Iona waren viele christliche Missionare nach ganz Europa gekommen. So auch die Benediktiner, die zunächst in Regensburg Zwischenstation gemacht hatten, bevor sie der Babenberger Herzog Heinrich II. Jasomirgott nach Wien berief. Die Sakralbauten

Austria-Brunnen
Die Enkelin Goethes soll für die Statue der Austria (oben) Modell gestanden haben. Man erzählt, der Bildhauer habe in den hohlen Figuren geschmuggelten Tabak versteckt. Angeblich konnte er ihn jedoch nicht rechtzeitig entfernen, bevor man den Brunnen mit Wasser füllte.

Die Freyung (● *96*) gemalt von R. Bernt (1906).

Schotten-Gymnasium
»Sobald ich einen Mann mit dem etwas snobistischen Akzent des Wiener Schottengymnasiums kennenlerne, fühle ich mich gegen meinen Willen eher von ihm angezogen.«
Konrad Lorenz, *Das sogenannte Böse*

Der Tod Haydns
In der Schottenkirche feierte man am 15. Juni 1809 eine Totenmesse für Haydn (● *48*, ▲ *152, 162*), der am 31. Mai gestorben war. Wien hatte sich gerade den französischen Truppen ergeben (1809, ● *33, 38*). Durch diese Ereignisse war der Tod des großen Musikers in der Wiener Öffentlichkeit unbemerkt geblieben.
Doch die Franzosen erinnerten sich an den bekannten Musiker und erwiesen ihm die letzte Ehre.
Der Offizier des französischen Heeres, Henri Beyle – der sich später Stendhal nannte – nahm am Feldzug gegen Österreich teil und wohnte der Zeremonie für Haydn bei. Seine Eindrücke ließ er 1814 in die Briefe über Haydn, eines seiner ersten Werke, einfließen.

waren ursprünglich in romanischem Stil erbaut. Später (14., 15. und 17. Jh.) wurden gotische und barocke Elemente hinzugefügt. Die weißgelb verputzte Fassade der Kirche ziert ein zwiebelförmiger Glockenturm (● *76*), der aus der Apsis herausragt. In der Kirche finden sich zahlreiche sehenswerte Kunstwerke, darunter zwei Altarbilder aus dem 17. Jh. (von Tobias Pock und Joachim Sandrart) und das barocke Grabdenkmal für den Türkenbezwinger Ernst Rüdiger Graf Starhemberg (● *34*) von Joseph Emanuel Fischer von Erlach (● *74, 80*). Die Madonnenstatue in der Kirche wird von den Wienern als wundertätig verehrt. Sie ist das älteste Gnadenbild Wiens (um 1250). In der Gruft ruht der Stifter der Kirche, Herzog Heinrich II. Jasomirgott, mit seiner Gemahlin.

Das Schottenstift gruppiert sich zusammen mit Café- und Restaurant-Terassen um den schattigen Schottenhof. Hier ist seit 1807 das renommierte private Gymnasium untergebracht, in dem schon Persönlichkeiten wie Johann Strauß, Johann Nestroy oder auch die Söhne der Adelshäuser Liechtenstein und Schwarzenberg die Schulbank drückten. Die Gemäldegalerie im Kapitellsaal des Klosters umfaßt zahlreiche Meisterwerke vom 15. bis zum 19. Jh. Ihr bedeutendster Schatz sind die 19 Tafeln des großen gotischen Flügelaltares (Ende 15. Jh.) der beiden ›Schottenmeister‹ Tobias Pock und Joachim Sandrart. Zwei der Tafeln, *Flucht aus Ägypten* und *Die Heimsuchung,* gelten als die ältesten Ansichten des damaligen Wien.

Die Wohnung von Liszt. Wenn der ungarische Musiker Franz Liszt (1811-1886) für seine Konzerte und Klavierabende nach Wien kam, hielt er sich in einem Haus auf, das auf den Schottenhof hinausgeht. Hier fand er – ebenso wie im *Café Haag* mit seinen gotischen Gewölben – Ruhe vor dem hektischen Treiben der Außenwelt.

Palais Daun-Kinsky. Johann Lukas von Hildebrandt (● *75, 81*), der wenig später mit dem Bau des Belvedere (▲ *246, 256*) begann, schuf von 1713 bis 1716 auf der Freyung eines seiner schönsten Gebäude, das Palais Daun-Kinsky. Die Fassade ist raffiniert gestaltet, mit einer Fülle dekorativer Pilaster und

Figuren sowie giebelgekrönten Fenstern. Das Portal, das mit seinen hohen Säulen und Atlanten wie ein Triumphbogen wirkt, führt in ein ovales, mit einem großzügigen Treppenhaus und Statuen ausgestatteten Vestibül. Die Decke ziert Marcantonio Chiarinis 1716 geschaffenes Fresko *Glorie eines Helden.*

Palais Harrach. Seit 1600 bewohnten die böhmischen Grafen Harrach ein Haus an der Freyung. 1690 ließen es die Besitzer dann von Domenico Martinelli representativ umgestalten.

Kunst-Forum. Das ehemalige Bethaus der Schottenkirche aus dem 18. Jh. wird wegen seiner Form auch »Kommode« genannt. Ihm gegenüber steht das Kunstforum Wien, eine erst kürzlich eingerichtete Galerie mit Wechselausstellungen zeitgenössischer Kunst. Seine Verzierungen sind dem Sezessionsstil nachempfunden (● *86,* ▲ *232*).

RENNGASSE

Palais Schönborn-Batthyány. An der Renngasse, die zwischen »Kommode« und Kunstforum ihren Anfang nimmt, steht das Palais Schönborn-Batthyány, ein Werk von Johann Bernhard Fischer von Erlach (1699-1706; ● 74, 81, ▲ 138). Das imposante Anwesen mit der plastisch gestalteten Fassade war die Residenz einer bedeutenden ungarischen Familie, der Batthyánys: Karl Joseph Batthyány (1698-1772) war unter Prinz Eugen General (● *35,* ▲ *147, 247*). 1740 erwarb Fürst Schönborn den Besitz. Dem Palais gegenüber befand sich damals das Hotel *Zum römischen Kaiser*, in dessen Hallen Franz Schubert (● *50,* ▲ *227*) von Zeit zu Zeit Konzerte gab. Erst 21jährig, führte er hier die *Klage des Hirten* nach einem Text von Goethe auf.

Hohenstaufengasse. Die Hohenstaufengasse ist eine Querstraße der Renngasse und führt in nord-westlicher Richtung auf den Schottenring(▲ *201*). In der Gasse befinden sich die bemerkenswerten Gebäude der Länderbank (1882) von Otto Wagner (● *86, 88,* ▲ *228, 237, 240*) und das Juridicum mit seiner imposanten Glasarchitektur aus den Jahren 1970-1980.

Heinrich II. Jasomirgott
Von seinem Bruder Leopold IV. von Babenberg erbte Heinrich 1141 das Herzogtum Bayern und Österreich. Friedrich Barbarossa (● *28*) erhob Österreich gegen Überlassung Bayerns 1158 zum Erbherzogtum. Seit 1156 war Heinrich II. der erste Herzog von Österreich. Im selben Jahr noch gründete er das Schottenstift.

Die Freyung
Auf der Freyung wurden Volksfeste gefeiert. Man richtete hier jedoch auch Verräter hin, indem man ihren Kopf solange in ein wassergefülltes Faß steckte, bis sie ertranken.

Drei Mäderl
Mit 20 Jahren verliebte Schubert sich in Therese Groger, die Interpretin seiner ersten Lieder. Diese heiratete einen Bäcker, wahrscheinlich, weil der Musiker finanziell nichts zu bieten hatte. Sollte er andere Liebschaften gehabt haben, so spricht nur seine Musik von ihnen. Jedenfalls gibt es keinerlei Anzeichen dafür, daß er den Bewohnerinnen des Dreimäderlhauses, Hannerl, Hederl und Heinderl, den Hof gemacht hat, wie es die Legende erzählt.

Adalbert Stifter (1805-1868) besuchte die mitten in den Bergen gelegene Klosterschule von Krems. Dort erwachte seine Liebe zur Natur. Einen großen Teil seines Lebens verbrachte er in Wien, wo er studierte und höfischer Hauslehrer und Berater wurde. Seit 1840 verfaßte er Erzählungen (*Der Hochwald*) und Romane (*Der Nachsommer*, *Witiko*), in denen er die Schönheit der Natur schildert und die ihn zu einem der bedeutendsten Erzähler der österreichischen Literatur gemacht haben. Eheschwierigkeiten und der Selbstmord der Adoptivtochter überschatteten seinen Lebensabend. 1868 beging er vermutlich Selbstmord.

Mölker-Bastei

Melker Hof. Geht man die Schottengasse von der Freyung aus hinauf, erreicht man die Wiener Residenz der Äbte von Melk (erbaut 15. Jh., erneuert 18. Jh.). Zu ihr gehören eine Kapelle aus dem 16. Jh. mit Decken- und Wandgemälden von Johann Wenzel Bergl (▲ *180, 278*) und einem Gemälde des ›Kremser Schmidt‹ sowie eine Weinstube, die Melker Weine serviert. Die Schottengasse mündet am Schottentor auf den Ring (▲ *200*).
Pasqualatihaus ♥. Die Mölker Bastei, ein Rest der alten Befestigungsanlagen (▲ *198*), beherrscht die Ringstraße und besteht aus mehreren sehenswerte Gebäudekomplexen, unter ihnen das Haus des Großhändlers Pasqualati, in dem Beethoven (● *51*, ▲ *298*) logiert hat. Während seines Aufenthaltes (1804-1814) komponierte er mehrere seiner bedeutendsten Werke: die Oper *Fidelio*, die 4., 5. und 6. Symphonie. Ein kleines Museum im Haus zeigt Partituren, Zeichnungen und zeitgenössische Stiche von Beethoven. Das Pasqualatihaus beherbergt auch das Adalbert Stifter-Museum (● *108*). Hier befinden sich Manuskripte und Zeichnungen von Stifter, der sich von 1826-1850 in Wien aufhielt.
Dreimäderlhaus. Westlich der Mölker Bastei, in der Schreyvogelgasse, steht das Dreimäderlhaus (● *78*), ein typisches Biedermeiergebäude (● *62*). Es entstand Anfang des 19. Jh. im Stil des ausklingenden josephinischen Klassizismus. Bemerkenswert sind die girlandenverzierten Fenster und das Portal, das von zwei Säulen flankiert wird.

Am Hof

Seinen Namen erhielt der größte Platz der Innenstadt im 12. Jh., als der erste Herzog des gerade ernannten Herzogtums Österreich, der Babenberger Heinrich II. Jasomirgott (▲ *165*), seine Residenz »mit seinem Hof« nach Wien verlegte. Rund um den Hof ließ er eine Burg errichten, von der keine Spuren erhalten sind. Stattdessen fand man bedeutende Reste des ehemaligen Römerlagers. Glänzende Feste wurden hier gefeiert und Reiterturniere veranstaltet. Walther von der Vogelweide trat hier zum Minnesang-Wettstreit gegen Reinmar von Hagenau an.

Mariensäule und Zu den Neun Chören der Engel. Der Platz wird von der Mariensäule und der Kirche Zu den Neun Chören der Engel beherrscht. Am Sockel der Säule kämpfen vier Engel gegen die vier großen, durch Tiere symbolisierten Menschheitsplagen: Pest (Basilisk), Ketzerei (Schlange), Krieg (Löwe) und Hunger (Drache). Das wuchtige Kirchengebäude ließen die Karmeliter zwischen dem 14. und 15. Jh. im gotischen Stil erbauen. Heute trägt es eine Barock-Fassade, die in großem Maße den römischen Sakralbauten nachempfunden ist, denn die Jesuiten, die Nachfolger der Karmeliter, ließen die Kirche von dem Architekten Carlo Antonio Carlone (● *77*) um 1662 verändern. Dieser entstammte einer genuesischen Bildhauer- und Malerfamilie, die schon an der Ausschmückung mehrerer römischer Kirchen mitgearbeitet hatte. Von dem Altan der Eingangshalle proklamierte Franz II. am 6. August 1806 das Ende des Heiligen Römischen Reiches Deutscher Nation (● *38*). Er wurde unter dem Namen Franz I. der erste österreichische Erbkaiser. Sehenswert sind im Innern der Kirche vor allem der Orgelchor und die Fresken von Franz Anton Maulbertsch (1724-1796) sowie das Hochaltarblatt von Johann Georg Däringer. An der Chorstuhlseite befindet sich ein Teil des ehemaligen Hochaltares des italienischen Jesuiten Andrea Pozzo (1642-1709; ▲ *152)* der schon für die Innendekoration der Jesuiten- bzw. Universitätskirche verantwortlich war.

Palais Collalto. Etwas weiter im Norden des Platzes, auf derselben Seite wie die Kirche Zu den Neun Chören der Engel steht das Palais Collalto (17. und 18. Jh.) mit seiner klassizistischen Fassade. In diesem Palais gab das sechsjährige Wunderkind Mozart (● *48* ▲ *147, 281*) sein erstes Konzert.

Bürgerliches Zeughaus ♥. Der ungewöhnliche Prachtbau der Feuerwehrzentrale säumt im Nordwesten den Platz Am Hof. Das Gebäude wurde im 16. Jh. erbaut und 1730 von Anton Ospel barockisiert (● *80, 82).* Ein Dreiecksgiebel mit Wappen und Trophäen ziert die Schauseite. Außer den Räumen für die Feuerwehrmänner und der Garage befindet sich in der Feuerwehrzentrale ein interessantes Feuerwehrmuseum.

Zeugnisse von Vindobona. Im Keller des Nachbarhauses (Unterkammeramtsgebäude, Nr. 9) sind Gebäudereste des römischen Lagers Vindobona zu sehen, das zum Schutz gegen die Germanen errichtet wurde (● *28*). Der Zivilstadt wurde 213 n. Chr. römisches Stadtrecht verliehen.

Feuerwehrzentrale
Der Italiener Lorenzo Mattielli schuf die Steinfigur *Stärke und Beharrlichkeit* mit der vergoldeten Weltkugel aus Metall auf einer hohen Attika für die Fassade des ehemaligen Zeughauses.

Mozart im Palais Collalto
Leopold Mozart, Vater von Wolfgang Amadeus, hatte eine Europatournee organisiert, um »der Welt ein Wunder zu zeigen«. 1762 verließ der kleine Mozart zusammen mit seiner Schwester Maria Anna und seinem Vater Salzburg. Nach Ips, Passau und Linz gastierte die Familie Mozart in Wien, und nach dem Konzert im Palais Collalto wurde sie in Schönbrunn (▲ *274*) empfangen.

Der Judenplatz
Lange vor dem Zweiten Weltkrieg war die jüdische Gemeinde in Wien Opfer zahlreicher Pogrome geworden. Bei der »Wiener Geserah« im Jahr 1421 wurden auf dem Judenplatz (rechts) alle von Juden bewohnten Gebäude (Geschäfte, Schulen, Haus des Rabbi, Synagoge) zerstört. Herrscher war damals Erzherzog Albrecht V. von Österreich, deutscher König und der erste Habsburger, der den ungarischen Thron bestieg.

Märkleinsches Haus. Hier, Am Hof 7, befand sich die Babenberger Burg. Nach ihrer Zerstörung entstand an ihrer Stelle nach den Plänen des Johann Lukas von Hildebrandt (● *75, 81*) das Märkleinsche Haus. Von einem Hildebrandt-Schüler wurde das Haus Am Hof Nr. 12 errichtet.

SCHULHOF

Der winzige idyllische Platz hinter der Kirche Zu den Neun Chören der Engel ist mit dem Platz Am Hof durch einen Durchgang verbunden.

Palais Obizzi. Dieses schöne barocke Giebel-Palais aus dem 17. Jh. säumt die Südseite des Platzes. In dem Haus des damaligen Stadtgarde-Kommandanten Marchese Obizzi sind das Uhrenmuseum und seit kurzem ein Puppen- und Spielzeugmuseum (◆ *332*) untergebracht. Im Uhrenmuseum wird die neuere Geschichte des Uhrmacherhandwerks dokumentiert. Unter anderem sind zu sehen das alte Uhrwerk von St. Stephan (1699), eine astronomische Wanduhr aus dem 17. Jh., Reiseuhren, Bilderuhren, Bewegungsautomaten, Kuckucksuhren, Armbanduhren und wertvolle Taschenuhren sowie verschiedene Glockenspiele.

Um den Schulhof herum. In dem Haus *Zum goldenen Drachen* in der Steindlgasse Nr. 4 befindet sich das älteste Restaurant der Stadt, das seit dem 16. Jh. in Betrieb ist. Die Steindlgasse mündet in die Tuchlauben und die Milchgasse, die zur Peterskirche (▲ *139*) führt. Die Kurrentgasse ist eine beliebte Fiaker-Route und wird von Gebäuden aus dem 18. Jh. gesäumt. Sie führt zum Judenplatz.

»Er genoss und erzählte jüdische Witze mit pfiffigem Behagen. Der Bezirkshauptmann verstand sie nicht, lachte auch nicht, sagte aber:“Sehr gut, sehr gut!”«

Joseph Roth

Judenplatz

Auf dem kleinen, schmalen und ruhigen Platz gibt es keinerlei Spuren des ehemaligen Gettos (▲ *156*), dessen Zentrum der Judenplatz war.

»Haus zum großen Jordan«. Während des Juden-Pogroms 1421 wurden auf dem Judenplatz etwa 200 Menschen verbrannt. Daran erinnert eine Gedenktafel mit der Darstellung der Taufe Christi an dem *Haus zum großen Jordan*, das auf den Getto-Ruinen errichtet wurde. In Haus Nr. 8 hat die Innung der bürgerlichen Schneider ihren Sitz. Die Fassade des Hauses Nr. 11 gehört zu der ehemaligen Böhmischen Hofkanzlei. Ihr Eingang befindet sich in der Wipplingerstraße.

Jordangasse

Die kurze Jordangasse verbindet Judenplatz und Wipplingerstraße. Im Haus Nr. 5 starb der große Barock-Baumeister Johann Bernhard Fischer von Erlach (● *74, 80*).

Wipplingerstrasse

Die ehemalige Böhmische Hofkanzlei. Das Haus Nr. 7 ♥, ist eines der schönsten Gebäude von Johann Bernhard Fischer von Erlach (gebaut 1708-1714). Da es 1751-1754 von Matthias Gerl erweitert wurde, ist von dem ursprünglichen Bauwerk nur die herrliche Fassade (1708) zum Judenplatz hin übriggeblieben. Ihr Stil erinnert an die Entwürfe klassischen Stils des italienischen Architekten Palladio, die von Erlach mit italienischen und französischen Barock-Motiven durchsetzt wurden.

Das Alte Rathaus gegenüber der Böhmischen Hofkanzlei ist ein weiteres schönes Beispiel barocker Architektur. Das erste Gebäude aus dem Mittelalter stellte der Herzog von Österreich, Friedrich I. (1286-1330), dem Stadtrat zur Verfügung. Friedrich hatte es dem angesehenen Bürger Otto Heimo wegnehmen lassen, weil dieser, kurz nach dem Mord an Albrecht I., an einem Komplott gegen die Habsburger beteiligt gewesen war. Anfang des 18. Jh. wurde das Gebäude erweitert. Bis 1883 diente es als Rathaus, dann wurde das neue Rathaus (▲ *204*) eingeweiht.

Friedrich der Schöne. Friedrich I., genannt »der Schöne«, der Sohn des Habsburgers Albrecht I., Herzog von Österreich, trat 1307 die Nachfolge seines Bruders Rudolf III. an. Als der römische Kaiser Heinrich III. von Luxemburg starb (1313), bewarb sich Friedrich um den kaiserlichen Thron und versuchte seine Rivalen mit Waffengewalt auszuschalten. Schließlich besiegte ihn Ludwig IV. von Bayern (Kaiser von 1314-1347) in der

In der Kurrentgasse.

Zwei Mozarthäuser
In zwei Häusern am Judenplatz (Nr. 3 und 4) hat Mozart gewohnt: 1783, einige Monate nach seiner Hochzeit mit Konstanze Weber, und 1789/90, ein Jahr vor seinem Tod (● *48*, ▲ *147, 281*).

Die Taufe Christi
(Judenplatz 2)
❝Durch die Taufe im Jordanfluß wird der Leib von allen Übeln gereinigt. Da weicht selbst verborgene Sündhaftigkeit. Im Jahr 1421 tobte Rachgier durch die Stadt, die furchtbaren Verbrechen der hebräischen Hunde zu sühnen. Die Welt wurde einst durch die Sintflut gereinigt, doch diesmal wurde die Schuld in den Flammen gebüßt.❞
Inschrift am *Haus zum großen Jordan*

Die Böhmische Hofkanzlei (oben) An der Fassade hat Fischer von Erlach Verzierungen und Figuren (Atlanten flankieren Türen und Fenster) sowie Schmiedearbeiten (schmiedeeiserner Balkon über dem Portal) verschwenderisch eingesetzt. Alle Skulpturen wurden beim Italiener Lorenzo Mattielli in Auftrag gegeben (● *80*).

Das Alte Rathaus Die von einem unbekannten Architekten geschaffene Fassade (1699) ist dem Stil Fischer von Erlachs nachempfunden. Säulen und zwei wunderschöne allegorische Plastiken zieren das Portal: Am Westportal *Gerechtigkeit und Güte* (1706) und am Ostportal *Öffentliches Vertrauen und Frömmigkeit* (1781) von Johann Martin Fischer (Eingang an Haus Nr. 8). Rechts Detail des Fassadenschmucks.

Schlacht von Mühldorf und nahm ihn gefangen. Friedrich der Schöne versprach, auf Intrigen zu verzichten und versöhnte sich mit Ludwig IV., der ihn freiließ und bat, während einer Italien-Reise den Thron zu sichern (1326).

Museum des Österreichischen Freiheitskampfes. Mehrere Säle im Alten Rathaus sind Sitz des Dokumentationsarchivs des österreichischen Widerstands vor und während des Zweiten Weltkrieges. Das Archiv zeigt wenig bekannte Episoden der neueren österreichischen Geschichte. Am 20. Mai 1933 gründete der Kanzler Dollfuß (● *33, 42,* ▲ *159*) die ständestaatlich orientierte *Vaterländische Front*, eine Art Einheitspartei. Sie sollte den Zugriff der Deutschen auf das Land verhindern. Nach seiner Ermordung setzte der frühere Unterrichtminister Kurt Schuschnigg den politischen Kurs von Dollfuß fort. Am 9. März 1938 wollte Schuschnigg eine Volksabstimmung über die Unabhängigkeit Österreichs organisieren. Der verärgerte Hitler befahl daraufhin am 12. März 1938 den Einmarsch nach Österreich und proklamierte dessen Anschluß an das Deutsche Reich (● *42*). Während des Krieges waren die Widerstandskämpfer im Untergrund tätig, sabotierten die Besatzer und errichteten Widerstandslager in den Bergen der Steiermark, Kärntens, Tirols und Salzburgs. Mit Unterstützung der jugoslawischen Partisanen unter Tito lieferten sie sich mit SS-Einheiten harte Gefechte. Bei Kriegsausgang besetzten sie die meisten österreichischen Städte – mit Ausnahme des sowjetisch besetzten Wien – und verhinderten, daß die Nationalsozialisten mit ihrer Politik der *Verbrannten Erde* Erfolg hatten. Doch Österreich hat während der Auseinandersetzungen einen hohen Preis gezahlt: 3000 Widerstandskämpfer wurden hingerichtet, fast 17000 gefangengenommen und in den Gefängnissen der Gestapo in ganz Europa getötet; mehr als 65000 österreichische Juden fanden den Tod in Konzentrationslagern. Insgesamt sind im Zweiten Weltkrieg wahrscheinlich 12356 Wiener ums Leben gekommen.

Andromeda-Brunnen ♥. Im Hof des Alten Rathauses steht ein Meisterwerk der barocken Bildhauerkunst: der Andromeda-Brunnen (1741), den Georg Raphael Donner (1693-1741) (▲ *141, 256*) drei Jahre nach dem Providentia-Brunnen auf dem Neuen Markt schuf. Er zeigt den Mythos der äthiopischen Prinzessin Andromeda in den Fängen eines Meerungeheuers, das sie verschlingen will. Der Meister der barocken Bildhauerkunst ließ sich in Italien ausbilden, bevor er in Salzburg, Preßburg und schließlich in Wien arbeitete. Neben dem Andromeda- und Providentia-Brunnen auf dem Neuen Markt (▲ *141*) sind von ihm mehrere Skulpturen-Gruppen im Österreichischen Barockmuseum (▲ *256*) im Unteren Belvedere ausgestellt.

Andromeda-Brunnen
Eingerahmt von Putti, die auf mächtigen Sockeln stehen, und unter einem schmiedeeisernen Balkon, befindet sich in einer Nische die Skulpturengruppe von Georg Raphael Donner. Perseus befreit Andromeda aus den Fängen des Meerungeheuers. Kassiopeia, Frau des äthiopischen Königs Kepheus, behauptete, daß ihre eigene Schönheit und die ihrer Tochter Andromeda die der Nereiden (Gottheiten des Meeres) bei weitem überträfe. Der erzürnte Poseidon erschuf ein Monster, daß die Küsten zu verwüsten begann. Andromeda wurde als Sühneopfer bestimmt und an einen Felsen geschmiedet. Nach ihrer Befreiung heiratete sie ihren Retter.

TIEFER GRABEN

Zu Römerzeiten war Vindobona ein viereckig angelegtes Lager, das von Wassergräben und im Norden von der Donau begrenzt wurde. Einer dieser Kanäle war der Graben (▲ *137*), der mit dem Tiefen Graben verbunden war. In diesen floß ein kleiner Donau-Zufluß, der Alsbach. Im Mittelalter wurde der Bach zugeschüttet. Heute ist er eine breite Straße, die von der Freyung bis zum Concordia-Platz verläuft.

Hohe Brücke. Die Hohe Brücke über den Tiefen Graben ist ein filigranes Metallkunstwerk des Jugendstil (● *86*) mit einer charakteristisch eleganten Blumengirlandendekoration. Sie entstand 1903 nach Entwürfen Josef Hackhofers.

Maria am Gestade ♥. Maria am Gestade, deren durchbrochener Turm sich über dem Tiefen Graben erhebt,

Mozart und Beethoven
Am Tiefen Graben 18 wohnte Wolfgang Amadeus Mozart (● *48*, ▲ *147, 281*) mit seinem Vater Leopold (1773), als er sich zum dritten Mal in Wien aufhielt. Der 17jährige Musiker war aus Salzburg angereist, um sich für den Posten des Hofkapellmeisters zu bewerben. Die Bewerbung war nicht erfolgreich, aber Mozart nutzte seinen Aufenthalt, um sechs Streichquartette und eine Serenade zu komponieren. Im Haus Nr. 8 und 10 hat Beethoven (● *51*, ▲ *298*) gewohnt.

Kuppel des Michaelertrakts
Die 50,7 m hohe Kuppel des 1889-93 erbauten Trakts führte Ferdinand Kirschner aus.

Michaelerkirche
Auf dem Portalaufbau ist die Skulpturengruppe *Engelssturz,* entstanden um 1725, des Barock-Bildhauers Lorenzo Mattielli zu sehen (● *80*).

Herkules kämpft gegen den nemeischen Löwen
Architektonische Elemente des Michaelertors sind Säulen, Balkone und Skulpturen aus der Herkules-Sage. Wie die Skulpturen der Michaelerkirche stammen sie von Mattielli.

MICHAELERPLATZ

Am Michaelerplatz befindet sich der Haupteingang zur Hofburg. Bei Bauarbeiten auf dem Platz vor dem Michaelertrakt hat man kürzlich historische Überreste aus der Römerzeit entdeckt, die von der römischen Besatzungszeit in Wien zeugen. Leider wirken sie an diesem Ort ein wenig deplaziert. Auf den Michaelerplatz münden zwei elegante Straßen: Kohlmarkt (▲ *158*) und Herrengasse (▲ *159*).

Michaelerkirche. Die Michaelerkirche ist das Pendant zum Loos-Haus; allerdings ist ihr Stil weniger stringent. Die ursprünglich romanische Kirche wurde später mit gotischem Schiff und Turm ausgestattet. Es folgten ein barockes Portal und eine schlichte neoklassizistische Fassade, deren einziger Schmuck die Pilaster sind. Hier feierte der kaiserliche Hof früher die heilige Messe. Es sind der barocke Hochaltar, Reste der romanischen Fresken und ein gotisches Gemälde mit dem gekreuzigten Christus (*Ecce Homo*, 1430) zu sehen. Ebenfalls in der Kirche befindet sich das Grab des italienischen Dichters Metastasio (▲ *161*), ein Freund Haydns (● *49,* ▲ *152, 162, 164*) und Librettist Mozarts (● *48,* ▲ *147, 281*).

Beinhaus. In der Krypta der Kirche bietet sich ein grausiger Anblick: Alles ist von Gebeinen bedeckt, und man kann einige hundert Särge zählen, von denen einige geöffnet sind.

Loos-Haus. Kein Gebäude Wiens hat so viele Kontroversen ausgelöst wie das 1911 fertiggestellte Loos-Haus am Michaelerplatz 3. Kaiser Franz Joseph fand es so häßlich, daß er alle Gardinen der Fenster, die auf den Platz hinausgingen, zuziehen ließ. Der funktionale Stil, in dem der Bau von Adolf Loos (1870-1933) gehalten war, trat dennoch auf der ganzen Welt seinen Siegeszug an. Das Gebäude fällt im Hinblick auf die anderen Bauwerke des Platzes übrigens längst nicht so sehr aus dem Rahmen, wie man damals glaubte. Loos hat so edle Materialien wie grünen Marmor verwendet und einen Säulengang entworfen,

Andromeda-Brunnen
Eingerahmt von Putti, die auf mächtigen Sockeln stehen, und unter einem schmiedeeisernen Balkon, befindet sich in einer Nische die Skulpturengruppe von Georg Raphael Donner. Perseus befreit Andromeda aus den Fängen des Meerungeheuers. Kassiopeia, Frau des äthiopischen Königs Kepheus, behauptete, daß ihre eigene Schönheit und die ihrer Tochter Andromeda die der Nereiden (Gottheiten des Meeres) bei weitem überträfe. Der erzürnte Poseidon erschuf ein Monster, daß die Küsten zu verwüsten begann. Andromeda wurde als Sühneopfer bestimmt und an einen Felsen geschmiedet. Nach ihrer Befreiung heiratete sie ihren Retter.

Tiefer Graben

Zu Römerzeiten war Vindobona ein viereckig angelegtes Lager, das von Wassergräben und im Norden von der Donau begrenzt wurde. Einer dieser Kanäle war der Graben (▲ *137*), der mit dem Tiefen Graben verbunden war. In diesen floß ein kleiner Donau-Zufluß, der Alsbach. Im Mittelalter wurde der Bach zugeschüttet. Heute ist er eine breite Straße, die von der Freyung bis zum Concordia-Platz verläuft.

Hohe Brücke. Die Hohe Brücke über den Tiefen Graben ist ein filigranes Metallkunstwerk des Jugendstil (● *86*) mit einer charakteristisch eleganten Blumengirlandendekoration. Sie entstand 1903 nach Entwürfen Josef Hackhofers.

Maria am Gestade ♥. Maria am Gestade, deren durchbrochener Turm sich über dem Tiefen Graben erhebt,

Mozart und Beethoven
Am Tiefen Graben 18 wohnte Wolfgang Amadeus Mozart (● *48*, ▲ *147, 281*) mit seinem Vater Leopold (1773), als er sich zum dritten Mal in Wien aufhielt. Der 17jährige Musiker war aus Salzburg angereist, um sich für den Posten des Hofkapellmeisters zu bewerben. Die Bewerbung war nicht erfolgreich, aber Mozart nutzte seinen Aufenthalt, um sechs Streichquartette und eine Serenade zu komponieren. Im Haus Nr. 8 und 10 hat Beethoven (● *51*, ▲ *298*) gewohnt.

Ein Redemptorist und der Josephinismus
Der gebürtige Böhme Klemens Maria Hofbauer (1751-1820) war Mitglied der Redemptoristen-Kongregation und Anfang des 19. Jh. Begründer der katholischen Erneuerung in Wien. Diese Strömung war eine Reaktion auf den Josephinismus, die Politik Josephs II., der den Einfluß des Papstes zurückschrauben wollte und Juden und Protestanten Religionsfreiheit gewährte. Hofbauer wurde in Maria am Gestade bestattet.

ist eines der gotischen Kleinode in Österreich. Wegen der steilen Stiegen zum Haupteingang heißt sie im Volksmund auch Maria Stiege. Sie stammt aus der selben Zeit wie der Stephansdom (▲ *132*). Die heutige Kirche steht an der Stelle einer hölzernen Kapelle der Donauschiffer. In mehreren Anläufen wurde sie unter Leitung des Meisters Michael Knab restauriert. Der siebeneckige Glockenturm wurde 1683 nach der Türkenbelagerung (● *34*) erneuert. Die Fassade mit den wunderschönen Glasmalereien, dem Giebel und zwei ornamentierten Seitentürmchen ragt hoch in den Himmel; am Baldachinportal sind Reliefs mit der Darstellung Johannes des Täufers und des Apostels Johannes zu sehen. Der schmale, dunkle Innenraum öffnet sich in einem hellen, weiten Chor. Da die Kirche den mittelalterlichen Hausgrenzen und die engen Straßen angepaßt werden mußte, liegen Langhaus und Chor nicht auf derselben Achse. Erhalten sind, neben den Glasfenstern aus dem 14. Jh., mehrere gotische Hochaltar-Tafeln der *Krönung und Verklärung Mariens* in der Klemens-Maria-Hofbauer-Kapelle, die beeindruckende Orgelempore und der Renaissance-Altar in der Johann-Perger-Kapelle. Schon allein wegen des Gemäldes *Mariä Verkündigung* ♥ (unbekannter Meister; 14. oder 15. Jh.) lohnt ein Umweg zur die Kirche.

SALVATORGASSE

Die Salvatorgasse verbindet Maria am Gestade mit dem Hohen Markt (▲ *155*). Das Portal der Salvatorkappelle (● *74*) von 1530 (Nr. 5) ist eines der seltenen Renaissance-Zeugnisse in Wien.

Portal der Salvatorkappelle
Die zwei Reiterstatuen sind Kopien; die Originale stehen im Kunsthistorischen Museum der Stadt Wien (▲ *208*).

DIE HOFBURG

Kuppel des Michaelertrakts
Die 50,7 m hohe Kuppel des 1889-93 erbauten Trakts führte Ferdinand Kirschner aus.

Michaelerkirche
Auf dem Portalaufbau ist die Skulpturengruppe *Engelssturz,* entstanden um 1725, des Barock-Bildhauers Lorenzo Mattielli zu sehen (● *80*).

Herkules kämpft gegen den nemeischen Löwen
Architektonische Elemente des Michaelertors sind Säulen, Balkone und Skulpturen aus der Herkules-Sage. Wie die Skulpturen der Michaelerkirche stammen sie von Mattielli.

MICHAELERPLATZ

Am Michaelerplatz befindet sich der Haupteingang zur Hofburg. Bei Bauarbeiten auf dem Platz vor dem Michaelertrakt hat man kürzlich historische Überreste aus der Römerzeit entdeckt, die von der römischen Besatzungszeit in Wien zeugen. Leider wirken sie an diesem Ort ein wenig deplaziert. Auf den Michaelerplatz münden zwei elegante Straßen: Kohlmarkt (▲ *158*) und Herrengasse (▲ *159*).

Michaelerkirche. Die Michaelerkirche ist das Pendant zum Loos-Haus; allerdings ist ihr Stil weniger stringent. Die ursprünglich romanische Kirche wurde später mit gotischem Schiff und Turm ausgestattet. Es folgten ein barockes Portal und eine schlichte neoklassizistische Fassade, deren einziger Schmuck die Pilaster sind. Hier feierte der kaiserliche Hof früher die heilige Messe. Es sind der barocke Hochaltar, Reste der romanischen Fresken und ein gotisches Gemälde mit dem gekreuzigten Christus (*Ecce Homo*, 1430) zu sehen. Ebenfalls in der Kirche befindet sich das Grab des italienischen Dichters Metastasio (▲ *161*), ein Freund Haydns (● *49*, ▲ *152, 162, 164*) und Librettist Mozarts (● *48*, ▲ *147, 281*).

Beinhaus. In der Krypta der Kirche bietet sich ein grausiger Anblick: Alles ist von Gebeinen bedeckt, und man kann einige hundert Särge zählen, von denen einige geöffnet sind.

Loos-Haus. Kein Gebäude Wiens hat so viele Kontroversen ausgelöst wie das 1911 fertiggestellte Loos-Haus am Michaelerplatz 3. Kaiser Franz Joseph fand es so häßlich, daß er alle Gardinen der Fenster, die auf den Platz hinausgingen, zuziehen ließ. Der funktionale Stil, in dem der Bau von Adolf Loos (1870-1933) gehalten war, trat dennoch auf der ganzen Welt seinen Siegeszug an. Das Gebäude fällt im Hinblick auf die anderen Bauwerke des Platzes übrigens längst nicht so sehr aus dem Rahmen, wie man damals glaubte. Loos hat so edle Materialien wie grünen Marmor verwendet und einen Säulengang entworfen,

»DAS REICH IST IM STIL SEINER HÄUSER GEBAUT: UNBEWOHNBAR, ABER HÜBSCH.«

KARL KRAUS

der dem der Michaelerkirche und des Michaelertors entspricht. Neu war an diesem Gebäude – außer der schmucklosen Fassade – die deutliche Trennung von geschäftlichem und privatem Bereich: Das Erdgeschoß und das *Mezzanin* (Zwischengeschoß), die mit geädertem Marmor verkleidet sind, waren für Geschäftsräume und Büros bestimmt. In den oberen vier Etagen mit der schmucklosen weißen Fassade waren dagegen ausschließlich Wohnungen untergebracht. Wer sich für die Betrachtung des Gebäudes Zeit nimmt, wird schließlich empfänglich für die zurückhaltenden Töne der Fassade, der geäderte Marmor im unteren Teil gibt dem geradlinigen Bau eine diskrete Lebendigkeit.

»Café Griensteidl«. Das 1897 geschlossene und vor kurzem am Michaelerplatz 2 wiedereröffnete Café war zusammen mit dem *Café Central* (▲ *160*) und dem *Herrenhof* liebster Aufenthaltsort von Schriftstellern wie Schnitzler (● *114*), Hofmannsthal (● *110*), Broch (● *112*) und Kraus (● *116*). Diese »Theater des Lebens«, wie sie Peter Altenberg (● *67*) nannte, wurden auch von Musikern (Wolf, Schönberg und Berg, ● *52*), Architekten (Loos) und sogar von Revolutionären wie Trotzky besucht, der dort die Welt neu zu ordnen gedachte. Meist spielten sich dort jedoch eher ›Kaffeehaus-Revolutionen‹ ab. Das neue *Café Griensteidl* ist mit seiner gedämpften Atmosphäre und dem gutsituierten Publikum weit entfernt vom verräucherten und bewegten Ambiente der »fröhlichen Apokalypse«, wie Karl Kraus diese Zeit nannte.

Michaelertor. Durch das monumentale Michaelertor (▲ *180*) erreichten der Kaiser und seine Familie ihre Privaträume sowie die Audienz- und Empfangssäle. Hinter dem Tor unter der großen Kuppel liegt eine achteckige Halle, das Oktogon, von wo Aufgänge zu den kaiserlichen Wohnungen und zur kaiserlichen Porzellan- und Silbersammlung führen (▲ *186*).

HOFBURG

Die Gebäude der Hofburg scheinen ohne erkennbare Ordnung angelegt worden zu sein. Seitdem Rudolf I. im 13. Jh. die erste Burg bauen ließ, haben sie dessen Nachfolger ohne Bauplan erweitert und sie im jeweiligen Stil der Epoche ausgeschmückt. Dennoch sind Barock und Neoklassizismus die vorherrschenden Stilrichtungen.

Loos-Haus
(● *86, 90,* ▲ *174, 236*) »Das ist ein Haus ohne Augenbrauen!« empörten sich die Wiener, als sie das Loos-Haus sahen. Und Karl Kraus drückte es damals so aus: »Er hat uns kein Gebäude gebaut, sondern einen Gedanken.«

Michaelertor
Das Tor im Stil eines römischen Triumphbogens ist der Haupteingang der Hofburg. Zur Zeit der Habsburger wurde es von Soldaten bewacht, die dem Volk den Zutritt zum Palast verwehrten. Ein schönes schmiedeeisernes Gitter ziert die Toreinfahrt. Im Innern symbolisieren Skulpturen die Wahlsprüche der Habsburger Herrscher: »Mit Gerechtigkeit und Güte« (Maria Theresia, ● *36*), »Mit Kraft und Beispiel« (Joseph II., ● *37*), »Mit vereinten Kräften« (Franz Joseph, ● *41*).

Kaiserin und Turnerin
Die kupferne Badewanne, in der Sissi (● *119*, ▲ *143, 144*) ab fünf Uhr morgens kalte Bäder nahm, gehörte ebenso zu ihrem Fitneßprogramm wie die hölzernen Turngeräte im Toiletten- und Turnzimmer (unten). Sissi aß sehr wenig, ließ sich massieren, trieb Gymnastik, ging spazieren und ritt. Deshalb behielt sie

zeitlebens eine Figur, um die sie alle beneideten.

Sissi
❝Groß und schlank, wie sie ist, haben ihre edlen und natürlichen Bewegungen sowohl königliche als auch tierhafte Anmut. Unter ihrem dichten kastanienbraunen Haar könnte ihr Kopf der einer griechischen Göttin sein, wären da nicht die starke Lebenskraft, die die perfekten Gesichtszüge belebt, das Funkeln in den warmen und wilden Augen und in ihrem magnetischen Blick, in dem sich alle Nuancen von Sanftheit und Ironie, Wagemut und Scham, Träumerei, Fröhlichkeit und Traurigkeit abwechseln.❞

Comte de Saint-Aulaire (französischer Botschafter 1882-1891), *Franz Joseph*

räumen umgewandelt. In diesem Flügel, der auf den Inneren Burghof hinausgeht, befanden sich bis zum Ende des Heiligen Römischen Reichs 1806 die Büros der Reichskanzlei. Danach richtete man sie als Wohnräume für die Erzherzogin Marie Louise her. Dort und in Schönbrunn lebte auch ihr Sohn, der Herzog von Reichstadt (▲ *283*) in den letzten Jahren seines kurzen Lebens. Ein Teil dieser Appartements im ersten Stock wurden zu Beginn der Franz-Joseph-Ära, in den Jahren 1848 bis 1867, von dessen Vetter, dem Erzherzog Stephan, Pfalzgraf von Ungarn, bewohnt. Die Räume Franz Josephs sind nahezu unverändert geblieben (● *41*, ▲ *144*).

Kaiserappartements. Zu den Kaiserappartements gelangt man durch das Michaelertor und über die Kaiserstiege, die von der Rundhalle in den ersten Stock führt. Über diese Treppe erreicht man die *Trabantenstube*, das ehemalige Schlafzimmer des Herzogs von Reichstadt. Hier sind unter anderem die Büste Karls V. und ein Modell der Alten Burg zu sehen. Nach dem Vorzimmer betritt man die Räume des Erzherzogs Stephan. Im Speisesaal traf sich Franz Joseph mit seinen Stabsoffizieren zum Essen (an den Wänden flämische Gobelins aus dem 16. Jh., dargestellt sind die zwölf Arbeiten des Herkules). Nach dem Essen gingen die Herren in das *Cerclezimmer*, an dessen Wänden Brüsseler Gobelins mit Szenen aus dem Leben des römischen Kaisers Augustus hängen, oder in den Rauchsalon, ebenfalls mit Brüsseler Gobelins und einer Büste Maximilians I. geschmückt. Dahinter beginnen die eigentlichen Appartements von Kaiser Franz Joseph.

Der *Audienzsaal*, in dem die zu allgemeinen Audienzen Angemeldeten warteten, wird von einem großen böhmischen Kristallüster (18. Jh.) erleuchtet und ist mit Fresken von Peter Krafft geschmückt, die Szenen

»DIE ZAHL DER PORTRÄTS, DIE MAN VON IHM SAH, WAR EBENSO HOCH WIE DIE ZAHL SEINER UNTERTANEN.«

ROBERT MUSIL

Franz Josephs Arbeitszimmer
An einer Wand des neben dem Konferenzzimmer gelegenen Arbeitszimmers hängt eines der berühmtesten Porträts von Kaiserin Sissi von Franz Xaver Winterhalter, dessen künstlerischer Blick auf die Kaiserin damals für einigen Aufruhr sorgte. In seinem Arbeitszimmer erfuhr Franz Joseph vom Selbstmord des Kronprinzen Rudolf (▲ *145,* ◆ *323*).

aus dem Leben von Franz I. (● *38*) wiedergeben (in den Ecken des Saales: Büsten von Franz I. und dem 23jährigen Franz Joseph). Kaiser Franz Joseph hielt zweimal pro Woche Audienz. Der Kaiser empfing die Bittsteller stehend hinter einem Pult (die Audienzliste vom 3. Januar 1910 ist dort noch zu sehen). An den Wänden des Audienzzimmers hängen die Porträts von Franz I., Ferdinand I. und dem 43jährigen Franz Joseph. Auf einer Staffelei steht eines der letzten Porträts von Franz Joseph, im Alter von 80 Jahren.

Im *Konferenzzimmer* leitete Franz Joseph den Ministerrat (ein Porträt des 20jährigen Kaisers hängt an der Wand). Die hintere Tür des Konferenzzimmers führt zur Kaisergarderobe, für die der Kammerdiener Ketterl zuständig war. Franz Joseph trug fast immer eine Uniform.

Im *Schlafzimmer* steht ein erstaunlich einfaches Eisenbett. Über diesem hängen vier Porträts von Kaiserin Elisabeth und Erzherzogin Sophie, der Mutter des Kaisers, mit dem zwei Jahre alten Franz Joseph. Auf den Kommoden sind Büsten von Verwandten des Kaisers zu sehen.

Im *Großen Salon* hängen die berühmten Porträts von Franz Joseph und Sissi, gemalt von Franz Xaver Winterhalter. Ebenfalls zu sehen sind die Büste und der Säbel des Feldmarschalls Radetzky (▲ 143, 177), der außer den nächsten Verwandten der einzige war, der die Privaträume des Kaisers unangemeldet betreten durfte. Im Kleinen Salon, der als Rauchzimmer benutzt wurde, sind Andenken und ein Porträt von Maximilian ausgestellt.

Amalienburg. Hinter den Kaiserappartements, in der Amalienburg, liegen die einstigen Räume der Kaiserin (Kaiserin Amalie war die Witwe von Kaiser Joseph I.). Diese Räume bewohnte Zar Alexander I. während des Wiener Kongresses (● *38*). Wie ihr Mann begnügte sich Kaiserin Elisabeth mit einem einfachem Eisenbett, das man jeden Morgen entfernte, um Salon und Schlafzimmer der Kaiserin freizuräumen. In diesem schönen

Von oben nach unten das Speisezimmer, der Empfangssaal, der Salon und das Schlafzimmer der Kaiserin, der Große Salon. (Amalienburg).

»Die drei Monarchen zu Pferd«
Zar Alexander I., Franz I., Kaiser von Österreich, Friedrich Wilhelm III., König von Preußen (Graphische Sammlung Albertina, ▲ *196*).

Zimmer, durch das man in die Räume Elisabeths gelangt, stehen der kleine Schreibtisch der Kaiserin und ihr Altar, eine Jungfrau in einer Art gotischer Nische. Hinter dem Toiletten- und Turnzimmerzimmer liegt der rote Große Salon, in dem Kaiser und Kaiserin gemeinsam frühstückten. Obwohl Sissi häufig gegen die Vorschriften verstieß, änderte dies nichts an der Liebe des Kaisers zu seiner Frau. Nicht von ungefähr hängen in allen Privaträumen Franz Josephs Porträts der Kaiserin. Nach ihrem Tod durfte niemand ihre Räume betreten. Später bezog Karl I. sie zum Teil wieder. Die herausragendsten Stücke im Großen Salon sind die Marmorstatue Elisa Bonapartes, der älteren Schwester Napoleons I., die Canova 1817 schuf und zwei Statuetten aus marmoriertem Porzellan, die Franz Joseph im Alter von 57 Jahren und Sissi im Alter von 50 Jahren darstellen. Der rot-weiß-goldene Kleine Salon erinnert an Kaiserin Elisabeth (Büsten, ein Porträt und eine Vitrine mit persönlichen Gegenständen). Das Berglzimmer, das nicht zu besichtigen ist, geht auf den Amalienhof hinaus. Seine exotischen Fresken stammen von Johann Bergl (▲ *277, 278*).

Michaelertor
Das Michaelertor (▲ *174, 175, 181*) entstand 1889-1893 nach älteren Plänen J. E. Fischer von Erlachs, der den Bau um 1735 schon einmal begonnen hatte, in der Biegung der konkav geschwungenen Fassade des Nordflügels (Michaelertrakt). Es ist ein schönes Zeugnis barocker Architektur, geschmückt mit zahlreichen Säulen, zwei Balkonen und Plastiken aus der Herkules-Sage. Das Tor wird zu beiden Seiten von riesigen Wandbrunnen flankiert, die Hellmer (rechts) und Weyr (links) Ende des 19. Jh. entworfen haben. Sie symbolisieren die Macht der Habsburger zu Lande und zur See.

Die Alexander-Appartments. Hinter dem großen Vorzimmer, in dem die Porträts der Kinder Maria Theresias, darunter Marie Antoinette (▲ *144*), hängen und die lebensgroße Statue der Kaiserin Elisabeth steht, schließen sich die Appartements von Zar Alexander I., die Glanzstücke unter den Schauräumen der Hofburg, an. Von seinem Aufenthalt in den reichverzierten Räumen sind keine Spuren geblieben, aber dafür sind zahlreiche Porträts von Karl I. zu sehen, der die Appartements als Audienzsäle und Arbeitszimmer nutzte. Hinter dem Durchgangszimmer, in dem die Büsten des Kaisers Karl und seiner Gemahlin Zita von Bourbon-Parma stehen, gelangt man in den berühmten *Roten Salon* im Rokoko-Stil; hier hängen wunderschöne rotgrundige Gobelins, die nach Entwürfen von François Boucher angefertigt wurden. Sie sind ein Geschenk Marie Antoinettes an Joseph II. (● *37,* ▲ *291, 292*), als dieser 1777 zu Gast in Paris war. Im Arbeitszimmer, das mit Brüsseler Spitzen dekoriert ist, steht der Schreibtisch, an dem Karl I. seine Abdankungsurkunde verfaßte.

Die lange Tafel im *Speisesaal*, die nach wie vor festlich gedeckt ist, faßte kaum mehr als zehn Gedecke. Die spanische Etikette wollte es, daß alle Bestecke rechts vom Teller liegen. Hier erzählen Brüsseler Gobelins (17. Jh.) die Sage von Perseus und Andromeda.
Der kleine *Rauchsalon* ist den beiden unter tragischen Umständen umgekommenen Erzherzogen Rudolf und Franz Ferdinand gewidmet. Er liegt vor den Räumen, die Zar Alexander während seines Aufenthaltes in Wien bewohnte.

Kaiser Karl
Der letzte österreichische Kaiser dankte 1918 ab (▲ *144*).

Die Dächer der Hofburg
Von links nach rechts und von oben nach unten: Prinz Eugen-Denkmal vor dem Festsaaltrakt (Heldenplatz, ▲ *207*), eine Nebenkuppel des Michaelertors (▲ *174*, *175*, *180*), das Dach der Nationalbibliothek (▲ *192*) sowie vier Bildausschnitte des Michaelertrakts, auch »Burgtor am Michaelerplatz« genannt.

Der Artemistempel
Der Tempel der Artemis von Ephesos gehört zu den Sieben Weltwundern der Antike. Er soll von Amazonen zu Ehren der Göttin Artemis (Diane) gegründet worden sein. Unter Krösus, dem sagenhaft reichen König der Lyder, erhielt der Bau seine prächtigste Gestalt (6. Jh. v. Chr.). 356 v. Chr. zündete der ruhmsüchtige Herostrat den Tempel an, wie es heißt, in der Nacht, in der Alexander der Große geboren wurde. Er wurde später originalgetreu wiederaufgebaut und 263 n. Chr. von den Goten noch einmal zerstört.

Der Partherfries aus dem 2. Jh. n. Chr.

EPHESOS-MUSEUM

Im Ephesos-Museum in der Neuen Burg sind die Funde ausgestellt, die österreichische Archäologen bei Ausgrabungen im kleinasiatischen Ephesos entdeckten. Die Grabungen begannen 1895 und werden heute noch weitergeführt; seit 1907 müssen die Stücke aber in der Türkei verbleiben. Ephesos entwickelte sich durch den Handel mit dem Orient seit dem 8. Jh. sowie durch den Artemiskult zu dem bedeutendsten

Handelsplatz im westlichen Kleinasien. Der Göttin zu Ehren errichtete man im 6. Jh. v. Chr. den großen Artemistempel, die wichtigste griechische Kultstätte Kleinasiens. Über Ephesos herrschte Krösus, der sagenhaft reiche König der Lyder, Ende des 6. Jh. wurde die Stadt von den Persern eingenommen. Alexander der Große eroberte sie für die Griechen zurück, 133 v. Chr fiel sie an die Römer. 54 n. Chr. gründeten die Apostel Johannes und Paulus in Ephesos eine der ersten christlichen Gemeinden; Maria, die Mutter von Jesus, soll dort gestorben sein. Später zog Kaiser Hadrian in Ephesos ein, ihm zu Ehren entstand ein Tempel. Dann kam die Stadt unter byzantinische und schließlich unter osmanische Herrschaft.

Eine mystische Vision. Die deutsche Augustinerin Anna Katharina Emmerich (1774-1824) durchlebte mehrmals die Passion Christi, dessen Wundmale sie trug. Ihre Visionen, die das Leben der Jungfrau Maria erzählten, hat der Schriftsteller Clemens von Brentano festgehalten. Nach diesen Aufzeichnungen glaubten die Archäologen 40 Jahre nach dem Tod der ›Nonne von Dülmen‹ in Ephesos die Häuser der Apostel Paulus und Johannes identifizieren zu können.

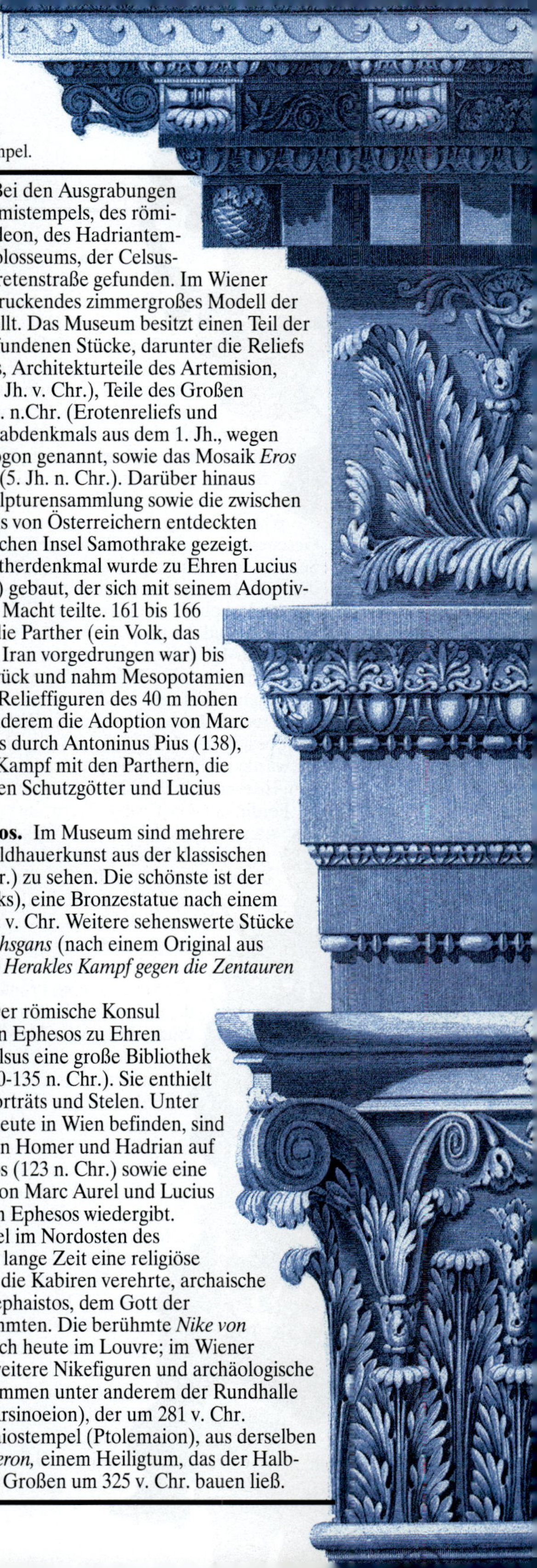

Gesims am Artemistempel.

Historische Funde. Bei den Ausgrabungen hat man Teile des Artemistempels, des römischen Theaters, des Odeon, des Hadriantempels, der Agora, des Colosseums, der Celsus-Bibliothek und der Kuretenstraße gefunden. Im Wiener Museum ist ein beeindruckendes zimmergroßes Modell der antiken Stätte ausgestellt. Das Museum besitzt einen Teil der bei den Grabungen gefundenen Stücke, darunter die Reliefs des Parthermonuments, Architekturteile des Artemision, u.a. des Opferaltars (4. Jh. v. Chr.), Teile des Großen Theaters aus dem 1. Jh. n.Chr. (Erotenreliefs und Maskenfries), eines Grabdenkmals aus dem 1. Jh., wegen seiner Form auch Oktogon genannt, sowie das Mosaik *Eros mit dem Delphinwagen* (5. Jh. n. Chr.). Darüber hinaus werden eine große Skulpturensammlung sowie die zwischen 1873 und 1875 ebenfalls von Österreichern entdeckten Funde von der griechischen Insel Samothrake gezeigt.

Partherfries. Das Partherdenkmal wurde zu Ehren Lucius Verus (130-169 n. Chr.) gebaut, der sich mit seinem Adoptivbruder Marc Aurel die Macht teilte. 161 bis 166 drängte Lucius Verus die Parther (ein Volk, das aus dem nordöstlichen Iran vorgedrungen war) bis hinter den Euphrat zurück und nahm Mesopotamien ein. Die lebensgroßen Relieffiguren des 40 m hohen Frieses zeigen unter anderem die Adoption von Marc Aurel und Lucius Verus durch Antoninus Pius (138), römische Soldaten im Kampf mit den Parthern, die versammelten römischen Schutzgötter und Lucius Verus als Gott.

Der Athlet von Ephesos. Im Museum sind mehrere Kopien griechischer Bildhauerkunst aus der klassischen Epoche (450-323 v. Chr.) zu sehen. Die schönste ist der *Athlet von Ephesos* (links), eine Bronzestatue nach einem Original aus dem 4. Jh. v. Chr. Weitere sehenswerte Stücke sind der *Knabe mit Fuchsgans* (nach einem Original aus dem 2. Jh. v. Chr.) und *Herakles Kampf gegen die Zentauren* (2. Jh. v. Chr.).

Celsus-Bibliothek. Der römische Konsul Tiberius Aquila hatte in Ephesos zu Ehren seines Vaters Julius Celsus eine große Bibliothek erbauen lassen (um 110-135 n. Chr.). Sie enthielt 12000 Bücher sowie Porträts und Stelen. Unter den Stücken, die sich heute in Wien befinden, sind Porträts (angeblich) von Homer und Hadrian auf der Reise nach Ephesos (123 n. Chr.) sowie eine Stele, die einen Brief von Marc Aurel und Lucius Verus an den Senat von Ephesos wiedergibt.

Samothrake. Die Insel im Nordosten des Ägäischen Meeres war lange Zeit eine religiöse Kultstätte, an der man die Kabiren verehrte, archaische Gottheiten, die von Hephaistos, dem Gott der Schmiedekunst, abstammten. Die berühmte *Nike von Samothrake* befindet sich heute im Louvre; im Wiener Museum gibt es aber weitere Nikefiguren und archäologische Funde. Letztere entstammen unter anderem der Rundhalle des Arsinoëtempels (Arsinoeion), der um 281 v. Chr. entstand, dem Ptolemaiostempel (Ptolemaion), aus derselben Epoche, sowie dem *Hieron,* einem Heiligtum, das der Halbbruder Alexanders des Großen um 325 v. Chr. bauen ließ.

Zwei Silbergeschirrstücke der Maria Theresia
Die Hoftafel- und Silberkammer ist im Michaelertrakt untergebracht und zeigt luxuriöse Porzellangeschirre aus chinesischen, französischen (Sèvres), deutschen (Meißen), italienischen (Mailand) und österreichischen (Augarten, ▲ *269*) Manufakturen sowie edle Stücke aus Gold und Silber.

SAMMLUNGEN

Erzherzog Ferdinand von Tirol (1529-1595, ▲ *210*), Sohn Ferdinands I. und Bruder Maximilians II., liebte wie alle Prinzen der Renaissance die Künste. Mit seinem Hof lebte er im Schloß von Ambras in Tirol. Da er und seine Frau sehr wohlhabend waren, sammelte Ferdinand Waffen, Musikinstrumente und völkerkundliche Stücke, die später die großen Museen in Wien bereichert haben.

Hoftafel- und Silberkammer. Unter den schönsten Stücken dieser Sammlung sind der *Mailänder Tafelaufsatz*, eine mehr als 30 Meter lange vergoldete Bronzeplatte (Anfang des 19. Jh.), das englische Service, ein Geschenk der Königin Viktoria an Franz Joseph, drei Services aus Sèvres, die Marie-Antoinette (zusammen mit den Gobelins im Roten Salon der Kaiserappartements) ihrem Bruder Joseph II. schenkte, als er 1777 auf Staatsbesuch in Paris war, und das große Service aus vergoldetem Silber. Es war für 140 Personen bestimmt und ist ein Werk von Guillaume Biennais (1764-1843), einem Pariser Goldschmied, der zu jener Zeit sehr in Mode war.

Waffensammlung. Diese größte Waffensammlung der Welt besteht aus Leibrüstkammer und Gewehrgalerie. Sie wurde im 15. Jh. vom österreichischen Erzherzog Ernst dem Eisernen (1377-1424) begonnen und von Erzherzog Ferdinand von Tirol weitergeführt. Die ältesten Stücke stammen aus der Zeit der Völkerwanderung (5. Jh.) und die schönsten aus der Renaissance, vor allem die Prunkharnische von Karl V. und dessen Sohn Philipp II. von Spanien und die des französischen Königs Franz I., die im 16. Jh. in Mailänder Werkstätten gefertigt wurden. Ebenfalls bemerkenswert das goldene Schwert von Maximilian II. (1551) und seine Prunkrüstungen sowie die türkischen Waffen.

Sammlung alter Musikinstrumente ♥. Die schönsten Stücke dieser Sammlung stammen aus den Sammlungen des Erzherzog Ferdinand von Tirol. Weitere Instrumente steuerte ein Sohn Maria Theresias, Erzherzog Ferdinand Karl (1754-1806) bei. Auch der Verein Wiener Musikfreunde trug dazu bei, daß diese kostbaren und zum Teil recht wundersamen Instrumente hier zu sehen sind. Schwerpunkt ist der Bestand an Klavieren aller Art, es sind aber auch die Violine aus Schildpatt und Elfenbein, die Wenzel Kowansky für Maria Theresia schuf, die sechs beeindruckenden Trompeten, die sie von den Brüdern Leichnamschneider anfertigen ließ, Unikate aus Mittelalter und Renaissance, Schalmeien in Drachenform und viele Stücke ausgestellt, die einen interessanten Überblick über die Instrumentengeschichte ermöglichen.

Harnisch und Waffen aus dem Besitz von Ferdinand I.

Historisches Konzert Die Geschichte der europäischen Musik spiegelt sich in der Bandbreite der Instrumente. Zu sehen sind ein Clavicitherium, ein Vorläufer des Cembalos (17. Jh.), die Schildpattgeige von Maria Theresia (18. Jh.) und die ziselierte Trompete des Erzherzogs Ferdinand von Tirol (16. Jh.). Oben eine Art Mandoline (Pandurina) und Details von Streichinstrumenten.

Museum für Völkerkunde

Die Sammlung zählt zu den reichhaltigsten ihrer Art. Die kostbaren Exponate wurden im Lauf der Jahrhunderte von den Habsburgern sowie von Ethnologen, die im Auftrag Österreichs unterwegs waren, zusammengetragen.

Federkrone Moctezumas. Viele Objekte stammen aus dem alten Mexiko (Aztekenreich). Der Eroberer Hernán Cortés ließ die Beutestücke nach der Eroberung von Tenochtitlan Karl V. überbringen (1520). Von dort aus kamen sie, ebenso wie die Sammlung des glücklosen Kaisers Maximilian von Mexiko (▲ *145*) über die Ambraser Kunstkammer des Herzogs von Tirol (▲ *210*) in das Museum. Hier befindet sich auch die Federkrone des Aztekenherrschers Moctezuma II. (1466-1520, ▲ *207*), der bei der Revolte der Azteken gegen die Truppen von Cortés ums Leben kam. Heute erheben die Mexikaner wieder Anspruch auf die Krone. Noch viele andere Exponate kommen aus dem lateinamerikanischen Raum, vor allem aus Brasilien. Die Erzherzogin Leopoldina, Tochter von Franz I., war mit Pedro I. d'Alcantara, Kaiser von Brasilien, verheiratet. Deshalb schickte Österreich Forscher nach Brasilien, u.a. Johann Naterer (1787-1843), der das Museum mit unzähligen Exponaten versorgte, die er bei den Amazonas-Indianern erworben hatte.

Captain Cook-Sammlung. Die Abteilung »Ozeanien« des Museums wurde aus den Sammlungen von James Cook bestritten, die Franz I. in London kaufen ließ (1806). Sie enthält vor allem polynesische Exponate sowie Stücke aus Afrika, Australien und Asien. Außerdem brachte Erzherzog Franz Ferdinand (● *33*, ▲ *145*) von seiner Weltreise (1892-1893) 14000 fernöstliche Exponate mit.

Bronzekunst aus Benin. In dem Museum befindet sich auch eine der schönsten Kunstsammlungen aus Benin, einem ehemaligen Königreich im heutigen Süd-Nigeria. Die höfische Kunst von Benin entstand vom 15. Jh. bis zum 19. Jh.: Skulpturen und Basreliefs aus kleinen Figuren. Mit diesen Kunst-

Tastaturen Auch Tasteninstrumente berühmter Musiker sind ausgestellt, z.B. das Cembalo von Haydn (● *49* ▲ *152, 162, 164*), der Hammerflügel von Mozart (oben, ● *48*, ▲ *147, 281*), der Flügel, den der berühmte Klavierbauer Érard Beethoven 1803 schenkte (● *51*, ▲ *298*), Schuberts Tafelklavier, der Graf-Flügel von Brahms (● *51*), den vorher Clara Schumann spielte, das Harmonium von Liszt, das Pianino Wolfs und der Blüthner-Flügel Mahlers (● *52*).

Der englische Seefahrer James Cook (1728-1779) unternahm von 1768 bis 1779 drei Weltreisen.

werken wurden die Paläste der *obas* geschmückt, einem mächtigen Königsgeschlecht, das über die ganze Küste des Golfs von Guinea herrschte. Die meisten dieser in der ›Technik der verlorenen Form‹ (Wachs) gegossenen Figurinen stellen den König, die Königinmutter, Krieger, Diener und Jäger dar. Als die Stadt Benin 1897 von der britischen Armee eingenommen wurde, ging der *oba* ins Exil, und seine Schätze wurden in London versteigert. Damals erstand Österreich 64 Plastiken.

Selbstporträt von Vincent van Gogh und *Badende* von Auguste Renoir.

NEUE GALERIE

Im zweiten Stock der Stallburg, ganz am Ende des Redoutensaaltrakts, befindet sich die Neue Galerie, eine Dependance des Kunsthistorischen Museums (▲ *208*). Diese Galerie ist deshalb »neu«, weil sie in den ehemaligen Gebäuden des Museums für Malerei untergebracht ist. Die Sammlung wurde im 17. Jh. begründet und von Maria Theresia 1776 in das Belvedere (▲ *246*) gebracht. Die Galerie zeigt in ihren sechs Sälen eine hervorragende Sammlung europäischer Malerei.
Kunstwerke. Zu sehen sind u.a Werke von Caspar David Friedrich und Carl Rottmann (Deutsche Romantik), von Eugène Delacroix, *Sancho Pansa* von Honoré Daumier (Französische Romantik), Landschaften von Gustave Courbet sowie eine Bronzeplastik von Auguste Rodin (Französischer Realismus). Des weiteren sind Porträts von Manet und Degas, Aktbilder von Renoir, eine Landschaft von Pissaro (Französische Impressionisten), Bilder des Deutschen Realismus sowie des Biedermeier, u.a. von Spitzweg, zu sehen. Unter den expressionistischen Werken sind ein *Selbstporträt* von van Gogh und Landschaften von Edvard Munch.

Indianischer Krieger (Anfang des 18. Jh.), Museum für Völkerkunde.

SPANISCHE REITSCHULE ♥

Die Spanische Reitschule (▲ *190*) ist in der Stallburg untergebracht und trainiert entweder in der Winter- oder der Sommerreitschule. Nach ihrer Gründung war sie zunächst am Josefsplatz untergebracht.
Winterreitschule. Der Bau der Winterreitschule wurde erst Ende 1729 in den ehemaligen Appartements von Kaiser Maximilian II. begonnen und 1735 abgeschlossen.
Architekt dieses barocken Meisterwerks war Joseph Emanuel Fischer von Erlach (● *74, 80,* ▲ *302*). Die weiße Manege ist von zwei Galerien und einem hohen Säulengang umgeben. Dort wurde für den Kaiser eine Loge mit einem antikisierenden Giebeldreieck eingerichtet. Basreliefs aus strahlendweißem Stuck geben ihm eine elegante

Cook im Pazifik
Der britische Entdecker James Cook (1728-1779, oben rechts) entdeckte die Gesellschaftsinseln, die australische Ostküste und die Sandwich-Inseln. Von seinen Reisen brachte er unzählige geographische, zoologische und völkerkundliche Dokumente mit. Einige davon hat das Museum für Völkerkunde erworben.

Note. Die Winterreitschule wurde 1735 durch ihren Auftraggeber Karl VI. (● *36*, ▲ *192*) eingeweiht. Sein Monogramm und das Wandporträt sind in der Loge zu sehen. Wie heute noch defilierten die Reiter früher in vorbildlicher Ordnung an der Loge vorbei und erwiesen dem Kaiser ihre Reverenz. Dann trainierten sie die Übungen der Hohen Schule, die den Ruf der Spanischen Reitschule begründet haben.

Sommerreitschule. Im Sommer finden die Vorführungen der Spanischen Reitschule in der Sommerreitschule statt. Dieser Hof grenzt an den der Winterreitschule an.

Josefsplatz

Joseph II. (1741-1790) gab dem Platz seinen Namen; seine Reiterstatue steht in der Mitte des Platzes (von Franz Anton von Zauner um 1795-1807). Joseph II. ließ zwischen 1760 und 1770 alle Fassaden des Platzes vom Architekten Nikolaus Pacassi (▲ *192*) erneuern, was ihnen eine einzigartige Einheit verleiht. Vor seiner Neugestaltung im 18. Jh. wurde der Platz für Turniere und das Training der Spanischen Hofreitschule genutzt. Die Winterreitschule, der Redoutensaal, die Nationalbibliothek und die Augustinerkirche liegen am Josefsplatz, der in die Augustinerstraße übergeht.

Palais Pallavicini. Das Palais (Nr. 5, ● *81*) hat eine schöne karyatidenumrahmte Tür. Die Karyatiden sind wie die Statue Josephs II. das Werk des Tiroler Künstlers Franz Anton Zauner (1786). Baumeister des klassizistischen Palais war Ferdinand von Hohenburg, der ihn an der Stelle eines

Pferdenarren
Für die Pferde brachten die Habsburger jedes erdenkliche Opfer. Im 16. Jh. ließ Maximilian II. die Appartements, die ihm sein Vater, Ferdinand I., hatte errichten lassen, zu Pferdeställen umbauen. Maximilian zog dafür in die Alte Burg. Danach plante man die große Winterreitschule (links) gleich neben den Pferdeställen, aber noch innerhalb der Burg.

Bälle, Konzerte und Karussels
Die Winterreitschule (unten) wurde nicht nur für das Training mit den Pferden genutzt. Immer wieder stellte man auch Karussels auf – natürlich mit Lipizzanern – oder gab Pferdeballettvorführungen, bei denen sich Tänzer und Reiter zu den Klängen eines Orchesters vor traumhaften Kulissen bewegten. Beim Wiener Kongreß (● *38*) strömte die europäische Aristokratie zu Bällen und Konzerten, die in der Manege gegeben wurden.

»Der Dritte Mann«
Cineasten werden den Palais Pallavicini kennen, denn vor seiner riesigen, mit Karyatiden geschmückten Tür (rechts) spielt eine der ersten Szenen aus Carol Reeds Film *Der dritte Mann* (● *42* ▲ *267*).

Ein italienischer Architekt
Nikolaus Pacassi (1716-1790), war ein Vertreter des französischen Klassizismus und Hofarchitekt Maria Theresias und Josephs II. Einige Jahre nach Fischer von Erlach und Hildebrandt (● *75, 81,* ▲ *147*) sollte er die Gebäude der beiden Baumeister in nüchternerem Stil umbauen, erweitern oder abschließen. Er wußte sich vor Aufträgen nicht zu retten und arbeitete an der Hofburg, in Schönbrunn (▲ *274*), am Theresianum (▲ *244*), am Palais Hetzendorf, in den Wiener Vorstädten etc.

ehemaligen Klosters errichtete. Dort starb Elisabeth von Österreich (1592), die Tochter Kaiser Maximilians II. und Frau des französischen Königs Karl IV. Heute wird das Palais als Kongreßzentrum genutzt.

Wiener Walzer. Ebenfalls gegenüber der Hofburg (Ecke Bräunerstraße) ist noch immer der Tanzparcours Ellmayer (● *58*) zu sehen.

Palais Palffy. In diesem Palais mit seiner schönen Renaissance-Fassade, die ebenfalls auf den Josefsplatz hinausgeht, führte Mozart (● *48*) 1785 zum ersten Mal *Die Hochzeit des Figaro* auf. An der Stelle des Palais stand früher die Reichskanzlei. Heute ist das Palais Sitz des Österreichischen Kulturinstituts, das regelmäßig kulturelle Veranstaltungen organisiert.

NATIONALBIBLIOTHEK

Die Bibliothek des kaiserlichen Hofes – seit 1920 Nationalbibliothek – war über die ganze Hofburg verteilt, bevor Karl VI. 1722 Johann Bernhard Fischer von Erlach und dessen Sohn Joseph Emanuel Fischer von Erlach (● *74, 80,* ▲ *138, 147, 302*) damit beauftragte, ein Bibliotheksgebäude zu bauen.

Prunksaal ♥. Das Ergebnis ist, wie man an diesem wunderschönen Saal sehen kann, beeindruckend. In ihm stehen die rund 16000 kostbaren Bände aus dem Besitz Prinz Eugens von Savoyen (● *35,* ▲ *147, 247*). Mit seiner geschnitzten, goldverzierten Holzvertäfelung, der freskengeschmückten Kuppel (Daniel Gran, *Apotheose Karls VI.*), seinen Säulen und Statuen gleicht der Saal einer barocken Kirche, nicht zuletzt durch seine kirchenschiffartige Form und das ovale Querschiff. Bald schon wurde der Prunksaal zu klein. Deshalb mußten Teile der Bibliothek ausgelagert werden. Manuskripte, Karten und das Globenmuseum befinden sich im Augustinertrakt; die Papyrus- und Musiksammlung sowie das Filmmuseum sind in der Albertina untergebracht; Zeitschriften, Lesesaal sowie Porträts, Radierungen und Fotografien (mehr als 800000) in der Neuen Burg.

Gutenbergbibel. Die zahllosen Schätze der Bibliothek können nicht alle auf einmal ausgestellt werden, deshalb gibt es das ganze Jahr über Wechselausstellungen. Die Nationalbibliothek zählt mehr als 2,5 Millionen gedruckte Bücher, u.a. eine Gutenbergbibel (15. Jh.) sowie den *Theuerdank*, ein Versepos von Maximilian I. (1459-1519), das 1517 gedruckt wurde.

Handschriften. Besonders kostbar sind einige Stücke der Handschriftensammlung, darunter der *Wiener Dioskurides*, ein illustriertes Heilkräuterbuch mit Anmerkungen seiner mittelalterlichen Besitzer (byzanthinisches Manuskript von 512),

Die Inkunablen der Nationalbibliothek
Inkunabeln sind die ersten gedruckten Bücher (vor 1500). Die älteste ist die »42zeilige Bibel«, die Gutenberg wahrscheinlich in den Jahren 1450 bis 1455 druckte. Gutenberg, der eigentlich Gensfleisch zur Laden hieß (um 1395-1468, Mainz), begann als Edelsteinschleifer und Spiegelhersteller. Die Techniken, die er bei diesen Tätigkeiten anwandte, brachten ihn wahrscheinlich darauf, bewegliche Metallettern zu gießen. Doch die Geschäfte gingen schlecht, und 1455 wurden dem Bankier Fust, einstiger Teilhaber der gemeinsamen Druckerei, nach einem Prozeß vermutlich das Druckgerät, einige der Schrifttypen sowie die ersten »42zeiligen Bibeln«, ein Gemeinschaftserzeugnis der Gutenberg-Fustschen Druckwerkstatt, zugesprochen.

die *Wiener Genesis* (der älteste erhaltene Teil einer Bilderbibel, 6. Jh.), die *Evangelienharmonie* Otfried von Weißenburgs (um 1870, älteste gereimte Dichtung deutscher Sprache), eine Abschrift der *Confessiones* des Augustinus (12. Jh.), die berühmte *Wenzelbibel* (vorlutherische deutsche Bibelübersetzung, Prag, Ende 14. Jh.) und das *Ambraser Heldenbuch* (Anfang 16. Jh.).
Papyrussammlung. Hier sind Texte aller Sprachen auf Papyrus, Pergament, Holz, Wachs und sogar Tierknochen zu sehen, u.a. ein ägyptisches Totenbuch aus dem 15. Jh. v. Chr., ein Chorgesang aus dem *Orestes* von Euripides sowie Bruchstücke von Abschriften aus Homers *Odyssee* (1. bis 3. Jh. n. Chr.).
Globenmuseum. Sehenswert sind vor allem die Weltkarte, die 1541 der flämische Mathematiker und Geograph Mercator (1512-1594) für Karl V. herstellte, der 50bändige *Atlas Blaeu-Van der Hem* (Amsterdam um 1670), und die Globen des veneziani-

Blaeu-Atlanten. Willem Janszoon Blaeu, der in Amsterdam ein Geschäft betrieb, brachte 1605 eine berühmte Weltkarte heraus, später (1619) seine ebenso berühmten Atlanten *Theatrum mundi* und *Theatrum urbium et monumentorum*.

Rechts: Zweidimensionale Darstellung von Erdkugeln aus dem *Großen Atlas*; unten: heliozentrische Armillarsphäre.

Blaeu und Vermeer
Der Niederländer Willem Janszoon Blaeu (1571-1638) lebte zu einer Zeit, als die Republik der Vereinigten Niederlande ihre Seemacht in Nord-europa, Afrika und Asien ausbauten. Ganz Europa deckte sich mit seinen Atlanten ein. Der Maler Vermeer van Delft (▲ *220*), ein Freund der Familie Blaeu, bildete auf seinen Gemälden häufig Landkarten ab – angeblich gegen Bezahlung!

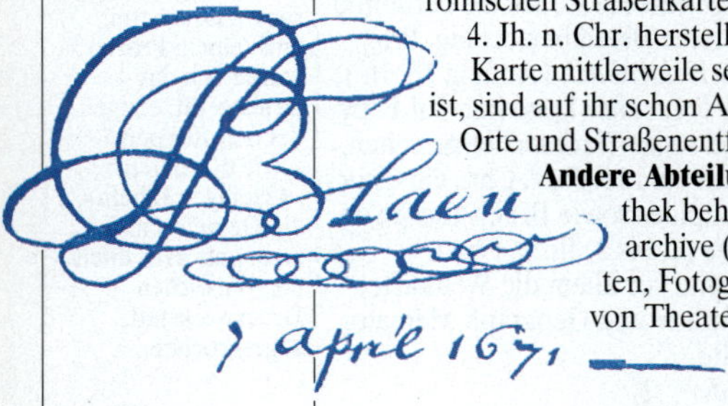

schen Geographen Vincenzo Coronelli (1650-1718), der am Hof Ludwigs XIV. beschäftigt war. Obwohl die *Tabula Peutingeriana* eine Landkarte ist, wird sie in der Handschriftenabteilung aufbewahrt. Sie ist eine schöne Kopie, die der deutsche Humanist Konrad Peutinger (1465-1547) nach einer römischen Straßenkarte aus dem 3. oder 4. Jh. n. Chr. herstellte. Auch wenn die Karte mittlerweile sehr schlecht lesbar ist, sind auf ihr schon Angaben zu Höhen, Orte und Straßenentfernungen zu finden.

Andere Abteilungen. Die Nationalbibliothek beherbergt außerdem die Theaterarchive (über eine Million Druckschriften, Fotografien, Modelle, Manuskripte von Theaterstücken, etc.) das Esperanto-Museum, eine Porträt- und eine Musiksammlung.

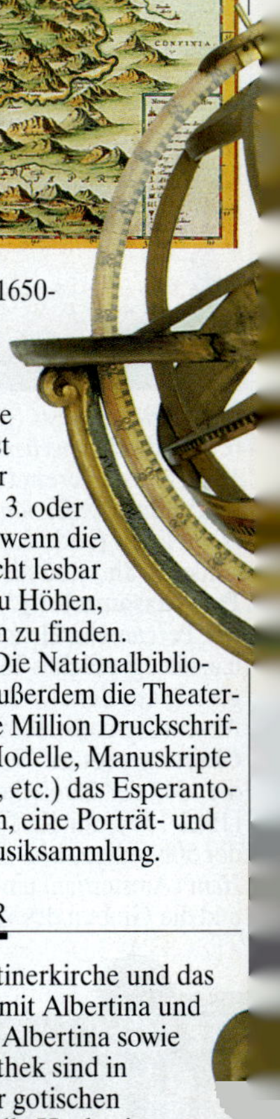

AUGUSTINERKIRCHE UND- KLOSTER

Innerhalb der Hofburg bilden die Augustinerkirche und das ehemalige Augustinerkloster zusammen mit Albertina und Palmenhaus einen großen Komplex. Die Albertina sowie mehrere Abteilungen der Nationalbibliothek sind in den Klosterräumen untergebracht. In der gotischen Augustinerkirche werden häufig prunkvolle Hochzeiten gefeiert. Am 21. November begeht man in dieser Kirche den Todestag von Kaiser Franz Joseph mit einer Gedenkmesse.

Der Komponist Anton Bruckner (● *52*) spielte häufig auf den alten Orgeln der Augustiner, die ursprünglich in der zerstörten Kirche der Schwarzspanier (spanische Benediktiner) standen. Dort soll er seine Messe in f-Moll geschrieben und zum ersten Mal vor Publikum gespielt haben (1872). Diese musikalische Tradition hat sich gehalten, denn die Sonntagsmesse wird in der Augustinerkirche immer von einem klassischen Orchester begleitet.

Grabmal Maria Christinas. Außer der geheimnisvollen Statue am Eingang der Kirche sind die schöne Kanzel, der Hochaltar und vor allem das riesige Grabdenkmal für Maria Christina von Sachsen-Teschen (1742-1798) sehenswert. Sie war die Lieblingstochter Maria Theresias und wurde 1778 Statthalterin der österreichischen Niederlande (ihr Mann Albert von Sachsen hat die Graphische Sammlung, Albertina genannt, gegründet, ▲ *196*). Das Grab ist eines der Hauptwerke des italienischen Bildhauers Canova (1757-1822), der sich an griechischen und römischen Statuen orientierte. Diese Skulpturen waren im 19. Jh. an den europäischen Kaiser- und Königshöfen in Mode – ganz besonders am Hof Napoleons I.

Herzgruft der Habsburger. Eine echte Kuriosität ist das ›Habsburger Herzgrüfterl‹. In ihm werden seit Matthias II. (Beginn des 17. Jh.) die Herzen der Mitglieder des Kaiserhauses (● *29*, ▲ *143, 144, 280*) in Silberurnen aufbewahrt. Seitdem wurden nach einem unveränderlichen Ritual die Körper der kaiserlichen Familie im wahrsten Sinne des Wortes in ihre Einzelteile zerlegt: Das Herz wanderte in die Gruft der Augustinerkirche, die Eingeweide in die Katakomben des Stephansdoms (▲ *132*) und die anderen sterblichen Überreste in die Kapuzinergruft (▲ *142*).

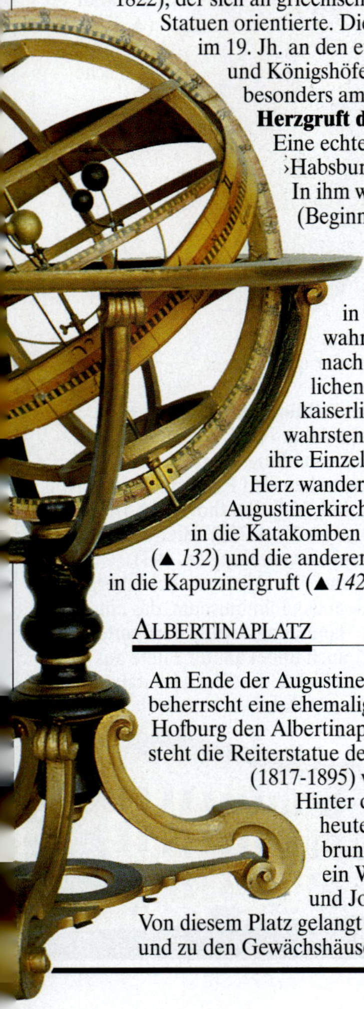

ALBERTINAPLATZ

Am Ende der Augustinerstraße beherrscht eine ehemalige Bastion der Hofburg den Albertinaplatz. Weiter oben steht die Reiterstatue des Erzherzogs Albert (1817-1895) von Kaspar Zumbusch. Hinter der Bastion erhebt sich heute der riesige Donaubrunnen (Ende des 19. Jh.), ein Werk Moritz von Löhrs und Johann Meixners. Von diesem Platz gelangt man zum Burggarten und zu den Gewächshäusern.

Feldarbeit
Handschrift aus der St. Peter-Abtei in Salzburg.

Gerhard Kremer Mercator (1512-1594)
Im 16. Jh. stellte der Geograph Gerhard Kremer Mercator die Erde zum ersten Mal zweidimensional dar, nach den Regeln, die auch heute noch angewandt werden. Seit jener Zeit ist das Bild der Erde von verblüffender Genauigkeit.

Hochzeiten
In der Augustinerkirche schlossen Maria Theresia und Franz von Lothringen (1736) sowie Elisabeth von Bayern und Kaiser Franz Joseph I. (1854) den Bund fürs Leben. Außerdem gab es zwei »Ferntrauungen«: Marie-Antoinette von Habsburg-Lothringen heiratete den König von Frankreich, Ludwig XVI., der durch einen Bevollmächtigten vertreten wurde, ebenso Maria Louise von Habsburg, die auf diese Weise 1810 Napoleon I. ehelichte.

Blick auf das Schanzel an der Donau.

Rechts: Gebäude am Franz-Josefs-Kai. Rechts außen: Haus an der Ecke Franz-Josefs-Kai und Werdertorgasse.

Ringturm
Der Turm wurde 1955 fertiggestellt.

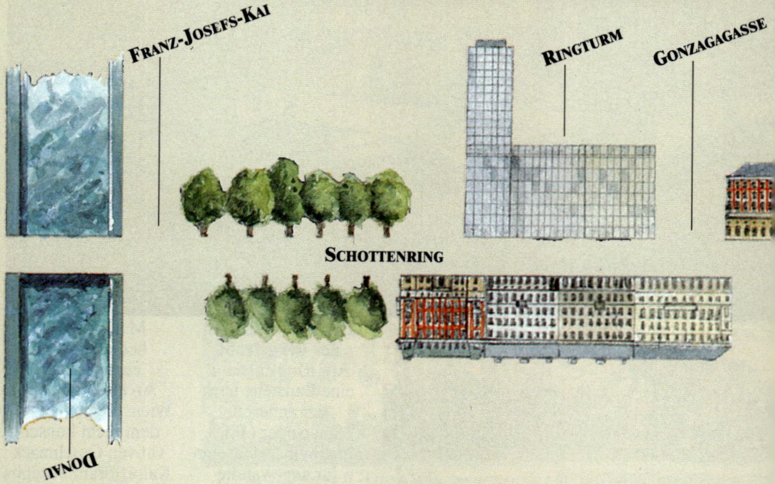

Fruchtmarkt an der Schanzel, von Alois Schornböck.

Franz-Josefs-Kai (▲ *229*)
Die Kais wurden 1945 (● *42*), stark beschädigt, so daß sich hier kaum noch alte Gebäude befinden.

Rossauerkaserne
Die Architektur der großen Kaserne (1869) erinnert an das Kasernengebäude, in dem sich das Heeresgeschichtliche Museum

(▲ *258*) befindet. Das Ehrenmal vor der Rossauerkaserne wurde 1896 zur Feier des Wiener Hausregiments der k. u. k. Hoch- und Deutschmeister gestiftet und 1906 fertiggestellt. Die Bronzefiguren schuf Johann Benk.

Das provisorische Gebäude der Börse, das an der Stelle der heutigen Börse stand, war Schauplatz des »schwarzen Donnerstag«, des Wiener Börsenkrachs am 9. Mai 1873, der dem Wirtschaftsaufschwung im Jahr der Weltausstellung ein jähes Ende bereitete.

Nr. 24
In diesem schönen historistischen Bau befindet sich die *Ring Cafeteria*.

Börse
Die Börse (Nr. 16) gestaltete Theophil von Hansen 1871-1877; sie wurde 1956 vom Feuer beschädigt.

»Café Schottenring« (Nr. 19)

Nr. 23
Dieses Mietshaus am Schottenring schuf Otto Wagner (● 86, 88) 1877.

Haus Nr. 21

»Am Burgtheater gespielt zu werden war Traum jedes Wiener Schriftstellers.«
Stefan Zweig

Votivkirche
Die Votivkirche im neugotischen Stil, die Heinrich Ferstel 1856-1879 bauen ließ, ist ein eindrucksvolles Beispiel historisierender Architekur.

Zweigs Geburtshaus
Das Haus Nr. 14 ist das Geburtshaus des Schriftstellers Stefan Zweig (● *110*).

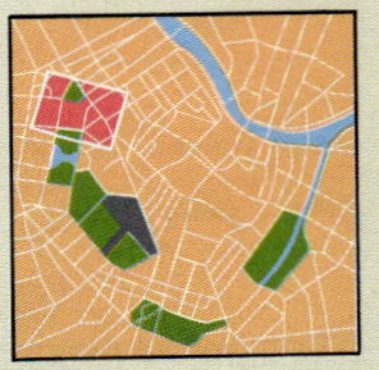

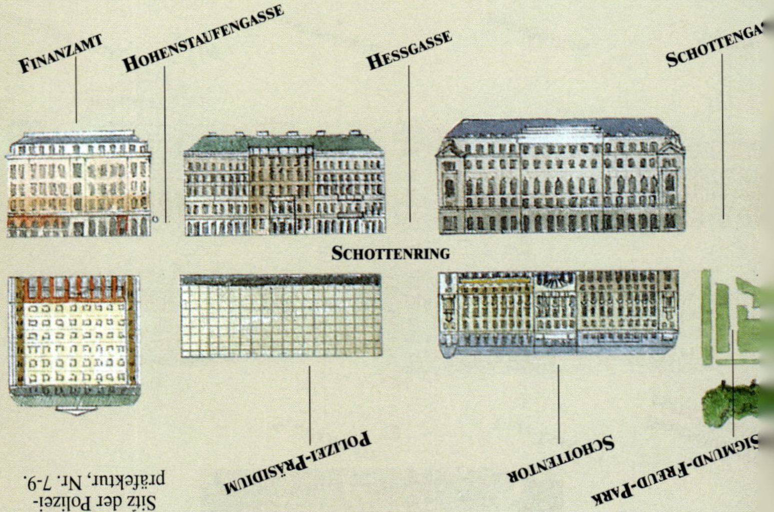

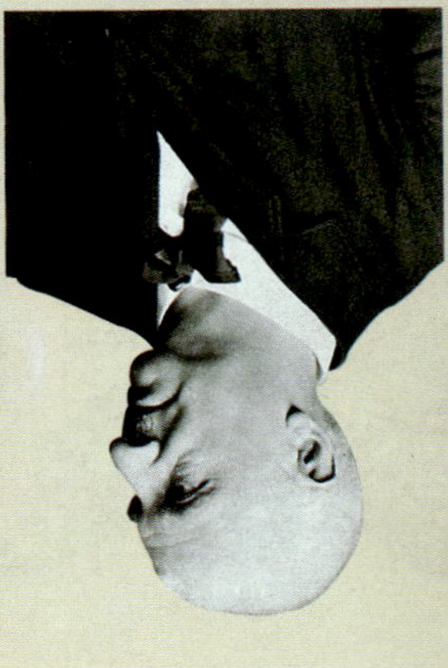

Bruckner-Haus
Der Musiker und Komponist Anton Bruckner (● *52*) wohnte 1877 bis 1895 in einem Haus am Schottenring Nr. 5.

»Hôtel de France«
Das Gebäude am Schottenring Nr. 3, Ecke Hessgasse, beherbergt eines der besten Wiener Kinos.

Polizei-Präsidium
Die einstige Oper (1874) wich dem Ringtheater, das 1881 abbrannte. An der Stelle baute man das Sühnhaus (1886), den Sitz der Polizeipräfektur, Nr. 7-9.

»Hotel Plaza« (Nr. 11)

Palais Ephrussi
Am Dr. Karl-Lueger-Ring Nr. 14 erhebt sich der 1873 von Theophil von Hansen, der auch das nahegelegene Parlamentsgebäude entwarf, errichtete Bau.

Liebenberg-Denkmal
J. A. von Liebenberg war während der Belagerung 1683 Wiener Bürgermeister. Neben dem Denkmal, am einstigen Standort der 1872 zerstörten Mölker Bastei (17. Jh.), steht das Pasqualatihaus (▲ *166*).

»Café Landtmann«
Dieses Lokal, seit Generationen in der Hand der Familie Querfeld, ist Treffpunkt der Parlamentarier (das Parlament befindet sich schräg gegenüber). Abends kehren Besucher des Burgtheaters nach der Vorstellung hier ein.

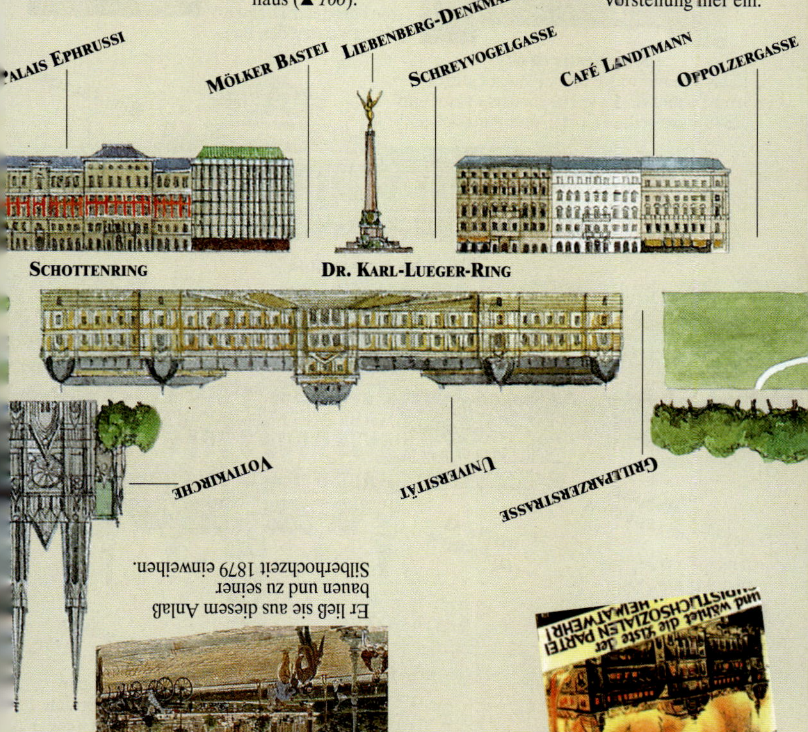

Votivkirche (● *85*)
Die Votivkirche am Rooseveltplatz erinnert an das mißlungene Attentat auf Franz Joseph im Jahr 1853. Er ließ sie aus diesem Anlaß bauen und zu seiner Silberhochzeit 1879 einweihen.

Brand des Ringtheaters

Brand der Universität
Mahnend wendet sich dieses Plakat der Christlichsozialen Partei an den Wähler.

der italienischen Hochrenaissance sowie am Barock (Innenarchitektur). Nach dem Krieg wurde er von Michel Engelhart und Sepp Nordegg restauriert. In den Seitenflügeln sind Deckenmalereien von Gustav und Ernst Klimt zu sehen (links: *Vor dem Theater von Taormina* von Gustav Klimt). Büsten berühmter Dramatiker sowie Figuren bekannter Dramenfiguren zieren den Bau.

Burgtheater (● *84*)
Das Theater wurde nach Plänen Gottfried Sempers und Karl von Hasenauers erbaut und 1888 eingeweiht. Der Bau orientiert sich an

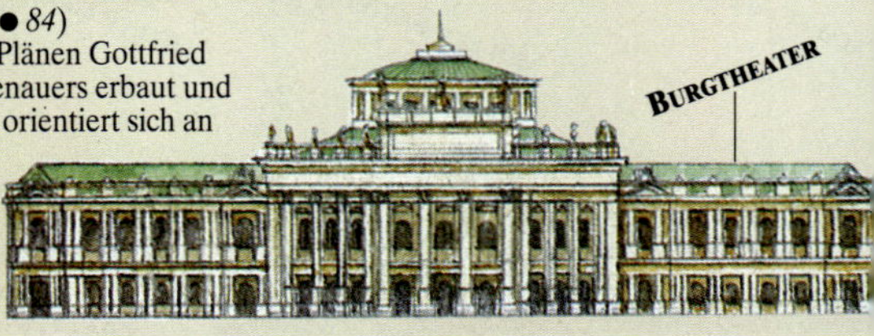

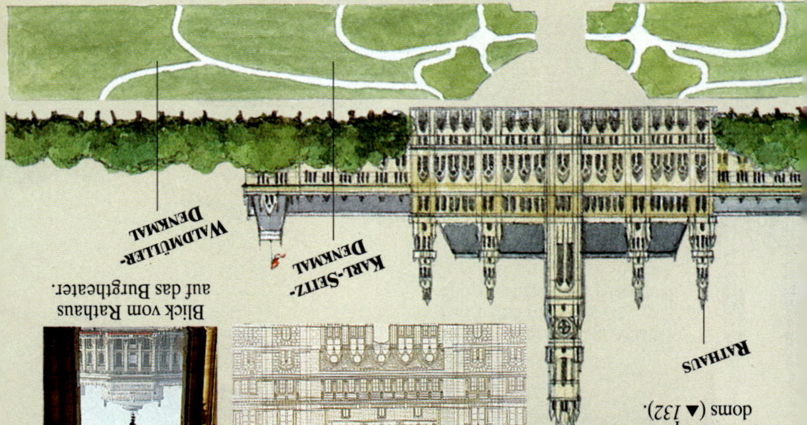

Blick vom Rathaus auf das Burgtheater.

Rathaus (● *84*)
Das neugotische Rathaus ist das Werk von Friedrich Schmidt (1883), Dombaumeister des Stephansdoms (▲ *132*).

Der Turm des gewaltigen Rathauses ist 98 m hoch, auf seiner Spitze balanciert als Wahrzeichen der *Rathausmann*. (rechts: Arkadengang des Rathauses, unten: Rathaus-Zeichnung des Gartenbau-Architekten Rudolf Siebeck, 1873)

Volksgarten
Über den Park verstreut stehen: Der *Theseustempel* von Nobile (1820, rechts), eine verkleinerte Nachbildung des Athener Originals, Müllners *Jugendlicher Athlet* (1921); Tilgners *Faun und Nymphe* (1880), das Denkmal für Kaiserin Elisabeth (1907); ein oktogonales Café und einige mit Statuen verzierte Brunnen (1866-1880).

Die ehemaligen Befestigungsanlagen wurden 1809 von Napoleon geschleift. An der Stelle entstand ein Park, der 1823 eingeweiht wurde und von Anfang an der Öffentlichkeit zugänglich war.

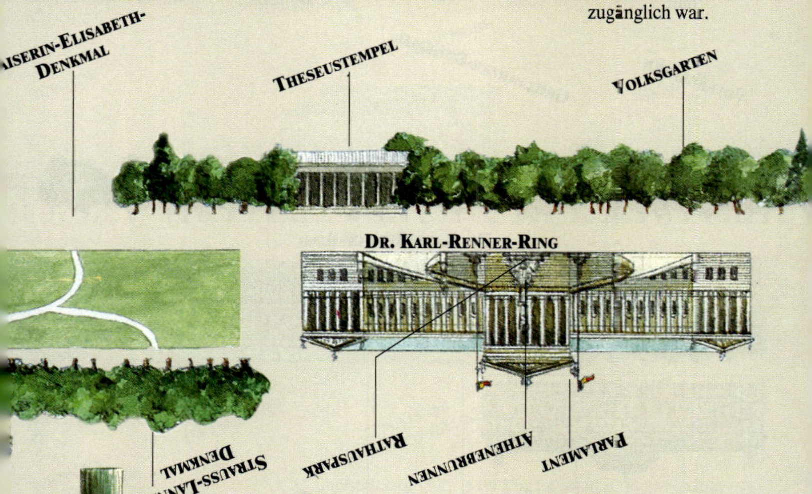

Strauß-Lanner-Denkmal
Die Musiker Strauß und Lanner (● *56*), Zeit ihres Lebens Rivalen, wurden 1905 zumindest durch diese Skulptur vereint.

Rathaus

Athenebrunnen (1902, ● *85*)
Über den Brunnen wacht Athene, die Figuren zu ihren Füßen symbolisieren die Donau, die Moldau, die Elbe und den Inn.

Parlament
Das Parlamentsgebäude von Theophil von Hansen (1874-1883) ist von der griechischen Antike beeinflußt. Die Statuen an der Auffahrt stellen u. a. römische Historiker dar. Hier wurde 1918 die Republik ausgerufen.

Salzfaß mit Neptun und Tellus
(Hochparterre, Saal XXVII)
Dieses goldene Salzfaß (1540-1543) auf einem drehbaren Sockel aus Ebenholz schuf Benvenuto Cellini (1500-1572). Es zeigt Neptun, den Gott des Meeres und Tellus oder Terra Mater, im alten Rom die Göttin der Erde und des Saatfeldes.

Der Abzug des türkischen Heeres nach der Niederlage am 12. September 1683 (● *34*, Wandteppich aus Nancy, 1709-1718).

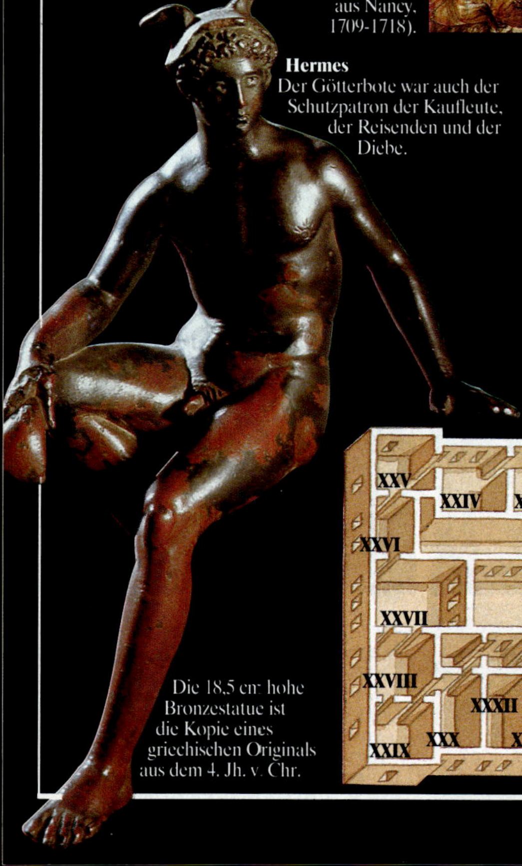

Hermes
Der Götterbote war auch der Schutzpatron der Kaufleute, der Reisenden und der Diebe.

Die 18,5 cm hohe Bronzestatue ist die Kopie eines griechischen Originals aus dem 4. Jh. v. Chr.

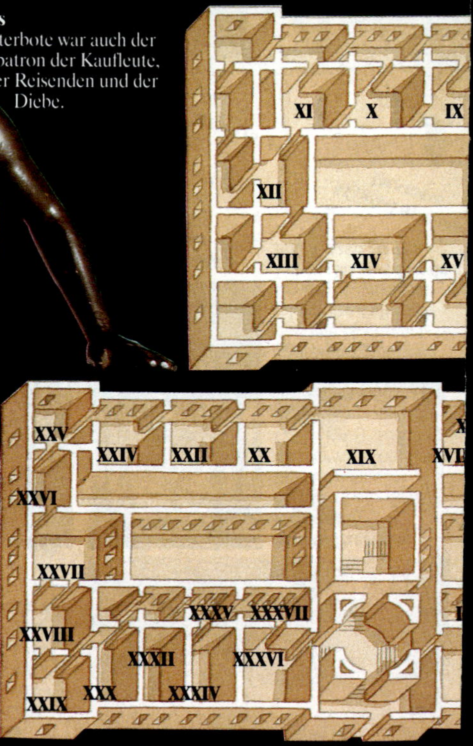

Die Kunst des Benvenuto Cellini
Dieses Kleinod der Goldschmiedekunst, das der Bildhauer für Franz I. geschaffen hat, ist eine Allegorie des Universums: Ein Elefant trägt die Erde, während Neptun von Pferden getragen wird. Dargestellt werden auch die vier Winde und die Stunden des Tages.

Bezoarstein
Dieser Bezoarstein aus Spanien (16. Jh.) ruht auf einem goldenen Dreifuß, der aus drei Löwen geformt und mit überseeischen Smaragden besetzt ist. Ein Bezoar ist ein Gebilde aus unverdauten Resten, das sich im Magen einiger Tiere bildet und früher als hervorragendes Heilmittel galt.

Zweite Etage
Hier befindet sich das Münzkabinett mit seinen insgesamt 500 000 Stücken, von denen nur ein kleiner Teil ausgestellt werden kann.

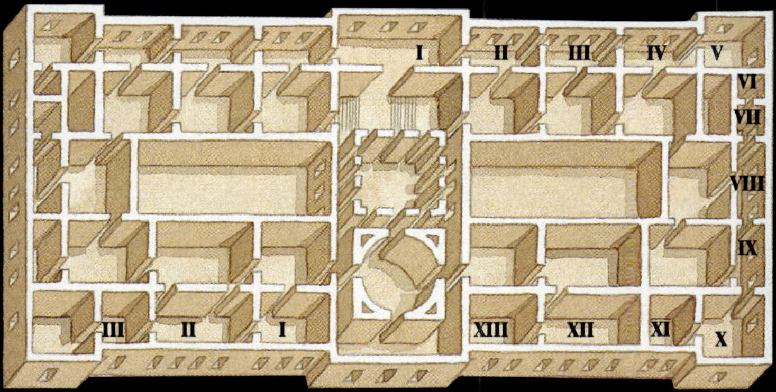

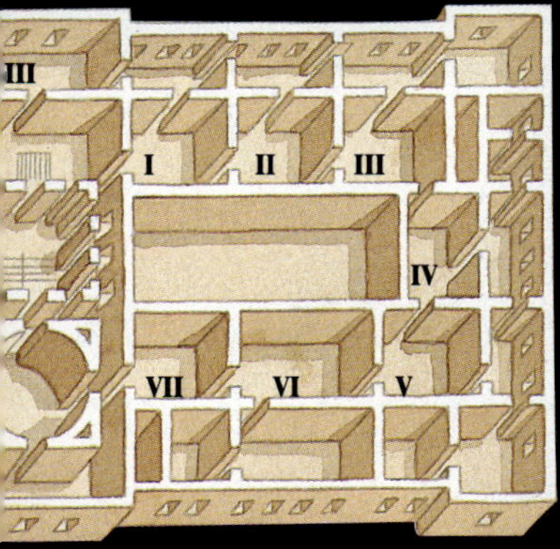

Erste Etage
Die erste Etage beherbergt die große Gemäldesammlung: Im rechten Flügel findet sich italienische und spanische Kunst: Titian in Raum I, Tintoretto in Raum II, Veronese in Raum III, Reni in Raum IV, Caravagio in Raum V, Tiepolo und Giordano in Raum VI, Bellotto in Raum VII. Im linken Flügel sind Werke hollandischer, flämischer und deutscher Künstler untergebracht: Patinier in Raum VIII, Aertsen in Raum IX, Brueghel in Raum X, Jordaens in Raum XI, van Dyck in Raum XII, Rubens in Raum XIII-XIV, Ruisdael in Raum XV).

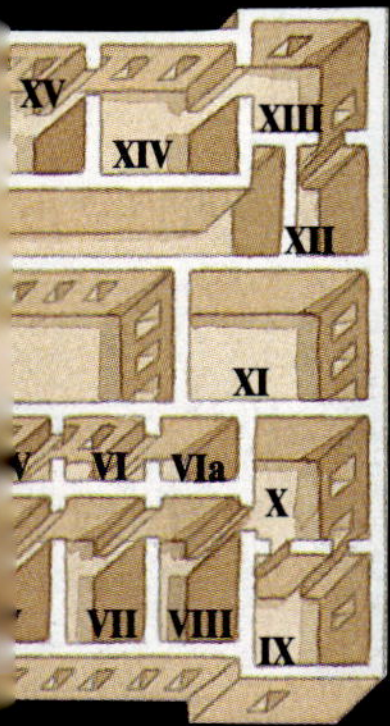

Hochparterre
Hier befinden sich die Ägyptische Sammlung in den Räumen I bis VIII, die Antikensammlung in den Räumen IX bis XVIII und die Sammlung für Plastik und Kunstgewerbe in den Räumen XIX bis XXXVII.

Das Kunsthistorische Museum zählt zu den reichsten Europas. Das Gebäude entstand nach Entwürfen von Karl von Hasenauer und Gottfried von Semper (1870-1891). Die Sammlungen (▲ *208*) verteilen sich auf fünf Abteilungen, wobei die Gemäldesammlung die außergewöhnlichste ist. Den Grundstock schuf Ferdinand I. (1503-1564) mit einem ersten »Kabinett der Kunst und der Wunder« im Schloß Ambras bei Innsbruck. Sein Neffe Rudolf II. trug in seinem Prager Schloß eine Gemäldesammlung (vor allem Werke der Familie Brueghel) zusammen. Sein Nachfolger Matthias verlegte den Hof nach Wien, und die Sammlung zog ebenfalls um. Leopold I. erbte Gemälde flämischer und italienischer Meister. Später konnten die österreichischen Kaiser durch die verwandtschaftlichen Beziehungen zu den spanischen Habsburgern diese Sammlung vervollständigen.

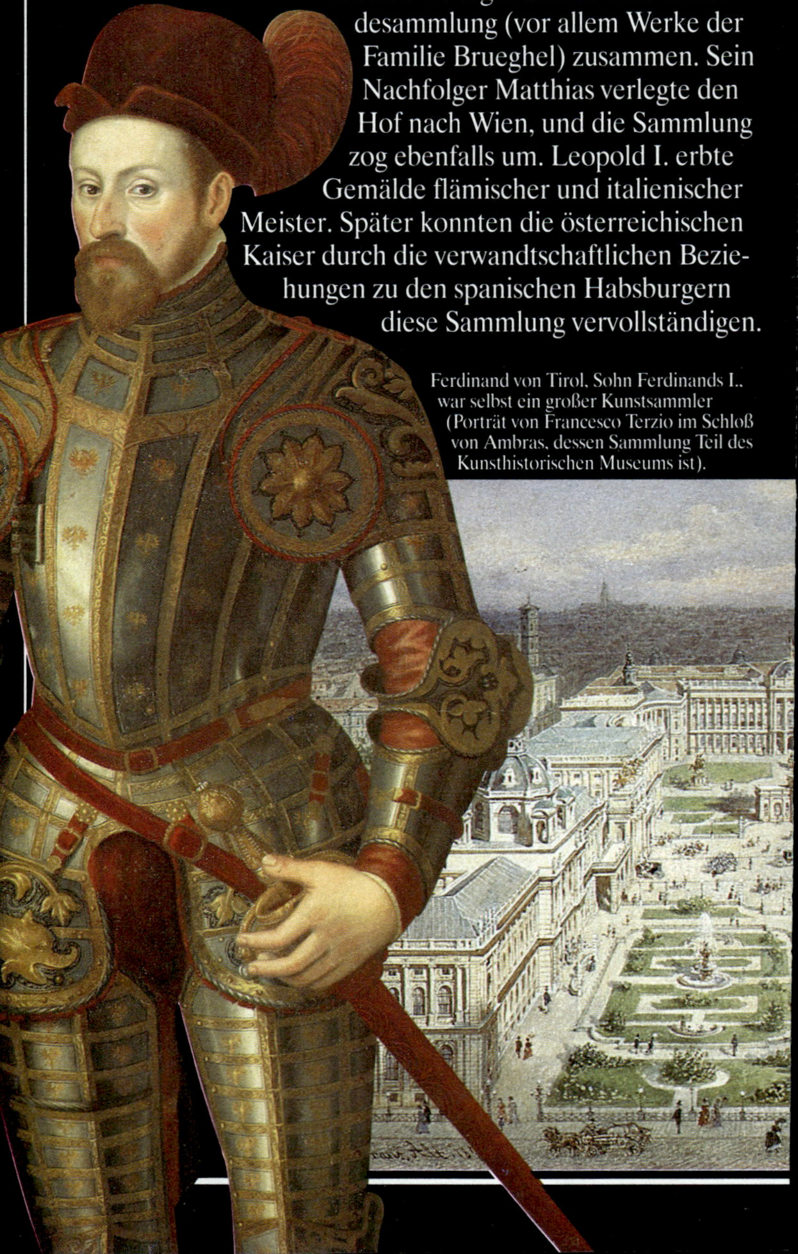

Ferdinand von Tirol, Sohn Ferdinands I., war selbst ein großer Kunstsammler (Porträt von Francesco Terzio im Schloß von Ambras, dessen Sammlung Teil des Kunsthistorischen Museums ist).

»Die Stadt besitzt schöne Kirchen, alte, schlechtgepflasterte Strassen, die schöne blaue Donau, Museen voller Schätze (allein die Brueghels sind eine Reise wert) ...«

Josef von Steenberg

Giuseppe Arcimboldo
Die österreichischen Kaiser empfingen diesen originellen Mailänder Maler gerne am Hof. Er war Hofmaler Ferdinands I. von 1562-1587 und arbeitete später für Rudolf II. in Prag. Arcimboldo (1527-1593) schuf fantastische Porträts, die sich aus Pflanzen, Tieren und anderen Gegenständen zusammensetzen. Auf dem Gemälde *Winter* (1573, links) stellte er Franz I. als Baumstamm dar. Einige Astlöcher und Giftpilze genügten, um ihm ein menschliches Antlitz zu geben.

Unten: *Blick auf die Stallungen in der Hofburg* von Franz Alt.

Jan van Eyck (um 1390-1441)
Der niederländische Maler stand zunächst in Diensten des Grafen von Holland, ab 1425 arbeitete er für Herzog Philipp von Burgund, in dessen Auftrag er Reisen durch Europa unternahm. Er leitete eine neue Epoche der Malerei ein, indem er bei seinen Landschaften, der Darstellung von Innenräumen und Porträts von der typisierenden Betrachtungsweise des Mittelalters abwich und Wert legte auf die Betonung individueller Eigenschaften. Das *Porträt des Kardinals Nicholaes Albergati* (rechts oben) ist eines seiner Meisterwerke (1431). Der Kardinal ist ohne karikierende Züge, aber auch ohne Sympathie gemalt. Beeindruckend sind die Feinheit der Linienführung und die sorgfältig ausgearbeiteten Schattierungen. Seine massige Figur und das grobe Gesicht lassen auf eine mächtige Persönlichkeit schließen.

Hans Holbein der Jüngere (1497-1543)
Holbein der Jüngere, der letzte große deutsche Renaissance-Maler, ließ sich 1532, nicht zuletzt wegen der mit der Reformation einhergehenden Kunstfeindlichkeit, in England nieder und wurde dort Hofporträtist. Wie van Eyck versuchte auch Holbein, die Individualität der dargestellten Person herauszuarbeiten. So auch bei dem *Porträt von Jane Seymour* (rechts), das Holbein 1536 im Auftrag von Heinrich VIII. schuf.

Hieronymus Bosch (um 1450-1516)
Der altniederländische Maler, dessen Werke in Wien sehr zahlreich vertreten sind, gestaltete vor allem religiöse Themen. Er schuf fantasievolle, manchmal groteske ›Bilderbögen‹, in denen er seinen düsteren Visionen freien Lauf ließ. Seine Anspielungen wurden von seinen Zeitgenossen verstanden, bedürfen heute aber der Interpretation. Unter seinen Pinselstrichen nimmt Die *Kreuztragung* (rechte Seite) groteske Züge an: Grimassen, wilde Gesten, wahnsinnig-verzerrte Gesichter, schreiende Menschen. Dieses Gemälde gleicht einer Szene der Verdammnis.

»Hartnäckig verfolgt van Eyck die Ähnlichkeit, denn die materielle Ähnlichkeit zieht durch seine Genauigkeit die moralische Ähnlichkeit des Individuums nach sich, dessen Bedürfnisse und Funktionen nach und nach das Gesicht geformt haben.« Élie Faure

213

215

▲ KUNSTHISTORISCHES MUSEUM

»Rubens, Fluss des Vergessens, Garten der Trägheit, Kissen frischen Fleisches, auf dem man sich nicht lieben kann, aber auf dem das Leben fliesst und sich ohne Unterlass bewegt.«

Charles Baudelaire

Peter Paul Rubens (1577-1640)
Für den Akt von Hélène Fourment (1638; ganz links), auch *Das Pelzchen* genannt, stand Rubens' zweite Frau Modell. Unzählige Male hat er sie in den unterschiedlichsten Verkleidungen oder als Akt gemalt. Hier ist sie halbnackt, nur mit einem Pelmantel bedeckt, zu sehen. Sie schaut Rubens halb verwirrt, halb lächelnd an. Und er ist überwältigt von soviel Jugendlichkeit. Doch das Meisterwerk Rubens', der in der Tradition Tizians steht, zeigt nicht wie Raffael die Harmonie der Vernunft oder wie Leonardo da Vinci die Macht des Intellekts, sondern die unerschöpflichen Lebensenergien. Er läßt sich von seiner Frau inspirieren und widmet ihr sein gesamtes Werk, das schon eine Ankündigung Fragonards und Renoirs ist.

Tintoretto (1518-1594)
Tintoretto, der zu seiner Zeit zu den meistbeschäftigten Malern Venedigs zählte, es aber dennoch nie zu Reichtum und Wohlstand brachte, ließ sich mehrfach von der biblischen Geschichte der *Susanna im Bade* (um 1560, oben) inspirieren. Das im Kunsthistorischen Museum in Wien ausgestellte Bild schuf er, in Annäherung an Veronese, auf dem absoluten Höhepunkt seiner Schaffenskraft: Die geschickt gewählten Perspektiven, die lichterfüllte Gestalt der Susanna, die transparenten Stoffe, dies alles verleiht dem Bild eine ungeheuer sinnliche Ausstrahlung. Der Maler plaziert den weiblichen Akt in den Vordergrund des Gemäldes und fügt verschiedene Details sowie zwei perspektivisch verkleinerte, lüsterne alte Männer in eine Parklandschaft ein, um so eine einzigartige Tiefenwirkung zu erzielen.

Jan Vermeer von Delft (1632-1675)
Die Allegorie der Malerei (rechts, um 1665) ist eines der bedeutendsten Werke des Kunsthistorischen Museums; Jan Vermeer hat es zehn Jahre vor seinem Tod gemalt. »Weder der Brief noch die Frauen sind wichtig; auch nicht die Welt, in die man diese Briefe schickt. Die Welt ist zur Malerei geworden«, schreibt Malraux. Das Licht, das durch ein nicht sichtbares Fenster hereinkommt, ist unwirklich; der Maler, der uns den Rücken zuwendet, bleibt anonym, und das Mädchen, das die Insignien der Muse der Geschichtsschreibung und des Heldengedichtes trägt, rätselhaft. Der Betrachter findet sich hier in der Rolle eines Theaterbesuchers, und der schwere, auf der linken Seite nur durch eine Schnur zurückgehaltene Stoff wird am Ende des Stückes wie ein Bühnenvorhang fallen.

Rembrandt van Rijn (1606-1669)
Für das *Porträt von Titus* oder *Der Leser* (rechte Seite, oben) stand Titus, Rembrandts vierter Sohn aus der Verbindung mit Saskia, Modell. Er ist der einzige, der nicht im Kindesalter stirbt, daher die besondere Zärtlichkeit, mit der Rembrandt den jungen Mann porträtiert hat. Nur die Hände und die Bücher liegen im Hellen; das Gesicht dagegen ist im Gegenlicht. Diese Lichtverhältnisse geben dem Porträt etwas Geheimnisvolles.

»Rembrandt ist von seinem eigenen Gesicht besessen, das er zunächst maskiert, nicht um es zu schmücken, wie man ihm nachsagte, sondern um es zu vervielfältigen.«

André Malraux

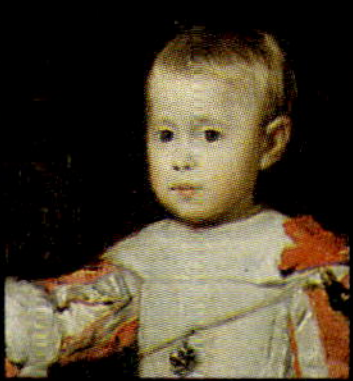

Auf den Gemälden Rembrandts kommt das Licht nicht von außen, wie bei Caravaggio, sondern von innen. Auf diese Weise kehrt er das Innerste der Dargestellten nach außen.

Diego Vélasquez (1599-1660)
Velázquez geht ganz anders an seine Modelle heran. Er will nicht deren Innerstes auf die Leinwand bringen, sie als Subjekte, sondern als fiktive Objekte behandeln (*Infantin Margarita Theresa*, *Infantin Maria Theresia* und *Infant Philipp Prosper*). Die achtjährige Prinzessin Marguerita mit dem ältlichen Gesicht wird unter seinen flüchtigen Pinselstrichen zu einem Schmuckstück in Dunkelblau und Gold.

»Von ihrem Appartement am Opernring Nr. 3 aus konnte sie [...] die berühmte Sirk Ecke sehen, die Kreuzung, an der die Kärntnerstrasse [...] auf die Ringstrasse trifft.«

George Clare

»Café Schwarzenberg«
Am Kärntner Ring Nr. 17, Ecke Schwarzenbergstraße, liegt das *Café Schwarzenberg*, eines der gemütlichsten großen Wiener Kaffeehäuser (● *66*, ▲ *124*).

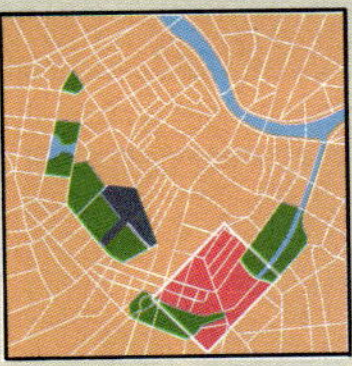

Schwarzenbergplatz
Gegenüber dem Reiterstandbild des Prinzen Karl Philipp von Schwarzenberg erhebt sich das gleichnamige Palais. Die Nr. 17 an dem Platz ist das Palais Wertheim, ein Neorenaissance-Bau, den Ferstel 1868 errichtete.

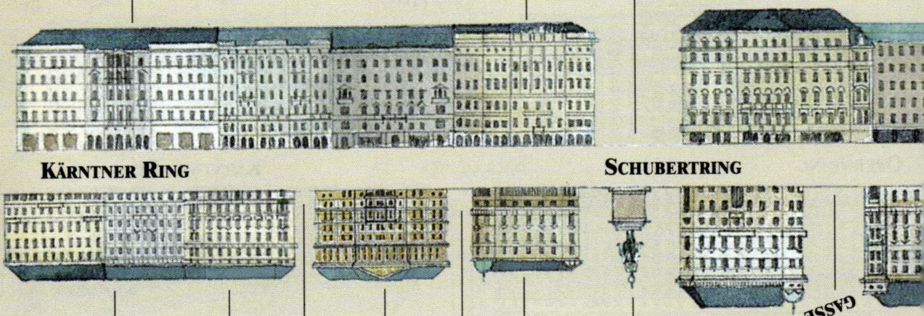

Richard Wagner. Als Wagner 1875 *Tannhäuser* und *Lohengrin* dirigierte, wurde er vom Publikum freudig, von der Presse dagegen kritisch aufgenommen.

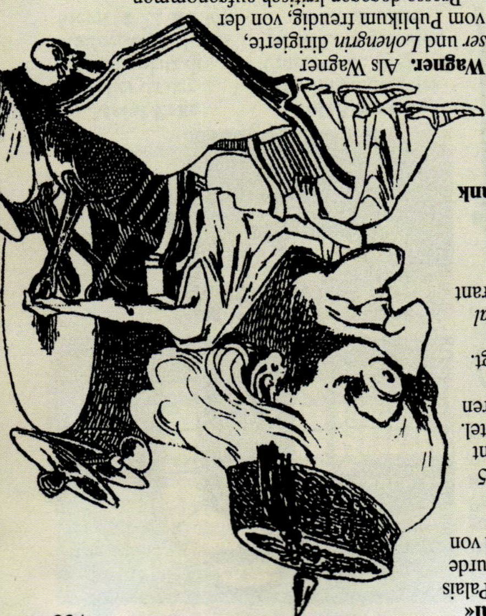

Ludwig-Viktor-Palais
Der Neorenaissance-Bau (1869) von Heinrich von Ferstel steht Ecke Schwarzenbergplatz/ Schubertring.

Elsässische Bank

»Hotel Imperial«
Das ehemalige Palais Württemberg wurde nach Entwürfen von Arnold Zanetti und Heinrich Adam 1863-1865 errichtet, es dient seit 1873 als Hotel. Die beiden oberen Etagen wurden 1928 hinzugefügt. Es beherbergt das *Café Imperial* und das Restaurant *Zur Majestät*.

Palais Leintenberger
Das 1871 für den Baron Friedrich Leintenberger, einen mächtigen österreichischen Industriellen, erbaute Palais (Parkring Nr. 16) liegt neben dem Palais Henckel.

Die Trambahn
Die in Rot und Weiß gehaltene Tram trägt die Farben der österreichischen Flagge.

Palais Skene und Kinsky
Die Palais, die um 1870 für den Industriellen und Reichsrat Alfred Skene sowie den Bankier Eugen

Kinsky gebaut wurden, tragen die Hausnummern 6 bis 14.

Ringstraßen-Galerien
Neubau und Renovierung stehen auf dem Plan für diesen Abschnitt des Rings. Die zahlreichen Boutiquen wurden unter dem gemeinsamen Namen Ringstraßen-Galerien vereint.

Gebäude Ecke Schubertring/Fichtegasse.

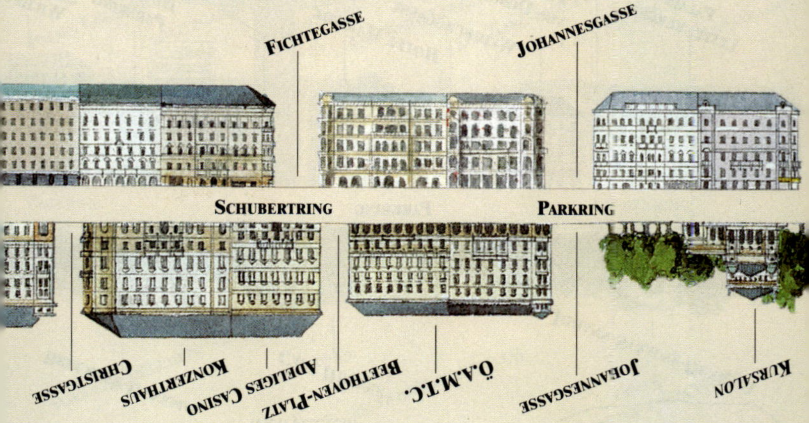

Wienflußportal
So nennen die Wiener die Stelle im Stadtpark, wo die Wien an die Oberfläche tritt. Mehrere Kioske und Balustraden im Jugendstil (● *86*) wurden hier zu Beginn des Jahrhunderts aufgestellt.

Ö.A.M.T.C.
Am Schubertring Nr. 1 befindet sich die Zentrale des Österreichischen Automobil Motor und Touringclubs

»Kursalon«
Der Eingang befindet sich an der Johannesgasse Nr. 33. Den Teesalon im Stil der italienischen Renaissance gestaltete Johann Graben (1865-1867). Hier trat Eduard Strauß, der Bruder von Johann (● 57) auf. Im Sommer wird auf der Terrasse Walzer getanzt.

Aluminium-Lüftungsrohr des Heizsystems der Sparkasse.

Handelskammer
Am Stubenring Nr. 8-10 erhebt sich das Gebäude im Jugendstil (● *86*) mit neoklassizistischem Einschlag, das Baumann 1907 errichtete. Es ist Sitz der Kammer der Gewerblichen Wirtschaft für Wien.

Postsparkasse (● *88*)
Am Georg-Coch-Platz liegt das imposante Postsparkassengebäude (1904-1912), das Meisterstück Otto Wagners (● *86*, ▲ *237, 240, 245*), des berühmten Architekten der Wiener Secession (▲ *232*). Vor dem Gebäude steht die Statue des Gründers Georg Coch (1842-1890).

»Café Prückl«
Die Nr. 24, Ecke Lueger-Platz, beherbergt einen der erleseneren Orte des gesellschaftlichen Lebens in Wien.

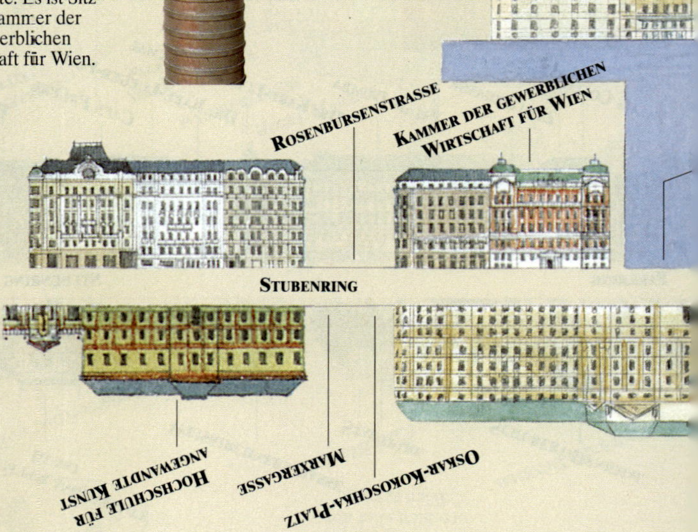

Hochschule für angewandte Kunst
Die Hochschule wurde, ebenso wie das gleichnamige Museum, von Heinrich von Ferstel (▲ *224*) im Stil der italienischen Renaissance gebaut (1875-1877, Museum 1866-1871). Beide Bauten wurden 1906-1908 von Ludwig Baumann erweitert. Die Statue Oskar Kokoschkas (▲ *254*) vor der renommierten Hochschule ist das Werk von Alfred Hrdlicka (1986).

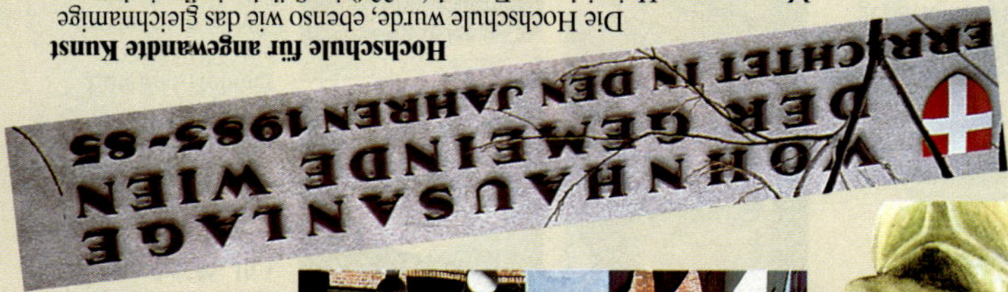

Hundertwasserhaus (● *94*)
Östlich des Rings, Ecke Kegelgasse/Löwengasse steht das von Hundertwasser gebaute (1983-1985) farbenfrohe und freundlich anmutende Haus mit seinen goldenen Zwiebeltürmen.

Franz-Josefs-Kai und Donaukanal (▲ *230*). Der Kai verläuft am nordöstlichen Ende der den Stadtkern umschließenden Ringstraße parallel zum Donaukanal. An der großen Promenade, an der sich Hotels und Restaurants aneinanderreihen, steht auch die Sankt-Ruprecht-Kirche (● *75*, ▲ *154*). Am Rand des Schwedenplatzes befindet sich der Anleger für die Ausflugsboote. Auf dem Morzinplatz erinnert ein Monument daran, daß hier einst der Sitz der Gestapo war, der auch in Wien viele Menschen zum Opfer gefallen sind.

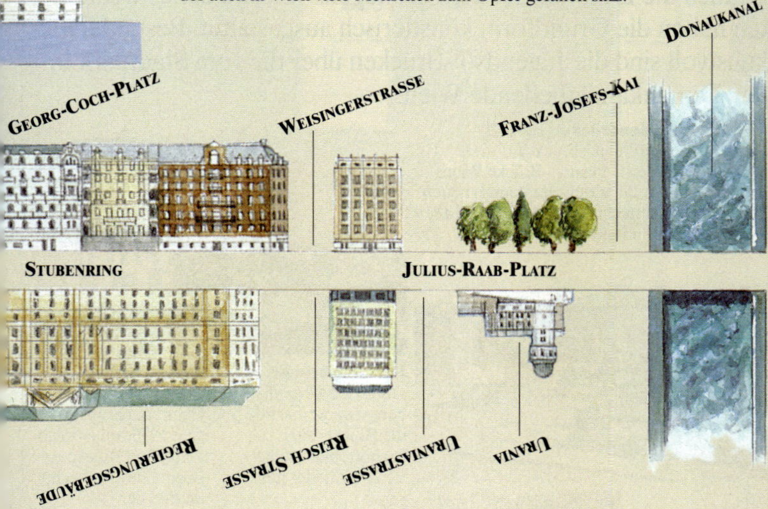

Urania
Das Gebäude im Jugendstil (● *86*) trägt die Handschrift von Max Fabiani (1909-1910) und befindet sich an der Uraniastraße Nr. 1 am Ufer des Donaukanals.

Im Uraniahaus gibt es eine Sternwarte sowie einen großen Saal, in dem Schauspielaufführungen und Konzerte stattfinden.

Regierungsgebäude
Der neobarocke Komplex, den Ludwig Baumann 1909-1913 für das kaiserliche Reichskriegsministerium ausführte, ist heute Sitz mehrerer Ministerien. Das Denkmal vor der Hauptfassade schuf Kaspar Zumbusch 1892 zu Ehren des Marschalls Radetzky (▲ *261*).

Das »Goldene Krauthappel«
Der kaiserliche Hof, konservative Architekten und die meisten Wiener lehnten den Secessions-Pavillon ab und nannten ihn spöttisch »Goldenes Krauthappel« (Krautkopf). Das ist eine Anspielung auf die Kuppel, die aus 3000 vergoldeten Metall-Lorbeerblättern besteht (rechts). Das Gebäude (unten) wurde im Zweiten Weltkrieg schwer beschädigt und 1945 (● *42*) geplündert. Erst 1973 kaufte der Staat den Pavillon auf.

SECESSION ♥

Jugendstil-Manifest. Südlich des Opernrings, in der Nähe der Kunstakademie (▲ *222*), steht der Secession-Pavillon von 1898. Den großen weißen Kubus mit der vergoldeten Kuppel an der Friedrichstraße schuf Josef Maria Olbrich (● *87*), ein Schüler Otto Wagners (● *88*). Er war das Manifest der »Wiener Secession«, einer Vereinigung junger Künstler, die sich nicht mehr an die überlieferten Regeln halten wollten. Hier fanden die Ausstellungen der Wiener Avantgarde-Künstler statt, die sich von der Akademie losgesagt hatten. Der quadratische Pavillon ist nicht ganz so nackt, wie es auf den ersten Blick scheinen mag: florale Goldornament-Friese und Medusenhäupter schmücken die Fassade. Die Harmonie des Gebäudes beruht auf zwei Farbtönen, Weiß und Gold, die nach der jüngsten Renovierung des Pavillons besonders strahlend leuchten.

Der Secessionismus. Diese Bewegung (● *86*), an deren Spitze der Maler Gustav Klimt (▲ *227, 250*) stand, wurde 1897 von einer Gruppe junger Maler, Architekten und Dekorateure um den Architekten Otto Wagner – die meisten waren seine Schüler – gegründet. Die jungen Absolventen der Kunstakademie gaben sich den Namen ›Secession‹ (Absonderung), da sie sich von der allzu konservativ orientierten Künstlergemeinschaft der Akademie und dem als dekadent verworfenen Historizismus der Franz Joseph-Ära (● *41*) unterscheiden wollten. Auch der Musiker Gustav Mahler (● *52*, ▲ *301*) sympathisierte mit der Bewegung. 1902 heiratete er in der Karlskirche Alma Schindler, die Stieftochter des Secessions-Malers Carl Moll (● *104*).

Das Ende des Historizismus. In der zweiten Hälfte des 19. Jh. hatte Franz Joseph die Basteien schleifen (▲ *198*) und sie durch die Prachtbauten am Ring (● *84*, ▲ *200*) ersetzen lassen (Votivkirche, Neue Universität, Nationaltheater, Parlament etc.). All diese Gebäude wurden im Stil des Historizismus erbaut: Dieser Stil verwandte Elemente der griechischen Antike, der Gotik, der Renaissance und des Barock. Ende des Jahrhunderts begannen die Intellektuellen, sich liberalen Werten zuzuwenden, und die Ringstraße wurde die symbolische Zielscheibe ihrer Attacken. Obwohl Gustav Klimt und Otto Wagner früher selbst zu den Vertretern des Historizismus gezählt hatten – Klimt malte das Deckenfresko im Burgtheater (▲ *204*) –, schlossen sie sich der Gruppe an,

Secession II und Secession III
Plakat von Josef Maria Olbrich (1898-1899).

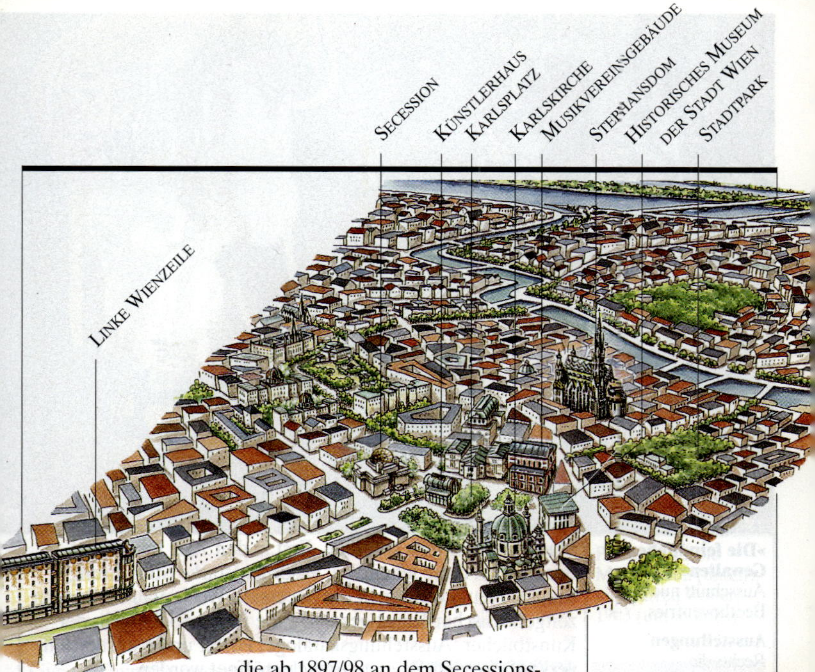

die ab 1897/98 an dem Secessions-Pavillon arbeitete. Dessen schmuckloser Stil und die geometrischen Formen waren zur damaligen Zeit ebenso skandalös wie der Spruch am Giebel: »Der Zeit ihre Kunst, der Kunst ihre Freiheit.« Die Anmerkung Kirk Varnedoes in seinem Buch *Wien 1900* gilt für die gesamte secessionistische Bewegung: »In seiner Reaktion auf die stereotypen Codes des Historizismus der Ringstraße mußte Olbrich etwas finden, das im Rahmen der westlichen Konventionen auf keinen Fall zu entziffern war, das symbolistische Geheimnis eines »rätselhaften Schlüssels zu den Gefühlsregistern«.

Marc Anton. Die bronzene Skulpturengruppe des römischen Feldherrn Marc Anton schuf Arthur Strasser (1854-1927) eigentlich für die Pariser Weltausstellung von 1900. Seit langem steht sie nun schon direkt neben der Secession.

Museum Moderner Kunst. Im Innern des Pavillons ist ein großer Teil des ursprünglichen Mobiliars und der Dekoration während des Zweiten Weltkriegs verschwunden, vor allem die Möbel im Secessionsstil von Josef Maria Olbrich und Josef Hoffmann sowie die Beethovenbüste von Max Klinger (sie ziert heute das Gewandhaus in Leipzig). Die Werke der Secessionisten erfuhren in der Nachkriegszeit nur geringe Wertschätzung. So ließen städtische Architekten bis in die 60er Jahre hinein die von Otto Wagner entworfenen Jugendstil-

1/2 Tag

Die Secessionisten
Links: Josef Maria Olbrich. Auf dem Foto (1902) unten (von links nach rechts): Anton Stark, Gustav Klimt, Kolo Moser, Adolph Boehm, Maximilian Lenz (liegend), Ernst Stoehr, Wilhelm List, Emil Orlik, Maxi Kurzweil, Leopold Stolba (mit Zigarette), Carl Moll (liegend) und Heinrich Vogeler.

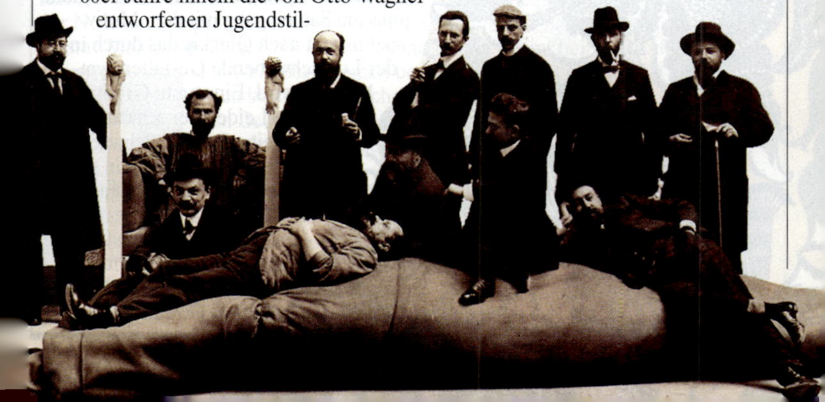

Adolf Loos (1870-1933)
Das *Café Museum* (▲ *223*) war eines der ersten Werke von Adolf Loos (● *86, 90,* ▲ *142, 174*; 1899). Es entstand ein Jahr nachdem sich der Architekt vom Secessionsstil abgewendet hatte.

Bildung der Secession). Loos war selbst Mitglied der Wiener Secession, löste sich 1898 jedoch von ihr, weil er in der Architektur einen funktionaleren und schmuckloseren Stil als seine Kollegen Josef Maria Olbrich und Otto Wagner bevorzugte. Loos war der Vorreiter der funktionalen Architektur, die im 20. Jh. ihren Höhepunkt erreichen sollte. Er baute fast ausschließlich sachlich-nüchterne Villen und Geschäftshäuser. Lange vor dem jüngsten Skandal um das postmoderne Haas-Haus auf dem Michaelerplatz (▲ *137*) entsprach sein *Café Museum* so exakt der strengen Doktrin von Schmucklosigkeit und Schlichtheit, daß es die Zeitgenossen von Loos »Café Nihilismus« nannten. Natürlich schwang darin auch etwas von der Ablehnung mit, der die Avantgarde dieser Zeit ausgesetzt war. Das Café (● *67*) war von Anfang an Treffpunkt für Schriftsteller sowie Künstler und Musiker der secessionistischen Bewegung. Heute wird das Café hauptsächlich von Studenten besucht und hat viel von seiner ursprünglichen Geradlinigkeit verloren: Das Mobiliar wurde

Die Märkte
Die Wienzeile ist vor allem durch den Naschmarkt, einen Lebensmittelmarkt, bekannt, der die ganze Woche über (außer Sonntag) auf der Überbauung des Wienflusses stattfindet. An den Ständen und Buden sowie in den umliegenden Lokalen werden neben einheimischen Erzeugnissen auch exotische Köstlichkeiten aus aller Herren Länder feilgeboten. Samstags gibt es in der Wienzeile, am südlichen Ende des Naschmarktes, auch einen Flohmarkt.

»WAGNER IST FÜR DIE WIENER KUNST DAS, WAS DER KAISER FÜR ÖSTERREICH-UNGARN IST: DER KITT FÜR BÜNDNISSE, DIE OHNE IHN ANSCHEINEND UNMÖGLICH WÄREN.«

KIRK VARNEDOE

ausgetauscht, und Plakate bedecken zum Teil die Wände, die früher den Charme eines klösterlichen Speisesaals ausstrahlten.

WIENZEILE

Die Wienzeile führt an der Secession vorbei und verläuft in südwestlicher Richtung von Mariahilf (6. Bezirk) bis zum Schloß Schönbrunn (▲ *274*). Sie zeichnet große Kurven, denn sie folgt den Schleifen des Wienflusses, der vom Nachmarkt zum Stadtpark (▲ *226*) teilweise unterirdisch verläuft. Sie könnte genausogut Secessions- oder Jugendstilstraße heißen, nicht nur wegen der nahegelegenen Secession, sondern auch wegen der zahlreichen Jugendstil-Gebäude an dieser Straße.

Gebäude von Otto Wagner. Zwei wunderschöne Wohnhäuser von Otto Wagner (● *86, 88*) sind in der Wienzeile 38 und 40 zu sehen. Spektakulär ist das Majolikahaus (Nr. 40), dessen Fassade vollständig mit Keramikfliesen bedeckt ist. Sie formen einen blühenden Baum, dessen Äste sich auf dem gesamten Haus verzweigen. Das Eckhaus Nr. 38 (● *87*) mit dem raffinierten Dekor ist mit dem Majolikahaus verbunden und wurde 1898 erbaut (zeitgleich zur Secession). Die Fassade zieren goldene Frauenmedaillons von Kolo Moser, goldene Palmen und Kletterpflanzen. Weitere sehenswerte Gebäude: U-Bahnstationen (▲ *240*) von Otto Wagner (Kettenbrückengasse, Pilgramgasse und Margaretengürtel) und mehrere Wohnhäuser im Secessionsstil.

»Café Sperl«. Nordwestlich der Wienzeile, in der Gumpendorferstraße 11, befindet sich das *Café Sperl* (● *66*; 1880), das sich noch immer als Treffpunkt der Wiener Intellektuellen betrachtet.

Jugendstil-Gebäude
Oben: Gebäude von Otto Wagner auf der Linken Wienzeile.

Kaffee am Morgen
»Es mochte etwa sieben Uhr morgens gewesen sein, als wir ins Café Magerl kamen. Die ersten Bäckerjungen trafen ein, schneeweiß und nach reschen Kaisersemmeln duftend, nach Mohnstrizzeln und nach Salzstangeln. Der frischgebrannte, erste Kaffee, jungfräulich und würzig, roch wie ein zweiter Morgen. Mein Vetter Joseph Branco saß neben mir, schwarz und südlich, heiter, wach und gesund, ich schämte mich meiner blassen Blondheit und meiner übermächtigen Müdigkeit.«
Joseph Roth,
Die Kapuzinergruft

Karlskirche

An der südöstlichen Seite des Karlsplatzes liegt die Karlskirche (● *74*). Sie ist das bedeutendste Barock-Bauwerk Wiens. Karl VI., der im Pestjahr 1713 gelobt hatte, dem Pestheiligen Karl Borromäus eine Kirche bauen zu lassen, gab sie bei Johann Bernhard Fischer von Erlach (● *74, 81,* ▲ *138, 169*) in Auftrag. Von 1716 bis 1723 leitete dieser die Bauarbeiten, nach seinem Tod führte sein Sohn Joseph Emanuel (● *74, 80,* ▲ *302*) das Werk weiter und vollendete es 1737. Gegenüber der Kirche steht eine Skulptur Henry Moores, die der Künstler der Stadt geschenkt hat.

Pest und Ketzerei. Mit Karl V. und seinem Sohn Philipp II. von Spanien begann der Kampf der Habsburger gegen die Protestanten. Die Karlskirche ist nicht nur eine Votivkirche, sondern sie glorifiziert auch die weltliche Macht der römisch-deutschen Kaiser und den katholischen Glauben, als dessen Verteidiger sie sich sahen. Die Vermischung römischer, byzantinischer und griechischer Stilelemente symbolisiert diese beiden Aspekte der kaiserlichen Macht. Doch die Architektur dieser Kirche ist umstritten: Die einen halten sie für zusammenhanglos, die anderen finden, daß die Anleihen aus der Antike gekonnt zusammengefügt wurden und von der formalen Virtuosität der Architekten zeugen.

Griechisch, römisch und chinesisch. Von außen besehen erinnert die Kirche an die großen italienischen Basiliken der Renaissance, vor allem an den Petersdom in Rom. Einen ganz eigenen Stil haben jedoch die zwei Säulen, die die Kuppel einrahmen und an Minarette erinnern. Sie sind nach Art der Säulen gestaltet, die in Rom zu Ehren der Kaiser Trajan und Marc Aurel errichtet wurden. Bei näherer Betrachtung der Kirche fällt die pagodenartige Gestaltung der beiden seitlichen Pavillondächer auf.

Doppeldeutige Symbole. Das Gebäude und seine Skulpturen schwelgen in Symbolhaftigkeit. Der katholische Glaube wird in den Engelskulpturen (am Kircheneingang), den Allegorien der göttlichen Tugenden Glaube, Hoffnung, Liebe (am Giebel und an den seitlichen Pavillons) und der großen Statue des heiligen Karl Borromäus (auf dem Giebel) glorifiziert. Auch Symbole der Habsburger Macht finden sich. Die beiden Säulen erinnern beispielsweise an die Herkulessäulen (die für den Helden der Antike in Südspanien errichtet worden waren), die Karl V. in sein Wappen aufgenommen hatte. Abgeschlossen werden die Säulen mit Adlern und Kaiserkronen. Die spiralförmigen Basreliefs, die sich bis zu den Säulenenden hinaufziehen, geben Szenen aus dem Leben des hl. Karl Borromäus wieder. Die Szenen sind den beiden Leitmotiven Beharrlichkeit und Tapferkeit – *constantia et fortitudio* – untergeordnet, Wahlspruch Karls VI., der die Kirche in Auftrag gab.

Karl Borromäus
Als Erzbischof von Mailand opferte sich der hl. Karl Borromäus (1538-1584) für die Bewohner der von der Pest heimgesuchten Stadt (1576) auf, ohne sich um die Ansteckungsgefahr zu kümmern. Aber er bemühte sich auch um die Durchführung der Reformen des Trienter Konzils, dem Hauptwerk der Gegenreformation, und verhinderte so die Ausbreitung des Protestantismus in Norditalien. Aus diesen beiden Gründen wählte ihn Karl VI. zum Patron der Karlskirche.

Wie in allen barocken Gebäuden ist der Schmuck sehr üppig und aus wertvollen Materialien gefertigt, unter anderem wurde polychromer Marmor verwendet.

Die Kuppel
Das Kuppelfresko von Michael Rottmayr (▲ *139, 292*) ist in Altrosa- und Blaßblautönen gehalten und harmoniert mit den Farben des Tambours.

Ovales Kirchenschiff. Im Innern stellt man fest, daß die Kuppel und auch das Kirchenschiff nicht rund, sondern oval sind. Der natürliche Lichteinfall aus den Fenstern des Kuppeltambours spielt mit dem künstlichen sanften Licht, das von unten heraufscheint. Auf dem Kuppelfresko ist die Glorie des heiligen Karl Borromäus dargestellt, der zusammen mit der Jungfrau Maria die heilige Dreifaltigkeit bittet, die Welt von der Pest zu erlösen. Mehrere Engels- und Allegoriengruppen, die in konzentrischen Linien angeordnet sind, bevölkern das Oval. In der Mitte der Kuppel öffnet sich die Laterne, auf deren Grund die Taube des heiligen Geistes gemalt ist. Links auf dem Fresko steckt ein Engel die Bibel Luthers mit einer Fackel in Brand. Johann Michael Rottmayr hat auch das Fresko oberhalb der Orgelempore geschaffen. Es stellt die hl. Cäcilie mit den musizierenden Engeln dar.

Die prächtige Orgel der Karlskirche.

Die Innenausstattung. Der Hochaltar ist imposant und theatralisch wie alle barocken Kunstwerke: Karl Borromäus entschwebt auf einer von Engeln umgebenen Wolke gen Himmel, entworfen hat ihn wahrscheinlich Johann Bernhard Fischer von Erlach. Die Kirche beherbergt zahlreiche Gemälde und Altarblätter von Daniel Gran (Jesus und der römische Hauptmann, Heilung eines Gelähmten, hl. Elisabeth von Ungarn), Martin Altomonte

Karlsplatz (Postkarte, Anfang dieses Jh.)

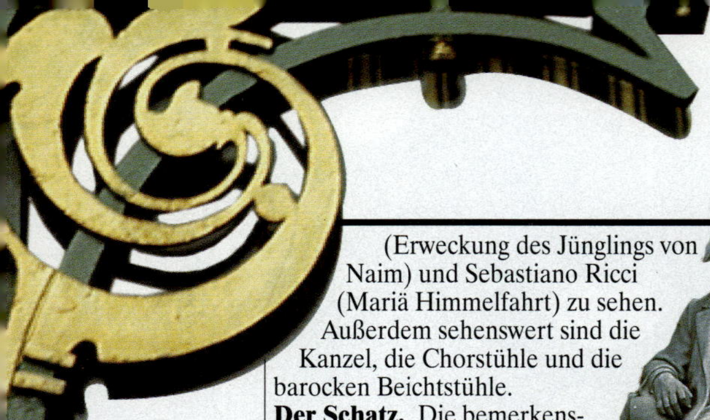

Brahms-Statue
Die Statue von Rudolf Weyr wurde im Resselpark aufgestellt, weil Brahms (● *51*, ▲ *262*), 1862 von Hamburg nach Wien gekommen, nicht weit von hier, in der Karlsgasse 4, gestorben ist (1897).

(Erweckung des Jünglings von Naim) und Sebastiano Ricci (Mariä Himmelfahrt) zu sehen. Außerdem sehenswert sind die Kanzel, die Chorstühle und die barocken Beichtstühle.

Der Schatz. Die bemerkenswertesten Stücke sind die liturgischen Gewänder des heiligen Karl Borromäus und ein Reliquienschrein aus Gold und Silber, der mit der Kaiserkrone und dem habsburgischen Doppeladler geschmückt ist.

KARLSPLATZ

Viele Architekten und Sädtebauer kritisieren den uneinheitlichen Charakter des Karlsplatzes, der immer einmal wieder ohne richtigen Plan umgestaltet wurde. Nun stellte aber die Lage der Karlskirche – in Verlängerung der Argentinierstraße – ein Problem dar; der Verlauf des Wienflusses (▲ *225*) war ein weiteres Problem. Schließlich konnte die Kirche nicht verrückt werden, und sie sollte den Platz außerdem optisch beherrschen. Daher mußte man zahlreiche Hindernisse aus dem Weg räumen, nicht zuletzt wurde sogar der Fluß umgeleitet.

Station Karlsplatz. Die letzten wichtigen Arbeiten am Karlsplatz waren der Bau der Untergrundbahn, bei dem zwei zauberhafte Pavillons (● *87*) von Otto Wagner (● *86, 88,* ▲ *228, 237*) entstanden. Die kürzlich renovierten, kleinen Gebäude aus Glas und Metall wurden Ende des vergangenen Jahrhunderts errichtet, als Otto Wagner den Auftrag bekam, alle U-Bahnstationen, Galerien und Brücken der Wiener Untergrundbahn zu entwerfen. An Stelle einer kalten und funktionalen Architektur schöpfte Wagner damals aus dem Reservoir der filigranen Jugendstil-Ornamente: Unzählige Schlingen und vergoldete Blütenmotive machen aus diesen Stationen entzückende Kleinode. Heute sind in den Pavillons am Karlsplatz ein kleines Wagner-Museum und ein winziges Café untergebracht.

Karlsplatz
1898, im Entstehungsjahr der Secession (● *87*, ▲ *232*), entwarf Otto Wagner ganz in der Nähe die U-Bahnstation am Karlsplatz im filigranen Stil der Secessions-Bewegung. Der Architekt hatte keine Hemmungen, sich auch moderner Techniken zu bedienen. So ließ er die Elemente für die floralen Schmuckmotive (die ein wenig ans Rokoko des 18. Jh. erinnern) nicht von Hand, sondern in Serie in der Fabrik herstellen. Dann wurden sie auf ebenfalls vorgefertigte Metallformen montiert.

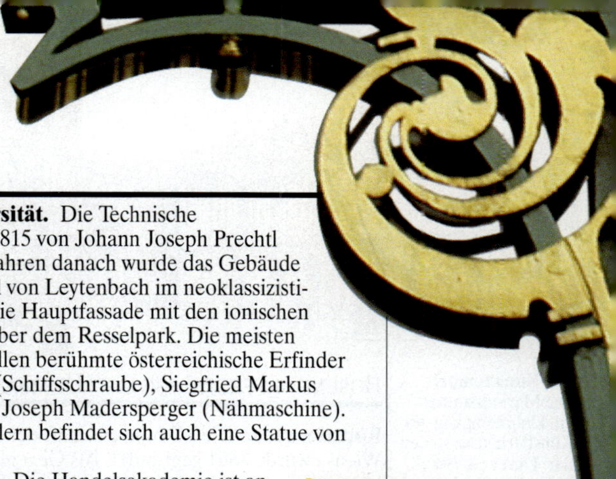

Technische Universität. Die Technische Universität wurde 1815 von Johann Joseph Prechtl gegründet, in den Jahren danach wurde das Gebäude von Joseph Schmerl von Leytenbach im neoklassizistischen Stil erbaut. Die Hauptfassade mit den ionischen Säulen liegt gegenüber dem Resselpark. Die meisten Statuen im Park stellen berühmte österreichische Erfinder dar: Joseph Ressel (Schiffsschraube), Siegfried Markus (Explosionsmotor), Joseph Madersperger (Nähmaschine). Unter den Denkmälern befindet sich auch eine Statue von Brahms.

Handelsakademie. Die Handelsakademie ist an ihrer neogotischen Fassade (1860-1862) zu erkennen. Schmuckelemente sind die Statuen großer Entdecker wie Christoph Columbus und Adam Smith, ein Werk Ferdinand Fellers d. Ä.

Historisches Museum der Stadt Wien. Nordöstlich der Karlskirche steht das 1888 gegründete Historische Museum der Stadt Wien. Es zog 1959 in dieses von dem Hoffmann-Schüler Oswald Haerdtl errichtete Gebäude um und dokumentiert anhand zahlreicher Ausstellungsstücke die Stadtgeschichte vom Neolithikum bis in unsere Tage. Im Erdgeschoß sind vor allem Zeugnisse aus Vindobona, dem römischen Wien, und Gegenstände aus der Zeit der Völkerwanderung zu sehen. Das Mittelalter ist unter anderem durch Skulpturenteile, Glasfenster aus dem Stephansdom (▲ *132*) sowie Waffen und Harnische der ersten römisch-deutschen Kaiser vertreten. Im ersten Stock, der Stücke aus der Neuzeit bis zu Maria Theresias Tod umfaßt, finden sich zahlreiche Zeugnisse der beiden Belagerungen durch die Türken (● *34*). Plastiken, Kupferstiche, Gemälde und Modelle veranschaulichen das Barock-Zeitalter in Wien, in dem zahlreiche wichtige Gebäude der Stadt entstanden. Die Biedermeierzeit (● *62*) wird durch zahlreiche Gemälde im zweiten Stock (Amerling ▲ *280*; Fendi, Schindler, Waldmüller ● *100* etc.) und die rekonstruierte Wohnung des Dramatikers Franz Grillparzer (● *61*, ▲ *147, 206*) vertreten. Der Secessionsstil (● *86, 88*) wird durch Pläne Otto Wagners, Möbel Kolo Mosers und Gemälde Gustav Klimts (▲ *227, 250*) repräsentiert. Der Kunst des 20. Jh. sind mehrere Säle gewidmet: expressionistische Werke Egon Schieles (▲ *252*) und Oskar Kokoschkas (▲ *254*) sowie Plastiken Fritz Wotrubas (▲ *288*) werden gezeigt.

Ein orangefarbener Kubus. In Erwartung des Umbaus der kaiserlichen Pferdeställe (▲ *188, 190*) hinter dem Kunsthistorischen Museum (▲ *208*) in eine Galerie für zeitgenössische Kunst, die die Sammlungen des Museums Moderner Kunst im Palais Liechtenstein (▲ *292*) aufnehmen soll, hat man fast genau gegenüber der Secession einen orangefarbenen Metallkubus aufgestellt. Obwohl er nur als Provisorium dienen soll, wird er wohl noch länger dort stehen ...

Otto Wagner und die U-Bahn

1894 wurde Otto Wagner zum Kaiserlichen Architekturbeauftragten ernannt. Im selben Jahr betraute ihn die Stadt mit der Planung aller Gebäude des öffentlichen Personenverkehrs. Denn zu dieser Zeit baute Wien eines der ersten Untergrundbahn-Netze der Welt (vor Paris, aber nach London). Das Secessions-Mitglied Otto Wagner (seit 1899) entwarf etwa 30 Stationen, von denen die meisten wie kleine Palais aussehen. Zu den schönsten zählen neben der Station am Karlsplatz die von Schönbrunn (Hofpavillon, ▲ *286*) und die am Stadtpark (▲ *226*).

Ein Kunsttempel
Die Marmorstatuen am Haupteingang des Künstlerhauses stellen dar: Dürer (▲ *196*), Michelangelo, Raffael (▲ *216*), Rubens (▲ *219*), Leonardo da Vinci, Velázquez (▲ *221*), Bramante und Tizian (▲ *216*).

Plakat von A. H. Schram (1902) für die jährliche Ausstellung im Künstlerhaus.

Goldener Saal
Im Gegensatz zu den meisten anderen bedeutenden Konzert- oder Veranstaltungssälen hat sich das Musikvereinsgebäude nicht am italienischen Modell orientiert, bei dem Orchestergraben, Logen und Balkone halbkreisförmig angeordnet sind. Der riesige Goldene Saal (● *54*) dagegen ist rechteckig. Er faßt 2000 Zuschauer. 1911 wurde in den karyatiden- und musengeschmückten Saal (rechts) eine hängende Kassettendecke eingezogen, die die Akustik noch verbessert hat.

BÖSENDORFERSTRASSE UND DUMBASTRASSE

Künstlerhaus. Die »Genossenschaft der bildenden Künstler Wiens« wurde 1861 gegründet. Als Gegenbewegung zu dieser konservativ ausgerichteten Vereinigung bildeten Klimt und seine Schüler 1897 die Secession (▲ *222, 232*). Das Künstlerhaus (▲ *224*) wurde von August Weber nach den Plänen einer Architektengruppe im Stil der italienischen Renaissance gebaut (1865-1868). Heute beherbergt es ein Theater und dient dem Historischen Museum als Ausstellungs- und Tagungsort.

Musikvereinsgebäude. Das Musikvereinsgebäude liegt direkt gegenüber vom Künstlerhaus an der Dumbastraße. Die »Gesellschaft der Musikfreunde« wurde 1812 gegründet; das Gebäude entstand zwischen 1867 und 1869 unter der Leitung von Theophil von Hansen (1813-1891). Wie später auch am Parlament (▲ *205*) hat Hansen leicht veränderte Stilelemente der griechischen Antike eingesetzt. Das Gebäude ist das Stammhaus der Wiener Philharmoniker (● *54*), die seit 150 Jahren von den berühmtesten Dirigenten der Welt geleitet werden. Die Gesellschaft der Musikfreunde veranstaltet Konzerte von internationalem Rang. Jedes Jahr wird im Goldenen Saal, einem der schönsten Konzertsäle Wiens, das Neujahrskonzert mit Melodien von Strauß gegeben und in der ganzen Welt ausgestrahlt. Der Konzertsaal mit der bemerkenswerten Akustik ist mit 16 vergoldeten Karyatiden geschmückt, die sich an zwei Wänden

gegenüberstehen; das Deckenfresko *Apollo und die neun Musen* schuf August Eisenmenger. Im Nachbargebäude am Kärntnerring (▲ *223*), dem früheren Palais des Herzogs von Württemberg, befindet sich heute das *Hotel Imperial* (▲ *224*).

VOM THERESIANUM ZUM ZENTRALFRIEDHOF

▲ Vom Theresianum zum Zentralfriedhof

1/2 Tag

Theresianum: Eine Sommerresidenz
Leopold I. (● *31, 35* ▲ *138, 275*), Joseph I. und Karl VI. (▲ *142, 302*) verbrachten den Sommer im Theresianum.

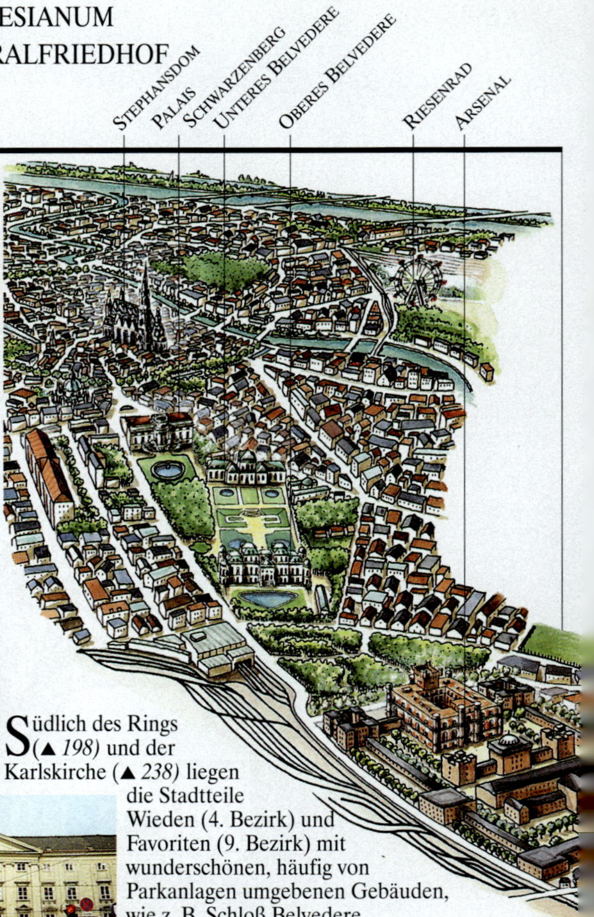

Südlich des Rings (▲ *198*) und der Karlskirche (▲ *238*) liegen die Stadtteile Wieden (4. Bezirk) und Favoriten (9. Bezirk) mit wunderschönen, häufig von Parkanlagen umgebenen Gebäuden, wie z. B. Schloß Belvedere.

Die Fassade des Theresianum, geschmückt mit dem Wappen von Franz II.

Theresianum

Von der Favorita zum Theresianum. Bis zum Ende des 17. Jh. war die Favorita die Sommerresidenz der Habsburger, bis sie 1683 (● *34*) von den Türken zerstört und als Residenz durch den neugebauten Palast in Schönbrunn (▲ *274*) ersetzt wurde. Auf den Ruinen der Favorita errichtete der Italiener Lodovico Burnacini von 1687 bis 1690 das Theresianum, ein langgestrecktes Gebäude in strenger Linienführung, das in der Favoritenstraße liegt. Es erhielt seinen Namen von Maria Theresia (● *36* ▲ *260, 291*) die hier eine Ausbildungsstätte für junge Adlige einrichtete, die eine Karriere im öffentlichen Dienst planten. Später (1966) wurde in dem Gebäude die österreichische

»DAS RUDOLFINERHAUS IST EIN PRIVATES HOSPITAL IN EINER STADT, IN DER DIE GESAMTE MEDIZIN SOZIALISIERT IST; SEINE [...] MAUERN ZEIGEN DAS GLEICHE GELB MARIA THERESIAS WIE [...] DIE BEIDEN PALAIS DES BELVEDERE.« J. IRVING

Diplomatenschule untergebracht. Im Park des Theresianums, an der Argentinierstraße, befinden sich heute Gebäude des Österreichischen Rundfunks.

SCHWARZENBERGPLATZ

Der Schwarzenbergplatz verdankt seinen Namen dem Fürsten Karl Philipp zu Schwarzenberg, der 1813 die alliierten Armeen gegen Frankreich in der Schlacht von Leipzig kommandierte, und dessen Standbild den Platz schmückt.

Befreiungsdenkmal. In der Mitte des Schwarzenbergplatzes, den die Sowjets in Stalinplatz umbenannt hatten, erhebt sich das Befreiungsdenkmal der Roten Armee, eine Nachbildung all der Monumente zur Erinnerung an gefallene sowjetische Soldaten in Budapest, Bukarest, Sofia, Warschau und Riga. Die Wiener gaben ihm den Beinamen: »Dem unbekannten Plünderer«. 1955, am Ende der Besatzungszeit, hatte Österreich sich verpflichtet, dieses Denkmal zu pflegen, das Versprechen wurde jedoch nicht eingehalten. Da die Russen schlechte Erinnerungen hinterließen, muß dieses Zeugnis des Ruhms der Roten Armee ständig von der Polizei überwacht werden. Leider verdeckt es teilweise das Palais Schwarzenberg.

Palais Schwarzenberg. Das Palais an dem großen gleichnamigen Platz hinter dem Reiterstandbild ist heutzutage ein Luxushotel (*Hotel im Palais Schwarzenberg*).

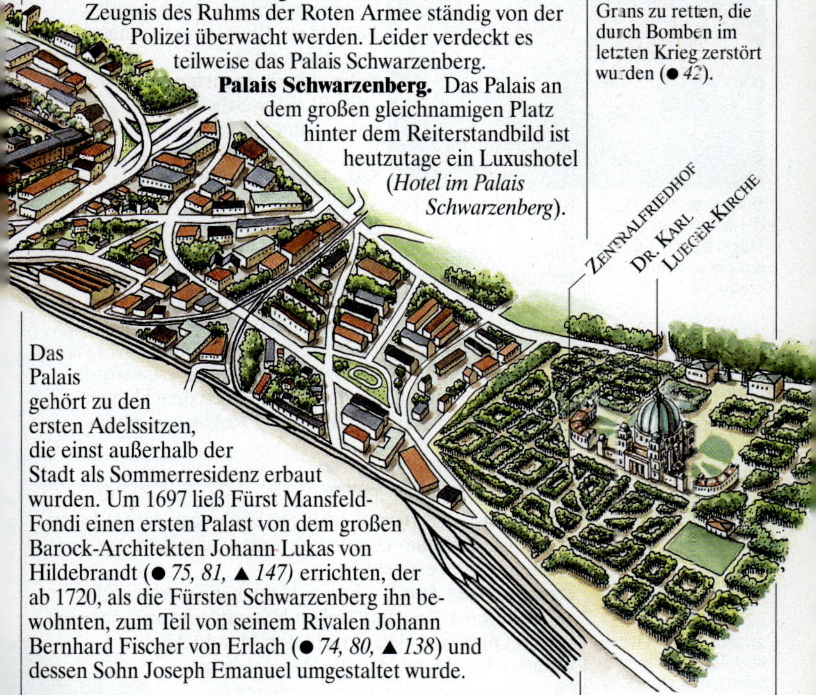

Das Palais gehört zu den ersten Adelssitzen, die einst außerhalb der Stadt als Sommerresidenz erbaut wurden. Um 1697 ließ Fürst Mansfeld-Fondi einen ersten Palast von dem großen Barock-Architekten Johann Lukas von Hildebrandt (● *75, 81,* ▲ *147*) errichten, der ab 1720, als die Fürsten Schwarzenberg ihn bewohnten, zum Teil von seinem Rivalen Johann Bernhard Fischer von Erlach (● *74, 80,* ▲ *138*) und dessen Sohn Joseph Emanuel umgestaltet wurde.

RENNWEG

Ein Neo-Renaissance-Palais von Otto Wagner. Die große Avenue Rennweg beginnt am Schwarzenbergplatz und führt am unteren Teil des Schlosses Belvedere vorbei. Gegenüber dem Palais Schwarzenberg steht dieses schöne Gebäude, das Otto Wagner (● *86, 88,* ▲ *228, 237, 240*) 1891 für sich selbst baute. In jenen Jahren gehörte der Architekt noch nicht der Secessions-Bewegung (▲ *232*) an und orientierte sich

Zerstörte Fresken
Zu beiden Seiten des Mittelteils des Palais, der aus einer mit Säulen ausgestatteten Freitreppe und einem Kuppelsaal besteht, stehen die beiden mit Pilastern geschmückten Flügel. Der prächtige Innenraum wurde kürzlich restauriert, aber leider gelang es nicht, die Fresken Daniel Grans zu retten, die durch Bomben im letzten Krieg zerstört wurden (● *42*).

Das *Hotel im Palais Schwarzenberg* gehört, wie bereits seit 1715 das Palais selbst, dem böhmischen Fürstengeschlecht Schwarzenberg. Die Innenausstattung ist entsprechend feudal.

Schloß Belvedere verdankt seinen Namen der herrlichen Sicht über Wien und den

Wienerwald (■ *18*), die sich von dem Hügel bietet, auf dem das obere Palais erbaut ist.

am Stil der italienischen Renaissance. Die oberen Etagen des Wagner-Palais, das heute Palais Hoyos heißt, da es von der gleichnamigen Familie gekauft wurde, unterscheiden sich wesentlich von den unteren: Die Fassade des Erdgeschosses und des ersten Stockwerks wirkt durch die sichtbaren Steine düster, während im oberen Teil des Gebäudes die Fenster mit Blumenverzierungen umrahmt sind.

Schwarzenberggarten. Der Garten schließt sich westlich an die Parkanlagen des Oberen und Unteren Belvedere an (Belvederegarten) ♥.

Salesianerinnenkirche. Die Kuppel der barocken Kirche von Donato Felice d'Allio (1717-1730, ▲ *302*) gehört zum Gotteshaus des Klosters der Salesianerinnen. An ihr erkennt man, daß man sich Schloß Belvedere nähert.

Gardekirche. Die Kirche liegt dem Eingang des Unteren Belvedere gegenüber, auf der anderen Seite des Rennwegs. Sie gehörte zunächst zum kaiserlichen Hospital, bevor sie zur Kirche der polnischen Leibgarde Maria Theresias wurde. Nikolaus Pacassi (▲ *192*) hat sie kurz nach dem kleinen Theater von Schönbrunn (▲ *277*) im Rokokostil erbaut.

Französische Gartenanlagen
Die Gärten, die terrassenförmig vom Unteren zum Oberen Belvedere ansteigen, wurden zu Beginn des 18. Jh. von dem Franzosen Dominique Girard entworfen.
Sie bestehen aus großen Rasenflächen, weitläufigen Blumenrabatten, mehreren Wasserbecken und unzähligen Statuen (besonders bemerkenswert: die seltsamen Sphingen in der Nähe des Oberen Belvedere).
Rechts: das rätselhafte Lächeln einer Sphinx-Figur im Belvedere-Garten.

UNTERES BELVEDERE ♥

Der Rennweg führt an ehemaligen Stallungen vorbei, bevor er den Eingang zum Unteren Belvedere, der Residenz des Prinzen Eugen, erreicht.

Herkules und Apoll. »Er war klein, häßlich, mit leicht aufgeworfener Nase und weiten Nasenflügeln und einer so kurzen Oberlippe, daß er nicht den Mund schließen konnte.« Der Mann, den die Herzogin von Orléans so beschreibt, ist kein anderer als Prinz Eugen, den sie in Versailles gesehen hatte. Ließ sich der Prinz an der Decke seines Palais als Apoll darstellen,um seine Häßlichkeit vergessen zu lassen? Verwendete er aus diesem Grund einen großen Teil seiner Zeit und seines Vermögens für die Schönheit, indem er eine geradezu unglaubliche Sammlung von Kunstschätzen zusammentrug?

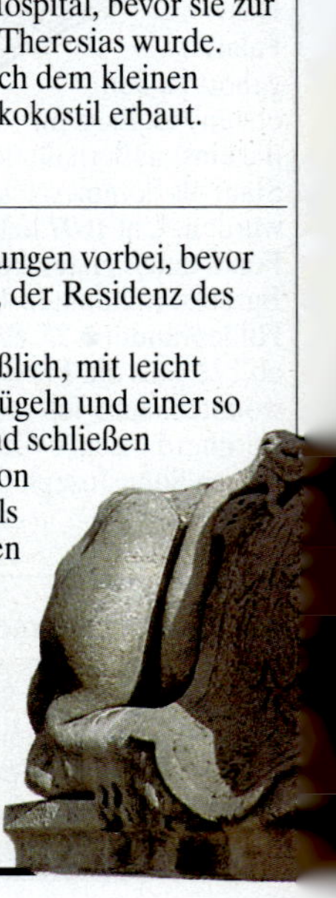

Beide Palais des Belvedere, die durchaus mit Schloß Schönbrunn, das zur selben Zeit entstand, konkurrieren konnten, waren von Prinz Eugen in Auftrag gegeben worden. Der Heerführer, der sich nach der endgültigen Vertreibung der Türken aus Ungarn (● *34*) auf der Höhe seines Ruhms befand, war auch ein kunstbesessener Mäzen. Als noch junger Marschall hatte er 1693 Land gekauft, um darauf seinen zukünftigen Sommerpalast bauen zu lassen. Zwanzig Jahre später, zu Beginn des 18. Jh., auf dem Gipfel seiner kriegerischen und diplomatischen Karriere, wählte er für die Verwirklichung seines Projekts Hildebrandt, einen der beiden großen Architekten der Epoche. Der Rivale Fischer von Erlachs hatte schon beim 1697/1698 begonnenen Bau des Winterpalastes des Prinzen Eugen (▲ *147*) mitgewirkt.

Das Untere Belvedere entstand in der Zeit von 1714 bis 1716. Es erstreckt sich am Rennweg zwischen dem Schwarzenberg-Palais und dem Kloster der Salesianerinnen. Das Obere Belvedere entstand in den Jahren 1721 bis 1723 auf einem Hügel, von dem aus es Park und Unteres Belvedere beherrscht.

Sieger über die Türken. Prinz Eugen von Savoyen (1663-1736) war französischer Herkunft und sollte eine geistliche Laufbahn einschlagen. Er bevorzugte jedoch eine weltliche Karriere und wollte in die Armee Ludwigs XIV. eintreten, der ihm diesen Wunsch aber aufgrund seines kleinen Wuchses abschlug. Also ging Prinz Eugen im Alter von 20 Jahren nach Österreich (1683), um Leopold I. zu dienen. Als er 1697 bei Zenta die Türken schlug, konnte das Reich dank seiner Verdienste Ungarn zurückgewinnen, und Prinz Eugen gelangte so in ganz Europa zu Ansehen.

»Maskenball in der russischen Botschaft«

❝Das Motto des Balls strafte die geschichtliche Wahrheit Lügen: Prinz Eugen hatte angeblich 1716 bei Peterwardein die Osmanen nicht endgültig vertrieben, weil der Großtürke, Herrscher über Wien, seine Untertanen empfing. Seine Hoheit befand sich persönlich oben an der riesigen Treppe des Palais Stolberg. Unter einem riesigen Halbmond aus Strass, durch die Schweife jungfräulicher Rassestuten hindurch vom elektrischen Licht erhellt, stand Seine Hoheit an der Seite der erwählten Lieblingsfrau zum Empfang bereit. Auf seinem Kopf, den ein Kürbis nach der Art Carpaccios zierte, zitterte ein Diamantenschmuck, der die Federn ungarischer Magnaten wie gewöhnliche Gamsbärte erscheinen ließ. Amphitryon grüßte von oben gerab seine Gäste, die berühmtesten Namen der Donau-Monarchie, das gesamte diplomatische Corps und die Fremden auf der Durchreise in Wien.❞

Paul Morand

Oben: Statuen in den Gärten des Belvedere.

Berühmte Bewohner des Belvedere
Nach dem Tod des Prinzen Eugen erwarb das Königshaus beide Paläste des Belvedere. Einige Jahre lang waren hier Kunstsammlungen untergebracht, die sich heute im Kunsthistorischen Museum befinden (▲ *208*). Anton Bruckner (● *52*) der 1868 zum Hoforganisten ernannt wurde, erhielt hier von 1895 an eine Dienstwohnung, in der er 1896 verstarb. Er komponierte an diesem Ort seine neun Sinfonien. Für damalige Begriffe war jedoch Erzherzog Franz Ferdinand der bedeutendste Bewohner des Belvedere, der dort von 1894 an bis zu seiner Ermordung in Sarajewo im Jahr 1914 residierte (● *33*, ▲ *145*).

Von 1697 an wurde er kommandierender General der Habsburger Armeen (unter Leopold I., dann unter dessen Söhnen Joseph I. und Karl VI., denen er jeweils auch als Berater diente) und errang gegen das osmanische Reich entscheidende Siege. Als Präsident des Kriegsrats der österreichischen Monarchie im Jahre 1703 kämpfte Prinz Eugen gegen Ludwig XIV. im spanischen Erbfolgekrieg und vertrieb 1716 /1717 die Türken endgültig aus Ungarn. Ihm verdankt Österreich eine lange Periode der Macht, des Friedens und Wohlstands.
Zu jener Zeit ließ sich der Prinz sein Winterpalais sowie das Untere und Obere Belvedere bauen. Wegen seines großen Einflusses auf die Regierungsgeschäfte nannte man ihn auch – sicher etwas übertrieben – ›Herrscher hinter den Kulissen‹.
Franz Ferdinand. Nach dem Selbstmord seines Cousins Rudolf (▲ *145*) in Mayerling (◆ *322*) wurde Erzherzog Franz Ferdinand (1863-1914) Thronerbe. Es entstand eine erbitterte Rivalität zwischen ihm und dem alternden Franz Joseph (● *41*, ▲ *142*, *178*). Franz Ferdinand mischte sich unaufhörlich in die Staatsgeschäfte, entweder auf Umwegen über die Presse oder durch Besuche europäischer Fürstenhöfe; er kritisierte ständig die Politik seines Onkels, die er als übervorsichtig beurteilte. Es geschah sogar, daß er an den Papst schrieb, um die Ernennung eines Bischofs zu verhindern, oder an amtierende Botschafter im Ausland telegraphierte, um die offiziellen Richtlinien zu durchkreuzen! Auf diese Weise führte er eine regelrechte Gegenregierung, mit der er seiner Ansicht nach eine viel energischere Politik betrieb.

Konferenzen und Verträge. Nachdem die Republik Österreich Schloß Belvedere erworben hatte, erlebte der Ort historische Stunden: Hitler führte hier während des Zweiten Weltkriegs Verhandlungen, und 1955 beendete der Vertrag von Belvedere den Besetzungsstatus Österreichs (● *33*). Den Vertrag unterzeichneten hier : der Franzose Antoine Pinay, der Amerikaner Foster Dulles, der Russe Molotow, der Engländer McMillan und der österreichische Außenminister Leopold Figl. Im selben Jahr ratifizierte man hier auch die Verfassung. Seit Beginn des Jh. befinden sich im Unteren Belvedere die Museen für mittelalterliche und barocke Kunst Österreichs, im Oberen Belvedere die Ausstellung österreichischer Kunst des 19. und 20. Jh.

Ehrenhof. Durch ein monumentales Tor, das an einen Triumphbogen erinnert, gelangt man in den Ehrenhof des Palastes. Das Tor zieren allegorische Figuren der Stärke und Weisheit sowie das Wappenkreuz des Prinzen Eugen. Vom Hof aus blickt man auf die Orangerie, die das Museum für mittelalterliche Kunst (▲ *256*) enthält, und auf die Barockfassade des Unteren Belvedere. Das Bauwerk, von Hildebrandt zu Beginn des 18. Jh. entworfen, vereint harmonisch Gebäude unterschiedlicher Länge unter einer vielfach gegliederten Dachsilhouette. Den Mittelbau schmücken Pilaster, Statuen und Attikabalustraden. Dieser Gebäudeteil verlängert sich in zwei Seitenflügeln, die durch je zwei kuppelbekrönte Pavillons abgeschlossen werden. Der Palast, der dem Prinzen Eugen als Sommerresidenz diente (er besaß noch ein Winterpalais in der Stadt, ▲ *147*) beeindruckt durch sein majestätisches Aussehen.

Barockmuseum. Das Museum (● *81*) befindet sich in sehr schönen Räumen. Besonders sehenswert: die Marmorgalerie, das Gold- oder Spiegelkabinett mit seinen vergoldeten Rokoko-Schnitzereien, der Groteskensaal, den eigentümliche Fresken von Jonas Drentwett schmücken. In dem Museum werden auch die bleiernen Originale der Skulpturen von Raphael Donner aufbewahrt, die den Brunnen am Neuen Markt zieren; außerdem zahlreiche barocke Bilder von Johann Michael Rottmayr und Anton Maulbertsch.

Fratzen
Die erstaunlichsten Objekte im Museum barocker Kunst sind die Köpfe mit den Fratzengesichtern von Franz Xaver Messerschmidt (1736-1783), eines nonkonformistischen Künstlers, der am Hof sehr geschätzt wurde. Die Rache des Künstlers, so sagt man, an all denen, die sich über seine Aufmachung und seine exzentrischen Manieren lustig machten, bestand darin, sie in Form jener »Charakterköpfe« zu gestalten. Aber häufiger noch stellte der Künstler sich selbst dar, wie er dem Betrachter Grimassen schneidet.

Das Jahr 1902 markiert einen Wendepunkt im Werk Gustav Klimts (1862-1918): Anläßlich der 14. Ausstellung der Secession (● *86*, ▲ *232*) schuf er den revolutionären *Beethovenfries* (▲ *234*). In seinen Landschaftsbildern (oben: *Garten mit Sonnenblumen*, 1905) ebenso wie in seinen Frauenbildnissen (rechts: *Adele Bloch-Bauer*, 1907) stilisiert Klimt das Körperliche zum Flächenhaften und läßt es in einem chromatischen Flimmern mit dem Hintergrund verschmelzen. Klimt spielt mit der Ambiguität der Formen bis an die Grenze der Abstraktion: Aus einem Wasserfall oder einer Spirale läßt er unvermittelt Körper und Blumen hervortreten,

oder wie hier, das Gesicht einer ›Grande Dame‹ aus der jüdischen Gesellschaft Wiens. Abstraktion und Symbolismus sind die Hauptmerkmale der Malerei Klimts. Die ornamentalen

Motive in *Adele Bloch-Bauer* deuten psychologische Konflikte an. Die Besichtigung der Mosaiken der Kirche San Vitale in Ravenna 1903 ermutigte Klimt zu jenem ornamentalen Primitivismus, welcher zu Beginn des 20. Jh. zum Markenzeichen des Wiener Kunstgewerbes wurde. Die abgebildeten Vignetten des Illustrators Carl Otto Czeschka (1878-1960) sind dafür ein anschauliches Beispiel. Sie sind als Einfluß in Fritz Langs *Die Nibelungen* ebenso spürbar wie bei der von Klimt getragenen Tunika (unten), die Emilie Flöge angefertigt hat.

»Indem Du malst, verwandelst Du Dich urplötzlich, ja fast märchenhaft, in den ›modernen Menschen‹, der Du vielleicht im realen Dasein [...] gar nicht bist!«

Peter Altenberg an Gustav Klimt

»Mit einem Blick ein Weltbild erfassen, ist Kunst. Wie viel doch in ein Auge hineingeht!«

Karl Kraus

Noch vor 30 Jahren in kaum einem Nachschlagewerk zu finden, gilt Egon Schiele (1890-1918) mittlerweile als Künstler von Rang. Er gehört zur Schar derer, die zu »Artistes maudits« hochstilisiert wurden und denen dieser Legende beigetragen. Schon früh kam er mit Sammlern in Kontakt, die es ihm ermöglichten, das zu verwirklichen, was heute zu Recht als eines der herausragenden Œuvres des 20. Jh. gilt. Wenn er wirklich mimosenhaft empfindlich war, so lag dies in einer extremen Sensibilität begründet. »Ich muß einfach ständig etwas Neues sehen und es erforschen«, schreibt er. »Ich will vom trüben Wasser kosten, will die Bäume bersten sehen und im Haß der

aufgrund der Probleme zu Lebzeiten nicht der Erfolg vergönnt war, der ihrem Werk posthum zuteil wurde. Der Prozeß wegen eines Sittlichkeitsvergehens, den eine jugendliche Ausreißerin ausgelöst hatte, die Verbrennung einer erotischen Zeichnung durch den Richter noch im Gerichtssaal sowie Schieles Gefängnisaufenthalt, das sind nur die schlagzeilenträchtigsten Episoden eines an traumatischen Erlebnissen reichen Lebens: Der Vater starb an Syphilis und Klimts schwangere Frau Edith durch eine Grippeepidemie, der wenig später auch der Künstler mit 28 Jahren erlag. Schiele, der sich selbst gern als heiligen Sebastian darstellte, welcher den Pfeilen der Kritik zum Opfer fällt, hat nicht unwesentlich zu

Menschen die ganze Fülle des Lebens einfangen.« Seine Landschaften (oben: *Vier Bäume*, 1917) sind weniger »Seelenzustände« als Darstellungen des menschlichen Schicksals schlechthin. Überdies exponiert und entblößt der Maler den menschlichen Körper, um in seinem geschundenen Fleisch, wo die Geschlechtsorgane bluten und die Knochen durchscheinen, dem Geheimnis des Leidens und des Eros auf die Spur zu kommen. In *Die Familie* (links) von 1918 erkennt man Schiele, der seine Familie mit der Geste eines verletzten Vogels beschützt – möglicherweise eine Darstellung Ediths und des Kindes, welches nie das Licht der Welt erblickt hat.

»DAS KUNSTWERK IST NIEMANDEM VERANTWORTLICH, DAS HAUS EINEM JEDEN. [...] DAS KUNSTWERK IST REVOLUTIONÄR, DAS HAUS KONSERVATIV.«

ADOLF LOOS

Oskar Kokoschka (1886-1980) und Richard Gerstl (1883-1908) waren beeindruckt von den Arbeiten Hodlers, Munchs und Van Goghs. Gerstl ersetzte daraufhin seinen Pointillismus durch ungestümere, rein subjektive Bildkompositionen. Seine kräftige Pinselführung und die Betonung des einzelnen Farbstrichs lösten den Bildgegenstand nun zunehmend auf.
Das Fehlen jeglicher politischen Botschaft und die Weigerung, sich auf eine Malschule festzulegen, sind typisch für diesen Einzelgänger unter den Künstlern. Er interessierte sich für Philosophie und verkehrte nur mit Komponisten der Wiener Schule (● 52): aus ihrer kompromißlosen Ästhetik zog er die Legitimation für seine verzweifelte Ausdruckskunst (oben: *Selbstporträt lachend*, 1907).
Kokoschka geriet durch Adolf Loos (▲ [illegible]*74*) in den Bann des Expressionismus. Das illustrative Werk seiner ersten Jahre in Berlin (Mitarbeit bei der Zeitschrift *Der Sturm*) und Wien wich zunehmend einer expressiv-farbigen Malerei, mitunter bis zur Auflösung der Form. In den zwischen 1908 und 1915 entstandenen Porträts steht ausschließlich das Subjekt im Blickpunkt (links: *Bildnis Carl Moll*, ● *1[illegible]4*, von 1914).

Eingangsportal zum Oberen Belvedere.

❝Garp erklärte ihr, daß das Obere Belvedere lediglich Bilder des 19. und 20. Jahrhunderts enthielt. Aber Jenny sagte, daß das 19. und 20. Jahrhundert ihr reichten. Garp meinte, sie könne doch wenigstens durch den Garten zum

Unteren Belvedere gehen und sich die Barocksammlung anschauen, aber Jenny schüttelte den Kopf; sie habe an der Steering School mehrere kunstgeschichtliche Kurse besucht – sie sei nicht gebildet genug, sagte sie.❞

John Irving, *Garp und wie er die Welt sah*

In diesem Museum sind die Originale der Skulpturen von Raphael Donner aufbewahrt, die den Brunnen am Neuen Markt (▲ *141*) schmücken. Außerdem finden sich hier zahlreiche Barock-Gemälde, darunter auch Entwürfe für Fresken, vor allem von Johann Michael Rottmayr (▲ *139, 160, 293*) und Franz Anton Maulbertsch (▲ *167*).

Museum mittelalterlicher österreichischer Kunst. Das Museum in der ehemaligen Orangerie beherbergt eine Sammlung von spätmittelalterlichen Altaraufsätzen.

Oberes Belvedere ♥

Wie das Untere so besteht auch das Obere Belvedere aus langgestreckten, harmonisch verbundenen Gebäudeteilen. Aber dieses Palais wirkt eleganter, barocker, und die Anklänge an maurische Architektur tragen viel zu seinem Charme bei. Man betritt es entweder durch das von zwei steinernen Löwen flankierte Südportal, dessen Gitter zu den Meisterwerken barocker Schmiedekunst zählen, oder über die Parkterrassen, die sich bis zum Unteren Belvedere erstrecken.

Ein Palast aus Tausendundeiner Nacht. Die Fassade des Oberen Belvedere, vom Landstraßer Gürtel aus zu bewundern, spiegelt sich mit ihren Statuen, dem Rokoko-Schmuck und ihren eleganten Kuppeldächern in einem riesigen Bassin. Als die Wiener im 18. Jh. ihre Vorliebe für den Orient entdeckten, erlagen sie dem fremdartigen Zauber des Oberen

Blick auf Wien vom Oberen Belvedere

Belvedere, das mehr an einen Palast aus Tausendundeiner Nacht als an die Residenz eines europäischen Fürsten erinnert. Diesen Eindruck verstärkte Prinz Eugen, indem er prachtvolle Maskenbälle und fantastische Feuerwerke inszenierte. Zur orientalischen Erscheinung tragen die Dachformen der Hauptgebäude bei, sie erinnern an die Zelte der Wesire während der Belagerung Wiens im Jahr 1683. Die Pavillons, die die Seitenflügel abschließen, sind von Kuppeln gekrönt, die denen der Moscheen in Istanbul gleichen. Zudem erweckt der reiche Fassadenschmuck den Eindruck von arabischer Goldschmiedekunst.

Eingangshalle. Die prächtige Innenausstattung korrespondiert mit der Außengestaltung. Die gewölbte Stuckdecke der Eingangshalle wird von vier Atlanten (● *82,* ▲ *157)* getragen.

Österreichische Galerie des 19. und 20. Jahrhunderts. Das Obere Belvedere beherbergt seit 1953 die reich ausgestattete Österreichische Galerie des 19. und 20. Jahrhunderts. Hier ist auch der große barocke Saal aus rosa Marmor zu bewundern, dessen Decke Carlo Carlone mit einem Fresko (*Apotheose des Prinzen Eugen*) ausgemalt hat. Im ersten Stockwerk ist die Galerie des 19. Jahrhunderts untergebracht. Hier finden sich unter anderem Werke von Hans Makart, Friedrich von Amerling (▲ *241, 280),* Ferdinand Georg Waldmüller (● *100)* und Rudolf von Alt (● *103). I*m zweiten Stock finden sich Gemälde des 20. Jahrhunderts. Die österreichische Galerie besitzt fast alle Bilder von Gustav Klimt (▲ *250)* und Egon Schiele (▲ *252),* eine große Zahl an Werken von Oskar Kokoschka (▲ *254)*, Gemälde von Carl Moll (● *104)* und Edvard Munch.

Marmorgalerie
Der Marmorsaal des Österreichischen Barockmuseums ist mit Stuck und einem herrlichen Deckenfresko von Martin Altomonte (1657-1745) ausgestattet, dem *Triumph des Prinzen Eugen*. Der in Neapel geborene Maler hieß eigentlich Martin Hohenberg. Er italienisierte seinen Namen, als er 1684 von Johann III. Sobieski (● *34)* als polnischer Hofmaler nach Warschau gerufen wurde. Von 1703 bis 1720 lebte und arbeitete er in Wien.

SCHWEIZERGARTEN

Museum des 20. Jahrhunderts. Die Kunst der Moderne findet sich in zwei Wiener Museen, im Palais Liechtenstein (▲ *292)* und im Museum des 20. Jahrhunderts, wo auch große Ausstellungen zur zeitgenössischen Kunst stattfinden.

Museum des 20. Jahrhunderts
Es befindet sich im abgebauten und in Wien wieder errichteten Österreich-Pavillon der Weltausstellung in Brüssel von 1958.

Heeresgeschichtliches Museum ♥
Nach der Revolution von 1848 beauftragte Kaiser Franz Joseph Theophil von Hansen, den Architekten der Börse und des Parlaments, und Ludwig Förster mit der Errichtung des Museums in romanisch-byzantinischem Stil.

Im Schweizergarten, hinter dem Pavillon, erstreckt sich ein Park, in dem Skulpturen zeitgenössischer Künstler aus der ganzen Welt ausgestellt sind.

HEERESGESCHICHTLICHES MUSEUM

Das Arsenal. Das im Stil des romantischen Historismus in den Jahren 1848 bis 1856 erbaute Arsenal umfaßte ursprünglich insgesamt 72 Gebäude, von denen eines das Heeresgeschichtliche Museum beherbergt. In diesem prunkvollen Bau brachte man alle militärgeschichtlichen Sammlungen unter, die die Habsburger seit dem 11. Jh. zusammengetragen hatten. 1869, kurz nach der Eröffnung des Museums, wurden die Waffen und Rüstungen in die Hofburg (▲ *175*) verlagert. Dennoch geben die zahlreichen Ausstellungsobjekte des Heeresmuseums einen guten Überblick über die Geschichte der kaiserlichen Armee bis zum Ersten Weltkrieg. Einen chronologisch geordneten Besuch des Museums beginnt man am besten in der ersten Etage, die man durch das imposante Vestibül erreicht, das von neugotischen Spitzbögen überwölbt ist. An jedem Pfeiler lehnen Statuen der wichtigsten Herrscher und Generäle der österreichischen Armee. Über eine Treppe gelangt man in das obere Stockwerk und in den Ehrensaal. Die Fresken in diesem und auch in den folgenden Sälen stammen von Karl von Blaas (1815-1894), den Franz Joseph wegen seines realistischen Stils schätzte. Sie stellen Schlachten dar, unter anderem die von Zenta (1697) gegen die Türken und Feldzüge gegen Napoleon I. (● *38*).

Die Ruhmeshalle (Fresken von Karl von Blaas), das Treppenhaus und Vestibül des Heeresgeschichtlichen Museums.

Der Dreißigjährige Krieg. Die ersten Säle der ersten Etage sind dem 17. Jh. gewidmet, einer Zeit also, in der sich die ›Kriegskunst‹ in ganz Europa spürbar entwickelte. Diese Epoche wurde zum einen entscheidend vom Dreißigjährigen Krieg geprägt (1618-1648), in dem die katholischen Habsburger den protestantischen Fürsten gegenüber standen, zum anderen vom Krieg gegen die Türken. Die Niederlande unter Wilhelm von Oranien und Gustav II. Adolf von Schweden hatten weniger Truppen als die habsburgischen Kaiser zur Verfügung, aber diese waren besser ausgebildet, beweglicher und verfügten zudem über

Die Ermordung Wallensteins
Die Reichsfürsten drängten im Lauf des Krieges darauf, Wallenstein abzusetzen. Wegen seiner Versuche, einen Friedensschluß zustande zu bringen, wurde er des Hochverrates bezichtigt und ermordet.

eine erhebliche Feuerkraft. Während Gustav II. Adolf eine Armee aus Bauern rekrutiert hatte, die alle bereit waren, sich für die Sache der Reformation zu opfern, griffen die Habsburger auf Dienste von Söldnerführern zurück. Der berühmteste unter ihnen war der Tscheche Albrecht von Waldstein (1583-1634), zu deutsch Wallenstein, der Ferdinand II. ein eigenes Söldnerheer zur Verfügung stellte. Ein weiterer bedeutender Söldnerführer war Oktavio Piccolomini (1600-1656) aus Siena, der gegen die Schweden unter anderem bei Lützen kämpfte (1632). Diese Schlacht , in der Gustav II. Adolf fiel, endete unentschieden. In den ersten Räumen des Museums erinnern zahlreiche Objekte, Waffen und Bilder an diesen verlustreichen Krieg, der 1648 mit dem Westfälischen Frieden beendet wurde.

Der Krieg gegen die Türken. Durch den Dreißigjährigen Krieg geschwächt, wurde das Reich zur leichten Beute für die Türken, die schon den Balkan besetzt hielten. Unter der Regierung Mehmeds IV. (1648-1687) wagte das osmanische Reich einen militärischen Vorstoß, der 1683 in der Belagerung Wiens (● *34)* gipfelte. Das Museum zeigt zahlreiche Trophäen, die man von den Türken erbeutet hatte, sowie eine Ansicht des belagerten Wien, das von Johann III.

Piccolomini spielte bei der Ermordung Wallensteins eine wichtige Rolle. Während des Dreißigjährigen Krieges kommandierte er die Kavallerie gegen Schweden und reformierte Deutsche bei Nördlingen (1634), schlug die Truppen Richelieus bei Thionville (1640) und bekämpfte die Schweden in Böhmen. 1654 machte ihn Ferdinand III. zum Reichsfürsten.

»Loudon über das Kunersdorfer Schlachtfeld reitend« (von Siegmund l'Allemand, 1878). Am 12. August 1759 hat der Feldmarschall Maria Theresias und Josephs II. bei Kunersdorf Friedrich II. eine schwere Niederlage zugefügt.

Montecuccoli
Nach dem Dreißigjährigen Krieg kämpfte Raimondo Montecuccoli (1609-1680) als Marschall im Jahr 1664 bei St. Gotthardt gegen die Türken. Vor allem aber kämpfte er ab 1672 gegen die Armeen Ludwigs XIV. Er verfaßte militärstrategische Werke und wurde 1679 zum Reichsfürsten erhoben.

Sobieski befreit wurde. In diesen Sälen, die vom 17. in das 18. Jh. geleiten, ist der Mörser zu sehen, der 1717 den Pulverturm im türkisch besetzten Belgrad in die Luft sprengte; und das Zelt des Großwesirs Dahmad Ali, in dem Prinz Eugen für Karl VI. seinen Siegesbericht abfaßte. Prinz Eugen kämpfte für Karl VI. im Spanischen Erbfolgekrieg. Dieser Krieg endete 1715 mit dem Sieg Ludwig XIV., er brachte seinem Enkel Philipp V. den spanischen Thron ein.
»Mater castrorum«. Die Regierungszeit Maria Theresias (● *36,* ▲ *158, 291*) war durch ihre Rivalität zu Friedrich II. von Preußen geprägt. Sie kämpfte kurz nach dem Tod ihres Vaters gegen ihn, um auf den Thron zu gelangen (Österreichischer Erbfolgekrieg), dann trotzte sie seiner Armee bei Kolin (1757) während des Siebenjährigen Krieges (1756-1763). Die kaiserliche Armee stand damals unter dem Kommando des Marschalls von Daun (1705-1763), der als einer der ersten den Maria-

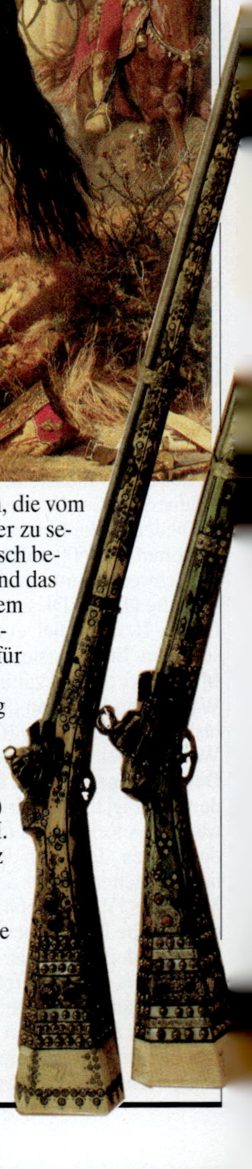

Türkische Musketen aus dem 18. Jahrhundert.

Theresien-Orden entgegennahm.

Das Museum informiert über weitere Befehlshaber, die Maria Theresia und Joseph II. während des Siebenjährigen Krieges dienten: Lacy (1725-1801) und Laudon (1717-1790).

Standbild von Erzherzog Karl. Die Reiterstatue von Erzherzog Karl, die in der Mitte des Saales steht, ist eine Kopie des Standbildes auf dem Heldenplatz (▲ *207*). Hier hängen auch Porträts des Prinzen, die ihn zusammen mit seiner Familie oder in der Schlacht bei Aspern zeigen. Erzherzog Karl von Habsburg, Herzog von Teschen (1771-1847) war ein Bruder von Franz II. Er nahm an zahlreichen Schlachten gegen das revolutionäre Frankreich teil. So 1792 bei Jemmapes gegen Dumouriez, bei Amberg und Würzburg gegen Jourdan und Moreau (1796-1797) und gegen die napoleonischen Truppen während des Konsulats und des Zweiten Koalitionskrieges (1799-1801). Im Gegensatz zu anderen österreichischen Ministern wollte Erzherzog Karl 1801 eine unmittelbare Auseinandersetzung mit Napoleon vermeiden. Nach der Schlacht von Austerlitz (1805) reorganisierte er die österreichische Armee und fügte Napoleon I. schwere Verluste zu. 1809 trat er zurück und verfaßte militärstrategische Werke.

Radetzky-Saal. Während der Revolution von 1848 (● *40*) unterdrückten der Kanzler Felix von Schwarzenberg und sein Schwager Windischgrätz die Aufstände in Wien und Prag, während Marschall von Radetzky (1766-1858) gegen separatistische Bewegungen in Italien kämpfte. In diesem Saal sind Erinnerungen des Marschalls und ein Bild von der Schlacht bei Novara (1849) ausgestellt. Weitere Gemälde erinnern an die Niederlage von Solferino (1859) gegen die Franzosen und Piemonteser und an die bei Sadowa (1866) gegen Preußen. Österreich verlor an Einfluß in Europa und erlebte, inzwischen zur Doppelmonarchie Österreich-Ungarn geworden, eine Epoche des Friedens. Sie wurde nur im Jahr 1878 durch die Besetzung Bosnien-Herzegowinas unterbrochen und 1914, als ein serbischer Nationalist den Thronfolger Franz Ferdinand und seine Gemahlin in Sarajewo ermordete.

Marine-Säle. Hier ist das Modell der Fregatte *Novara* ausgestellt, die von 1857 bis 1959 die Welt umsegelte; es wird über Erzherzog Maximilian informiert, der die Kriegsmarine umgestaltete, bevor er Kaiser von Mexiko (▲ *145*) wurde, sowie über die Expedition zum Nordpol in den Jahren 1872 bis 1874 (Entdeckung des Franz Joseph-Landes).

Standarte des Dragoner-Regiments ›Prinz Eugen von Savoyen‹ und eine Münze zum Gedenken an Joseph II. (oben); Fahne eines kaiserlichen Infanterie-Regiments (unten).

Österreich führte ab 1792 Krieg gegen Frankreich (Marie-Antoinette war die Schwester Josephs II.). Während des Direktoriums (1795-1799) schlug Napoleon in Italien die österreichischen Truppen. Österreich ging mit den europäischen Monarchien Koalitionen ein, die Napoleon in den Schlachten bei Austerlitz (1805) und Wagram (1809) besiegte. Aber bald wendete sich das Blatt und Napoleon wurde in das erste Exil nach Elba geschickt.

Schlacht bei Novara, 23. März 1849.

Brahms-Büste

SANKT MARXER FRIEDHOF

Mozarts letzte Ruhestätte. Südöstlich des Heeresgeschichtlichen Museums liegt dieser Friedhof im Biedermeierstil (● *62)*, wo Wolfgang Amadeus Mozart (● *48)* am 6. Dezember 1791 beigesetzt wurde. Schnee und Regen hinderten seine Familie und Freunde daran, das Stadttor zu passieren. So fuhr der Leichenwagen unbegleitet zum Friedhof. Die Totengräber warfen den Leichnam Mozarts in ein Massengrab. Als die Witwe des Musikers später dort eintraf, war niemand in der Lage, den Körper wiederzufinden.

Gräber von Johann Strauß (Vater und Sohn), Franz Schubert und Beethoven (oben); nachträglich aufgestellter Grabstein für Mozart.

Berühmte Abwesende
Gluck, Beethoven, Brahms, Schubert, Vater und Sohn Strauß, Lanner, Wolf und Schönberg (● *48-53, 56)* ruhen auf dem Zentralfriedhof. Haydn liegt in Eisenstadt begraben, dem Sitz der Esterházys. Für Mozart gibt es nur ein Kenotaph. Mahler liegt auf dem Friedhof von Grinzing, während Bruckner in der Krypta von St. Florian begraben ist. Berg liegt auf dem Hietzinger Friedhof, ganz in der Nähe von Klimt.

ZENTRALFRIEDHOF ♥

Am Ende des Rennwegs, an der Verlängerung der Simmeringer Hauptstraße erstreckt sich über eine Fläche von 240 ha der größte Friedhof Österreichs, der Zentralfriedhof. Er wurde 1874 eröffnet. Inzwischen sind dort ungefähr drei Millionen Tote bestattet, darunter zahlreiche berühmte Persönlichkeiten aus Politik und Kunst. Das Hauptportal wurde 1905 von dem Architekten Max Hegele entworfen,von dem auch die Pläne für die Lueger-Gedächtniskirche (● *87)* stammen. Zwischen Portal und Kirche führt die Hauptallee zur Krypta der Präsidenten der Republik und zu den Ehrengräbern. Zu den bekanntesten zählen die der Musiker, aber auch Maler und Bildhauer ruhen hier, z. B. Alt (● *102)*, Amerling (▲ *241, 257, 280)* und Makart. In der Israelitischen Abteilung sind Kraus (● *115)* und Schnitzler (● *114)* bestattet.

Schloß Neugebäude. Der Zentralfriedhof setzt sich auf der anderen Seite der Simmeringer Hauptstraße fort. Dort liegt das Krematorium, ein expressionistischer Bau (1921-23) von Clemens Holzmeister, sowie die Überreste von Schloß Neugebäude. Dieses Schloß wurde im 16. Jh. im Auftrag von Maximilian II. (1527-1576, ● *30)* als Sommerresidenz erbaut. Als es zu einem Pulvermagazin umgewandelt wurde, verwendete man einenTeil seiner Säulen und Schmuckelemente, um sie in die Römische Ruine in Schönbrunn und die Kolonnaden der Gloriette zu integrieren (▲ *282, 284)*. Die riesige Anlage soll wieder hergestellt werden.

Vom Prater zur Donau

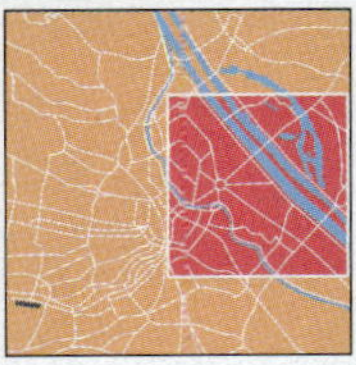

1/2 Tag

Ein Volksdichter
Johann Nestroy (1801-1862) war als Schauspieler und später als Theaterdirektor in Wien tätig. Seine ungebrochene Popularität verdankt er seinen Volkskomödien (● *60*), mit denen er bei einem breiten Publikum Erfolg hatte. In unzähligen Possen, Singspielen und Komödien zeichnete er eine bissige Satire auf die Wiener Gesellschaft zur Zeit des Biedermeier (● *62*). Zu den bekanntesten zählen *Lumpazivagabundus* (1833), *Zu ebener Erde und im ersten Stock* (1835), *Die beiden Nachtwandler* (1836) und *Das Mädl aus der Vorstadt* (1841).

Johann Strauß
Der »Walzerkönig« Johann Strauß (Sohn, ● *56*) komponierte ca. 200 Walzer. 1833 schrieb ein Kritiker: »Man kann mit Recht von Strauß Sohn sagen, daß er der Inbegriff des Walzers ist. [...] Gute Nacht, Lanner! Guten Abend, Strauß Vater! Guten Tag, Strauß Sohn!«.

DIE PRATERSTRASSE

Die Praterstraße verbindet die Donaustraße mit dem Verkehrsknotenpunkt Praterstern. Am Franz-Josefs-Kai (▲ *200*), am Ufer des Donaukanals, liegt der Vergnügungsdampfer *Johann Strauß*, auf dem fast allabendlich Wiener Walzer (● *56*) getanzt wird, vor Anker.

»An der schönen blauen Donau«. Ein paar bemerkenswerte Häuser säumen die durch die Leopoldstadt führende Praterstraße. Die Nr. 28 ist das Haus *Zum grünen Jäger*, in dem Strauß-Rivale Joseph Lanner (● *56*) Wien im Walzertakt tanzen ließ. In der Nähe des Nestroyplatzes befand sich einst das Carl-Theater, das der Dramatiker Johann Nestroy (1801-1862) von 1854 bis 1860 leitete. Hier steht auch die Johann-Nepomuk-Kirche im romanisch-byzantinischen Stil aus dem Jahr 1846. Die Johann-Strauß-Wohnung in der Nr. 54 ist als Museum der Öffentlichkeit zugänglich. Hier entstand 1867 Strauß' berühmteste Walzerkomposition *An der schönen blauen Donau*. Im Haus Nr. 70 befindet sich der Dogenhof, die Nachbildung eines venezianischen Palazzo der Hochgotik mit Anleihen beim byzantinischen Stil. Er entstand im 19. Jh., wahrscheinlich gleichzeitig mit der im Prater errichteten Miniaturstadt »Venedig in Wien«, deren Kanäle man mit Gondeln befahren konnte. Heute drehen sich dort Riesenrad (▲ *266*) und Karussells des Vergnügungsparks.

Praterstern. Die Praterstraße sowie die sieben durch die Leopoldstadt führenden Alleen treffen auf den nicht sehr gemütlichen Praterstern. Nördlich des Kreisverkehrs liegt das imposante Gelände des Bahnhofs Wien-Nord. Im Osten überragt das Riesenrad die Baumwipfel der Parkanlagen des Praters. In der Mitte des Platzes erhebt sich das Denkmal zu Ehren von Admiral Tegetthoff. Dieser hatte 1864 in dem Seegefecht vor Helgoland gegen die Dänen gekämpft und war als Sieger aus der Seeschlacht bei Lissa (1866) gegen die italienische Flotte hervorgegangen. 1867 wurde er beauftragt, die sterblichen Überreste von Maximilian (▲ *145*) aus Mexiko in die Heimat zu überführen.

Die *Johann Strauss.*

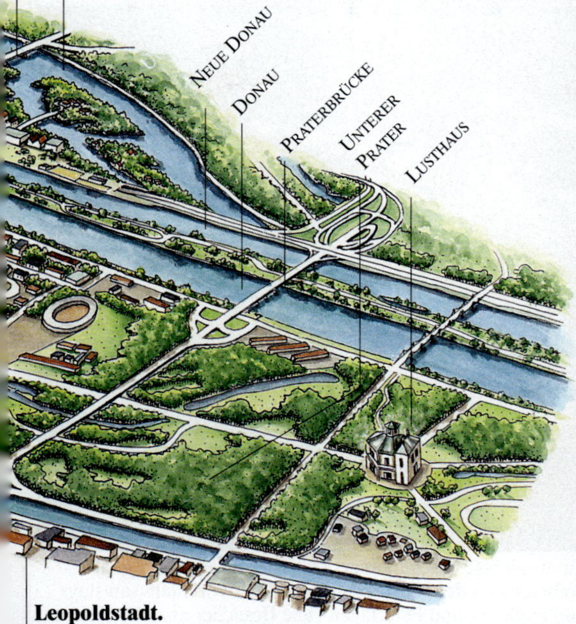

Leopoldstadt.
Das beliebte Viertel im II. Bezirk nördlich der Inneren Stadt erstreckt sich zwischen Donaukanal und Donau (■ *20*). Vor dem Zweiten Weltkrieg hatten sich dort zahlreiche jüdische Kaufmanns- und Handwerkerfamilien niedergelassen. Nach dem Anschluß an das Dritte Reich (● *42*) wurden die Juden aus der Leopoldstadt deportiert und ihre Synagogen zerstört (▲ *156, 169*).
Geburtshaus Schönbergs. An der Oberen Donaustraße, die dem Verlauf des Donaukanals folgt, erblickte der Vater der Zwölftonmusik das Licht der Welt.

PRATER

Seit Joseph II. (● *37*, ▲ *291, 292*) den Prater 1766 der Allgemeinheit zugänglich machte, ist er zum beliebtesten Erholungsgebiet der Wiener avanciert. Sein Name geht auf das spanische *prado*, »Wiese«, zurück. (Viele Habsburger sprachen spanisch.) Weite Grünflächen (mehr als 1300 ha) eignen sich hervorragend zum Joggen und

Der Kongreß tanzt
Seine Glanzzeit erlebte der Prater während des Wiener Kongresses (● *38*). Europas Könige und Kaiser samt Gefolge kamen in Wien zusammen. Tag und Nacht begab man sich auf Empfänge und Bälle und bestaunte Feuerwerkskonstellationen. Im Prater, wo man auf den elegantesten Spazierwegen Europas wandelte, machte ein neuer Tanz Furore: der Walzer (● *56*).

Arnold Schönberg (1874-1951, ● *53*)
Der Einfluß Brahms (● *51*), Mahlers (● *52*, ▲ *232*) und Wagners (▲ *224*) zeigt sich v. a. in dem Streichsextett *Verklärte Nacht* von 1899. Seine die Tonalität überschreitenden Kompositionen münden in die Entwicklung der Zwölftonmusik. 1911 erschien seine Harmonielehre. Mit dem Sprechgesang-Melodram *Pierrot Lunaire* (1912) erregte er weltweit Aufsehen. 1933 emigrierte er in die USA.

Praterstraße
Joseph II. verteidigte seinen Plan, den Prater für die Öffentlichkeit freizugeben: »Wenn ich mich nur unter meinesgleichen bewegen wollte, gäbe es für mich in Wien keinen anderen Aufenthaltsort als die Kaisergruft!«

Akrobatik
1898 vollführte Marie Kindl auf dem Riesenrad ein artistisches Kunststück, indem sie sich mit den Zähnen an ein an einer Gondel befestigtes Seil hing. 1914 stieg die Französin Solange d'Atalide samt Pferd auf das Dach einer Gondel. Zwischen den beiden Weltkriegen vollführten die Gebrüder Maningo Akrobatenstücke für die Pathé-Wochenschau. Umweltschützer entrollten 1986 auf der Spitze ein Spruchband gegen die Nutzung der Atomenergie.

»Venedig in Wien«
Zur Regulierung des Donaulaufes wurden schmale Kanäle angelegt, auf denen man in Gondeln eine Spazierfahrt machen konnte. Man nannte deshalb diesen Teil des Praters auch »Venedig in Wien«.

Das Riesenrad in Zahlen
Das Riesenrad wird von massiven Eisenpfeilern gestützt. Der höchste Punkt über der Erde beträgt 64,75 m. Das Rad hat einen Durchmesser von 61 m. Es setzt sich aus 120 Speichen aus Metallseilen zusammen. Das Gesamtgewicht von 430,05 t dreht sich mit einer Geschwindigkeit von 0,75 m pro Sekunde. Anläßlich des 90. Geburtstags des Riesenrades im Jahr 1987 wurde die Gondel Nr. 30 als Luxuskabine ausgestattet.

für ausgiebige Spaziergänge. Das Riesenrad überragt als Wahrzeichen den Vergnügungspark, der vor allem samstags und an Sonn- und Feiertagen viele Besucher anzieht. Neben den unzähligen Gärten ergänzen mehrere Sportstätten das Freizeitangebot. Im 16. Jh. wurde das ehemalige Auengebiet zwischen Donaukanal und Donau unter Maximilian II. (1527-1576) zum kaiserlichen Jagdrevier erklärt.

Der Jahrmarkt. Gleich in den ersten Tagen nach der Öffnung des Praters für die Allgemeinheit erhielten Eis- und Kaffeeverkäufer sowie Betreiber von »Ringelspielen« (Karussells) die Erlaubnis, sich dort niederzulassen. Am Ende des Jahres 1766 gab es nicht weniger als hundert Jahrmarktsbuden, meistens Zelte, in denen Wein, Bier, Kaffee oder Backwaren verkauft wurden.
Im darauffolgenden Jahrhundert lockte der große Andrang an Spaziergängern immer mehr Schausteller in den sogenannten Volks- oder Wurstelprater.
Wurstel (auch Kasperl genannt) ist die Figur des tragikomischen Pechvogels, Sinnbild des Praters schlechthin. Dieser Wiener Don Quichotte wird von einem Krokodil verfolgt, am Ende aber ist er es, der über alle triumphiert. Nicht nur das einfache Volk strömte wegen der Schießbuden, Ringelspiele und Ausflugslokale in diesen Erlebnispark. Auch die sogenannte Elite liebte es, sich in den Tanzcafés zu vergnügen, in denen Strauß und Lanner ihren »Walzerkrieg« austrugen (● *56*).

Der britische Regisseur Carol Reed drehte 1949 im Riesenrad eine Szene aus *Der Dritte Mann*: die Begegnung zwischen Holly Martins (Joseph Cotton) und seinem früheren Freund Harry Lime (Orson Welles). 1986 diente es nochmals als Filmkulisse in einigen Szenen des 15. James-Bond-Films mit Timothy Dalton in der Hauptrolle.

Riesenrad. Als um die Jahrhundertwende die Kanäle von ›Klein-Venedig‹ zugeschüttet wurden, von dem heute nur noch der Dogenhof an der Praterstraße erhalten ist, wurde im Vergnügungspark des Prater die aufsehenerregendste Attraktion errichtet: das Riesenrad. Der britische Marineoffizier und Konstrukteur Walter Basset hatte es nach dem Vorbild der Riesenräder in Paris, Blackpool, London und Chicago konzipiert. Seine offizielle Einweihung fand 1897 rechtzeitig zur Weltausstellung in Brüssel statt. Einige Wochen später begannen die Festivitäten zum 50jährigen Thronjubiläum Franz Josephs I. Das Riesenrad entging zu Beginn des 20. Jhs. nur knapp seiner Zerstörung, als die Erben des Eigentümers es Schrotthändlern zum Verkauf anboten. Nach Ausbruch des Ersten Weltkriegs wurde es vom militärischen Oberkommando als Beobachtungsposten beschlagnahmt. Weniger Glück war dem Riesenrad während des Zweiten Weltkriegs beschieden: Unter dem Bombenhagel von 1944 (● 42) wurde der Volksprater in Schutt und Asche gelegt. Nach seiner Wiederherstellung und Modernisierung konnte das Riesenrad im Mai 1947 erneut in Betrieb genommen werden.

Orson Welles in »Der Dritte Mann«
Der Film (● *42*, ▲ *192)* wurde bei den Filmfestspielen in Cannes 1949 mit dem Großen Preis ausgezeichnet. Der enorme Erfolg des Films hat erheblich dazu beigetragen, daß das Riesenrad im Prater zu einem der berühmtesten Wahrzeichen Wiens wurde.

Lusthaus
Am Ende der Hauptallee befindet sich das Lusthaus, das in ein Café-Restaurant umfunktioniert wurde. 1784 erbaute Isidor Canevale den einstigen Pavillon, der von der kaiserlichen Jagdgesellschaft als Treffpunkt genutzt wurde. Anläßlich des ersten Jahrestages der Schlacht von Leipzig gegen Napoleon I. im Jahr 1813 gaben der Kaiser von Österreich und seine Alliierten ein großes Bankett im Innern des Pavillons. Die 18000 Soldaten hielten derweil im Park ein Picknick.

Planetarium und Pratermuseum. Neben dem Riesenrad entstand 1927 das Planetarium, eine Stiftung des Optikherstellers Zeiss. Hier ist das Pratermuseum untergebracht, das einen Überblick über die Geschichte des Vergnügungsparks bietet. Gleich nebenan befindet sich ein seltsames, kugelförmiges Gebäude: die *Kugelmugel*. Edwin Lipburger, ein echtes Original, hat sich darin häuslich niedergelassen und die »kleinste Republik der Welt« gegründet. Nicht weit vom Riesenrad kann man in die *Liliputbahn* einsteigen, die vom Vergnügungspark zum Stadion führt.
Mannesmann-Turm. Zwischen der Hauptallee im Prater und der Ausstellungsstraße ist außer dem Vergnügungspark auch das Messegelände angesiedelt. Dort erhebt sich eindrucksvoll der 150 m hohe Mannesmann-Turm. Die internationalen Frühjahrs- und Herbstmessen finden alljährlich im Messepalast und auf dem Messegelände statt.

Sportanlagen. Im Südosten des Messegeländes wurden verschiedene Sportstätten angelegt: Der Trabrennplatz, das Stadion, das Stadionschwimmbad, Tennisplätze, ein Golfplatz und die Freudenauer Galopprennbahn.

Hauptallee
Die mehrere Kilometer lange Hauptallee verläuft parallel zur Donau. Vom Praterstern aus durchquert sie als älteste Fußgängerzone Wiens (seit 1963) den Prater und führt über den Unteren Prater bis in die Freudenau. Sie war einst die von der Aristrokratie bevorzugte Route für Ausritte und Kutschfahrten.

TABORSTRASSE

Wie die Praterstraße beginnt auch die Taborstraße am Schwedenplatz, sie zweigt jedoch dann ab und verläuft quer durch die Leopoldstadt.
Barmherzige-Brüder-Kirche. Am Anfang der Taborstraße liegen rechts das Krankenhaus und das Kloster der Barmherzigen Brüder sowie die Barmherzige-Brüder-Kirche aus dem 17. Jh. Bevor Joseph Haydn (● *49)* Hofkapellmeister des Fürsten Esterházy (● *49*, ▲ *162)* wurde, war er von 1755 bis 1758 vorübergehend Organist in dieser Kirche.
Karmeliterplatz. Die Taborstraße führt an der Karmelitergasse vorbei, wo man die Josephskirche besichtigen

kann. Die einstige Kirche der Karmeliter aus dem 17. Jh. besitzt eine wunderschöne Barockfassade. Ehemals befand sich auf diesem Platz das Hirschenhaus, in dem die Familie Strauß (● *56*) lebte.

AUGARTEN

Nördlich der Inneren Stadt, wo die Leopoldstadt (II. Bezirk, ▲ *265*) und die Brigittenau (XX. Bezirk, ▲ *296*) aneinander grenzen, erstreckt sich auf einer Fläche von 52 ha der Augarten (Eingang Obere Augartenstr. 1). Er war ehemals kaiserliches Jagdgebiet und wurde 1712 von dem französischen Gartenbauer Jean Trehet umgestaltet, der zur selben Zeit im Park des neuen Schlosses von Schönbrunn (▲ *284*) beschäftigt war. Ebenso wie neun Jahre zuvor der Prater wurde der Augarten 1775 durch Joseph II. der Öffentlichkeit zugänglich gemacht.
Mozart und Beethoven. In diesem Park befand sich einst die Alte Favorita, ein Palais von Leopold I. (1640-1705), das bei der Türkenbelagerung 1683 (● *34*) den Flammen zum Opfer fiel. Aus den Trümmern errichtete man eine Orangerie, in der Musiker wie Mozart (● *48*, ▲ *147, 281)* und Beethoven (● *51*, ▲ *298)* für den kaiserlichen Hof unter Joseph II. (● *36*, ▲ *291)* und Franz I. (● *38*, ▲ *182*) Konzerte gaben.
Porzellanmanufaktur Augarten ♥. Die einstige Orangerie beherbergt heute die Porzellanmanufaktur Augarten (● *269)*, deren Signet weltberühmt ist. Die Manufaktur wurde 1717 von dem Niederländer Du Paquier gegründet. Bevor sie in den Augarten verlegt wurde, hatte sie ihre Fertigungs- und Verkaufsräume in der Porzellangasse. Das Unternehmen erfreute sich im Barock großer Beliebtheit, als man dort neben Geschirr auch Vasen und Nippsachen herstellte. Diese paßten ausgezeichnet zum Rokoko-Dekor der Wiener Palais (● *80, 82)*. Trotz der Konkurrenz durch die Porzellane von Sèvres und Meißen erlebte der Betrieb 1744 einen erneuten Aufschwung, als Maria Theresia (● *36*, ▲ *244, 280)* ihn zur »Staatlichen Porzellanmanufaktur« erklärte. Fortan absolvierten zahlreiche Dekorateure dort eine Ausbildung. Dank des wandlungsfähigen Stils gelang es, das Design des Augarten-Porzellans ständig dem Zeitgeschmack anzupassen. Das Dekor »Alt-Wien« wurde weltberühmt durch seine handgemalten Blumen- und Figurendekors. In der Folgezeit entlehnte Augarten seine Sujets der französischen Schäferdichtung, der Mythologie und

Kleiner Sänger im Augartenpalais.

Die Porzellanmanufaktur
Im 13. Jh. brachte Marco Polo aus China die ersten Porzellanstücke mit. Die Amsterdamer Großhändler importierten noch lange Zeit Porzellan aus dem fernöstlichen Land, um es in ganz Europa zu verkaufen. Es dauerte bis Ende des 17. Jh., ehe man in Europa hinter das Geheimnis der Herstellung von Hartporzellan kam. Zu Beginn des 18. Jh. eröffneten zahlreiche Manufakturen überall auf dem Kontinent, u. a. jene im sächsischen Meißen 1710 und die im Augarten 1717. Gegen Ende des 18. Jh. war das Unternehmen berühmt für seine mythologischen Figurengruppen. Seit 1749 tragen die Stücke als blau eingebranntes Signum den Bindenschild der Babenberger, dem 1922 eine Krone und der Schriftzug ›Wien‹ hinzugefügt wurden. Es wird auch fälschlicherweise als »Bienenkorb« bezeichnet.

Kleine Sänger im Augarten (● *54*)
Diese Einrichtung erteilt 150 Kindern Musik- und Schulunterricht. Die aktiven Sänger sind im Internat des großen Palais untergebracht, diejenigen, die im Stimmbruch sind und nicht mehr dem Chor angehören, wohnen im Pavillon Josephs II., dem »Mutantenstöckl«.

Flakturm
Die Betonmasse dieses Bauwerks zur Flugabwehr stört die Idylle im Augartenpark. Im Zweiten Weltkrieg wurden sechs solcher Türme in Wien errichtet. Bis heute ist es nicht gelungen, sie abzureißen. Die Stadt versuchte zunächst, sie zu verbergen. Nun ist man bestrebt, sie zu Aussichtstürmen, Ausstellungsräumen oder, wie im jüngsten Projekt, zu Restaurants mit Panoramablick umzugestalten.

Schutzwall und Schlagbrücke
Um dem Hochwasser der Donau Einhalt zu gebieten, haben die Wiener seit dem Ende des 18. Jh. enorme Anstrengungen zur Flußregulierung unternommen. Der Arm, der an der Stadtmauer entlangfloß, wurde zum Donaukanal. Er ist heute auf seinen 17 km Länge schiffbar. Die eigentliche Donau begradigte man gegen Ende des 19. Jh. Auf ca. 20 km Länge wurden die Uferböschungen mit Schotter versehen und betoniert. In einem ähnlichen Riesenprojekt, der zweiten Donauregulierung von 1972 bis 1975, wurde auch der Parallelarm, die Neue Donau, begradigt (■ *20, 22*).

dem Rokoko. Gegen Ende des 18. Jh., als die Ausgrabungen von Herculaneum und Pompeji ganz Europa in ihren Bann zogen, wurde das Geschirr mit raffaelischen »Grotesken« und antikisierenden Figuren verziert. Man produzierte zahlreiche Figurinen, die überall in Europa zu begehrten Sammelobjekten wurden. Der Einzug Napoleons I. in Schönbrunn (● *38*) verhalf dem Empirestil zum Durchbruch. Zur Zeit des Biedermeier (● *62*), nach dem Wiener Kongreß 1815, engagierte man den renommierten Bildnisminiaturisten Daffinger, der das »Idyllendekor« erfolgreich auf den Markt brachte. Die Wohnungen der damaligen Zeit waren voll mit zahllosen dekorativen Porzellanstücken, Wandtellern, Tabaksdosen, Pfeifen, Figurinen, Tassen, Teekannen etc., die man in der Vitrine ausstellte. Beim Zusammenbruch des Habsburger-Reiches 1918 (● *33*) geriet die Manufaktur vorübergehend in Schwierigkeiten, aber sie erholte sich bald und entwarf auch weiterhin Dekore, die dem Zeitgeist entsprachen.

Das Augartenpalais. Das barocke Palais wurde Ende des 17. Jh. im Stil Johann Bernhard Fischer von Erlachs (● *74, 81,* ▲ *138, 169*) gebaut. 1780 erwarb Joseph II. das Gebäude vernachlässigte es jedoch in der Folgezeit etwas. Er bevorzugte das in unmittelbarer Nähe gelegene Josephsstöckl, einen kleinen Pavillon, den er 1781 von dem italienischen Architekten Isidor Canevale (▲ *268*) errichten ließ. In diesem Palais war Kaiser Karl I. (● *33,* ▲ *144, 180*) als Kind zu Besuch, 1782 zählte Papst Pius VI. zu den

berühmten Gästen. Heute ist im Augartenpalais das Internat der Wiener Sängerknaben (● *54*) untergebracht.

Brigittakapelle. Der achteckige Renaissancebau, den Alberto Lucchesi von 1645 bis 1651 in der Adalbert-Stifter-Straße nördlich des Augartens errichtete, ist heute zwischen Mietshäusern regelrecht eingezwängt. Die Kapelle wurde vermutlich der heiligen Brigitta gestiftet, die während des Dreißigjährigen Krieges (▲ *259*) die drohende Gefahr durch die schwedischen Truppen von der Stadt abgewendet hatte.

Mexikoplatz. Im Viertel um den Mexikoplatz, zwischen Nordbahnhof und Donau, fanden politische Flüchtlinge aus Osteuropa vorübergehend Zuflucht, bevor sie in andere Länder emigrierten.

Jubiläumskirche
Im Jahr 1898 beschlossen die Wiener, das 50jährige Thronjubiläum von Franz Joseph I. (● *41*, ▲ *142, 144, 178*) gebührend zu feiern. Überall in der Stadt wurden große Feste veranstaltet, während man gleichzeitig mit dem Bau der Franz von Assisi-Kirche, auch Jubiläumskirche genannt, am Mexikoplatz begann. Das neoromanische Bauwerk wurde jedoch erst 1913 fertiggestellt, als der Kaiser nur noch drei Jahre zu leben hatte.

Donau

Entgegen der weitverbreiteten Ansicht fließt die Donau (■ *20, 22*) nicht durch Wien hindurch. Sie hat hier ein riesiges Binnendelta gebildet, dessen Arme von größeren und kleineren Inseln durchzogen sind.

Reichsbrücke. Das eindrucksvolle Bauwerk führt vom

Mexikoplatz aus über die Donau. Der Strom wird von Schiffen aller Art befahren: Von Schleppern, Schuten, Lastkähnen und Ausflugsdampfern, die entweder auf dem Weg nach Budapest sind oder den riesigen Binnenhafen Wiens weiter stromabwärts anlaufen. Zu diesem gehören neben dem Getreidehafen von Albern der Handelshafen in der Freudenau und der Ölhafen in der Lobau.

Donauinsel. Im weiteren Verlauf überspannt die Brücke die große Donauinsel, die sich zwischen Donau und Neuer Donau über eine Länge von 21 km erstreckt und deshalb auch »Spaghettiinsel« genannt wird. Dieser schmale Landstreifen mit 42 km Strand wird von vielen

1/2 Tag

Die Fassade von Schloß Schönbrunn Zwei mit Adlern gekrönte Obelisken flankieren das Eingangstor des Ehrenhofes. Es handelt sich dabei nicht um das Wappentier der Habsburger, den doppelköpfigen Adler, sondern um den napoleonischen Adler, den der französische Kaiser während der Besetzung Wiens 1805-1809 (● *38*) aufstellen ließ. Sein Schwiegervater Franz I. (▲ *182*) behielt diese Adler selbst nach dem Zusammenbruch des französischen Reiches im Jahr 1815.

Ein reines Wasser Das Wasser der »schönen Quelle« war sehr rein. Kaiser Franz Joseph (● *41*, ▲ *177*) pflegte es allen mit ihm speisenden Gästen anzubieten.

SCHLOSS SCHÖNBRUNN ♥

Südwestlich von Wien, ganz am Ende der Wienzeile (▲ *237*), liegt, umgeben von einem großen Park, Schloß Schönbrunn, die ehemalige Sommerresidenz der Habsburger. Ursprünglich stand auf diesem Gelände die klosterneuburgische Kattermühle, die aber 1529 von den Türken (● *34*) zerstört wurde. Maximilian II. kaufte 1559 das Areal, um ein Naturschutzgebiet zu schaffen. Nach ihrem Wiederauf- und Umbau diente die Katterburg den Habsburgern als Jagdschlößchen und Landgut. Nachdem Rudolph II. den Gebäudekomplex vergrößert hatte, wurde das Schloß im Jahre 1605 während des Einfalles der Ungarn unter ihrem Führer Stephan Bocskay abermals zerstört.

Der schöne Brunnen. Kaiser Matthias, der seinem Bruder Rudolph II. 1612 auf dem Thron folgte, hielt sich nach dem Wiederaufbau häufiger in diesem Schloß auf. Während einer Jagdpartie entdeckte er im Wald einen schönen Brunnen, dem die Anlage ihren Namen verdankt: Schönbrunn. Aber die Vorliebe der kaiserlichen Familie für Schönbrunn begann eigentlich erst mit Eleonore von Gonzaga, der Frau Ferdinands II. (1619-1637). Die italienische Prinzessin ließ das Schloß vergrößern und den Garten anlegen, um dann in dieser Sommerresidenz glanzvolle Feste zu geben.

Prächtiger als Versailles? Nach dem Sieg von 1683, der die Türken endgültig aus Europa vertrieb, begann für das Habsburger Reich eine Periode des Friedens und Wohlstandes. Leopold I. und die dem kaiserlichen Hof verbundenen Fürsten nutzten die Zeit, um sich in Wien prachtvolle Stadtpaläste bauen zu lassen. Da Schönbrunn während der Belagerung von 1683 zerstört worden war, beschloß Leopold I., das

Schloß durch einen Palast zu ersetzen, der die wieder gestärkte Macht des Hauses Habsburg repräsentieren sollte. Er beauftragte Johann Bernhard Fischer von Erlach (● *74, 81*, ▲ *138, 169*) mit dem Entwurf eines Planes. Trotz seiner Ausbildung in Italien orientierte sich der österreichische Architekt an dem seit 1661 im Bau befindlichen Pariser Vorbild Versailles. Der Entwurf, den er im Jahr 1690 Leopold vorlegte, übertraf in seinen Ausmaßen den von Versailles: Der Neubau

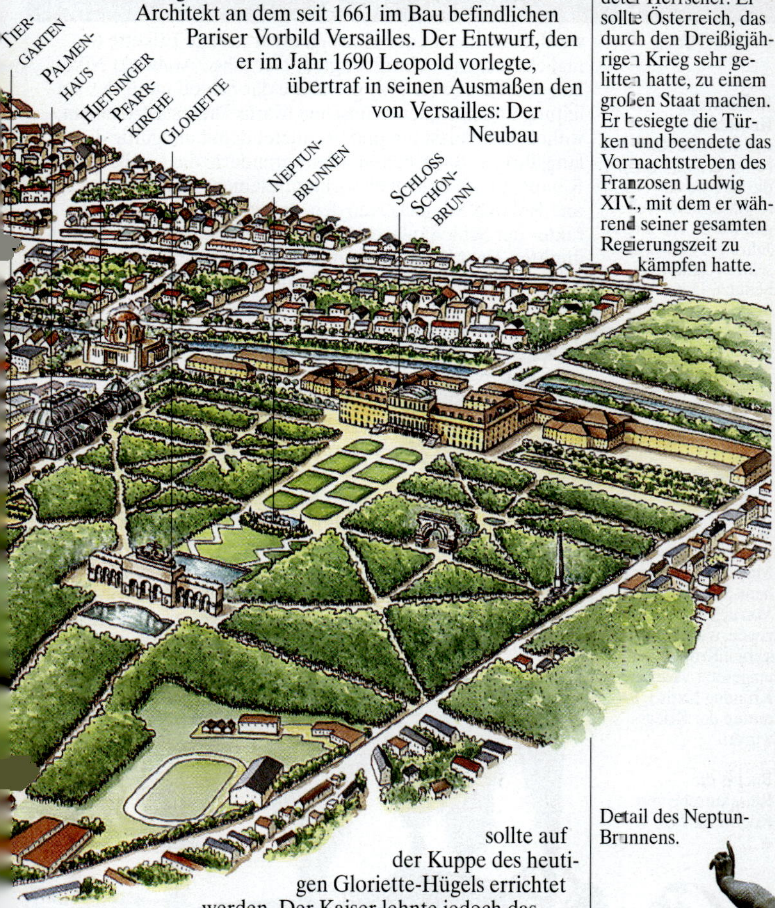

sollte auf der Kuppe des heutigen Gloriette-Hügels errichtet werden. Der Kaiser lehnte jedoch das Projekt in dieser Form als zu aufwendig ab, obwohl sich die Habsburger-Dynastie von jeher nicht gerade durch einen schlichten Geschmack und Sinn für Sparsamkeit ausgezeichnet hatte. Im Jahr 1693 wurde ein zweiter, bescheidenerer und weniger kostspieliger Entwurf vorgelegt: Der neue Gebäudekomplex sollte ›nur‹ 1441 Zimmer umfassen!

Ein angenehmer Aufenthaltsort. Die Bauarbeiten in Schönbrunn, die 1696 am Fuße des Hügels begonnen hatten, dauerten weit über den Tod Leopolds I. (1705) und Fischer von Erlachs (1723) hinaus bis in die Regierungszeit von Joseph I. (1705 -1711), Karl VI. und seiner Tochter Maria Theresia (● *36* ▲ *158, 291*). Wenn auch weniger prunkvoll als die kaiserliche Hofburg (▲ *175*), sollte Schloß Schönbrunn doch immer mehr zur bevorzugten Residenz der Habsburger

Leopold I. (● *31*; 1657-1705), der Großvater von Maria Theresia, war ein frommer und gebildeter Herrscher. Er sollte Österreich, das durch den Dreißigjährigen Krieg sehr gelitten hatte, zu einem großen Staat machen. Er besiegte die Türken und beendete das Vormachtstreben des Franzosen Ludwig XIV., mit dem er während seiner gesamten Regierungszeit zu kämpfen hatte.

Detail des Neptun-Brunnens.

Der Schloßhof.

Kaiserliche Kutschen
Die Kutsche Karls VI. (● *36*, ▲ *302*: oben), die als eine der schönsten der Welt gilt, wurde von ihm im Jahre 1714 anläßlich seiner Krönung benutzt. Diese Staatskarosse im Rokoko-Stil ist als Krone geformt; ihre Türen schmücken Malereien aus der Rubens-Schule (▲ *219*). Von acht Pferden gezogen, wurde sie zu sieben Krönungen eingesetzt. Auch zur Krönung Karls I. inmitten der Kriegswirren.

Rechts die Reisekutsche von Rudolf (▲ *145*, ◆ *322*).

werden, da hier weder Hofstaat noch strenge Etikette das tägliche Leben beeinträchtigten. Der junge Architekt Nikolaus von Pacassi (▲ *192*) gestaltete das Schloß unter der Anleitung und nach den Wünschen Maria Theresias zu einem wohnlichen Palast um und beendetet damit endgültig die langjährigen Bauarbeiten. Man veränderte die Größe der Räume, bis sie behaglich wirkten; Elemente im spätbarocken und Rokoko-Stil lockerten den streng-monumentalen Charakter der Schloßanlage auf. Im 19. Jh. lag Schönbrunn noch inmitten einer ländlichen Umgebung. Heute gehört es zu Hietzing, dem 13. Bezirk der Stadt Wien (▲ *286*).

EHRENHOF

Der Zutritt zum Schloß Schönbrunn erfolgt über den weitläufigen Ehrenhof (24000 m²), in den man durch das Gittertor des Haupteingangs gelangt. Zwei Obelisken mit den napoleonischen Kaiseradlern flankieren das Haupttor. Zwei große, von Maria Theresia in Auftrag gegebene Brunnen (1776) schmücken den Ehrenhof. Der rechte, von Franz Anton Zauner geschaffene, stellt symbolisch die zum Reich gehörenden großen Flüsse dar; der linke (Johann Baptist Hagenauer) die Königreiche. Der Hof war von je her Schauplatz der Geschichte: Hier marschierte die Armee von Napoleon auf; während des Wiener Kongresses (● *38*) schritten russische, britische und österreichische Herrscher über die Wege; die Armeen Hitlers hielten 1938 ihren Einmarsch; 1945 war Schönbrunn sowjetisches Hauptquartier, 1945-

1949 das der Briten; im Jahr 1961 wurden die Präsidenten Kennedy und Chruschtschov empfangen.
Das »Maria Theresia-Gelb«. Das Ocker-Gelb der Mauern von Schönbrunn wurde später für alle Verwaltungsgebäude verwendet. Ursprünglich sollen die Mauern rosa, die Pilaster grau gewesen sein. Jedenfalls hat man kürzlich alle Gebäude erneut gestrichen, jedoch in einem weniger bräunlich abgetönten Gelb.
Die Fassade. Von dem weitläufigen Ehrenhof aus sieht man die mächtigen Schloßgebäude mit ihrer ocker-gelben Farbe und der Pilaster-geschmückten Fassade. Auf dem Balkon stand einstmals Maria Theresia, um den Grafen Kinsky, der ihr die Nachricht vom Sieg Österreichs über die Preußen überbrachte (● *37*), zu begrüßen.
Die Nebengebäude. Zahlreiche weitere Nebengebäude reihen sich um den Platz. Besonders das Kutschenmuseum in der ehemaligen Winterreitschule, auch »Wagenburg« genannt, ist zu erwähnen. Die Ausstellung zeigt historische Wagen, Schlitten und Sänften mit Zubehör aus dem Kaiserhaus, unter anderem Reisewagen von Napoleon I., eine Kinderkutsche des Herzogs von Reichstadt und die Kutsche der Kaiserin Elisabeth (● *120*, ▲ *143, 144, 178*), mit der sie 1898 unerkannt nach Genf reiste. Ein roter Trauerwagen war für die Beerdigungen der Erzherzöge vorgesehen, der schwarze blieb den Kaisern vorbehalten. Im Auftrag Maria Theresias baute Pacassi 1747 im barocken Stil das kleine Schloßtheater. Hier traten auch Mozart und Haydn auf (● *49*). Heutzutage wird das Theater für Aufführungen der Wiener Kammeroper genutzt.

Skulpturen im Park (▲ *284*).

Das Hauptgebäude

Im Schloß Schönbrunn können 42 Zimmer in der ersten Etage besichtigt werden. Der Zugang führt über den Ehrenhof. In allen Zimmern stehen, wie auch in denen der Hofburg (▲ *175*), hohe Fayence-Kachelöfen.
Das Bergl-Zimmer ist von dem Böhmen Johann Wenzel Bergl (▲ *180*) aufwendig mit illusionistischen Fresken ausgestattet worden. Daneben liegt die um 1700 erbaute Schloßkapelle, deren Decke das schöne Fresko *Apotheose Maria Magdalenas* von Daniel Gran ziert (▲ *146, 304*).
Die Große Galerie führt auf die Ehrentreppe und den Balkon, der sich zum Hof hin öffnet. Diese 43 m lange Galerie mit ihren weißen und vergoldeten Stuckelementen sowie den prachtvollen Kristallüstern dient immer noch als Rahmen für offizielle Bankette: z. B. 1955 nach der Unterzeichnung des Vertrages, der die Besetzung Wiens durch die Alliierten beendete. Hier befindet sich das Deckenfresko Gregorio Guglielmis (▲ *279*), das die *Kronländer und ihre Einkünfte und Reichtümer* allegorisiert. Nach einem Bombentreffer 1945 wurde die Galerie wieder vollständig rekonstruiert.

Das kleine Theater Joseph II. und seine Schwester Marie-Antoinette (zukünftige Königin Frankreichs) tanzen das Ballett *Triumph der Liebe* (1764) von Gluck (● *48*). Die Habsburger liebten Künste aller Art: Tanz, Musik, Theater, Malerei etc. In dem kleinen Theater dirigierte Mozart den *Schauspieldirektor*; dort wurde auch sein *Don Juan* aufgeführt.

Detail eines Deckenfreskos im Bergl-Zimmer (▲ *277*) von Johann Wenzel Bergl (1718-1789).

Karussellzimmer und Lanternzimmer. Links von der Großen Galerie liegt das Karussellzimmer, das seinen Namen einem Gemälde von M. van Meytens (● *98*) verdankt, das die Spanische Hofreitschule darstellt (▲ *190*). Dort hängt auch ein großes Porträt von Karl VI. (● *36*, ▲ *142*, *302*). Auf der anderen Seite gelangt man ins Laternenzimmer, in dem sich die Diener der Gäste während der Hoffeste aufhielten.

Kleine Galerie. In der Verlängerung der Großen Galerie befindet sich die Kleine Galerie, deren Fenster den Blick auf den Park freigeben. Ganz in Weiß und Gold gehalten, ist sie ebenfalls mit einem Fresko Guglielmis ausgestattet (*Allegorie auf das milde Regiment der Kaiserin Maria Theresia*, 1759). Die von Pacassi gestaltete Kleine Galerie war für Kinderfeste und kleinere Bankette sowie für den Zeitvertreib als Musizierzimmer gedacht. Zu beiden Seiten der Kleinen Galerie liegen das runde und das ovale chinesische Kabinett. Das chinesische Rundkabinett, das Kaiserin Maria Theresia als Raum für geheime Beratungen diente, ist durch eine versteckte Treppe mit der oberen Etage verbunden, in der ihr Berater Kanzler von Kaunitz residierte.

Die Rosa-Zimmer. Die ehemaligen Gemächer des Kaisers Joseph I. verdanken ihren Namen dem Kammermaler Joseph Rosa, der sie mit italienischen und Schweizer Landschaftsfresken im vorromantischen Stil ausgeschmückt hat.

RECHTER FLÜGEL

Die Räume von Franz Joseph und Elisabeth. Das Kaiserpaar bewohnte im rechten Flügel 15 Räume, die über die Blaue Stiege zu erreichen sind. Die Decke des Treppenhauses ziert ein Fresko aus dem Jahre 1702 von Sebastiano Ricci, das die *Apotheose Joseph I.* darstellt. Ein erster Raum in Treppennähe diente als Gardezimmer; danach betritt man das Wartezimmer, in dem ein Billardtisch im Biedermeierstil steht (● *62*); hier wartete man, um zur Audienz angemeldet zu werden. Der Audienzsaal wird auch Nußbaumzimmer genannt, weil die Wände mit bräunlichem Nußholz getäfelt sind. Die Farbe des Holzes harmoniert mit den Sitzmöbeln in rotem Damast. In dem Raum steht eine Büste Franz Josephs, der die Kette des

»WIR BRAUCHEN SCHAUSPIELE – OHNE SIE IST DAS LEBEN IN EINER SO GROSSEN RESIDENZ UNMÖGLICH.«

MARIA THERESIA

Von oben nach unten: Spiegelgalerie, offizieller Speisesaal, der Salon der Prinzessin Sophie und das Gartenzimmer oder auch Perronsaal (Gravuren des 19. Jh. aus dem Historischen Museum der Stadt Wien; ▲ *241*).

❝ »Ich möchte nach Schönbrunn!« sagte Herr von Trotta. Und er fuhr nach Schönbrunn. Der unermüdliche, dünne Landregen hüllte das Schloß von Schönbrunn ein, genau wie die Irrenanstalt Steinhof. Herr von Trotta ging die Alleen hinan, die gleiche Allee, über die er vor langer, langer Zeit gegangen war, zu der geheimen Audienz, in Angelegenheit des Sohnes❞

Joseph Roth, *Der Radetzkymarsch*

Ein europäischer Maler

Der Barock-Maler Gregorio Guglielmi (1714-1773) kann als wahrhaft europäischer Künstler angesehen werden. In Rom geboren, studierte er im Atelier von Sebastiano Conca, der sehr gern reiste. Von 1753 an folgte Guglielmi dem Beispiel seines Meisters und begab sich nach Dresden, dann nach Wien, bevor er 1759 nach Turin zurückkehrte; er starb in St. Petersburg. Während seines Wien-Aufenthaltes schuf er im Auftrag Maria Theresias die Deckengemälde in der Kleinen und Großen Galerie sowie die in der Akademie der Wissenschaften (▲ *151*).

Familienleben
Bei den Habsburgern wurde das Familienleben streng von den Regierungsverpflichtungen getrennt. In ihrer langen Regierungszeit bot Maria Theresia zusammen mit ihrem Mann und den 16 Kindern stets das Bild einer harmonischen Familie, die sich die Freude an den einfachen Dingen des Lebens bewahrt hat. Man sieht nebenstehend Maria Theresia und ihre Kinder am Nikolaustag, und auf der rechten Seite Joseph II. am Bett seiner Frau, die gerade entbunden hat.

Maria Theresia und Joseph II.
Im 18. Jh. wurde die Geschichte Österreichs entscheidend von den Persönlichkeiten Maria Theresias und ihres Sohnes Joseph II. (● *36*, ▲ *291*) geprägt, die nach dem Tod von Franz I. von 1765 bis 1780 gemeinsam regierten. Die beiden Porträts schuf Heinrich Friedrich Fueger (1751-1818).

Zweimal Franz I.
Man muß Franz von Lothringen, den Gemahl Maria Theresias, der 1745 zum Herrscher über das Heilige Römische Reich gewählt wird, von seinem Enkel Franz II. unterscheiden, der 1806 als Franz I. das Erbe der Herrschaft über Österreich antritt (● *38*, ▲ *182*).

Ordens vom Goldenen Vlies (▲ *133, 183*) trägt, sowie die seines Vaters, des Erzherzogs Franz Karl. Die Wände des kaiserlichen Arbeitszimmers, das auf den Ehrenhof hinausgeht, sind, ebenso wie die Sitzmöbel, mit kastanienfarbenem Rips bespannt. In diesem und dem folgenden Raum finden sich mehrere Porträts und kleine Figuren, die Franz Joseph, Elisabeth und den Erzherzog Rudolf darstellen (▲ *145*).

Ein Schlafzimmer. Das Sterbezimmer Franz Josephs, ein einfacher Raum, ist mit Soldatenbett und Stehpult ausgestattet. Hier starb der Kaiser am 21. November 1916 nach fast 68jähriger Regierungszeit. Von diesem Raum aus gelangt man ins Toilettenzimmer, das in rosa Brokat gehalten ist. Mit seinem Doppelbett in dunklem Holz und dem Betpult erinnert das gemeinsame Schlafzimmer Franz Josephs und Elisabeths in seiner Schmucklosigkeit an eine Mönchszelle. Die Wände sind mit Madonnenbildern mit Kind von Carlo Dolci und Guido Reni behängt.

Der Audienzsaal der Kaiserin Elisabeth. Die Wände sind mit hellgrauem Brokat, die Sitzmöbel mit roter geblümter Seide bespannt. Mehrere Pastellbilder der Kinder Maria Theresias von dem Genfer Maler Jean Etienne Liotard schmücken diesen Raum, der auf den Kammergarten hinausgeht. Es lohnt sich, auch die Gemälde von Hackert (Weinlese, Ernte) zu betrachten. Mit seinen Stukkaturen in Weiß und Gold und den Sitzmöbeln in rotem Damast gehört der Salon Marie-Antoinettes zu den großen Räumen der kaiserlichen Gemächer. Er wird von einem lebensgroßen Porträt beherrscht, das Franz I. als Ritter des Ordens vom Goldenen Vlies zeigt. Friedrich von Amerling (1803-1887; ▲ *241*), der offizielle Hofmaler, malte dieses Bild und fügte ihm eine Besonderheit hinzu: Die Augen des Kaisers folgen dem Betrachter scheinbar durch den ganzen Raum.

Das Kinderzimmer. Die Stühle und Sessel des Raumes sind mit hellblauem Damast bezogen. Hier findet man die Porträts der Töchter Maria Theresias. Ein Louis-Seize-Schrank, den Elisabeth mit in ihre Villa auf der griechischen Insel Korfu genommen hatte, gehörte Marie-Antoinette.

Das Frühstückzimmer. In der Ecke des rechten Schloßflügels, zum Park hinaus, liegt der kleine Frühstücksraum. Die Wände sind mit Blumenbildern und Seidenstickereien von Maria Theresia und ihren Töchtern geschmückt.

»Die Monarchie, unsere Monarchie, ist gegründet auf Frömmigkeit: auf dem Glauben, dass Gott die Habsburger erwählt hat, über so und so viel christliche Völker zu regieren.«

Joseph Roth

Der Gelbe Salon in weiß-goldener Täfelung verdankt seinen Namen dem gelben Damast auf Sesseln und Stühlen. An den Wänden hängen weitere Kinderporträts von Liotard. Die weißmarmorne Wanduhr über der Kommode, ein Werk des Pariser Uhrmachers Ridel, ist ein Geschenk Napoleon III. an Franz Joseph. Das Balkonzimmer wurde im Jahre 1854 eingerichtet. Der Wandschmuck besteht aus weiß-goldener Täfelung und weiteren Porträts der Kinder Maria Theresias.
Spiegelsaal. Der Gelbe Salon ist mit der kleinen Spiegelgalerie verbunden, in der die von Maria Theresia ernannten Minister den Eid leisteten. In diesem Audienzsaal gab auch Mozart (● *48*, ▲ *147*) eines seiner ersten Konzerte.

Das Porzellanzimmer.

Linker Flügel

Zeremoniensaal. Hinter dem Karussellzimmer und dem Rösselzimmer mit seinen Parforcejagd-Szenen und Pferde-

Mozart in Schönbrunn
Zusammen mit seinem Vater und der älteren Schwester Maria Anna kam Mozart 1762 zum ersten Mal aus Salzburg nach Wien. Im Alter von sechs Jahren gab er in der kleinen Spiegelgalerie vor einer entzückten Maria Theresia sein erstes Konzert. Als er auf dem Parkett ausrutschte, hielt ihn die junge Marie-Antoinette fest; darauf erklärte der kleine Mozart, daß er sie heiraten wolle. Es wird auch berichtet, daß er nach dem Konzert unbesorgt um jede Etikette auf den Schoß der Kaiserin kletterte, um sie zu küssen.

Vieux-Laque-Zimmer
Im 18. Jh. war fernöstliche Kunst in Europa sehr beliebt: Kabinette und Salons mit chinesischen Stichen, Lackmöbeln, Porzellan und Wandschirmen vereinten sich mit Schmuckelementen des Rokoko.

Die Gloriette, vom Napoleonzimmer aus gesehen.

❝Garp erholte sich, wenn er nicht schrieb, indem er in den Zoo ging. Der Zoo war ein Teil des großen Parks und Gärten um das Schloß Schönbrunn.❞
John Irving,
Garp und wie er die Welt sah

darstellungen gelangt man durch den Zeremoniensaal in den linken Schloßflügel. Dieser weitläufige Saal wird auch »Saal der Schlachten« genannt, da vergoldete Stuckelemente, Fahnen und gekreuzte Hellebarden seine Wände zieren. Hier fanden Taufen, Hochzeiten und andere festliche Ereignisse der kaiserlichen Familie statt. Van Meytens malte Szenen der Hochzeit Josephs II. mit Isabella von Parma (● *98*) und ein Bildnis Maria Theresias (● *36*).

Der Blaue Chinesische Salon. Die Wände dieses Salons schmücken blaugrundige Tapeten mit chinesischen Malereien. Lackschränke und japanische Vasen ergänzen das Mobiliar. In diesem Raum unterzeichnete Karl I. am 11. November 1918 (● *33*) seine Abdankungserklärung.

Das Vieux-Laque-Zimmer vereint einzelne Rokoko-Elemente mit chinesischer Kunst. Gerahmt von vergoldeten Leisten mit komplizierten Mustern sind auf langen Lacktafeln japanische Landschaften, Blumen und Vögel in feinem Gold eingraviert. Der Raum besitzt außerdem eine reich verzierte Stuckdecke und ein kunstvoll eingelegtes Parkett.

Das Napoleonzimmer. Das ehemalige Schlafzimmer Maria Theresias mit Blick auf den Park diente schon Napoleon I. (● *38*) als Schlafraum und dem Herzog von Reichstadt als Sterbezimmer. Die Brüsseler Gobelins (18. Jh.) an den Wänden zeigen Szenen aus dem Soldatenleben.

Das Pozellanzimmer. Das ehemalige Arbeitskabinett Maria Theresias liegt im Winkel des linken Flügels zum Kronprinzengarten hinaus, einem seit 1779 der Öffentlichkeit zugänglichen Teil des Schloßparks. Diesen Salon zieren blau-bemalte Holzrahmen mit Blumen, Früchten und chinesischen Schirmen, die eine Verkleidung mit Porzellan vortäuschen. Die 213 blauen gerahmten Tuschezeichnungen an den Wänden stammen von Franz von Lothringen und seinen Töchtern. Inmitten der Unterglas-Bilder befinden sich vier Porträts in Medaillonform und ein Halbrelief, die Franz I., die Erzherzoginnen Elisabeth und Christine sowie Herzog Albert von Sachsen-Teschen darstellen

Das Millionenzimmer. Der Raum war kleineren Audienzen bei Maria Theresia vorbehalten. Er ist mit Rosenholz vertäfelt, in das man 260 indische und persische Miniaturen (17. Jh.) eingelassen hat, die im 18. Jh. eine Million Florin gekostet haben sollen. Hierdurch erhielt der Raum seinen Namen. Betrachtet man sie aus der Nähe, so ist zu bemerken, daß die Miniaturen zerlegt und wieder zusammengesetzt worden sind, um sie so einfassen zu können.

Maria Theresia, Franz von Lothringen und ihre Kinder.

Der Gobelinsalon ist mit Wandteppichen aus Brüssel ausgestattet, die Szenen aus dem Leben der Fischer von Anvers zeigen; auch die sechs Lehnstühle sind mit Brüsseler Gobelins überzogen. Von hier aus gelangt man nun in ein kleines Zimmer, das der Erinnerung an den Herzog von Reichstadt gewidmet ist. Ein Porträt aus der Kindheit, seine Totenmaske und die unter einem Glassturz konservierte Lerche, mit der er seine Einsamkeit teilte, sind hier ausgestellt.

Der Rote Salon. In dem ehemalige Lesezimmer in scharlachrotem Damast hängen mehrere Familienporträts: Joseph II. im Krönungsornat, sein Bruder Leopold II., Franz Joseph I. im Alter von 18 und 68 Jahren mit den Insignien des Ordens vom Goldenen Vlies (▲ *133, 183*). Ein angrenzendes Zimmer geht auf den Ehrenhof hinaus, dessen Fresken und Teppiche Rosengirlanden zeigen.

Bei den Eltern Franz Josephs. Die Wohnräume der Eltern Franz Josephs, Sophie von Bayern und Erzherzog Franz Karl, liegen im linken Schloßflügel und gehen auf den Ehrenhof hinaus. Im Schlafzimmer der Erzherzogin Sophie sind Wände und Bett in rotem Samt gehalten. Um den Baldachin zu besticken, soll man 250 kg Silber verwendet haben. In diesem Raum wurde Franz Joseph geboren. Von hier aus gelangt man in das Arbeitskabinett des Erzherzogs Franz Karl. Der dann folgende Salon bildet zusammen mit dem Kabinett eine Bildergalerie, in der Porträts von Maria Theresia, Franz von Lothringen und ihren 16 Kindern ausgestellt sind. Den Salon schmückt ein Lüster aus böhmischem Kristall.

»Der kleine Adler« (1811-1832)
Als Napoleon nach St. Helena gebracht wurde, ging sein Sohn, der König von Rom, mit seiner Mutter, der Erzherzogin Marie-Luise, nach Wien. Das Kind blieb in Schönbrunn bei seinem Großvater Franz I., der es zum Herzog von Reichstadt machte. Von seiner Mutter verlassen, die Herzogin von Parma geworden war, starb der »kleine Adler«, von der ganzen kaiserlichen Familie geliebt, im Alter von 21 Jahren an Tuberkulose.

Statuen nach antikem Vorbild Johann Christian Beyer schuf die Statuen in den Parkanlagen. Von ihm stammen auch die Skulpturengruppen des Schönen Brunnens (▲ *274*).

DER PARK VON SCHÖNBRUNN

Die ehemalige Parkanlage, die unter Maximilian II. und Eleonore von Gonzaga angelegt worden war, gestaltete Jean Trehet 1705/06 nach französischem Vorbild neu. Er schuf Rabatten und Alleen in geometrischer Linienführung. Kammer- und Kronprinzengarten wurden um 1750 angelegt. Ferdinand Hetzendorf von Hohenberg und Adrian van Steckhoven nahmen zwischen 1750 und 1780 bedeutende Veränderungen vor, indem sie Blumenbeete und schnurgerade angelegte Gehölze fantasievoll auflockerten. Zu Füßen des Schlosses öffnet sich eine breite gradlinige, von Blumenrabatten gesäumte Allee, die zum Neptunbrunnen führt, den F. A. Zauner im Jahr1780 gestaltete.

Gloriette und kleine Gloriette. Serpentinenwege führen vom Neptunbrunnen auf die Hügelkuppe, auf der nach ersten Plänen das Schloß entstehen sollte. Ferdinand von Hohenberg errichtete 1775 den Kolonnadenbau (Gloriette) im neo-klassizistischem Stil zur Erinnerung an den Sieg Österreichs über die Armeen Friedrichs II. von Preußen (● *31, 36*) bei Kolin im Jahre 1757. Die Skulpturen der Trophäen stammen von J. B. Hagenauer, die Schmuck-Stuckaturen von Benedikt Henrici. Östlich des Hügels liegt die Kleine Gloriette, wo sich Maria Theresia manchmal das Frühstück servieren ließ. Heute ist dort ein Teesalon eingerichtet.

Der Tiroler Garten westlich des Hügels ist um 1800 auf Wunsch von Erzherzog Johann entstanden.

Römische Ruine Für diese Ruinen-Nachbildung soll man Reste von Schloß Neugebäude verwendet haben. Von Hohenberg schuf diese romantische Ruinenanlage um 1788.

Die Gloriette. Zwei große Wasserbecken vor und hinter der Gloriette dienen dazu, die Parkanlagen und den zoologischen Garten zu bewässsern. Von der Gloriette aus bietet sich ein wunderschöner Blick über Schönbrunn und Wien.

Römische Ruine. Am Fuße des Hügels erheben sich zwei von Ferdinand von Hohenberg geschaffene Baudenkmäler: der Obelisk mit eingemeißelten Szenen aus der Geschichte der Habsburger (● *29,* ▲ *143, 144, 195, 200*) und die Römische Ruine, außerdem ein Wasserfall .
Mythologische Statuen. Die gesamte Gartenanlage zieren Statuen, die Helden aus der griechischen Mythologie und der römischen Geschichte verkörpern; sie wurden von Johann Christian Beyer geschaffen.
Der Schöne Brunnen. Vom Schloß aus gesehen versteckt sich im linken Teil des Parks in einem Wäldchen der Schöne Brunnen, dem dieser Ort seinen Namen verdankt. Die Quelle, deren reines Wasser an der kaiserlichen Tafel serviert wurde, sprudelt in einer künstlich angelegten Grotte. Eine Statue der Quellnymphe Egeria hält einen Krug, aus dem sich das Wasser ergießt.
Der Botanischer Garten. Franz I. (● *36*), dessen Interesse den Naturwissenschaften galt, finanzierte Expeditionen in ferne Länder, um Schönbrunn mit seltenen Pflanzen und exotischen Tieren ausstatten zu können. Schon unter Maximilian II. entstand hier ein Naturschutzgebiet. Aber erst während der Regierungszeit Franz I. im 18. Jh. wurden der Botanische Garten Schönbrunns und später im westlichen Teil des Parks auch eine Menagerie (1752) angelegt.
Der Tiergarten. Die ganze kaiserliche Familie hielt sich mit Vorliebe in dem achteckigen Pavillon mitten im Tiergarten auf, um die Tiere zu beobachten. Heute befindet sich in dem Pavillon ein Café-Restaurant. Die Nachkommen von Franz I. setzten sein Werk fort, und so entwickelte sich die Menagerie allmählich zu einem zoologischen Garten, einem der ersten Europas, der heute noch rund 750 Tiere beherbergt.

Technisches Museum für Industrie und Gewerbe

Nördlich von Schloß Schönbrunn, auf der anderen Seite des Wienflusses (▲ *225*), liegt in der Verlängerung des Auer-Welsbachparks das Technische Museum. Auf drei Etagen werden technische Errungenschaften aus dem 19. und 20. Jh. ausgestellt. Im Erdgeschoß sind verschiedene Verkehrsmittel zu sehen: das erste benzingetriebene Auto von Siegfried

Palmenhaus
Diese erstaunliche Konstruktion aus Metall und Glas wurde 1883 errichtet. Eine exotische Pflanzenvielfalt wird hier in drei Abteilungen bei verschiedenen Temperaturen gehalten.

“Er sah hagerer aus als gewöhnlich, und er erinnerte seinen Freund Hasselbrunner an einen jener exotischen Vögel im Schönbrunner Tierpark, die einen Versuch der Natur darstellten, die Physiognomie der Habsburger innerhalb der Fauna zu wiederholen.”
Joseph Roth
Der Radetzkymarsch

Der Flug des Ikarus
Zwischen 1891 und 1896 erfand Otto Lilienthal (1848-1896) eine Serie von Gleitflugzeugen und führte 2000 Flüge über Entfernungen von 100 bis 300 m durch, bevor er bei Versuchen mit einem Doppeldecker tödlich verunglückte; er hinterließ eine aeronautische Abhandlung: *Der Vogelflug als Grundlage der Fliegekunst* (1889).

Markus (1888), die von Josef Ressel (1827) erfundene Schiffsschraube, ein Pferdebahnwagen der Linie Linz – Budweis (1846), sowie die erste Kaplanturbine der Welt (1919). Die erste Etage zeigt Objekte aus Luftfahrt und Präzisionsmechanik, wie z. B. eine Uhr von P. Imsserus aus dem 16. Jh., die Rechenmaschine von Braun, die Schreibmaschine von Mitterhofer und Maderspergers Nähmaschine, beide aus dem 19. Jh. Weiterhin finden sich Beispiele aus der Textilherstellung, den Bereichen Chemie, Landwirtschaft und Nahrungsmittel. Im zweiten Stock findet man verschiedene Exponate aus der Postgeschichte (die erste Postkarte), aus Informatik und Fotografie (Fotoapparat von Voigtländer), Brücken- und Straßenbau, sowie Saiteninstrumente. Hier steht auch der berühmte Schreibautomat, den Friedrich von Knaus 1760 erfand.

Ein Fluggerät von Wilhelm Kress; der erste motorisierte Wagen von Siegfried Markus und die Schreibmaschine von Peter Mitterhofer (1864).

HIETZING

Hietzinger Friedhof. Südlich des Tiroler Gartens liegt der kleine Hietzinger Friedhof, auf dem berühmte Persönlichkeiten beigesetzt sind: Franz Grillparzer (● *61*, ▲ *147, 206*), Gustav Klimt (▲ *227, 250*), Alban Berg (● *53*) und Kanzler Engelbert Dollfuß (● *33*, ▲ *159, 170*). Ein kleiner Platz wurde dem Andenken an Jean-Baptiste Hanet (Cléry) und François Hue gewidmet. Beide betreuten

Haltestelle der Kaiserlichen U–Bahn
Die U-Bahn Station Hietzing (Hofpavillon), die zur Verkehrsanbindung des Schönbrunner Schlosses diente, beinträchtigt nicht die Schönheit des Ortes. Von Otto Wagner im Jahr 1898 gebaut, erinnert sie mehr an einen Tempel als an einen Bahnhof. Zu jener Zeit war sie nur dem Hof vorbehalten. Diese Station im neu-barocken Stil umschließt einen achteckigen Saal, den eine elegante Kuppel krönt.

König Ludwig XVI. als Kammerdiener im Gefängnis Des Temple bis zu seiner Hinrichtung. Cléry veröffentlichte später ein Tagebuch über die tragischen Ereignisse.

Villa Skywa-Primavesi und Fürstenhof. In den an Schloß Schönbrunn angrenzenden Stadtvierteln entstanden Ende des letzten Jahrhunderts prachtvolle Residenzen, die von den besten Architekten der Secessions-Bewegung (● *86, 88*, ▲ *232*) entworfen wurden. Im Westen der Schönbrunner Parkanlagen, in der Gloriettegasse, liegt die Villa Skywa-Primavesi (● *90*), ein wuchtiger Bau von Josef Hoffmann (● *86*) von 1915, den Figurplastiken von Anton Hankas schmücken. In der Trauttmansdorffgasse erbaute H. Dvorak den Fürstenhof (1905), dessen elegante Relieffassade mit Säulen und Vordächern gestaltet ist.

Die Häuser von Loos. Zwischen 1930 und 1932 wurde die Avantgarde der Architekten im Rahmen der Wiener Werkbundausstellung zum Bau einer modellhaften Anlage aufgefordert. Ein Beispiel dafür findet man in der Larochegasse: das Haus Scheu, das Adolf Loos (▲ *142, 174*) 1912 in einem nüchtern-strengen Stil entworfen hat. Ein weiteres Haus von Loos, das Horner Haus (1913) in der Nothartgasse, zeigt ein Dach in Form eines Tonnengewölbes.

Villen von Otto Wagner. In der Hüttelbergstraße stehen zwei Villen, die nach Entwürfen Otto Wagners (● *88*, ▲ *228, 237, 240*) gebaut wurden. Die bekanntere von beiden ist die Nr. 26 am Hang eines Hügels. Über eine Freitreppe erreicht man eine mit Fresken und Statuen geschmückte Säulenvorhalle. Die Jugendstilfenster für die linke Pergola fertigte Adolf Böhme an.

Das Horner Haus von Adolf Loos.

Von der Rolle des Künstlers

“In den Augen Wagners war das Bild, das sich im Spiegel der Modernität abzeichnet, ein ganz anderes: Er sah einen aktiven Bürger, tatkräftig, rationell und mit der Zeit gehend, einen Städter, der wenig Zeit, jedoch viel Geld und einen Geschmack für Kolossales hat. Ein einziger krankhafter Wesenszug bestimmt nach Wagner den Menschen der Großstadt: Das Fehlen jeglicher Orientierung. In einer Welt der Geschwindigkeiten, in der Zeit und Bewegung dominieren, belauert den modernen Menschen ständig das, was Wagner die »schmerzhafte Ungewißheit« nannte. Der Architekt sollte dazu beitragen, diese Ungewißheit zu überwinden, indem er ihm die großen Linien der Bewegung vorgibt.”

Carl E. Schorske, *Wien zur Jahrhundertwende*

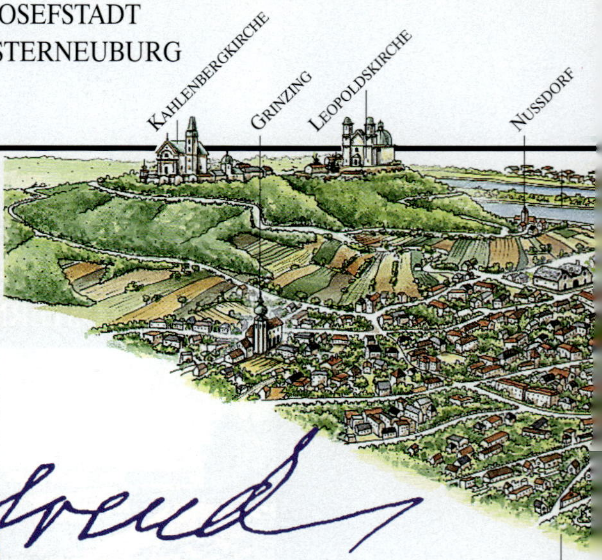

1/2 Tag

»Mit der Herstellung einer Karte verdrängter Wünsche (d. h. des Unbewußten), […] schuf Sigmund Freud eine Art Ersatzfigur, die dem modernen Menschen in seiner Ambivalenz ähnelt, mit all seinen Träumen und Ängsten. Diese Figur, die überall rasch angenommen wurde, trägt zunächst, ich wiederhole es, die Züge des Wieners.«
Michel Guérin

JOSEFSTADT

Dreifaltigkeitskirche. In der Alserstraße liegt diese im Barockstil des ausgehenden 17. Jh. gebaute Kirche. Hier fand am 29. März 1827 die Totenmesse für Ludwig van Beethoven (● *51*, ▲ *298*) statt. Mehr als 30 000 Menschen gaben dem Musiker das letzte Geleit zum alten Friedhof von Währing. 1888 wurde sein Leichnam auf den Zentralfriedhof (▲ *262*) überführt. Kirche und angrenzende Antoniuskapelle sind mit Votivtafeln ausgestattet, die sich an den hl. Antonius, Fürsprecher der Verzweifelten, richten.

Das Allgemeine Krankenhaus
Arthur Schnitzler (● *114*), ursprünglich Arzt, arbeitete hier ab 1885. Sigmund Freud, promovierter Mediziner seit 1881, gab bald seine Forschungen im Laboratorium für Physiologie auf, um ans Allgemeine Krankenhaus (oben) zu wechseln. Seine Studien psychischer Erkrankungen bildeten die Grundlage seiner Methode der Psychoanalyse.

Sigmund und Anna Freud (1913).

Piaristenkirche. Lukas von Hildebrandt (● *75, 81*, ▲ *147, 290*) schuf fast nur Profanbauten wie das ehemalige Gartenpalais Schönborn, in dem heute das Museum für Volkskunde (▲ *291*) residiert. Deshalb lohnt sich ein Umweg über den Jodok-Fink-Platz im Herzen der Josefstadt (8. Bezirk), um die Piaristenkirche, vermutlich die einzige, die er entwarf, zu besichtigen. Sie gehörte zum Orden der »Patres piarum scholarum« (Väter der frommen Schulen), die sich um die Erziehung von Kindern aus ärmlichen Verhältnissen kümmerten. Die im Mittelteil

Narrenturm
Isidor Canevale (1730-1783), der Architekt des Lusthauses (▲ *268*) errichtete auch den Narrenturm, das Allgemeine Krankenhaus und das Josefinum (▲ *292*).

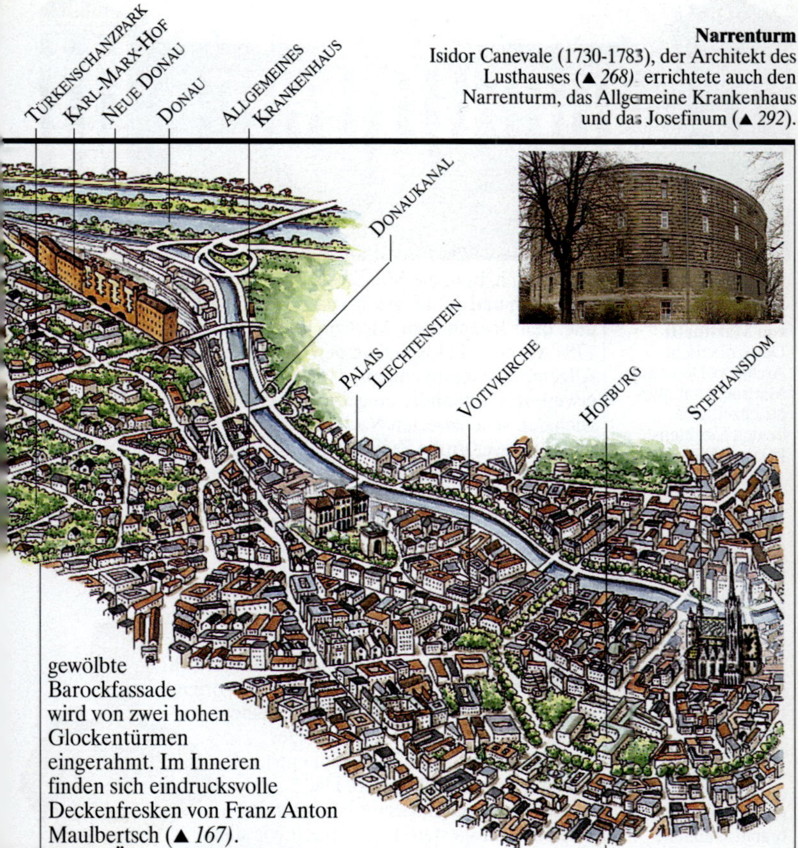

gewölbte Barockfassade wird von zwei hohen Glockentürmen eingerahmt. Im Inneren finden sich eindrucksvolle Deckenfresken von Franz Anton Maulbertsch (▲ *167*).

Österreichisches Museum für Volkskunde. Dieses Museum für die Volkskunst der Alpen- und Donauländer liegt in der Laudongasse 15-19 und zeigt eine überaus reichhaltige Sammlung von u. a. Möbeln, Trachten (● *64*), Werkzeugen und Weihnachtskrippen.

Alsergrund

Freud-Haus. In der Berggasse Nr. 19 bewohnte Sigmund Freud (1856-1939) zwei Etagen eines stattlichen Hauses. Dort führte er auch ab 1891 seine psychoanalytische Praxis, bis er 1938 vor den Nationalsozialisten nach London floh. Das Wartezimmer wurde im Originalzustand belassen, auch Teile seiner archäologischen Sammlung sind zu besichtigen. Der berühmte Diwan befindet sich allerdings im Freud-Museum in London.

Allgemeines Krankenhaus. So wie Maria Theresia (1717-1780) hat auch Joseph II. (1740-1790; ● *36*) dazu beigetragen, in Wien die Grundlagen für eine modernere Medizin zu schaffen, indem er sich bemühte, bekannte praktische Ärzte zu gewinnen, medizinische Studien förderte und in Stadtnähe Krankenhäuser bauen ließ. Schon 1781 gründete man ein Militärhospital, das den Ärzten, die auf den Schlachtfeldern praktische Kenntnisse

Der »Josephinismus« vor Joseph II. Joseph II. öffnete zwar die Donaumonarchie für die philosophischen Gedanken und Vorstellungen der Aufklärung, tatsächlich aber begann die Ära der Reformen bereits unter der Regierung seiner Mutter Maria Theresia (1740-1780). Die Männer, mit denen sie sich umgab, standen alle unter dem Einfluß des Geistes der Aufklärung. So empfahl Joseph von Sonnenfels, Jurist und Philosoph (1733-1817), die Abschaffung der Folter. Gerhard von Swieten (1700-1772), Leibarzt der Kaiserin, überwachte die Erneuerung der Universität und beeinflußte die allgemeine Reform des Unterrichtswesens.

Das Josephinum.

erworben hatten, die Möglichkeit bot, kranke Wiener zu versorgen und an der wenig später gegründeten Militärakademie, dem Josephinum, Medizin und Chirurgie zu studieren. 1784 wurde das Hospital an den Ort des heutigen Allgemeinen Krankenhauses verlegt und seitdem ständig erweitert: Gartenhöfe umgeben die Gebäude, unter anderem auch den sehenswerten Narrenturm. Auf seinen fünf Etagen umfaßt dieser große Zylinder 139 Zellen, in denen man bis zum Jahr 1860 geisteskranke Patienten unterbrachte. Heute befindet sich dort das Pathologisch-Anatomische Bundesmuseum, in dem 42000 Präparate und mißgestaltete Körperteile ausgestellt sind.

Josephinum ♥. Joseph II. gründete das Josephinum 1785 als Medizinisch-chirurgische Militärakademie. Er beauftragte Isidor Canevale, sich am Hôtel-Dieu in Paris zu orientieren, das der Kaiser 1777 anläßlich einer Frankreich-Reise gesehen hatte. Der barock-klassizistische Flügelbau entstand in den Jahren 1783 bis 1785. Die Akademie wurde mit einer bedeutenden Bibliothek ausgestattet und erhielt vor allem eine große Anzahl Wachsfiguren, an denen zukünftige Mediziner anatomische Studien treiben konnten. Außer den einzigartigen Wachspräparaten sind auch zahlreiche Erinnerungen an große Wiener Ärzte zu sehen, insbesondere die Briefe von Sigmund Freud.

Museum moderner Kunst. Nördlich des Josephinums und mitten in Alsergrund liegt in einem großen Garten das Palais Liechtenstein, in dem sich heute das Museum moderner Kunst befindet. Dieses Barock-Palais ist eine der beiden Residenzen, die sich die Prinzen von Lichtenstein gegen Ende des 17. Jh. in Wien bauen ließen. Das Sommerpalais mit seiner majestätischen Fassade öffnet sich weit zum Garten hin. Im Inneren ist im Festsaal eine freskengeschmückte Decke von Andrea Pozzo (▲ *149, 152, 167*) erhalten (*Apotheose des Herkules*). Auch andere Künstler wirkten an der Ausgestaltung des Barock-Palastes mit: Giovanni Giulani und Johann Michael Rottmayr (▲ *139, 160)* schufen Skulpturen, Antonio Belucci und Santino Bussi Gemälde,

Zwei Palais von Martinelli
Der italienische Architekt Domenico Martinelli hat quasi gleichzeitig die beiden Liechtenstein-Palais gebaut: Das

Sommerpalais in den Jahren 1691 bis 1704, und von 1694 bis 1706 das Winterpalais in der Bankgasse (▲ *161*). Wie Hildebrandt sammelte auch Martinelli (1650-1718) in Rom in der Werkstatt von Carlo Fontana erste Erfahrungen. Von dort aus reiste er in den Norden Europas, nach Prag, vor allem aber nach Wien.

»Anatomia plastica«
Joseph II. gab die Wachsfiguren 1785 bei den Anatomen Felice Fontana und Paolo Mascagni in Auftrag, die er in Florenz kennengelernt hatte. Die Wachsfiguren sollten als Studienobjekte für Mediziner dienen, denn zu der Zeit war es noch nicht möglich, sezierte Leichen zu präparieren. Die weltberühmte Wiener Sammlung ist Teil des Museums, das im Josephinum eingerichtet und der Geschichte der Medizin gewidmet wurde.

unter anderem die des Vestibüls. Der größte Teil moderner Kunstrichtungen (Secession ● *86*, Expressionimus, Kubismus, Surrealismus, abstrakte Kunst, Pop Art, die Neuen Wilden etc) sind in den Sammlungen des Museums vertreten. Wechselnde Ausstellungen vermitteln einen Überblick über aktuelle Strömungen in der bildenden Kunst.

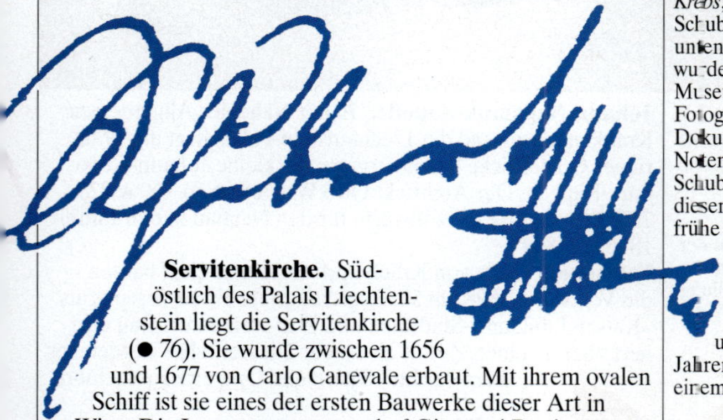

Servitenkirche. Südöstlich des Palais Liechtenstein liegt die Servitenkirche (● *76*). Sie wurde zwischen 1656 und 1677 von Carlo Canevale erbaut. Mit ihrem ovalen Schiff ist sie eines der ersten Bauwerke dieser Art in Wien. Die Innenausstattung schuf Giovanni Battista Barberini.

WÄHRING

Strudlhofstiege. Die Strudlhofstiege verbindet Liechtenstein- und Währinger Straße. Johann Theodor Jäger schuf diese eindrucksvolle Jugendstil-Anlage 1910. Berühmt geworden ist sie durch Heimito von Doderers gleichnamigen Roman (● *113*).

Währinger Friedhof (Schubertpark). Franz Schubert und Ludwig van Beethoven wurden auf dem Währinger Ortsfriedhof beigesetzt, ehe man ihre sterblichen Überreste auf den Zentralfriedhof (▲ *262)* überführte. Der Friedhof wurde 1873 geschlossen und 1925 als Schubertpark eröffnet.

Schuberts Geburtshaus
In der Nußdorferstraße Nr. 54, westlich des Palais Liechtenstein, liegt das Haus *Zum roten Krebs*, in dem Franz Schubert (1797-1828, unten, ● *50*) geboren wurde. Im Schubert-Museum sind Bilder, Fotografien, Dokumente und Noten ausgestellt. Schubert verlebte in diesem Haus seine frühe Kindheit, 1801 zog die Familie in die Saulengasse Nr. 3 um. Mit 31 Jahren starb er in einem Haus in der

Kettenbrückengasse, nicht weit vom Naschmarkt (▲ *236)*.

Joseph II.
Hinter einer Wachsfigur steht im Josefinum die Büste Josephs II., des Gründers dieser Einrichtung.

»Der Türkenschanzpark« Gemälde von Johann Varrone, 1893.

»Nettoausgaben der Gemeinde Wien« Haushaltsaufstellung der Gemeinde Wien im Jahr 1926.

Johann-Nepomuk-Kapelle. In der Nähe des Allgemeinen Krankenhauses und des Liechtenstein-Palais liegt am Währinger Gürtel/Ecke Klammergasse die kleine Johann-Nepomuk-Kapelle. Der Architekt Otto Wagner (● *86, 88,* ▲ *228, 237, 240*) lieferte die Entwürfe für den Neubau in den Jahren 1896 bis 1898.

Volksoper. Franz von Krauß und Alexander Graf bauten die Volksoper 1898, im 50. Regierungsjahr Franz Josephs als »Kaiser-Jubiläums-Stadttheater«. Der ausladende Bau erinnert eher an einen Zirkus als an ein Theater. Hier werden vor allem ›leichte‹ Opern und Operetten aufgeführt.

PÖTZLEINSDORF

Geymüller-Schlössl. In Pötzleinsdorf, nordwestlich von Währing, an der Pötzleinsdorfer Straße Nr. 102 liegt das Barockschlößchen, das der Bankier J. H. Geymüller Anfang des 19. Jh. bauen ließ. Es beherbergt die Sobeck-Sammlung, ungefähr 200 Wiener Taschen-und Armbanduhren, Wand-und Standuhren, sowie Schlag-und Pendeluhren aus dem 18. und 19. Jh. Aber der Besuch dieses ehemaligen Wohnhauses lohnt sich auch wegen seiner Ausstattung im Biedermeierstil (● *62*).

Villa Moller. Auch die Villa Moller (● *91*) in der Starkfriedgasse, die Adolf Loos (▲ *142, 174*) zwischen 1927 und 1928 errichtete, ist einen Besuch wert.

DÖBLING

Türkenschanzpark. Auf der Grenze zwischen Währing (18. Bezirk) und Döbling (19. Bezirk) erstreckt sich der Türkenschanzpark an der Stelle, wo die türkischen Armeen Süleymans des Prächtigen während der Belagerung Wiens (● *34*) im Jahr 1529 eines ihrer Feldlager aufgeschlagen hatten. Ende des 19. Jh. legte man hier einen 15 ha großen Park an. Viele Wiener, unter ihnen auch der Schriftsteller Arthur Schnitzler (● *114,* ▲ *290*) gingen hier mit Vorliebe spazieren.

Villa Gessner. Rund um Park und Sternwarte erstreckt sich ein großes Wohnviertel mit schönen Häusern, unter denen besonders die Villa

❝Die Wohnung meiner Großmutter – meiner Großmutter Adele Schapira – nahm die ganze letzte Etage eines sehr großen Hauses ein, des Hauses Nr. 7 am Türkenschanzplatz im 18. Bezirk von Wien. Der Architekt, der dieses Gebäude um die Jahrhundertwende errichtete, hat auf den charakteristischen Stil der Ringstraße zurückgegriffen. Nachdem die Fassade fertig war, schmückte er sie mit unzähligen Karyatiden, Urnen, kleinen Figuren, Girlanden.❞
George Clare

Gessner zu erwähnen ist. Dieses Gebäude im Secessionsstil (● *88*, ▲ *232*) liegt an der Sternwartestraße und wurde 1907 von Hubert und F. Gessner gebaut.

Karl-Marx-Hof. An der Heiligenstädterstraße 82-92, nahe der U-Bahn-Station Heiligenstadt, erstreckt sich auf 1 km Länge die riesige Wohnanlage Karl-Marx-Hof (● *92*). Der zentrale Gebäudeteil in Rot und Ocker mit seinen sechs Türmen wirkt besonders imposant. Die Fassade schmücken Statuen, Arkaden verbinden Höfe und Gärten. Der ausgedehnte Gebäudekomplex mit insgesamt 1325 Wohnungen gehört zu den 398 Arbeitersiedlungen, den sogenannten »Roten Zitadellen«, die man von 1919 bis 1934 rund um Wien baute, zu einer Zeit, die von Auseinandersetzungen zwischen Christlichsozialen, Sozialdemokraten und Kommunisten geprägt war. Verwaltet von einem sozialdemokratischen Gemeinderat, bildete das »Rote Wien« ein »Stück Sozialismus im Herzen eines bürgerlichen Staates«. Die Mitglieder dieser Gemeindeverwaltung wollten Wien zu einem Musterbeispiel für die zukünftige sozialistische Gesellschaft zu machen und errichteten in der Zeit von 1914 bis 1934 mehr als 64000 Sozialwohnungen, deren Bau durch die Erhebung von Luxussteuern finanziert wurde. Der Mieterschutz war vorbildlich, die Mieten waren niedrig, Gas und Strom billig, und eine Grundration Wasser gab es umsonst. Diese Wohnungen konzentrierten sich auf bestimmte Stadtteile im Norden und Süden, in denen traditionell die einfache Bevölkerung wohnte. Heute leben im Karl-Marx-Hof mehr als 5000 Menschen. Die Anlage gruppiert sich um mehrere große Innenhöfe und Gärten, die rund 80% der Fläche einnehmen.

Wahlplakate von Sozialdemokraten, Christdemokraten und Kommunisten (1920, 1927, 1919)

Angst vor Bolschewisten und Juden

❝Dieses Reich wird untergehen. Wenn unser Kaiser die Augen schließt, werden wir in hundert Teile zerfallen. Der Balkan wird weitaus mächtiger sein als wir. Alle Nationen schaffen sich ihre schmutzigen kleinen Staaten, und selbst die Juden werden nach einem König in Palästina rufen. Wien riecht schon nach dem Schweiß der Demokraten, und ich kann die Ringstraße nicht mehr ertragen. Arbeiter tragen rote Fahnen und wollen nicht mehr arbeiten. Priester schließen sich schon dem Volk an, und in den Kirchen wird Tschechisch gepredigt.❞

Joseph Roth, *Der Radetzkymarsch*

In den 20er Jahren ergriff der sozialistische Magistrat in den Volksschulen Maßnahmen zur Gesundheitsvorsorge.

Das »Rote Wien«
Unter Leitung seines 1923 gewählten Bürgermeisters Karl Seitz (1869-1950, unten), bemühte sich der Magistrat des »Roten Wien« (H. Breitner, F. Siegel und A. Weber) um den sozialen Wohnungsbau. Fast alle zwischen 1923 und 1934 entstandenen Sozialwohnungen sind Teil jener großen Anlagen, der ›Gemeindehöfe‹, die mit umfassenden

Kollektiveinrichtungen ausgestattet sind. Zu den bedeutendsten Projekten zählen Sandleiten (1587 Wohnungen), 1924 gebaut, der Rabenhof aus dem Jahr 1925 (1109 Einheiten), der Karl-Seitz-Hof von 1926 (1173 Wohnungen), der Karl-Marx-Hof aus dem Jahr 1927 (1325 Wohnungen), der George-Washington-Hof von 1927 (1084 Wohnungen), der Mithlingerhof (1136 Einheiten) von 1929 und der 1930 gebaute Engelsplatz (1467 Wohneinheiten).

Rechts die Fassade des Karl-Marx-Hofes.

Der Karl-Marx-Hof unter Beschuß. Während des Bürgerkrieges, der im Februar 1934 drei Tage lang in Wien tobte, erlebte der Karl-Marx-Hof schwere Stunden. Da sich einige der Aufständischen hier verschanzt hatten, geriet die ganze Anlage unter Beschuß der Armee, die Kanzler Dollfuß (● *33,* ▲ *159, 170*) geschickt hatte. Teilweise zerstört, mußte die ›Festung‹ sich ergeben, während der autoritäre Staat seine Rechte wahrnahm und jede Art von Arbeiterpartei und -organisation verbot. Auf diese Weise wurde der Weg für den Anschluß (● *42*) an Nazi-Deutschland geebnet, der sich einige Jahre später vollzog.

BRIGITTENAU

Nördlich der Leopoldstadt erstreckt sich zwischen Donau und Donaukanal (● *20, 22* ▲ *271)* das Arbeiterviertel Brigittenau (20. Bezirk), in dem auch einige große Bahnhöfe liegen.

Otto-Haas-Hof. In Brigittenau ließ der Magistrat des »Roten Wien« einige große Wohnanlagen für Arbeiter errichten: Der Otto-Haas-Hof mit seinen 273 Wohnungen wurde 1924 von einer Architektengruppe gebaut, zu der auch Adolf Loos (● *86, 91,* ▲ *174*) gehörte. Er gestaltete die Stiegen acht bis zwölf. Loos versuchte, seine Vorstellung von sozialem Wohnungsbau einzubringen und wollte kleinere Gebäude errichten – jedoch ohne großen Erfolg: Nur 9% der neuerrichteten Wohnanlagen entstand nach seinem Konzept. Der Gemeinderat zog die großen Anlagen vor, da sie mehr den kollektivistischen Vorstellungen entsprachen.

Winarskyhof. Zu der großen Anlage mit 534 Wohneinheiten gehören mehrere Höfe, Kinderkrippen, Geschäfte, Schwimmbäder und andere Gemeinschaftseinrichtungen. Die Fassade des 1924 erbauten Winarskyhofes ist mit Schmuckelementen im expressionistischen Stil aufgelockert.

Reumann-Hof. Die Büste Jakob Reumans, des ersten Bürgermeisters im »Roten Wien« steht vor dieser Wohnanlage am Margaretengürtel, die nach ihm benannt wurde. Sehenswert ist diese Anlage (● *93*), weil sie stark an barocke Palastarchitektur erinnert.

Engelsplatz. In der Nähe der Brücke, die über die Donau nach Floridsdorf führt, liegt der Engelsplatz, den ein beeindruckender Wohnkomplex mit 1467 Wohnungen beherrscht. Er entstand in den 30er Jahren in der Endphase des »Roten Wien« unter der Leitung des Otto-Wagner-Schülers Rudolf Perco. Auch diese große Anlage ordnet sich um mehrere Höfe und wird von Türmen flankiert, die ihr ein mächtiges Aussehen verleihen. Während des Bürgerkrieges von 1934 verschanzten sich hier zahlreiche Arbeiter.

Floridsdorf

Dieses ehemalige Dorf, das eingezwängt zwischen Neuer und Alter Donau und einem Autobahnkreuz (21. Bezirk) am linken Donauufer liegt, zählt zu den traditionellen Arbeitervierteln.

Karl-Seitz-Hof. Der Karl-Seitz-Hof (● *92*) an der Jedleseer Straße mit seinen 1113 Wohnungen, eine der größten und sicherlich auch gelungensten Gemeindewohnanlagen des »Roten Wien«, wurde 1926/27 von Hubert Gessner gebaut, ein Jahr vor dem Karl-Marx-Hof in Döbling. Dieser nach Karl Seitz (1869-1950), einem sozialdemokratischen Bürgermeister des »Roten Wien«, benannte Komplex ist besonders eindrucksvoll, da sich die Häuser halbkreisförmig um einen großen Park gruppieren. Über dem zentralen Gebäudeteil erhebt sich ein hoher Turm, durch den man auf eine breite Straße im Inneren der Anlage gelangt. Auf der linken Seite des Halbrunds befindet sich ein Uhrenturm. Diese Wohnanlage ist – wie alle in dieser Zeit entstandenen Gemeindebauten – mit Büros und zahlreichen Gemeinschaftseinrichtungen wie Kinderkrippen, Wäschereien und einem Theater ausgestattet.

Für mehr Komfort
Der Gemeindebau Karl-Marx-Hof, der zwischen 1927 und 1930 unter der Leitung des Architekten Karl Ehn entstand, sollte der arbeitenden Klasse besser ausgestattete Wohnungen bieten. Daher gibt es in dieser Anlage nicht nur zehn verschiedene Wohnungstypen (mit fließendem Wasser, städtischem Gas und Elektrizität), sondern auch zahlreiche soziale Einrichtungen wie Schwimmbad, Wäschereien, Kindergärten, Post, Ambulanz, Apotheke und Bibliothek.

»MEINE MUSIKALISCHEN WERKE SIND DER ERTRAG AUS GENIE UND LEID, UND DAS, WAS DEM PUBLIKUM AM MEISTEN GEFÄLLT, HAT MIR DEN GRÖSSTEN SCHMERZ BEREITET.«

LUDWIG VAN BEETHOVEN

Beethovens Testament.

Das Wappen von Heiligenstadt
St. Georg tötet den Drachen.

HEILIGENSTADT

Dieses hübsche Dorf im Norden Wiens an den Ausläufern von Kahlen- und Leopoldsberg ist weniger für seine Weinberge (■ *26*, ● *68*) berühmt geworden, als vielmehr dadurch, daß Beethoven (● *51*) gegen Ende seines Lebens hier viel Zeit verbrachte.

»Ich schreibe nicht für das Publikum!«. Auch Beethoven suchte, wie viele Künstler seiner Zeit, Inspiration in der unberührten Natur des Wienerwaldes (■ *18*, ▲ *322, 333*) oder in der Landarbeit. In den Jahren 1807-1808, als er sich häufig in Heiligenstadt aufhielt, komponierte er die Sechste Symphonie, die *Pastorale*. Er versuchte, den Herzschlag des Universums und das ihm innewohnende Göttliche in seiner Musik auszudrücken.

»Das Testament von Heiligenstadt«. Heiligenstadt erinnert Musikliebhaber vor allem an den ersten und zugleich dramatischten Aufenthalt Beethovens an diesem Ort: Wohl wissend, daß seine Taubheit, die er sechs Jahre lang zu verbergen versucht hatte, unheilbar sei, bekannte er sich im Oktober 1802 schließlich zu ihr in jenem berühmten »Testament von Heiligenstadt«, das für seine Brüder bestimmt war. Darin schrieb er auch, daß er an Selbstmord gedacht habe: »Diese Schicksalsprüfungen führten mich an den Rand der Verzweiflung; fast hätte ich meinem Leben ein Ende gesetzt. Die Kunst, nur allein die Kunst hat mich davor bewahrt.«

Heiligenstädter-Testament-Haus. In dem bescheidenen Haus in der Probusgasse Nr. 6 (oben) verfaßte Beethoven dieses Testament, dort komponierte er auch seine Zweite Symphonie und dachte wahrscheinlich schon an die dritte, die *Eroica*. Einen Teil dieses Heiligenstädter-Testament-Hauses gestaltete man zu einem Museum, in dem Gegenstände und Gravuren ausgestellt sind, die an den Aufenthalt des Musikers erinnern.

“In dem Maße, wie er den Kontakt zur Außenwelt verlor, blickte er mit einem um so schärferen Blick nach innen. Je mehr er mit seiner Innenwelt vertraut wurde, um so bewußter richtete er seine Forderung an die Außenwelt. Er bat alle Gönner, seine Arbeiten nicht länger zu vergüten, sondern dafür zu sorgen, daß er sich um nichts mehr zu kümmern brauchte und nur noch allein für sich selbst arbeiten könnte.”
Richard Wagner, *Beethoven*

Ein tragisches Leben
Das Manuskript der Neunten Symphonie und Beethovens Hörrohr.

Ein weiteres Beethoven-Haus. Im Zentrum von Heiligenstadt, auf dem Pfarrplatz steht die romanische Kirche St. Jakob, die vermutlich auf römischen Ruinen erbaut wurde. Direkt daneben (Nr. 2), befindet sich das Haus, das Beethoven 1817 bewohnte. Er komponierte dort keine besonderen Werke, da er sehr mit Schwierigkeiten wegen der Adoption seines Neffen Karl zu kämpfen hatte (Sohn seines 1815 verstorbenen Bruders Kaspar). Jahrelang kam das Verfahren durch Konflikte mit der Mutter des Kindes zu keinem Abschluß. Als er endlich den Prozeß gewonnen hatte, verschlechterten sich die Beziehungen zu seinem Schützling. Nördlich von Dorf und Pfarrplatz überquert die Eroicagasse einen kleinen Wasserlauf, den Schreiberbach, dessen Nordufer zum Gedenken an die häufigen Spaziergänge des Meisters »Beethovengang« getauft wurde.

NUSSDORF

Nördlich von Heiligenstadt liegt auf den Hügeln inmitten von Weinbergen (■ *26*) hoch über der Donau der Ort Nußdorf. In diesem Dorf gibt es sehr viele Heurigenlokale (● *68*).
Lehár-Schikaneder-Schlössl. In der Hackhohergasse 18 liegt das Schlößchen von Franz Lehár, in dem der Operettenkomponist (● *60*) ab 1932 lebte (im Inneren enthält es ein kleines Museum). Franz Lehár (1870-1948), ein gebürtiger Ungar, setzte die große Tradition der Operette fort, die im 19. Jh. mit Jacques Offenbach, einem deutschstämmigen Franzosen, und Johann Strauß (● *56*) begonnen hatte. Er schrieb so erfolgreiche Stücke wie *Die lustige Witwe* (1905), *Der Graf von Luxemburg* (1909) und *Das Land des Lächelns* (1929). Das Barockschlößchen gehörte Emanuel Schikaneder, dem Direktor des Theaters an der Wien, der bei Mozart (● *48,* ▲ *147, 281*) *Die Zauberflöte* bestellte, zu der er das Libretto schrieb. Im Inneren finden sich auch Deckengemälde mit Darstellungen aus dieser Oper. Schikaneder wohnte von 1802 bis 1812 in Nußdorf und lernte auch Beethoven kennen, den er dazu veranlassen wollte, Opern zu schreiben.

❝ Wer konnte den entrückten Träumer erkennen, wenn er durch die wimmelnden Straßen Wiens lief, mit starrem Blick und weitgeöffneten Augen, einzig verklärt von der Welt der Harmonien, die unaufhörlich in ihm klangen?❞
Richard Wagner, *Beethoven*

Ah, der Heurige! Der Heurige (neuer Weißwein, ■ *26*, ● *68*), den man mit Musik in den Gartenschenken feiert, hat den Ruf Grinzings begründet, dieses Dorfes, das im Norden Wiens hoch auf den Hügeln bei Döbling liegt. Andere Orte, die einstmals für ihren Wein berühmt waren, wie Gumpendorf und Margareten (6. Bezirk), sind inzwischen dichtbesiedelte Wohngebiete. Auch die Karlskirche (▲ *238*) und Schloß Belvedere (▲ *246*) waren früher von Weinbergen umgeben.

Und immer wieder Beethoven... In der Kahlenbergerstraße Nr. 26 steht ein Haus aus dem 18. Jh., das Beethoven 1824 bewohnte, zu der Zeit, als er die Neunte Symphonie (seine letzte) beendete. Im Südwesten von Heiligenstadt schließlich, in der Grinzingerstraße 64, hinter der Michaelskirche, lebte Beethoven gemeinsam mit der Familie des Dichters Franz Grillparzer (● *61*, ▲ *147, 206*) im Jahr 1808: Beethoven stritt sich so häufig mit ihnen, daß sie schließlich auszogen.

Nußdorfer Wehr. Der Beginn des Donaukanals (▲ *230*) ist durch eine Schleuse, das Nußdorfer Wehr, markiert. Dieses ungewöhnliche Bauwerk wird von zwei Bronzelöwen, (von Rudolf Weyr) die auf hohen Sockeln thronen, überragt. Der Betrachter trifft hier auf eine besondere Architektur, in der sich Stein, Glas und Eisenträger verbinden. Die Schleuse wurde 1894-1898 von Otto Wagner (● *86, 88*, ▲ *228, 237, 240*) entworfen.

GRINZING

Ehrenbürger. Heutzutage verwandeln sich die ursprünglichen Heurigenlokale von Grinzing immer mehr in Touristen-Restaurants. Während der warmen Jahreszeit drängen sich die Menschenmassen in den schmalen Gassen, und der Handel mit Souvenirs floriert. Weitaus bedenklicher ist jedoch eine andere Entwicklung: Bauherrn, die mit der Berühmtheit des Ortes Geschäfte machen wollen, kaufen Land auf, um Hochhäuser zu errichten. Um dieser Entwicklung entgegenzutreten, die langfristig sowohl die Weinberge bedroht als auch dem Dorf Grinzing seinen ländlichen Charme nimmt, rief man eine internationale Kampagne ins Leben und gründete eine Art Club der ›Ehrenbürger‹ Grinzings. Jedes Mitglied erwirbt zu einem symbolischen Preis einen Weinstock, wird damit zu seinem Paten und trägt so zu dessen Erhaltung bei. Zu diesen ›Ehreneigentümern‹ gehören zahlreiche Stars und bekannte Persönlichkeiten des öffentlichen Lebens.

Grinzinger Friedhof. Für Musikliebhaber empfiehlt sich ein Umweg über den Grinzinger Friedhof, wo man das Grab Gustav Mahlers (● *52,* ▲ *232*) besuchen kann, der hier seit 1911 ruht (Gruppe 6, Reihe 7).

Leopoldsberg und Kahlenberg
Das ausgedehnte, wildreiche Waldgebiet vor den Toren Wiens, das schon Johann Strauß besang, ist trotz zahlreicher Kahlschläge und Neubaumaßnahmen erstaunlich intakt geblieben.

Kahlenberg

Von Grinzing aus führen zwei Straßen in Serpentinen – die Cobenzlgasse und die Höhenstraße – auf den Kahlenberg. Von diesem Berg (484 m) stiegen die Truppen des polnischen Königs Johann III. Sobieski herab, bevor sie am 12. September 1683 die Türken vernichteten (● *35*).
Kahlenbergkirche. Die barocke Josefskirche, die überwiegend von der polnischen Gemeinde Wiens besucht wird, erinnert an dieses Ereignis: Im Innenraum kann man die Sobieski-Kapelle und eine Nachbildung der Schwarzen Madonna von Tschenstochau betrachten.
Schöne Aussicht. Von der Höhe des Kahlenbergs (484 m) aus genießt man einen wunderbaren Blick über ganz Wien und das Donautal (■ *20, 22,* ▲ *271*). Im Jahre 1809, als Österreich von den französischen Truppen eingenommen wurde, kamen viele Wiener auf den Kahlenberg, um von dort aus die Kämpfe zu beobachten, die flußabwärts bei Essling-Aspern und Wagram stattfanden (● *38*).

Leopoldsberg

Weiter östlich führt die Höhenstraße vom Kahlenberg zum Leopoldsberg (425 m), der das Donautal beherrscht. Von der Spitze dieses Berges eröffnet sich ein weiter Blick über die ganze Region.
Leopoldskirche. Ende des 17. Jh. ließ Leopold I. hier an der Stelle einer alten Burgkapelle eine Kirche bauen, die dem heiligen Leopold geweiht war. Sie wurde während der zweiten Belagerung Wiens durch die Türken zerstört (● *34*), dann zu Beginn des 18. Jh. im Barockstil wieder aufgebaut.

“Hast du vom Kahlenberg die Stadt dir nur besehn, so wirst du, was ich schrieb und was ich bin, verstehen.”
Karl Kraus

Der Leopoldsberg
Dieser Aussichtspunkt verdankt seinen Namen dem Markgrafen Leopold III. von Babenberg (● *28,* ▲ *138*) dem Gründer der Abtei Klosterneuburg, der im 15. Jh. heilig gesprochen wurde. Das auf dem Berg gelegene Schloß der Babenberger wurde während der Belagerung im Jahr 1529 von den Türken zerstört. Die Ruinen sind noch zu sehen.

Zu Füßen des Leopoldsberges liegt die Abtei Klosterneuburg, die größte an der Donau.

KLOSTERNEUBURG ♥

Das Stift Klosterneuburg wurde zu Beginn des 12. Jh. von dem Markgrafen Leopold III. von Babenberg gegründet, dessen Schloß sich ganz in Nähe, auf der Spitze des Leopoldsberges erhob. An diesem Ort befand sich die Hauptstadt der Ostmark, des zukünftigen Österreich. Als der deutsche Kaiser Friedrich I. Barbarossa (1122-1190) im Jahre 1156 Heinrich II. Jasomirgott von Babenberg zum Herzog von Österreich machte, verlegte dieser seine Hauptstadt von Klosterneuburg nach Wien (● *28*).

Legende vom verlorenen Schleier Leopold III. ließ, der Legende zufolge, eine Abtei an dem Platz erbauen, wo er den kostbaren Schleier wiederfand, den seine Frau, Agnes von Franken, verloren hatte.

Holztafel (bemalt von Ruland Frühauf, 1470-1547) am Altar der Stiftskirche.

Markgraf und Heiliger. Markgraf Leopold III. war sehr fromm und wollte weder im Streit zwischen deutschem Kaisertum und den Päpsten (Investiturstreit, 1059-1122), noch im Aufstand deutscher Fürsten gegen den Kaiser Partei ergreifen. Das erlaubte ihm, Agnes, die Tochter Heinrichs IV. zu heiraten, in Frieden auf seinen Ländereien zu leben und sich dem katholischen Glauben zu widmen; 1485 wurde er heilig gesprochen. Er liegt in der Leopoldskapelle begraben.

Ein Augustinerstift wird österreichischer Regierungssitz. Die erste, von Augustinern geführte Abtei war im romanischen Stil gebaut, der sich an dem der Zisterzienser-Klöster orientierte. Im 18. Jh. plante Karl VI. Änderungen, die Klosterneuburg neuen Glanz verleihen sollten, das im Jahr 1730 zum Teil durch eine Feuersbrunst zerstört worden war. Nach dem Vorbild des Escorial bei Madrid (1563-1584) plante er einen ›Kloster-Palast‹ als Symbol der österreichischen Monarchie und des Heiligen Römischen Reiches Deutscher Nation, sowie eine würdige Familiengruft in der Nähe Wiens, der Hauptstadt der Habsburger(● *29*, ▲ *143, 144, 195*).

Von Fischer von Erlach zu Donato Felice d'Allio. Karl VI. betraute Joseph Emanuel Fischer von Erlach, den Sohn Johann Bernhards (● *74, 81*) mit dem Projekt. Da dieser zu jener Zeit gerade mit einer Reihe bedeutender Arbeiten beschäftigt war – Nationalbibliothek (▲ *192*), spanische Winterreitschule (▲ *188, 190*), Kanzleiflügel der Hofburg (▲ *175*), Karlskirche (● *74*, ▲ *238*) Schloß Schönbrunn (▲ *274*) – begnügte er sich damit, die Pläne für ein großartiges Projekt zu entwerfen, das zahlreiche Gebäude mit insgesamt neuen Kuppeln vorsah, die sich um vier Höfe ordnen sollten. Für die Verwirklichung dieses Vorhabens versuchte man, den Mailänder Architekten Donato Felice d'Allio

Leopold III. (1070-1136) Markgraf Leopold III. von Babenberg ist der Nationalheilige Österreichs (▲ *138*).

(1690-1780) zu gewinnen. Zwei bedeutende Hindernisse verhinderten jedoch die Ausführung: Der chronische Geldmangel der Habsburger und der Tod Karls VI. im Jahr 1740. Die Bauarbeiten beschränkten sich also darauf, die ehemalige romanisch-gotische Abtei durch ein barockes Gebäude mit einem Hof zu ergänzen. Der Bau wurde mit zwei kupfergedeckten Kuppeln versehen, auf denen sich Nachbildungen von Kaiserkrone und Erzherzogshut erheben. 1775 wurden die Arbeiten unterbrochen und dann im letzten Jahrhundert fortgesetzt, als der Architekt Josef Kornhäusl den barocken Bau mit einem weiteren Flügel versah, um den Hof zu schließen.

Die Stiftskirche. Über den Stiftsplatz, in dessen Mitte sich die Lichtsäule erhebt, erreicht man die Stiftskirche mit ihren beiden Glockentürmen. Die ursprünglich romanische Kirche ist im Laufe der Jahrhunderte barock umgestaltet worden. Chorgestühl, Hoforatorium, Kanzel und die große Orgel, auf der Anton Bruckner (● *52*, ▲ *195*) spielte, verdienen besondere Beachtung.

Das gotische Kloster und die Freisinger Kapelle liegen hinter der Stiftskirche; die Freisinger Kapelle enthält die Grabfigur des Berthold von Wehingen, im 14. Jh. Bischof von Freising.

Die Leopoldskapelle besitzt eine Kostbarkeit mittelalterlicher Emailkunst: den Altaraufsatz von Nikolaus von Verdun (1181). Er besteht aus 45 vergoldeten Täfelchen, die in der Grubenschmelztechnik bearbeitet wurden (man versieht das Metall mit kleinen Aushöhlungen, in die Emaile gegosssen wird). Auf den Platten sind biblische Szenen dargestellt. In der Kapelle sind – außer einem silberner Schrein, in dem die Gebeine des heiligen Leopold von Babenberg ruhen – wunderschöne Fenster aus dem 14. und 15. Jh. zu bewundern.

Der Leopoldshof wird von einem alten befestigten Turm überragt. Gebäude im Stil der Gotik und Renaissance umgeben diesen Hof, in dessen Mitte sich ein Brunnen (Leopoldsbrunnen) aus dem 17. Jh. befindet.

Der Marmorsaal. In den Barock-Gebäuden, die unter Karl VI. erbaut wurden, öffnen sich die kaiserlichen Wohnräume und das Museum auf den Kaiserhof. Man betritt die oberen Stockwerke über eine ausladende Barocktreppe (1723), die jedoch unvollendet blieb. Sie führt in den ovalen Marmorsaal, den ein Fresko von Daniel Gran schmückt (allegorische

Die Lichtsäule
Dieses Denkmal aus dem dem 14. Jh. (unten) erhebt sich in der Mitte des Stiftsplatzes.

Links der Leopolds-Brunnen.

Die Stiftskirche
Der barocke Innenraum zeigt schöne Fresken vom Ende des 17. und Beginn des 18. Jh., mit denen Karl VI. Künstler wie Johann Michael Rottmayr (▲ *139, 160, 292*), J. G. Schmidt und G. Fanti beauftragt hatte.

Ein Goldschmied
Nikolaus von Verdun, Schüler des flämischen Mönches Godefroid de Claire vervollkommnete die Grubenschmelztechnik im 12. Jh. Dieses in Byzanz und von den Karolingern erfundene Verfahren entwickelte sich in den Werkstätten längs der Mosel (Maastricht, Verdun, Liège) und an den Ufern des Rheins (Köln, Koblenz) sowie in Aachen.

Der Verduner Altar
Der von Nikolaus von Verdun geschaffene Altaraufsatz in Klosterneuburg (1181) besteht aus Emaillebildern, deren Szenen an das Reliquar der Heiligen Drei Könige (Kölner Dom, 1196) und an den Reliqienschrein in Tournai erinnern (1205). Dieser Aufsatz ist eines der wenigen Stücke mittelalterlicher Goldschmiedekunst, das in massivem Gold gefertigt wurde.

Erinnerung an die Türken (● *34*)
Wie in Wien, so erinnern auch hier zahlreiche Gedenktafeln an den Durchzug türkischer Armeen, an eine Schlacht oder die Errichtung einer Schanze.

Darstellung zum Ruhm der österreichischen Herrscher). Unter den Kaiserzimmern verdient der Gobelinsaal mit seinen Brüsseler Wandteppichen aus dem 18. Jh. besondere Aufmerksamkeit.

Die Madonna von Klosterneuburg. Das Stiftsmuseum in der zweiten Etage beherbergt einige Meisterwerke. Unter ihnen ist besonders eine Marmor-Madonna aus dem 14. Jh. mit einem Ausdruck unaussprechlicher Sanftmut zu bewundern. Es lohnt sich auch, den Altaraufsatz Alberts II. vom Beginn des 15. Jh. zu betrachten, den Stammbaum der Babenberger (15. Jh.), italienische Renaissance-Statuen sowie den Merkur von Georg Raphael Donner (▲ *170, 171*), der auch den Brunnen am Neuen Markt (▲ *141*) geschaffen hat.

Tausendeimerfass. Innerhalb der Stiftsmauern liegen noch die gotische Kapelle des heiligen Sebastian und die Stiftskellerei, in der sich auch das sogenannte ›Tausendeimerfaß‹ befindet, das 1704 angefertigt wurde und 56000 l fassen soll. Am 15. November, dem Tag des heiligen Leopold, gibt es immer ein großes Volksfest, bei dem auch ein Wettkampf im ›Faßlrutschen‹ veranstaltet wird. Dieses Ereignis erinnert daran, daß die Weinberge (■ *26*) Klosterneuburgs zu den berühmtesten des Landes gehören.

Franz Kafka. Der Prager Kafka war zeitweise Untertan des österreichischen Kaisers. Der unauffällige Büroangestellte widmete seine freie Zeit der Dichtung. Er beschrieb eine von Ängsten erfüllte Welt und fand erst viele Jahre nach seinem Tod Anerkennung.

Kierling

Kafka-Museum. Im Sanatorium von Kierling starb Franz Kafka (1883-1924) an Tuberkulose. Ein kleines Museum erinnert an den berühmten Schriftsteller, dessen Werk die Nachkriegsliteratur entscheidend beeinflußte.

Praktische Informationen

Die besten Monate für einen Besuch in Wien sind Mai und Juni sowie September und Oktober. In diesem Zeitraum herrschen angenehme Temperaturen, und das Konzertangebot ist verlockend: im Mai und Juni finden die Wiener Festwochen statt, die philharmonischen Konzerte im September. Schön ist auch das häufig verschneite Wien in den Monaten Dezember und Januar. Die Stimmung um diese Zeit ist märchenhaft festlich, und auch der Karneval wird hier bereits im Dezember eingeläutet.

Ein unentbehrliches Paar

Im Winter benutzen die Wiener häufig zwei Paar Schuhe: eins für drinnen und eins für draußen.
Der Beutel, in dem sich das jeweils andere Paar befindet, begleitet sie überall hin.

Papiere

Für die Einreise nach Österreich ist lediglich ein gültiger Personalausweis erforderlich. Wer mit dem Auto anreist, benötigt nur seinen nationalen Führerschein. Es gelten folgende Geschwindigkeitsbeschränkungen: auf Autobahnen 130, auf Landstraßen 100, im Ortsgebiet 50 km/h.

Zollbestimmungen

Zollfrei eingeführt werden dürfen Gegenstände des persönlichen Bedarfs, Reiseproviant, Geschenke bis zu einem Wert von 1000 ÖS, außerdem 200 Zigaretten oder 50 Zigarren oder 250 g Tabak und 2 l Alkohol unter und 1 l über 22 %. Zahlungsmittel, die dem Reiseverkehr dienen, dürfen unbeschränkt eingeführt werden.

Umsatzsteuer-Rückerstattung

Wenn das Geschäft nicht ohnehin mit dem Schild »Tax Free for Tourists« versehen ist, sollte man nachfragen. Grundsätzlich gilt: Wer nicht in Österreich wohnt und an einem Tag Einkäufe im Gesamtwert von mehr als 1000 ÖS tätigt, bekommt die Umsatzsteuer (13%) erstattet. Dazu muß man ein Formular ausfüllen und die Ausfuhr der möglichst originalverpackten Waren vom Zoll bestätigen lassen. Manche Banken und Wechselstuben erstatten den Betrag sofort, sonst muß man die Erstattung schriftlich beantragen.

Pauschalangebote

Reiseveranstalter bieten häufig Fahrten zur Weihnachtszeit, zu Silvester oder über ein verlängertes Wochenende an. Karten für einen Besuch in der Oper oder für andere Veranstaltungen sind oft schon im Preis enthalten. Es gibt auch Komplettangebote für eine Anreise mit dem Zug und Benutzung eines Mietwagens am Zielort. Alternativ kann man einwöchige Kreuzfahrten auf der Donau zwischen Passau und Budapest buchen, bei denen in Wien Station gemacht wird.

Der Fasching

Der Fasching findet jährlich zwischen dem 31. Dezember und der Fastnacht (Mitte Februar) statt. Die Saison wird mit dem Kaiserball im Festsaal der Hofburg eröffnet. Am Höhepunkt des ganzen, der Fastnacht, stehen die maskierten Wiener fröhlich am Straßenrand, und über den Ring fahren die geschmückten Karnevalswagen.

Feiertage

Neujahrstag,
Heilige Drei Könige (6. Januar),
Ostermontag,
1. Mai,
Christi Himmelfahrt,
Pfingstmontag,
Fronleichnam,
Mariä Himmelfahrt (15. August),
Nationalfeiertag (26. Oktober),
Allerheiligen (1. November)
Mariä Empfängnis (8. Dezember),
Weihnachten (25. und 26. Dezember).

Offizielle Anlaufstellen

◆ Diplomatische Vertretungen

Bundesrepublik Deutschland
III., Metternichgasse 3,
Tel. 0222/ 711 54-0

Schweizerische Eidgenossenschaft
III., Prinz-Eugen-Str. 7
Tel. 0222/ 78 45 21-0
und 78 77 68-0

◆ Touristen-Information

Österreich Information
Postfach 1231
D-82019 Taufkirchen bei München
Tel. 089/ 66 67 01 00
(aus der ganzen Bundesrepublik zum Ortstarif anwählbar)
Fax 089/ 66 67 02 00

Wiener Fremdenverkehrsverband
Obere Augartenstr. 40
A-1025 Wien
Tel. 0222/ 211 14-0
Fax 216 84 92

Veranstaltungskalender

	J	F	M	A	M	J	J	A	S	O	N	D
Spanische Reitschule												
Vorführungen				●	●	●	●	●	●	●		
Training	●	●	●	●	●	●		●	●	●		
Wiener Sängerknaben												
Messen	●	●	●	●	●	●			●	●	●	●
Konzerte					●	●			●	●		
Bälle												
Kaiserball												●
Ballsaison	●	●										●
Neujahrskonzert	●											
Walzer- und Operettenkonzerte				●	●	●	●	●	●			
Mozart-Konzerte							●	●	●			
Festival für alte Musik		●										
Haydn-Tage			●									
Tage heiliger Musik			●									
Frühlings-Festival				●								
Wiener Festwochen					●	●						
Wiener Frühlings-Marathon			●									
Frühlingsfest im Prater						●						
Wiener Musiksommer						●	●	●	●			
Viennale Film Festival										●		
Drachenfest										●		
Schubert-Tage											●	
Antiquitäten-Messe											●	
Kunstmesse											●	
Wien Modern (Musik des 20. Jh.)										●	●	
Internat. Sommertanzwochen		●					●	●				
Rock-Festival						●						

Klima

In Wien herrscht ein gemäßigtes Kontinentalklima mit langen und kalten Wintern (Oktober bis April; - 5 bis + 5°C). Frühjahr und Herbst sind kurz und häufig verregnet. Genau genommen hat Wien sogar zwei Klimata, da es

Monat	Maxi	Mini	Sonne
Januar	1°C	-4°C	10 T.
Februar	3°C	-3°C	12 T.
März	8°C	1°C	16 T.
April	15°C	6°C	20 T.
Mai	19°C	10°C	22 T.
Juni	23°C	14°C	25 T.
Juli	25°C	15°C	26 T.
August	24°C	15°C	24 T.
September	20°C	11°C	21 T.
Oktober	14°C	7°C	16 T.
November	7°C	3°C	9 T.
Dezember	3°C	-1°C	9 T.

Maxi: Maximale Durchschnittstemperatur
Mini: Minimale Durchschnittstemperatur
Sonne: Überwiegend sonnige Tage

an einer Großwetterscheide liegt. Kontinentales Klima beherrscht Osten und Süden (extreme Temperaturen, geringe Niederschläge), ozeanisches den Westen. Hier bewirken überwiegend westliche, maritim-feuchte Winde häufige Niederschläge.

Informationen zum Veranstaltungskalender

Spanische Reitschule
Für das Training der Lipizzaner (Mitte Feb. - Mitte Juni, 31. Aug. - 15. Okt., Di - bis Sa 10 - 12 Uhr) sind Karten am Eingang Josefsplatz, Tor 2, erhältlich (Erwachsene 70, Kinder 20 ÖS).

Karten für Vorführungen müssen schriftlich möglichst früh bei der Spanischen Reitschule, Hofburg, A-1010 Wien, angefordert werden. Restkarten gelegentlich bei Vorverkaufsstellen und in Reisebüros (Sitzplatz 200 bis 700 ÖS, Stehplatz 160 ÖS).

Wiener Sängerknaben
In der Burgkapelle der Hofburg finden sonntags und an katholischen Feiertagen um 9.15 Uhr Messen mit den Wiener Sängerknaben und Mitgliedern des Staatsopernchors und -orchesters statt (15. Jan. - 26. Juni, 16. Sept. - 23. Dez.). Schriftliche Bestellungen von Sitzplätzen mindestens acht Wochen im voraus an die Hofmusikkapelle, Hofburg, A-1010 Wien (50 bis 220 ÖS), Stehplätze frei. Weitere Karten Fr ab 17 Uhr an der Tageskasse, allerdings pro Person nur zwei (frühzeitig anstellen).

Mit dem Flugzeug

◆ Vom Flughafen Wien-Schwechat im Südosten der Stadt sind es 19 km bis ins Zentrum.

◆ **Transfer-Busse** verkehren vom Flughafen zum City Air Terminal (Am Stadtpark, Hotel Hilton Tel. 73 35 35) sowie zum West- und Südbahnhof (Fahrpreis 50 ÖS).
Fahrtzeiten: City Air Terminal 6 -0.30 Uhr etwa halbstündlich; Süd- und Westbahnhof 6.40-22.30 Uhr etwa stündlich. Daneben bieten private Firmen einen Shuttle-Service an.

◆ **Die Schnellbahn** verkehrt zwischen 5.30 und 22 Uhr in mindestens stündlichen Intervallen (Ticket etwa 30 ÖS).

◆ **Informationsbüro**
In der Ankunftshalle, gegenüber der Gepäckausgabe, tägl. 8.30 - 22 Uhr, Juni - Sept. bis 23 Uhr (dort auch Zimmervermittlung)

◆ **Flugauskunft**
Tel. 711 10-22 31 oder -22 32

◆ **Adressen**
Austrian Airlines
Wien I, Kärtner Ring 18, Tel. 717 99 oder 505 57 57
Lauda Air
Wien I, Opernring 6, Tel. 51 47 70
Tyrolean Airways, Wien I, Opernring 1/R7, Tel 56 36 74.

Mit der Bahn

◆ Die drei großen Bahnhöfe von Wien sind Kopfbahnhöfe. Transitreisende müssen daher mit anderen Verkehrsmitteln von Bahnhof zu Bahnhof fahren.

◆ **Westbahnhof:**
Mehrmals täglich Schnellzugverbindung von Deutschland, der Schweiz und Ungarn.
Adresse: Wien XV, Mariahilfer Str. / Gürtel (Europaplatz).
Anschluß: U3, U6, Straßenbahn 5, 6, 9, 18, 52, 58, Schnell- und Regionalbahn.

◆ **Südbahnhof:**
Zugverbindungen nach Italien, Tschechien und Kroatien.
Adresse:
Wien X, Wiedner Gürtel / Arsenalstr.
Anschluß: Bahnen D, O, 18, 13A, 69A, Schnell- und Regionalbahn.

◆ **Franz-Josefs-Bahnhof:**
Zugverbindung nach Berlin, Tschechien und Slowakei.
Adresse: Wien IX, Julius-Tandler-Platz
Anschluß: U4, U6, Bahnen D, 5, 37A, Schnell- und Regionalbahn.

◆ **Wien Mitte:**
Schnellbahn-Knotenpunkt (Flughafen, Busbahnhof, Südbahnhof, Praterstern.
Adresse:
Landstraßer Hauptstraße, City Air Terminal.
Anschluß: U3, U4, Bahnen O, 1A, 74A, 75A

◆ **Informationsbüros**
Reisebüros mit Zimmervermittlung findet man am Westbahnhof, im Südbahnhof, im Franz-Josefs-Bahnhof.

◆ **Zugauskunft**
Tel. Zentralruf 17 17, Servicestelle Tel. 17 00.

	Ziel	von - bis	Dauer	Preis
Shuttle	*City Air Terminal*	*Apr.-Okt., 6-0.30, tgl.*	*20 Min.*	60 ÖS
Shuttle	*Südbahnhof, dann zum Westbahnhof*	*6.40-22.30, tgl.*	*20 Min.*	60 ÖS
Schnell-bahn	*Wien-Mitte, Wien-Nord*	*5.31-22.05, tgl.*	*30 Min.*	30 ÖS
Taxi			*20 Min.*	300-350 ÖS

Die wichtigsten Verbindungen		
Flüge (Direktverbindungen)		
Gesellschaft	**Startflughafen**	**Häufigkeit**
Lufthansa	Frankfurt	4 Flüge täglich
Lufthansa	Berlin	3 Flüge tägl., 2 x Sa u. So
Lufthansa	Köln/Bonn	3 x tägl., 10 Anschlußflüge
Lufthansa	München	bis zu 4 Flüge tägl.
Lufthansa	Hamburg	bis zu 3 x tägl.
Austrian Airlines	Brüssel	2 Flüge tägl. Sa 1 Flug
Austrian Airlines	Zürich	3 Flüge täglich
Swissair	Zürich	3 Flüge täglich
Eisenbahnverbindungen		
Abfahrtsbahnhof	**Ankunftsbahnhof**	**Häufigkeit**
Berlin	Wien-Westbahnhof	2 Direktzüge am Tag
Hamburg	Wien-Westbahnhof	1 Direktzug am Tag
Köln	Wien-Westbahnhof	6 Direktzüge am Tag
Frankfurt	Wien-Westbahnhof	5 Direktzüge am Tag
München	Wien-Westbahnhof	5 Direktzüge am Tag
Orientexpress	ab Düsseldorf 2 - 5 mal monatlich von April bis Okt., ab Innsbruck umsteigen in einen Normalzug	

Mit dem Auto

◆ Wer mit dem eigenen Auto anreist, hat die Wahl zwischen drei Routen: Aus dem Raum Hamburg/Hannover kommend fährt man am besten über Nürnberg, Regensburg, Passau und Linz, aus den westlichen Bundesländern über Karlsruhe, Stuttgart, München und Salzburg. Autofahrer aus Berlin und den neuen Bundesländern können auch über Prag anreisen, allerdings sind die Straßen durch Tschechien bislang noch nicht so gut ausgebaut.

◆ Aus der Schweiz kann man von Genf, Bern und Zürich durch den Arlberg-Tunnel (Gebühr 150 ÖS) und dann über Innsbruck und Salzburg nach Wien fahren.

◆ Autofahrer benötigen für Österreich lediglich ihren nationalen Führerschein und ein Nationalitätenkennzeichen.

◆ Es gelten folgende Geschwindigkeitsbeschränkungen:
Autobahn - 130 km/h
Landstraße - 100 km/h
Innerorts 50 km/h

◆ Benzin kostet:
Super Plus/98 Oktan (bleifrei) ab 9,60 ÖS ;
Diesel ab 7,20 ÖS.

◆ Verkehrsinformationen erhält man über den Radiosender Ö3 und die Tonbanddienste der österreichischen Automobilclubs:
ÖAMTC - Tel. 15 90
ARBÖ - Tel. 15 27

◆ An den Autobahnen rund um Wien gibt es mehrere Informationsbüros, die auch Zimmer vermitteln (Adressen s. unten).

Entfernungen von Wien nach

Berlin	650
Hamburg	1119
Frankfurt	718
Dresden	590
München	442
Zürich	770
Prag	309
Amsterdam	1 163
Barcelona	1 841
Brüssel	1 136
Budapest	247
Lissabon	2 996
London	1 466
Madrid	2416
Mailand	817
Rom	1 147
Warschau	667
Athen	1 869

Informationsbüros für Touristen (mit Zimmervermittlung)

Info-Büro	Adresse	Öffnungszeiten
Wiener Tourismusverband (Hauptbüro)	II., Obere Augartenstraße 40, Tel. (1) 211 14-0	Telefonische oder schriftliche Auskünfte (Fax: (1) 216 84 92
Tourist-Information (Publikumsbüro)	I., Kärntner Straße 38, Tel. 513 88 92	Tägl. 9-19 Uhr
Autoroute A1 (Westautobahn)	Rasthof Wien-Auhof	Apr.- Okt., 8-22, Nov. 9-19 Uhr, Dez.- März,10-18 Uhr
Autoroute A2 (Südautobahn, Abfahrt Zentrum)	Triesterstraße	Karwoche - Juni, Okt. 9-19Uhr, Juli - Sept. 8-22 Uhr
Autoroute A4 (Ostautobahn), Abfahrt Simmeringer Haide	Landwehrstraße 6	Karwoche - Sept., 9-19 Uhr
Nordeinfahrt	Floridsdorferbrücke/Donauinsel	Karwoche - Sept. 9-19 Uhr
Westbahnhof	XV., Europaplatz 1,	Mo - Fr 6.15-23 Uhr
Südbahnhof	X., Wiedner Gürtel 1b,	Mo - Fr 6.30-22 Uhr
Auskunftsschalter der DDSG (Donaudampfschiffahrtsgesellschaft)	Reichsbrücke	April - Okt. 7-18 Uhr Mai -Sept. 7 - 20 Uhr
Tourist Information, im Flughafen	Ankunftshalle	Tägl. von Okt. - Mai 8.30-22, Juni - Sept. 8.30-23 Uhr
Jugend-Info Wien (auch Ticket-Vorverkauf)	I., Bellaria Passage, Tel. 526 46 37	Mo - Fr 12-19 Uhr, Sa und Schulferien 10-19 Uhr
Österreich-Information (Informationen über ganz Österreich)	V., Margaretenstrasse 1, lTel. 587 20 00	Mo - Fr 10-17 Uhr, Do 10-18 Uhr
Niederösterreich-Information (Informationen über die Umgebung von Wien)	I., Heidenschuß 2, Tel. 533 31 14-28	Mo - Fr 8.30-17.30 Uhr, Sa 9-12 Uhr

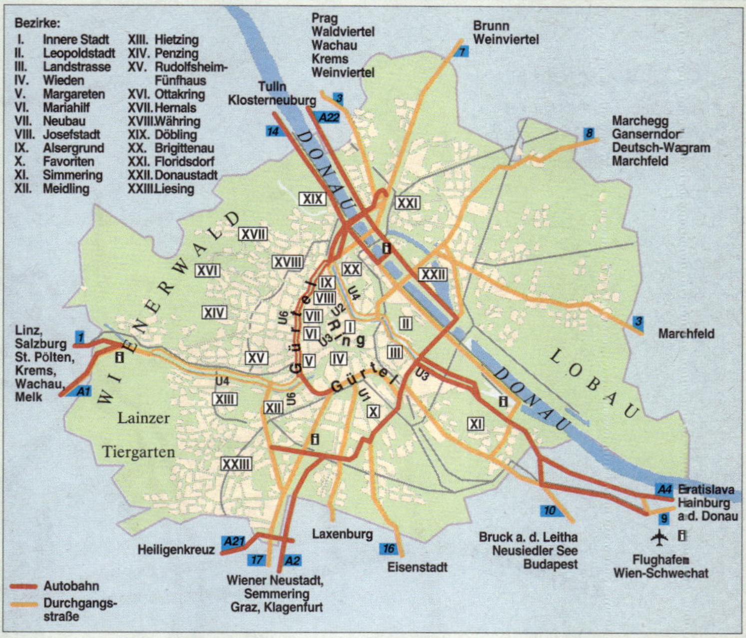

ORIENTIERUNG

Wien ist in 23 Bezirke gegliedert, die sich spiralförmig um den I. Bezirk, die Innere Stadt, gruppieren. Der historische Stadtkern bildet auch das heutige Zentrum. Er wird umgeben von den Ringen, die im 19. Jh. auf den alten Wallanlagen errichtet wurden.
In Wiener Postleitzahlen wird die Bezirksnummer durch die zweite und dritte Ziffer wiedergegeben:
I. Bezirk = 1010
XV. Bezirk = 1150.

AUTOFAHREN

Seit der Öffnung des Eisernern Vorhangs hat der Verkehr in Wien stark zugenommen; nicht nur auf den Autobahnen sondern auch in der Stadt. Staus und vor allem Parkplatzmangel sind daher an der Tagesordnung. Vor allem während der Rushhour sollte man den I. Bezirk mit seinen vielen Einbahnstraßen meiden. Legale Parkmöglichkeiten sind inzwischen äußerst rar. Wenden Sie sich am besten an den Hotelportier, um einen Parkplatz zu finden.

Wer ohne Auto anreist, kann sich zur Erkundung der Umgebung von Wien einen Mietwagen leihen. Man muß mindestens 21 Jahre alt sein und den Führerschein länger als ein Jahr besitzen. Leihwagenagenturen gibt es am Flughafen, an den Bahnhöfen und im Stadtzentrum. Adressen im I. Bezirk:
AVIS:
Opernring 1, I.
Tel. 587 62 41
HERTZ:
Kärntner Ring 14, I.
Tel. 512 86 77 42 00

ZU FUSS GEHEN

Die Wiener Fußgänger respektieren jede Fußgängerampel und warten geduldig auf Grün, bevor sie die Straße überqueren. Ungeduldiger sind hingegen die Autofahrer.

WO PARKEN?

Seit dem 1. Juli dürfen nur noch Anwohner und Leute, die hier arbeiten, im I. Bezirk außerhalb der öffentlichen Parkplätze parken.
In den anderen Bezirken darf man maximal 90 Minuten parken, aber nur an Stellen, die durch eine blaue Linie am Straßenrand kenntlich gemacht sind. Parkscheine für die Kurzparkzonen mit unterschiedlicher Farbe je nach Dauer sind in den Tabak-Trafiken erhältlich (90 Minuten: 60 ÖS).
In der Inneren Stadt gibt es zwar eine Reihe von Parkplätzen, die jedoch leider meistens besetzt sind.
Das eigene Auto stehen zu lassen wird durch die günstigen Preise der öffentlichen Verkehrsmittel (◆ 312) erleichtert; im Zentrum ist man zu Fuß sowieso am schnellsten.

Autobahnen
Durchgangs-straßen
Nebenstraßen
GRINZING
Grinzinger Strasse
Grinzinger Allee
Pötzleinsdorfer Str.
Krottenbach Strasse
Barawitska
Heiligenstädter Str.
Billrothstr.
Gersthofer Str.
Jordan Str.
Dornbach Strasse
Adalbert
Spittelauer
Währinger Str.
Lidl Gasse
Nussdorfer Str.
Alserbach Str.
Hernalser Hauptstr.
Währinger Str.
Sandleitengasse
Watt Gasse
Skodagasse
Landesgerichtsstr.
Ring
Flötzersteig
Gablenz Gasse
Koppstr.
Koppstrasse
HOFBURG
Maroltingergasse
Possinger Gasse
Burggasse
Getreidemarkt
Hütteldorfer Str
Hütteldorfer Str.
Schottenfeldg.
Hadik Gasse
Linzer Strasse
Ameisg.
Linzer Strasse
Linke Wienzeile
Hietzinger Kai
Hadik Gasse
Neubaugür.
Webgasse
Rechte Wienzeile
Schönbrunner Strasse
Linke Wienzeile
Wiedner Hauptstr.
Strasse
SCHLOSS SCHÖNBRUNN
Margaretengürtel
Lainzer
Grünbergstrasse
Rucker Gasse
Eichenstrasse
Fasangarteng.
Edelsinnstrasse
Triester strasse
Hetzendorfer Str.
Altmannsdorfer Str.
Wienerbergstrasse
Trostatrasse
Speisinger Strasse
Breitenfurter
Triester strasse
Endresstrasse
Anton Baumgartner Strasse
Strasse
Sterngasse
Draschestr.
Laxenburger Strasse
Hodauner Str.
Breitenfurter
Perfektastrasse
Donauwörther
Wienergasse
Ketzer Strasse

FLORIDSDORF
UNO-CITY
AUGARTEN
PRATER
STEPHANSDOM
BELVEDERE
ZENTRALFRIEDHOF
DONAU
Leopoldauer Strasse
Floridsdf. Hptstr.
Eipeldauerstr.
Donaufelder Strasse
Arbeiterstrandbadstrasse
Hirschstettner Str.
Wagramer Strasse
Erzherzog Karl Strasse
Donaustadtstrasse
Aspern Str.
Stadlauer Str.
Müller Str.
Strom Str.
Handelskai
Dresdner Strasse
Taborstrasse
Nordbahnstr.
Lassalle Str.
Ausstellungsstr.
Praterstr.
Obere Donaustr.
Franz-Josefs-Kai
Schüttel Strasse
Erdberg Strasse
Stadionallee
Meiereistr.
Kaiserm.
Hafenzufahrtsstr.
Raffineriestrasse
Ring
Am Heumarkt
Rennweg
Schlachthaus G.
Pr. Eugen Str.
Landstrasser Gürtel
Arsenal Strasse
Sonnwend G.
Gudrun Strasse
Simmeringer Hauptstr.
Geiselbergstr.
Laxenburger Str.
Laaer Berg Strasse
Kaiser-Ebersdorfer-Str.
Favoritenstrasse
Unter-Laaer Str.

Öffentlicher Nahverkehr

Wien hat ein hervorragendes Netz öffentlicher Verkehrsmittel zu akzeptablen Preisen. Es ist dagegen nicht ratsam, sich mit dem Auto im Stadtgebiet fortzubewegen.

U-Bahn

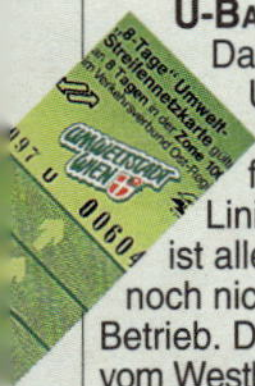

Das Wiener U-Bahn-Netz umfaßt sechs Linien, die U5 ist allerdings noch nicht in Betrieb. Die U6 fährt vom Westbahnhof bis Heiligenstadt überirdisch.

Strassenbahn (Tram)

In der Regel das schnellste Fortbewegungsmittel. Ihre Linien fahren in beide Richtungen den Ring entlang, weitere Bahnen zweigen sternförmig von ihm ab. Die Linien tragen die Nummern 1 bis 71 oder die Buchstaben B bis O. Die Bahnen mit den Nummern 1 und 2 sowie ein Teil der Bahnen J und D bedienen den Ring.

Bus

Busse verkehren von 5.30 bis 24 Uhr und stellen die Verbindung zwischen den Straßenbahnlinien her. Am Wochenende und vor Feiertagen fahren in der Zeit von 0.30 bis 4 Uhr Nachtbusse, die Linien sind durch ein N gekennzeichnet. Die Fahrscheine gibt es in den Bussen am Automaten, der Nachttarif beträgt 25 ÖS und die Karten berechtigen zum Umsteigen. Zentraler Abfahrtsort ist der Schwedenplatz, es werden die wichtigsten Haltestellen am Ring und in den Randbezirken angesteuert.

◆ Informationen gibt es an den Schaltern in den U-Bahn-Stationen Karlsplatz, Praterstern, Stephansplatz und Philadelphiabrücke.

Fahrkarten

◆ Einfache Fahrt: 20 ÖS

◆ Fünferkarte: 75 ÖS (in U-Bahn-Stationen oder in der Trafik)

◆ Zeitnetzkarten, gültig in Bussen, Bahnen und U-Bahnen der Zone 1 (die allerdings fast das ganze Stadtgebiet umfaßt):

• 24 Std.-Karte: 45 ÖS

• 72 Std.-Karte: 115 ÖS

• Wochenkarte: 125 ÖS

Diese von Montags bis Sonntags gültige Karte ist in der Regel die günstigste Lösung für Touristen.

• 8-Tage Streifen-Netzkarte: 235 ÖS

Sie berechtigt an acht selbstgewählten Tagen zur Nutzung der öffentlichen Verkehrsmittel in der Kernzone und ist auch für Gruppen geeignet (ein Streifen pro Tag und Person).

• Kinder unter 6 Jahren fahren das ganze Jahr über kostenlos. Ausländische Schüler unter 15 und österreichische unter 19 Jahren fahren an Sonn- und Feiertagen sowie in den Ferien umsonst.

Mit dem Taxi

◆ Taxistände: an den Bahnhöfen, an der Hofburg, an der Oper, am Stephansplatz.

◆ Radio-Ruf: Tel. 31 300, 40 100, 60 160, 81 400

Zu Fuss

Ein Teil der Innenstadt im I. Bezirk ist Fußgängerzone, z.B. Kohlmarkt, Graben, Stephansplatz, Kärntnerstraße.

Mit dem Rad

Es gibt viele gut gekennzeichnete Radwege in Wien und Umgebung.

◆ Organisierte Stadtbesichtigungen werden von Mai bis September am 1. und 3. Montag des Monats um 15.30 Uhr angeboten (165 ÖS + 60 ÖS Leihgebühr für das Fahrrad).

◆ Informationen: Radverleih Salztorbrücke, I., rechtes Donauufer sowie telefonisch bei Vienna-Bike, Tel. 31 12 58.

Verkehrsmittel und Informationsstellen

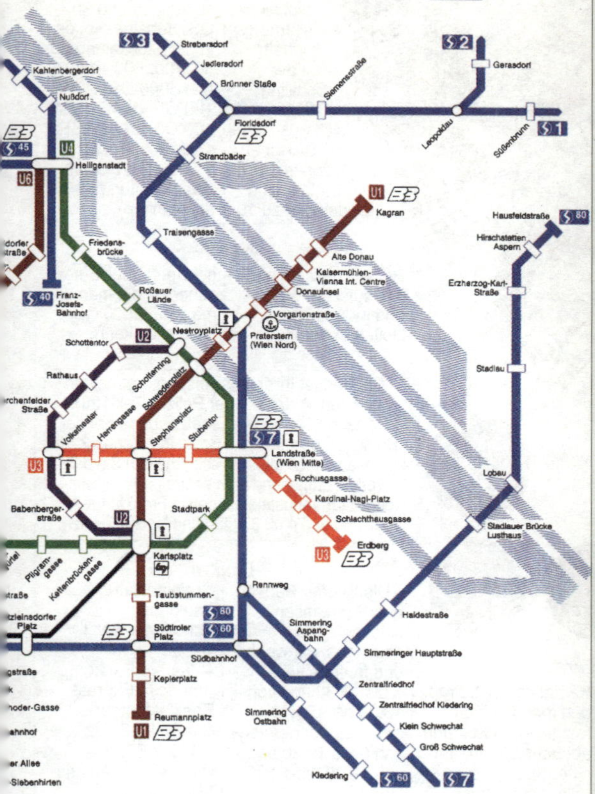

Mit der Oldtimer-Tramway

Mit der 1929 gebauten Bahn kann man von Mai bis Oktober an Wochenenden in einer 2½stündigen Rundfahrt die wichtigsten Punkte und Gebäude Wiens besichtigen. Abfahrtsort ist am Karlsplatz vor dem Otto-Wagner-Pavillon, hier erhält man auch Auskünfte (Tel. 5873186) und Fahrkarten. Abfahrt ist Samstags um 13.30 Uhr, an Sonn- und Feiertagen um 10 Uhr. Preis: ÖS 150; Kinder ÖS 50.

Mit dem Bus

Von den örtlichen Busunternehmen werden diverse Stadtrundfahrten sowie Ausflüge in die Umgebung Wiens angeboten.

- Vienna Sightseeing Tours, Stelzhammergasse 4, III., Tel. 712 46 830 (große Stadtrundfahrt, Erwachsene 320 ÖS, Kinder 100 ÖS)
- Cityrama Sightseeing, Börsegasse 1, I., Tel. 534 13 oder 12 (große Stadtrundfahrt, Erwachsene 320 ÖS, Kinder 100 ÖS, 3 Stunden)
- Vienna Line, Johannesgasse 14, I., Tel. 512 80 91 (große Stadtrundfahrt für 320 ÖS).
- Alternative Stadtrundfahrten City Tours, Kolingasse 6, IX., Tel. 34 33 84 (Stadtrundfahrt unter dem Motto »Traum und Wirklichkeit«, die sich auf die Zeit von 1870-1930 konzentriert (Jugendstil und »Rotes Wien«), rund 3 Stunden, Abfahrtszeiten: Dienstags 13 Uhr, Donnerstag 10 Uhr, Preis 250 ÖS.

Diese furchtlosen Radfahrer!

Um mehr über das Radeln in Wien zu erfahren, sollte man sich die Broschüre *Wien-vom Sattel aus entdecken* bei der örtlichen Touristeninformation besorgen (◆ *342*).

Mit dem Schiff

Die Donaudampfschiffahrtsgesellschaft (DDSG) veranstaltet Rundfahrten auf der Donau, auf manchen Schiffen werden auch Tanzabende und Abendessen angeboten. Von April bis Mai verkehren die Schiffe täglich, der Anleger ist am Schwedenplatz. Die Panoramatour Donau z.B. dauert 3½ Stunden und kostet 440 ÖS (für Kinder von 6 bis 15 in Begleitung Erwachsener nur 100 ÖS). Auskünfte erteilt: DDSG-Donaureisen, Handelskai 265, II., Tel. 217 50-0.

Im Fiaker

Wenn man eine Gruppe von 4 bis 6 Personen bildet, um auf einen erschwinglichen Fahrpreis zu kommen, ist der Fiaker ein sehr angenehmes Mittel, um im Frühjahr oder im Sommer die Stadt zu erkunden. Der Preis sollte vor Antritt der Fahrt ausgehandelt werden; die Standplätze der knapp zwei Dutzend Wiener Fiaker befinden sich an der Albertina, am Heldenplatz und am Stephansplatz. Preis: Zwischen 400 ÖS und 800 ÖS pro Fiaker je nach Route.

GELD

NATIONALWÄHRUNG

Die österreichische Währungseinheit ist der Schilling (ÖS), er setzt sich aus Hundert Groschen (G) zusammen. Im Umlauf sind Geldstücke zu 10 und 50 Groschen und zu 1, 5, 10 und 20 ÖS. Scheine gibt es in der Stückelung 20, 50, 100, 500, 1000 und 5000 ÖS.
100 ÖS = 14,37 DM.
100 ÖS = 12,02 SFr
1 DM = 6,95 ÖS
1 SFr = 8,31 ÖS
(Wechselkurse schwanken).

SCHECKS

Reiseschecks gibt es in Deutscher Mark und in American Dollar. In der Regel genügen aber Euroschecks, die man bis maximal 2500 ÖS ausstellen kann.

Bei Verlust Ihrer Ausweispapiere melden Sie den Vorfall bei der Polizei (Tel. 133). Danach können Sie Ersatzpapiere bei der Botschaft beantragen. Sollte Ihre Scheckkarte abhanden gekommen sein, melden Sie den Verlust umgehend dem zentralen Annahmedienst für Verlustmeldungen in Frankfurt a. M., Tel. 060/69/74 09 87 (Tag und Nacht besetzt).

ZAHLUNGSMITTEL

◆ Gängige Kreditkarten (Visa, Diner's Club, American Express, Eurocard/Mastercard) werden in fast allen größeren Geschäften und Banken, in den meisten Hotels und Restaurants sowie bei fast allen Autovermietungen akzeptiert. Häufig ist der Betrag, den man in einem festgelegten Zeitraum abbuchen kann, auf eine bestimmte (allerdings keineswegs geringe) Summe begrenzt. Die Gebühren für das Abheben von Bargeld am Automaten sind aber relativ hoch.

WECHSELSTUBEN

◆ In einigen Wechselstuben kann man täglich gängige Währungen tauschen: Wechselstube Westbahnhof (7 bis 22 Uhr), Wechselstube Südbahnhof (6.30 bis 22 Uhr), Wechselschalter Air Terminal (Hilton, 8 bis 12.30 und 14 bis 18 Uhr), Wechselschalter Flughafen (6.30 bis 23 Uhr), Touristeninformation Kärntner Straße (9 bis 19 Uhr).
◆ Wechselstube Bahnhof Wien-Mitte nur montags bis freitags 7.30 bis 19 Uhr.

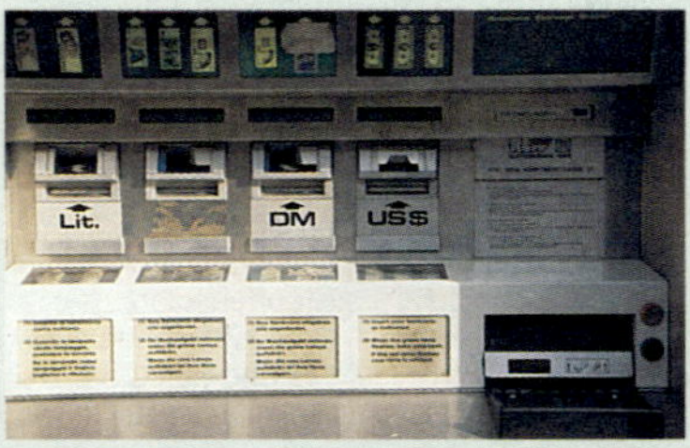

BANKEN

◆ Die Wiener Banken und Sparkassen sind montags, dienstags, mittwochs und freitags von 8 bis 12.30 und von 13.30 bis 15 Uhr geöffnet, donnerstags von 8 bis 12.30 und von 13.30 bis 17.30 Uhr.
◆ Örtliche Banken: Bank Austria, Am Hof 2, I., Tel. 71 19 10
Creditanstalt Bankverein, Schotteng. 6-8, I., Tel. 53 13 10
◆ Weitere Banken: American Express Bank, Kärntner Straße 21-23, I., Tel. 517 67
Diner's Club Austria, Rainergasse, IV., Tel. 50 13 50
Chase Manhattan Bank, Parkring 12a, I., Tel. 51 58 90

BANKOMATEN (BANKAUTOMATEN)

◆ An den Bankomaten im Eingangsbereich einiger Banken kann man rund um die Uhr Geld ziehen (auf den EC-Aufkleber achten). Die Gebühr beträgt 20 ÖS pro Buchung.
Auskünfte erteilt: Visa-Service Kreditkarten AG, Wipplingerstrasse 4, I., Tel. 53 48 70.
◆ Im Zentrum gibt es mehrere Wechselautomaten, die Scheine der gängigen Devisen gebührenfrei in Schilling tauschen: Kärntner Straße 7, Kärntner Straße 32, Kärntner Straße 51, Stephansplatz 2, Operngasse 8, Landstraßer Hauptstr. 1, Franz-Josefs-Kai 21, Michaelerplatz, Loos-Haus.

Unterkunft

Vor allem, wenn man während der Ferienzeiten nach Wien fährt, sollte man die Übernachtungen im voraus buchen. Aber auch außerhalb der Ferienzeiten empfiehlt sich eine Reservierung, denn kulturell ist fast immer Saison.

Reservierung

◆ Ein umfangreiches, ½jährlich aktualisiertes Verzeichnis aller Hotels und Pensionen gibt der Österreichische Fremdenverkehrsverband (◆ *306*) heraus. Es kann dort oder bei der Österreich Werbung angefordert werden. Dort gibt es auch gesonderte Prospekte über behindertenfreundliche Hotels, Jugendherbergen und Campingplätze.

Spontane Buchung

◆ In der Touristeninformation gibt es Hotellisten sowie unter den Nummern 513 88 92 oder 513 40 15 telefonische Auskünfte. Reservierungen werden nur vor Ort vorgenommen (◆ *310*). Auch in den Touristenbüros im Westbahnhof und im Südbahnhof können bei Ankunft Zimmer gebucht werden.
◆ Mitwohnzentrale, Laudongasse 7, VIII. Tel.. 402 60 61, Montags bis Freitags 10 bis 18 Uhr.
Hier kann man gegen Vermittlungsgebühr private Zimmer und Wohnungen für einen Aufenthalt von mindestens 3 Tagen mieten (Zimmer ab 150 ÖS pro Nacht, Wohnung ab 500 ÖS pro Nacht).
◆ Jugendherbergen: Es gibt zwei Verbände in Österreich: Österreichischer Jugendherbergsverband, Schottenring 28, I. Tel. 533 53 53
Österreichisches Jugendherbergswerk, Helferstorferstraße 4, I., Tel. 533 18 33
◆ Private Anbieter von Zimmern und Appartments: Reisebüro Hippesroither, Neustiftgasse 66, VII., Tel. 93 92 19
Österreichisches Verkehrsbüro, Friedrichstrasse 7, IV., Tel. 58 800 153

Klassifizierung der Unterkünfte

◆ Hotels: Die Spannweite reicht von 1 bis 5 Sternen.
◆ Pensionen: Im Vergleich zum Hotel meist etwas kleiner, einfacher und familiärer, häufig gutes Preis-Leistungs-Verhältnis (1 bis 4 Sterne).
◆ Während der Ferienzeit werden einige Universitätswohnheime als Hotels genutzt, auch hier wird Reservierung empfohlen.
◆ Jugendherbergen.
◆ Private Zimmer.
◆ Camping: In der näheren Umgebung Wiens stehen fünf Campingplätze zur Verfügung.
Preise: um die 70 ÖS pro Person und Tag zuzüglich 60 bis 80 ÖS für den Stellplatz.

Hotels und Pensionen

Einen Überblick über die zahllosen Hotels und Pensionen finden Sie nach Bezirken geordnet im Adressenteil.

Jugendherbergen

◆ Schloßherberge am Wilhelminenberg, Savoyenstraße 2, Tel. 45 85 03/700 (1. April bis 15. November, inkl. Frühstück 190 ÖS)
◆ Jugendgästehaus der Stadt Wien – Hütteldorf-Hacking, Schloßbergasse 8, Tel. 877 02 63 (Hausmannskost; ganzjährig geöffnet, inkl. Frühstück 137 ÖS)
◆ Jugendgästehaus Wien Brigittenau, Friedrich-Engels-Platz 24, Tel. 33 28 29 40 (Vegetarische Kost; ganzjährig geöffnet, 140 ÖS)
◆ Jugendherberge Wien Myrthengasse/ Neustiftgasse 85, Tel. 523 63 16 (behindertengerecht eingerichtet, vegetarische Kost, ganzjährig geöffnet, inkl. Frühst. 140 ÖS)
◆ Kolpingfamilie Wien-Meidling, Bendlgasse 10-12, Tel. 83 54 87 (ganzjährig geöffnet, 95/140 ÖS)
◆ Hostel Ruhensteiner, Robert-Hamerling-Gasse 24, Tel. 83 46 93 (Küchenbenutzung, Garten; ganzjährig geöffnet, ÖS 125-199)
◆ Hostel Zöhrer, Skodagasse 26, Tel. 430730 (ganzjährig geöffnet, inkl. Frühst. 160 ÖS)

Campingplätze

◆ Wien West, Hüttelbergstaße 40, Tel. 94 14 49 (8 km vom Zentrum, 15. Juli bis 31. Aug.)
◆ Wien Süd, Breitenfurter Str. 269, Tel. 86 92 18 (8 km vom Zentrum, 15. Juli bis 31. Aug.)
◆ Aktiv Camping »Neue Donau«, Am Kleehäufel, Tel. 220 93 10 (4 km vom Zentrum, 15. Mai bis 15. Sept.)
◆ Schwimmbad Camping Rodaun, An der Au 2, Tel. 88 41 54
◆ Campingplatz Schloß Laxenburg, Münchendorfer Str., Tel. (02236) 713 33 (15 km vom Zentrum, 9. Apr. bis 31. Okt.)

Österreichische Apotheken sind mit einer Kugel mit einem roten ›A‹ beschildert.

Post

◆ Die Postämter sind montags bis freitags von 8 bis 12 und von 14 bis 18 Uhr geöffnet. Die Hauptpostämter der Bezirke öffnen auch samstags von 8 bis 10 Uhr.
◆ Die Hauptpost, Fleischmarkt 19, I., ist rund um die Uhr geöffnet.

◆ Briefmarken verkauft auch die Tabak-Trafik.
◆ Auskünfte gibt es unter Tel. 83 21 01
◆ Porto aus Österreich:
Brief:
Österr./Deutschl: 8 ÖS
Österr./Schweiz: 8 ÖS
Postkarte:
Österr./Deutschl: 6 ÖS
Österr./Schweiz: 6 ÖS

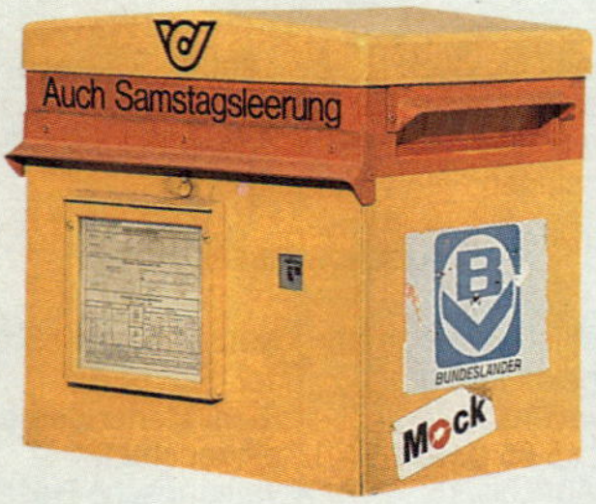

Zeitungen

◆ Die Wochenzeitung *Falter* ist in der Tabak-Trafik erhältlich und liefert einen aktuellen und detaillierten Überblick über die Veranstaltungen in Wien
Preis: 20 ÖS
◆ *Wien Magazin* ist ein Monatsmagazin für Wien-Besucher mit Beiträgen in vier Sprachen.
Preis: 28 ÖS
◆ Die Tageszeitungen für Wien und Umgebung sind:
Der Standard,
Die Presse,
Kronen Zeitung
Kurier,
(Preis: 8 bis 12 ÖS)

Auf der Strasse

Der Tourist in Wien kann sich auf die zahlreichen Broschüren der Touristeninformation (◆ *310*) verlassen, ... und natürlich auf die charmanten und hilfsbereiten Wiener.

Allgemeine Informationen
Die Broschüren sind in den wichtigsten Sprachen verfaßt und enthalten Informationen zu allen touristisch interessanten Orten und Ereignissen. Sie werden ½jährlich aktualisiert

Orientierung
Stadtpläne gibt es gratis bei den Touristeninformationen und in vielen Hotels.

Krankenhaus

Spitalgasse 23, IX., Tel. 40 400
Währinger Gürtel 18-20 (Kinderkrankenhaus), IX.,
Tel. 40 400

Öffentliche Telefone

◆ Es gibt öffentliche Münztelefone (Münzen zu 1, 5 und 10 Schilling; 1 ÖS für Orts-, 10 ÖS für Ferngespäche) und Kartentelefone. Die dafür benötigten *Wertkarten* gibt es in der Tabak-Trafik sowie in den Postämtern, sie sind zu 50 und zu 100 Schilling erhältlich.

Vorwahlen

Grundsätzlich wird bei Auslandsgesprächen nach der Ländernetzkennzahl die Ortsnetzkennzahl ohne die 0 gewählt.
◆ Von Österreich nach Deutschland: 060
◆ Von Österreich in die Schweiz: 050.
◆ Von Österreich in die Niederlande: 0031
◆ Aus dem europäischen Ausland nach Wien: 0043-1
◆ Innerhalb Österreichs nach Wien: 1

Preis für ein Telefongespräch (nach Min.)

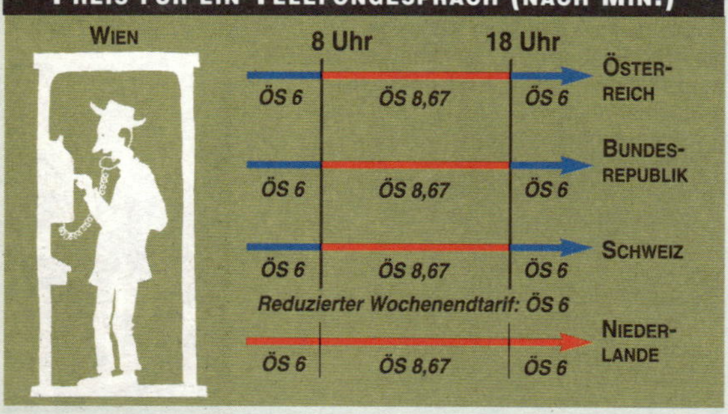

Wichtige Telefonnummern:

◆ Ambulanz: 144
◆ Notruf: 144
◆ Ärztlicher Notdienst: 141
◆ Dienstbereite Apotheke: 1550
◆ Polizei : 133
◆ Feuerwehr: 122
◆ Notruf für vergewaltigte Frauen 93 22 22
◆ Vergiftungszentrale 43 43 43
◆ Telefonauskunft für Österreich: 16
◆ Internationale Auskunft: 08
◆ Telegramme: 190
◆ Informationen für Fluggäste: 71 11 00
◆ Informationen für Bahnreisende: 1717
◆ Fundbüro: 313 44-92 11 oder -92 17
◆ Pannendienst: ÖAMTC: 120
ARBÖ: 123

PREISE

1 KAFFEE: ÖS 30

1 HALBER LITER BIER: AB ÖS 25

1 FLASCHE WEIN: AB ÖS 140

1 TAGESGERICHT: AB ÖS 80

1 MUSEUMSBESUCH: VON ÖS 20 BIS 90

1 THEATERPLATZ: ÖS 150 BIS 700

1 BESUCH IM PRATER: ÖS 28

ZIMMER FÜR 1 PERSON: AB ÖS 600

SHOPPING

Wer ein Stück Wien mit nach Hause nehmen möchte, kann z. B. seine Shoppingtour in der Altstadt beginnen, über den Flohmarkt schlendern, und zum Abschluß noch im 1707 gegründeten Auktionshaus Dorotheum, einer wahren Fundgrube für Sammler und Liebhaber, stöbern (Dorotheergasse 17, I.). Ausländische Gäste können sich die Umsatzsteuer erstatten lassen (◆ *306*).

EXKLUSIVES

KLEIDUNG

Wenn Sie Ihre Kleidung nicht von der Stange kaufen, sondern sich etwas maßschneidern lassen möchten, wenden Sie sich an eine der folgenden Adressen:
- Hubert & Pichler, Margaretenstraße 45, IV., Tel. 587 44 59;
- Lambert J. Hofer, Margaretenstraße 19, IV., Tel. 587 84 58;
- Vogelhuber, Martinstraße 74, XIIX., Tel. 43 37 85.

SCHUHE

Wer seine Schuhe individuell zugeschnitten haben möchte, kann dies bei: Materna, Mahlerstraße 5, XII., Tel. 512 41 65 in Auftrag geben. Konfektions- und Schuhgrößen sind in der Regel die gleichen wie in der BRD.

MITBRINGSEL

◆ Loden
◆ Petit-Point-Stickerei
◆ Stoffe mit Jugendstil-Dekor
◆ Bemaltes Holzspielzeug
◆ Antiquitäten (Bücher, Bilder, Münzen etc.)
◆ Augarten-Porzellan
◆ Alkoholische Getränke, wie z.B. Marillen-, Apfel-, Birnen- oder Pflaumenschnaps sowie den hochprozentigen Strohrum.
◆ Mozartkugeln

ÖFFNUNGSZEITEN

GESCHÄFTE

◆ Die Geschäfte sind montags bis freitags von 9 bis 17 Uhr, samstags von 9 bis 12.30 Uhr geöffnet. Am ersten Samstag des Monats haben fast alle Geschäfte (bis auf Lebensmittelläden) von 8 bis 17 Uhr geöffnet.

◆ Die Haupteinkaufsstraßen Wiens sind:
- Fußgängerzone Kärntner Straße-Graben-Kohlmarkt,
- Mariahilfer Straße, Landstraßer Hauptstr., sowie Favoritenstraße und Meidlinger Haupstraße.

MÄRKTE

◆ Obst, Gemüse, andere Lebensmittel:
- Rochusmarkt, Landstraßer Hauptstr./Salmgaße, III.;
- Naschmarkt, Linke Wienzeile, VI.;
- Brunnenmarkt, Brunnengasse, XVI.;

◆ Flohmarkt:
- Wienzeile, VI., bei der U-Bahn-Station Kettenbrückengasse, Sa. 9 bis 18 Uhr;

◆ Kunst und Antiquitäten:
- Donaukanalpromenade zwischen Schwedenplatz und Schottenring, I., jedes Wochenende von Mai bis Sept.;
- Spittelberger Kunst- und Werkausstellung, Spittelberg, VII., Apr. bis Nov. Sa. 10 bis 18 Uhr Dez. täglich,
- Kunst- und Handwerksmarkt im Heiligenkreuzerhof, Schönlaterngasse, I., Apr. bis Nov. jedes 1. Wochenende im Monat 10 bis 18 Uhr, Dez. jedes Wochenende

RESTAURANTS

Mittagessen gibt es in der Regel zwischen 12 und 14 Uhr, Abendessen ab 18 Uhr. Die meisten Restaurants nehmen nach 22 Uhr keine Essensbestellungen mehr auf. Ausnahme sind die Restaurants und Bars an der Seitenstettengasse, die bis 1 Uhr morgens geöffnet haben.

Das Donautal an der Donauschleife

Eissegeler auf dem Neusiedler See

DIE MARCHFELD-SCHLÖSSER

Das Marchfeld, die fruchtbare Tiefebene südöstlich von Wien, ist eine urtümliche Auwaldlandschaft, schon seit römischer Zeit Grenzland gegen die Völker des Ostens. Heute ist die Flußmitte der March die Landesgrenze zwischen Österreich und der Slowakei.

ORTH AN DER DONAU
In der Burg Orth befinden sich ein sehenswertes Heimatmuseum und ein Fischereimuseum. In der Burgkapelle aus dem Jahr 1529, auch Fischerkapelle genannt, wird alljährlich zu Peter und Paul eine Messe gelesen.

SACHSENGANG
Das älteste Befestigungswerk an der Donau findet man in den Wäldern um Sachsengang. Die Burg auf dem künstlich aufgeschütteten Hügel kontrollierte den Donauübergang, verlor aber im 16. Jh. an Bedeutung.

OBERSIEBENBRUNN
Erst nachdem die Türkengefahr gebannt war, entstand das Schloß als Landsitz des Prinzen Eugen von Savoyen Der schlichte Vierflügelbau aus dem 17. Jh. wurde im 18. Jh. in barocker Pracht umgestaltet.

NIEDERWEIDEN
Nach französischem Vorbild und dem italienischen Modell der palladianischen Villen wurde das Schloß von Fischer von Erlach erbaut und von Lukas von Hildebrandt erweitert. Ein Kuppelsaal im Zentrum beherrscht die beiden seitlichen Flügelbauten.

ECKARTSAU
Auch dieses einstige Wasserschloß wurde zu einem barocken Schloß umgebaut; die prachtvolle Deckenbemalung schuf Daniel Gran. 1918 lebte hier Kaiser Karl nach seiner Abdankung, bevor er ins Exil in die Schweiz ging.

MARCHEGG
Das Schloß aus dem 17. Jh. wurde im 18. Jh. umgebaut und beherbergt heute das niederösterreichische Jagdmuseum.

BURGENLAND UND NEUSIEDLER SEE

Eine 186 km lange Rundfahrt südöstlich von Wien.

LAXENBURG
(20 km von Wien)
Zu Füßen der Hügel des Wienerwaldes entstand unter der Herrschaft Maria Theresias neben dem alten Schloß Laxenburg der Blaue Hof als kaiserliches Refugium. Später ließ Kaiser Franz I. inmitten einer reizvollen Felslandschaft einen Teich mit Inseln, Brücken und Grotten anlegen. Nach dem Modell einer mittelalterlichen Burg erbaute er einen Gartenpavillon, den er Franzensburg nannte.

EISENSTADT
(37 km von Wien)
In der Hauptstadt des Burgenlandes besucht man die Bergkirche mit dem Haydn-Mausoleum.

RUST AM NEUSIEDLER SEE
(56 km von Wien)
Der kleine, pittoreske Ort mit der guterhaltenen Wallanlage ist berühmt für seine Storchennester.

JOIS
(90 km von Wien)
Von dem Ort mit einer ländlich barocken Kirche hat man den schönsten Blick auf den Neusiedler See.

NEUSIEDLER SEE
Der See, auch Wiener Meer genannt, erstreckt sich über 320 km^2 bis zur ungarischen Grenze. An das südöstliche Ufer grenzen die Ausläufer der Puszta. Dort, in einer der einsamsten Gegenden Österreichs liegen viele Seen mit seltener Steppenflora, die teilweise unter Naturschutz stehen.

NEUSIEDL AM SEE
Das Seebad mit einem Seemuseum ist ein beliebtes Ausflugsziel der Wiener am Wochenende. Im Sommer kann man Wassersport treiben, im Winter Schlittschuh laufen und auf dem Eis segeln.

Schlittschuhläufer auf dem Neusiedler See

Die Wachau bei Loiben

Krems, die mittelalterliche Weinstadt an der Donau

IM DONAUTAL

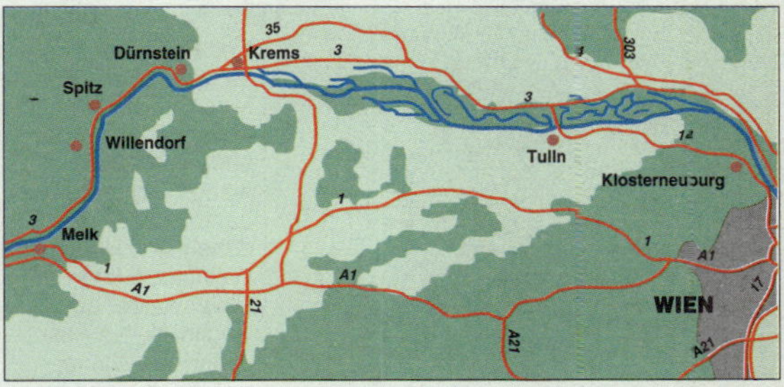

Die Rundreise (200 km) durch die Wachau, das Donautal zwischen Krems und Melk, führt durch idyllische Landschaften mit reizvollen Schlössern und Klöstern.

KLOSTERNEUBURG

Berühmtes Augustinerkloster aus dem 12. Jh., das durch einen Brand zerstört wurde (13 km von Wien). Hier liegen die sterblichen Überreste des Landespatrons von Niederösterreich, Leopold III.

Das Kloster ist vom 1. Mai bis 15. November geöffnet. Tel.: 621 02 12. Eintritt: 40 ÖS.

TULLN

(38 km von Wien)
Dieser alte Binnenhafen aus der Zeit der Römer besitzt die prachtvolle Kirche St. Stephan.

KREMS

(72 km von Wien)
Bedeutendste Weinstadt der Region und einer der größten Märkte des Donautals. Die Stadt ist berühmt für ihre Bauwerke aus Gotik, Renaissance und Barock. Vor allem in der Barock-Zeit wurde das Stadtbild mit Profanbauten verschönert, die heute den Reiz von Krems ausmachen. Die Benediktinerabtei Göttweig über der Brücke zwischen Stein und Mautern stammt aus dem Jahr 1083. Sie wurde durch Lukas von Hildebrandt im 18. Jh. umgebaut und erinnert fast an einen Palast.

DÜRNSTEIN

(80 km von Wien)
Die Stadt und ihre Wehrmauern liegen im Schatten des Schlosses aus dem 12. Jh. Dort ist der englische König Richard Löwenherz auf seiner Rückreise aus dem Heiligen Land gefangen gehalten worden. Der himmelblaue barocke Turm ist vielleicht einer der schönsten des Landes. Er überragt das alte Augustinerstift, das heute Pfarrkirche ist. Vom 1. April bis 31. Oktober geöffnet. Tel.: 271 12 19.

SPITZ

(92 km von Wien)
Inmitten der Häuser aus dem 11., 12. und 13. Jh. steht die Pfarrkirche Sankt Mauritius, ein Bauwerk der Spätgotik.

WILLENDORF

(97 km von Wien)
Hier wurde die berühmte ›Venus‹ entdeckt. Die 10 cm hohe Figur aus der Zeit um 22 000 v. Chr. ist im Naturhistorischen Museum von Wien ausgestellt.

MELK

(108 km von Wien)
Melk, am Ufer der Donau, wird beherrscht durch das berühmte Benediktinerkloster (Stift Melk). Die Gebäude wurden zwischen 1702 und 1739 von Jakob Prandtauer errichtet. Die Bibliothek (80 000 Bände) und die Marmorhalle sind einen Besuch wert. Geöffnet vom 3. April bis 7. November. Tel.: 27 52 23 12 52. Eintritt: 45 ÖS.

KREUZFAHRTEN: SCHIFFSFAHRTEN KOMBINIERT MIT ZUG- ODER BUSTRANSPORT (DDSG)

◆ Wien-Linz-Passau-Wachau: Vermietung von Kabinen (800 ÖS) und Mitnahme von Fahrrädern möglich
◆ Erste Kreuzfahrt der Saison im April durch die Wachau zwischen Melk und Krems (238 ÖS pro Person)
◆ Tagesausflüge nach Bratislava (200 ÖS pro Person mit gültigem Paß für die Slowakei)

AUSKÜNFET

DDSG-Donaureisen
Handelskai 265, II.
Tel. 21 75 00

Ansicht von Mayerling, einem stillen Dörfchen im Wienerwald

Kaiser Franz Joseph

Kaiserin Elisabeth

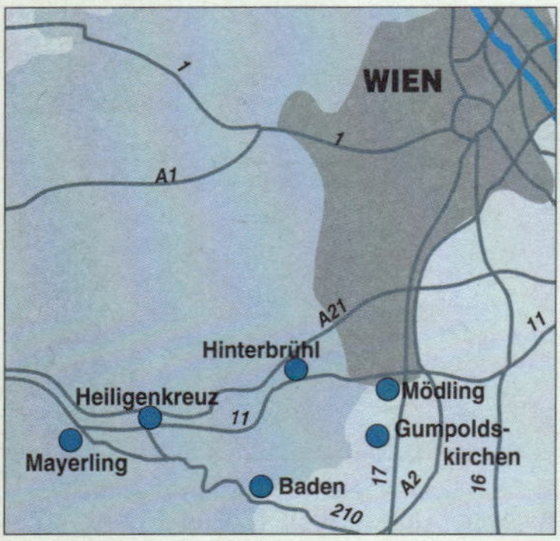

MÖDLING UND GUMPOLDSKIRCHEN

Mödling, eine Kleinstadt mit 20 000 Einwohnern südlich von Wien, ist heute ein beliebtes Ausflugsziel. Schon seit Anfang des 19. Jh. zogen sich die Kunstschaffenden gern in die nährere Umgebung Wiens zurück. 1818 und 1819 arbeitete Beethoven im Haus an der Hauptstraße 79 an seiner *Missa Solemnis*. Außerhalb der Stadt erhebt sich die Burg Liechtenstein. Das Dorf Gumpoldskirchen, 20 km südlich von Wien, ist berühmt für seine Weine (Rotgipfler, Zierfandler, Rheinriesling). Hier kann man zahlreiche urige Heurigen-Lokale besuchen. Für Wanderer ist der Beethoven-Weg angelegt worden, der aus dem Dorf in den Wienerwald hinausführt.

BADEN

26 km südlich von Wien liegt das Thermalbad Baden in 220 bis 250 m Höhe. Die heißen Schwefelquellen, die schon die Römer entdeckt hatten, wurden dann auch im Mittelalter und der Renaissance häufig besucht. Aber erst zu Beginn des 19. Jh. wurde Baden berühmt, als Kaiser Franz I. es im Jahr 1803 zu seinem Kurort machte. Nach dem Stadtbrand von 1812 wurde fast der ganze Ort im Biedermeierstil neugebaut. Aus den Schwefelquellen fließen täglich 6 500 000 Liter Wasser mit einer Temperatur bis zu 36 °C.

KAISER-FRANZ-JOSEPH-MUSEUM
Tel.: 225 24 11 00
Von April bis 30. September geöffnet.
Eintritt: 20 ÖS

IM WIENERWALD

Seit Beginn des 19. Jh. ließen sich Musiker, Dichter und Maler in der Umgebung von Wien nieder. Romantische Landschaften, in denen sich Hügel, Weinberge und Pinienwälder abwechseln, die Ausläufer des Wienerwaldes, die sich bis zum Kurpark von Baden erstrecken. Der Kurpark von Baden ist Ausgangspunkt langer Wanderungen (60 km gut angelegter Wanderwege). So z.B. der Felsenweg, der an den Lieblingsstätten Ferdinand Raimunds, dem Rudolfshof, Mitterberg und dem Helenental entlangführt. Wanderkarten und die Broschüre »Sechs Wanderwege«, die Spaziergänge mit dem Hauptplatz als Ausgangspunkt beschreibt, sind im Touristikbüro, Hauptplatz 2, in Baden erhältlich.

MAYERLING
Dieses friedliche Dorf 36 km südöstlich von Wien wäre nie in die Geschichte eingegangen, hätte sich hier nicht die Tragödie von Kronprinz Rudolf und seiner Geliebten Mary von Vetsera abgespielt (s. nächste Seite). Im Ort kann man den Gedenksaal des Kronprinzen Rudolf besuchen und die Kapelle im Karmeliterkloster, die anstelle des alten Jagdschlosses erbaut wurde. Ganzjährig geöffnet, im Winter von 9.00 bis 17.00 Uhr, im Sommer von 10.30 bis 18.00 Uhr.

Das Karmeliterkloster von Mayerling

Im Park des Klosters

Die Tragödie von Mayerling

Kronprinz Rudolf, designierter Nachfolger des greisen Monarchen Franz Joseph, war mit Stephanie von Belgien verheiratet, scheint aber den Damen der Demimonde recht zugeneigt gewesen zu sein. Um die näheren Umstände seines Ablebens ranken sich bis heute Legenden: politische Verschwörung oder ein Liebesdrama, das wird wohl nie zu klären sein. Der Kronprinz war eine amouröse Beziehung mit der blutjungen Mary Vetsera eingegangen. Anläßlich einer Gesellschaft des deutschen Botschafters am 27. Januar 1889 kam es zum Eklat: die Vetsera verweigerte Rudolfs Gemahlin Stephanie den Gruß. Am nächsten Tag hatte der Kaiser eine lange Unterredung mit seinem Sohn. Am 29. Januar arrangierte Rudolf Marys Entführung auf sein Jagdschloß Mayerling, wo er zunächst die Geliebte und am frühen Morgen sich selbst erschoß. Die junge Frau ist nahebei auf dem Dorffriedhof Heiligenkreuz bestattet. Der Grabstein trägt die Inschrift: *Wie eine Blume sproßt der Mensch auf und wird gebrochen.* Franz Joseph ließ den Ort der Tragödie abreißen und baute an seiner Stelle eine Kapelle, die heute zu besichtigen ist. Die offizielle Version des Hofes war ›Selbstmord‹. Auch wenn die Selbstmordtheorie naheliegt, sind die Gründe ungeklärt: Politik, Geld oder Wahnsinn. 1929 tauchte zum ersten Mal der Verdacht auf, Rudolf könnte an einer Verschwörung ungarischer Adeliger beteilgt gewesen sein, die ihn zum König von Ungarn ausrufen wollten. Die vorzeitige Aufdeckung des Komplotts habe Rudolf zum Selbstmord gezwungen. 1982 hat die Ex-Kaiserin Zita von Habsburg in der Wiener Kronenzeitung neue Verschwörungstheorien in die Welt gesetzt. Tatsächlich scheint aber ein ebenso profanes wie peinliches Motiv wahrscheinlicher: Wie aus den Rezepten der Wiener Hofapotheke nachzuweisen ist, litt Rudolf an Gonorrhöe und hatte wohl auch seine Geliebte angesteckt. Um ein langes Siechtum zu vermeiden, könnte er sich, einer romantischen Eingebung folgend, zum Doppelselbstmord entschlossen haben.

Hinterbrühl

Das Brühler Tal, durch das die Mödling fließt, war in der Biedermeierzeit ein beliebtes Ausflugsziel. In Hinterbrühl schätzen Kinder besonders den Besuch der ›Seegrotte‹, die einen der größten unterirdischen Seen Europas birgt. In dieser Grotte ließ Hitler im Zweiten Weltkrieg Flugzeuge bauen.
Die Seegrotte ist ganzjährig geöffnet. Tel. 2236 26364, Eintritt 46 ÖS.

Am Rand des Dorfes Hinterbrühl steht die malerische Höldrichsmühle mit einem romantischen Ziehbrunnen. Hier lernte Franz Schubert Rosí kennen, die schöne Müllerstochter, die ihn 1823 zu seinem Liederzyklus *Die schöne Müllerin* inspirierte. Heute ist die Mühle ein idyllisches Gasthaus, in dem die Wiener Spezialität *Milirahmstrudel* angeboten wird, eine Köstlichkeit mit Topfen-Käse und Schlagobers.

Heiligenkreuz

Das Zisterzienserkloster Heiligenkreuz wurde 1133 durch den Markgrafen Leopold III. aus Babenberg gegründet. Sein Enkel, der österreichische Herzog Leopold V., stiftete dem Konvent ein Fragment des Heiligen Kreuzes, ein Geschenk des Königs des Kreuzfahrerstaates von Jerusalem. Daher der Name Heiligenkreuz. Auch heute lebt in dem Kloster eine Gemeinschaft von ca. 60 Mönchen. Zur Besichtigung geöffnet.

Würstchenverkäufer am Graben.

Café Demel.

Einflüsse des ehemaligen Österreichischen Kaiserreichs

Aus Ungarn kommt das *Gulyás*, Rindfleischwürfel mit Zwiebeln, Knoblauch, rotem Paprika und Kümmel geschmort, oder die *Gulaschsuppe* (mit Kartoffeln). Auch die *Palatschinken*, dünne Pfannkuchen mit Konfitüre oder Nüssen gefüllt, kommen aus Ungarn. Aus dem heutigen Tschechien stammen der köstliche *Prager Schinken* und die *Sauerkrautsuppe*. Der *Gänsebraten* mit Klößen und Rotkohl und die Kohlroulade sind polnischen Usprungs. Das *Cevapcici*, pikante, gegrillte Fleischbällchen, und das *Schaschlik*, Lammfleischspieße mit Zwiebeln und rotem und grünem Paprika, kommen ursprünglich aus Serbien.

Die Geschichte einer berühmten Torte

Wie ein Brief seines Sohnes Eduard von 1888 bestätigt, erfand ein gewisser Franz Sacher, Koch am Hof des Prinzen von Metternich, 1832 das Rezept der Sachertorte. Im gleichen Jahr noch wurde die berühmte Nachspeise »nach Paris, London, Berlin und sogar nach Übersee« exportiert. Alle Konditoreien Wiens begannen, die Torte nachzubacken, aber das Originalrezept blieb immer ein Geheimnis ... Aus diesem Grund stritten sich das Haus Sacher und die Konditorei Demel fast ein Viertel Jahrhundert lang um den Namen *Original Sachertorte*. 1965 entschied ein Gericht zugunsten des Sacher, das als einziges sein Rezept als Originalrezept bezeichnen darf. Überlassen wir es den Feinschmekkern, den Unterschied herauszufinden!

Bäckereien und Konditoreien

Zur Zeit der türkischen Belagerung im Jahr 1683 erfanden die Wiener Bäcker das Kipfel. Die Form des Blätterteiggebäcks wurde vom Emblem der osmanischen Reichsfahnen übernommen. Seitdem sind viele andere Wiener Spezialitäten hinzugekommen.

Ludwigbrot
Simmeringer Hauptstraße 25, I.,
Tel. 741 15 20

Altmann und Kühne
Graben 30, I.,
Tel. 533 09 27
Konditorei in einem wunderschönen Gebäude aus der Secessions-Zeit. Originelle Verpackungen: Dosen in Koffer- und Kommodenform oder Hutschachteln.

Österreichische Spezialitäten

Die traditionellen Gerichte sind: das *Wienerschnitzel*, ein paniertes Kalbsschnitzel, das Wiener *Backhendl*, ein ausgelöstes, paniertes Hähnchen, der *Tafelspitz*, gekochtes Rindfleisch. *Knödel* werden zu Suppen und Fleisch gereicht. Eine weitere Spezialität sind *Strudel*, gerolltes, hauchdünnes Gebäck. Der *Apfelstrudel* ist eine mit Äpfeln, Rosinen und Zimt gefüllte Teigrolle. Strudel gibt es auch mit Kirschen, Erdbeeren oder Nüssen.

Rezept für die Sachertorte
(Auszug aus dem Sacher-Kochbuch)

Zutaten:
130 g Zartbitterschokolade,
130 g Butter,
110 g Puderzucker,
110 g Zucker, 6 Eier,
130 g Mehl,
Aprikosenmarmelade, Vanille.

Schokolade schmelzen; weiche Butter mit Puderzucker und Vanille schaumig rühren. Das Eigelb hinzufügen, Masse erneut schlagen, dann die Schokolade untermischen. Eiweiß schlagen und mit dem Zucker zufügen. Mit dem Kochlöffel verrühren, Mehl hinzugeben. In einer Form bei 170° C 15 Minuten bei halboffener und 1 Stunde bei geschlossener Ofentür backen. Stürzen und 20 Minuten abkühlen lassen. Die lauwarme Marmelade darüberstreichen.

Glasur:
200 g Zucker,
⅛ l Wasser,
150 g Schokolade.

Zucker mit Wasser erhitzen (5-6 Minuten), die geschmolzene Schokolade hinzufügen, mit dem Kochlöffel rühren, bis eine zähflüssige Masse entsteht. Die Torte mit der Glasur (½ cm) bestreichen und abkühlen lassen.

Konditoreien, Cafés

Demel
Kohlmarkt 14, I.

Sacher
Philharmonikerstraße 4, I.

Gerstner
Kärntner Straße 15, I.

Lehmann Louis
Graben 12, I.

Heiner
Kärntner Straße 21, I. und Wollzeile 9, I.

Sluka
Rathausplatz 8, I.

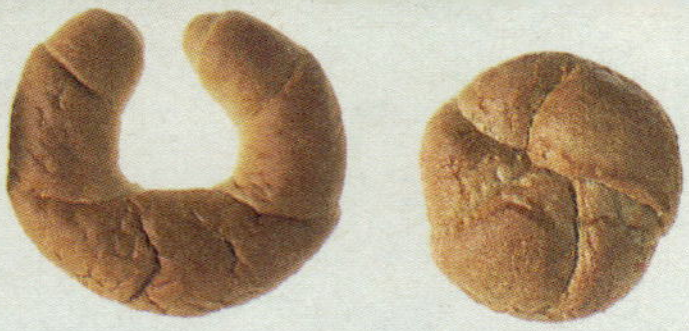

Im Café Sperl.

Der neue Wein (Heurige) ist da!

Wiener Cafés

›Wiener Café‹ bezeichnet sowohl das Getränk als auch den Ort (siehe verschiedene Kaffeesorten im Lexikon, ◆ *336*). 1873, zur Wiener Weltausstellung, war das Café bereits eine Institution, 1885 gab es 550 Kaffeehäuser in der Stadt. Heute gibt es 400 traditionelle Cafés, 400 Café-Restaurants, 600 Espresso-Bars und 200 Kaffeehäuser. »In einem Café zu sein heißt, sich zu Hause zu fühlen, ohne zu Hause zu sein«, schrieb Peter Altenberg, einer der berühmtesten Kaffeehausdichter. Bei einer Tasse Kaffee kann man hier den Nachmittag verbringen, diskutieren, die Zeitungen lesen, die den Gästen zur Verfügung stehen, oder die anderen Gäste beobachten. Einige Stammgäste lassen sich sogar die Post in ›ihr‹ Café schicken, nehmen Telefonate entgegen oder empfangen ihre Freunde. Das Café ist zugleich Ort der Entspannung, Büro und Wohnzimmer.

Café Central
Ecke Herrengasse und Strauchgasse, I., Tel. 53 33 76/3/26
Das Café der Künstler, Schriftsteller und Philosophen, in dem sich der Dichter Altenberg, der Literaturkritiker Karl Kraus und Trotzki (während seines Wiener Exils) trafen.

Café Hawelka
Dorotheergasse 6, I., Tel. 512 82 30
Insider-Treff.

Café Landtmann
Dr. Karl-Lueger-Ring 4, I., Tel. 532 06 21
Das luxuriöseste Café Wiens, aufgrund seiner Lage von Politikern bevorzugt.

Café Museum
Friedrichstraße 6, I., Tel. 56 52 02
Politiker, Studenten, Maler und Bildhauer der Hochschule für Bildende Künste.

Café in der Secession
Mischung aus traditionellem Mobiliar und italienischem Porzellan.

Café Diglas
Wollzeile 10, I., Tel. 512 84 01

Café Griensteidl
Michaelerplatz 2, I., Tel. 535 26 92
Eines der ältesten Cafés, neu gestaltet.

Besondere Cafés

Einige Cafés pflegen die Tradition der Kaffeehaus-Konzerte, bei denen Musiker und Sänger auftreten.

Café Schwarzenberg
Kärntner Ring 17, I., Tel. 512 73 93

Café Imperial
Kärntner Ring 16, I., Tel. 50 11 03 89

Café Prückel
Stubenring 24, I., Tel. 512 38 93

Café Bräunerhof
Stallburggasse 2, I., Tel. 512 38 93

Es gibt auch Institutionen, die die literarische Kaffeehaus-Tradition pflegen, und Lesungen, Literaturtreffen sowie literarische Abende veranstalten.

Café Sperl
Gumpendorferstraße 11, VI., Tel. 56 41 58

Café Schottenring
Schottenring 30, I., Tel. 34 34 21

Café Dommayer
Dommayergasse 1, XIII., Tel. 877 54 65

Alte Backstube
Lange Gasse 34, VIII., Tel. 43 11 01

Bars

Das ›Bermuda-Dreieck‹ genannte Viertel in der Nähe der Ruprechtskirche ist in den 70er Jahren entstanden.

Roter Engel
Rabensteig, I.
Im Winter von Montag bis Mittwoch von 15.00 bis 2.00 Uhr sowie Donnerstag, Freitag und Samstag bis 4.00 Uhr geöffnet, im Sommer geschlossen. Konzerte ab 21.30 Uhr. Billard, Käsebrote zum Wein, Rock-Musik.

Krah-Krah
Rabensteig 8, I
Tel. 533 19 38
Täglich von 11.00 bis 2.00 Uhr geöffnet. Sonntags um 23.30 Uhr Konzerte. 40 Biersorten, Vollkornbrot mit Braten und Knoblauch.

Kaktus
Seitenstettengasse, I., Tel. 533 19 38
Täglich von 18.00 bis 2.00 Uhr geöffnet. Kabarett.

Jazz Land
Franz-Josefs-Kai 29, I., Tel. 533 25 75
Dienstag bis Samstag von 19.00 bis 1.00 Uhr geöffnet. Musik ab 21.00 Uhr.

Die Heurigen

Das Wort bezeichnet zugleich die Ausflugslokale und den neuen Wein des Jahres. Einige Heurige liegen direkt in den Weinbergen. An diesem gastfreundlichen Ort sitzt man an langen Holztischen, um Schrammelmusik zu hören (traditionelle Musik mit Geige, Gitarre, Klarinette oder Akkordeon). Am Eingang der meisten Heurigen befindet sich eine mit Weinreben geschmückte Pergola, die den Ausschank von reifen und heurigen Weinen ankündigt. Im Heurigen werden nur kalte Speisen angeboten.

Der beeindruckende Goldene Saal im Musikvereinsgebäude.

Das Burgtheater, ein Wahrzeichen des kulturellen Lebens in Wien.

DER FASCHING

Der Fasching, oder auch Karneval, findet seit über einem Jahrhundert jährlich vom 31. Dezember bis zum Aschermittwoch (Ende Februar) statt.

DIE TRADITIONELLEN BÄLLE
Eröffnet wird die Ballsaison mit dem *Kaiserball* im Festsaaltrakt der Hofburg am 31. Dezember. Weitere Bälle sind jeweils nach Berufsständen organisiert (Blumenball, Philharmonikerball, Ärzteball, Juristenball, Kaffeesiederball, Techniker Cercle, Bonbonball, Ball der Magier, Rudolfina-Redoute ...) und finden in herrlichen Räumen statt. Anfang Februar folgt dann der erlesenste der edlen Wiener Bälle: der berühmte Opernball. Zu diesem Anlaß tanzen 186 Paare, die Herren im Frack, die Damen in weißer Ballrobe, die Eröffnungspolonaise. Insgesamt finden während der Saison mehr als 300 Bälle statt.

DIE MASKENBÄLLE
Parallel zu den traditionellen Bällen finden die *Gschnas*, Maskenbälle mit Live-Musik erstklassiger Bands, im *Metropol* statt, einer Kultstätte der Wiener Jugend. Kostümierung ist Pflicht; die einzelnen Feste haben jeweils ein eigenes Motto. Kartenvorbestellungen bei:

METROPOL (HERNALSER STADTTHEATER)
Geblergasse 50, XVII., Tel. 43 35 43.
Die Fastnacht bildet den Abschluß der Ballsaison. Dann ziehen die kostümierten Wiener durch die Straßen und begleiten die bunt geschmückten Wagen des Karnevalszugs, der über den Ring fährt.

BUNDESTHEATER
Die Wiener sind seit dem 18. Jh. begeisterte Theatergänger. Die Vorstellungen der Wiener Theater beginnen in der Regel um 19 Uhr oder um 19.30 Uhr.

BURGTHEATER
Dr. Karl-Lueger-Ring 2, I., Tel. 514 44-22 18
Eines der schönsten Wiener Theater, das 1776 von Joseph II. gegründet wurde, mit einem der besten deutschsprachigen Ensembles. Es werden vor allem ›Klassiker‹ aufgeführt (Goethe, Schiller, Hofmannsthal, Schnitzler, Nestroy, Raimund etc.).

AKADEMIETHEATER
Lisztstraße 1, III., Tel. 514 44-29 59
Moderne und avantgardistische Dramen.

PRIVATE THEATER

VOLKSTHEATER
Neustiftgasse 1, VI., Tel. 93 27 76
Das Ende des 19. Jh. gebaute Theater sollte eigentlich das populistische Gegenstück zum Burgtheater bilden und hauptsächlich Komödien aufführen. Heute gibt es dort vor allem zeitgenössische Stücke zu sehen.

MESSEPALAST
Messeplatz 1, VII., Tel. 526 05 60

DIE THEATER

ODEON
Taborstrasse 10, II., Tel. 214 55 62

KAMMERSPIELE
Rotenturmstrasse 20, I., Tel. 533 28 33
Komödie und Kabarett mit bekannten Wiener Darstellern.

VIENNA'S ENGLISH THEATRE
Josefsgasse 12, VIII., Tel. 402 12 60
Aufführungen in englischer Sprache.

RAIMUNDTHEATER
Wallgasse 18-20, VI., Tel. 599 77 27
Operetten und musikalische Komödien.

TANZ

Jährlich im Winter und im Sommer finden die Internationalen Tanzwochen statt. Das Angebot der renommierten Seminare reicht vom klassischen Ballett über ethnischen Tanz bis zum Postmodern Dance.

INTERNATIONALE TANZWOCHEN WIEN
Postfach 155, IX., Tel. 93 55 58

TANZTHEATER
Burggasse 38, VII., Tel. 96 39 34

THEATERGRUPPE 80
Gumpendorfer Str. 67, VI., Tel. 56 52 22

KARTENVORBESTELLUNG

ZENTRALES RESERVIERUNGSBÜRO DER VIER BUNDESTHEATER
(Staatsoper, Volksoper, Burgtheater und Akademietheater)

ÖSTERREICHISCHER BUNDESTHEATERVERBAND/ BUNDESTHEATERKASSEN
Goethegasse 1, I., Tel. 514 44-29 60 oder -29 59; Kassenzeiten Mo - Fr 8 - 18, Sa 9 - 14, So und feiertags 9 - 12 Uhr

TICKET-EXPRESS
Waltergasse 14,IV., Tel. 505 23 24

VIENNA TICKET SERVICE
Postfach 160, IV., Tel. 587 98 43

ÖSTERREICHISCHES VERKEHRSBÜRO
Opernpassage Top 1, I., Tel. 587 67 65

FLAMM
Kärntner Ring 3, I., Tel. 512 42 25

SILVIA MÜHRINGER
Wiedner Haupstr. 18, IV., Tel. 587 78 90

Wiener Sängerknaben: einer der vier 24köpfigen Chöre im Marinekostüm.

Ein Akkordeonspieler, der auf der Straße »Schrammelmusik« darbietet.

Festivals

Die musikalische Tradition in Wien reicht zurück bis zu den Minnesängern des Mittelalters und setzt sich heute in den zahlreichen Festivals fort. Die Wiener Festwochen sind eines der ältesten und angesehensten Festivals.

Wiener Frühlingfestival
Das Festival wird alljährlich im Goldenen Saal des Musikvereinsgebäudes abgehalten.

Wiener Festwochen
Lehárgasse 11, VI., Tel. 586 16 76
Das 1951 erstmalig abgehaltene Festival bietet innerhalb von vier Wochen im Mai/Juni mehr als hundert musikalische und szenische Veranstaltungen.

Musiksommer Klangbogen
Laudongasse 29, VIII., Tel. 40 00 84 10
(1994 zum 44. Mal) An die 150 Konzerte in den schönsten Säalen der Stadt bieten ein breit gefächertes musikalisches Angebot von Bach über die Wiener Operette bis zur Schrammelmusik.

Festival Wiener Klassik
Preindlgasse 1, XIII., Tel. 877 52 08
Palais und Kirchen (Minoritenkirche) bilden den Rahmen dieses Festivals, das den Werken der großen Komponisten vorbehalten ist, die in Wien wohnten (Mozart, Haydn, Beethoven).

Wien Modern
Seit 1988 ist dieses von Claudio Abbado geleitete Festival den zeitgenössischen Komponisten gewidmet (Zimmermann, Boulez, etc.). Es findet im Herbst im Konzerthaus statt.

Wiener Schubertiade
Das 1982 ins Leben gerufene Festival wird im November in den Räumen des Musikvereins veranstaltet. Es hat zum Ziel, das Werk Schuberts, das Tausende von Einzelstücken umfaßt, vollständig bekannt zu machen.

Kabarett

Zwischen den Kriegen konnten die Wiener unter 25 Kabaretts wählen, die häufig in Kellerräumen spielten. Heute ist die Zunft wieder durch knapp ein Dutzend ›echte‹ Kabaretts vertreten.

Kulisse
Rosensteingasse 39, XVII., Tel. 45 38 70
Altes Vorstadttheater, das 1980 in ein Kabarett umgewandelt wurde.

Spektakel
Hamburgerstraße 14, V., Tel. 587 06 53

Theater Kabarett Simpl
Wollzeile 36, I., Tel. 512 47 42
Letztes Überbleibsel aus der Glanzzeit des Wiener Kabaretts in der Zwischenkriegsepoche.

Radio
ORF-Funkhaus
Argentinierstraße 30a, IV.,
Sitz des österreichischen Rundfunks, großer Sendesaal.
Radio Wien auf 89,9 MHz
Blue Danube Radio on 103,8 MHz

Orchester und Musiktheater

Die Säle

Musikvereinsgebäude
Bösendorferstraße 12, I., Tel. 505 81 90
Das 1867 von der Gesellschaft der Musikfreunde erbaute Gebäude ist der Sitz der Wiener Philharmoniker, die 1992 ihr 150jähriges Bestehen feierten und jährlich rund 10 (ausverkaufte) Programme mit 60 Konzerten bieten.

Konzerthaus
Lothringerstraße 20, III., Tel. 712 46 86
Das 1913 gegründete musikalische Forum ist größer und schlichter als das Gebäude des Musikvereins. Hier gibt das 1919 gegründete Symphonieorchester Konzerte.

Den Walzer tanzen lernen
Tanzschule Elmayer
Bräunerstraße 13, I., Tel. 505 24 04
Kursalon Café
Stadtpark, Johannesgasse 33, I., Tel. 713 21 810
Walzerabende und Walzerkurse.

Die staatlichen Musiktheater

Staatsoper
Opernring 2, I., Tel. 514 44 26 50
Hier werden Sinfonien, Kammermusik, Liederabende etc. geboten. Die Oper wurde 1869 von Kaiser Franz Joseph gegründet, der das Gebäude aber abscheulich fand. Trotz ihrer umstrittenen Architektur ist die Oper zu einer wichtigen Institution der Wiener Kultur geworden.

Volksoper
Währinger Straße 78, IX., Tel. 514 44-33 18
Die 1898 gebaute Oper hat sich auf ein Repertoire komischer Opern und Operetten spezialisiert (Jacques Offenbach, Johann Strauß, Franz Lehár).

Die privaten Musiktheater

Theater an der Wien
Linke Wienzeile 6, VI., Tel. 58 83 02 65
Operetten und Ballettaufführungen sowie volkstümliche und musikalische Komödien von Raimund und Nestroy.

Schlosstheater
Im Schloß Schönbrunn, XIII., Tel. 876 42 73 18
Häufig Opern von Wolfgang Amadeus Mozart.

Wiener Kammeroper
Fleischmarkt 24, I., Tel. 513 60 72
Opern und komische Opern. Im Sommer finden die Darbietungen im Schloßtheater statt.

Hofmusikkapelle
Hofburg, I.
In der zur Hofburg gehörenden Kapelle beteiligen sich die Wiener Sängerknaben seit mehr als 500 Jahren mit ihrem Gesang an den sonntäglichen Messen.

Die Hofburg vom Michaelerplatz aus gesehen.

Pavillon der Secession.

Hundertwasserhaus.

WIENER MUSEEN

KUNSTHISTORISCHES MUSEUM (1)
Maria-Theresia-Platz, Burgring 5, I., Tel. 521 77
Montags geschlossen, Abendbesuche im Wechsel dienstags und freitags von 18 bis 21 Uhr.
Ältestes öffentliches Museum Europas mit bedeutenden Sammlungen. Die Gemäldegalerie (15. bis 18. Jh.) umfaßt sehenswerte Werke von Rubens und Brueghel; es gibt Exponate aus der Antike, eine ägyptischeSammlung und eine Skulpturenausstellung.

GRAPHISCHE SAMMLUNG ALBERTINA (2)
Augustinerstraße 1, I., Tel. 534 83
Täglich geöffnet.
Zahlreiche Bilder, Skizzen und Stiche großer Meister quer durch die Epochen. Mit über anderthalb Millionen Exponaten die größte graphische Sammlung der Welt.

MUSEUM MODERNER KUNST (3)
im Palais Liechtenstein, Fürstengasse 1, IX., Tel. 34 12 59
Dienstags geschlossen.
Hier sind u. a. Bilder von Kupka, Klimt, Kokoschka und Schiele sowie aus der Epoche des Jugendstils zu sehen.

SCHLOSS SCHÖNBRUNN (7)
Schönbrunner Schlossstraße, XIII., Tel. 811 13
Hier gibt es die herrschaftlichen Räume, einen französischen Park sowie einen Tiergarten zu besichtigen.

PAVILLON DER SECESSION (8)
Friedrichstraße 12, I., Tel. 587 53 07
Montags geschlossen.
Dieses erste Werk des Wiener Jugendstils wurde von Josef Maria Olbrich, einem Schüler Otto Wagners entworfen: Der Fries von Gustav Klimt ist eine Hommage an Beethovens *Neunte Symphonie*; Wechselausstellungen.

DIE HOFBURG (4)
Hier kann man die Kaiserappartements (hauptsächlich Wohn- und Arbeitsräume Franz Josephs und der Kaiserin Elisabeth), die Burgkapelle, die geistliche und die weltliche Schatzkammer und die Spanische Reitschule besichtigen.

DAS BELVEDERE (6)
Der Komplex besteht aus zwei Schlössern: dem Unteren Belvedere, wo sich das Barockmuseum und das Museum Mittelalterlicher Kunst befinden und dem Oberen Belvedere, dem einstigen Repräsentationsschloß des Prinzen Eugen, das heute die Österreichische Galerie des 19. und 20. Jh. beherbergt.

ÖSTERREICHISCHE GALERIE DES 19. UND 20. JAHRHUNDERTS (6)
Prinz-Eugen-Straße 27, III., Tel. 78 41 580
Montags geschlossen.
Hier befinden sich die bekanntesten Bilder von Schiele, Kokoschka und Klimt.

AKADEMIE DER BILDENDEN KÜNSTE, GEMÄLDEGALERIE
Schillerplatz 3, I., Tel. 588 16 225
Montags geschlossen.
Werke holländischer und flämischer Maler des 17. Jh. (Rubens), das Weltgerichts-Tryptichon von Hieronymus Bosch, Veduten und Altarbilder von Francesco Guardi und vieles mehr.

NATURHISTORISCHES MUSEUM
Maria-Theresia-Platz, Burgring 7, I., Tel. 52 17 70
Dienstags geschlossen.
Funde aus prähistorischer Zeit sowie mineralogische, paläontologische, anthropologische, botanische und zoologische Exponate.

ALLGEMEINES

Wien besitzt mehr als 50 städtische, nationale und private Museen. Bis auf wenige Ausnahmen sind die städtischen Museen montags, die nationalen dienstags geschlossen. Die Eintrittspreise (leider gibt es keine Sammeltickets mehr, mit denen man mehrere Museen besuchen konnte) bewegen sich zwischen 20 und 90 ÖS. Die wichtigsten von ihnen befinden sich fast alle im I. und III. Bezirk. Nur das Schloß Schönbrunn im 13. Bezirk ist etwas abgelegen, und alle weiteren Museen sind über die ganze Stadt verstreut. Wenn man auch Kirchen, Palais und diverse andere interessante Bauten hinzunimmt, hat Wien Hunderte von touristisch bedeutsamen Orten.

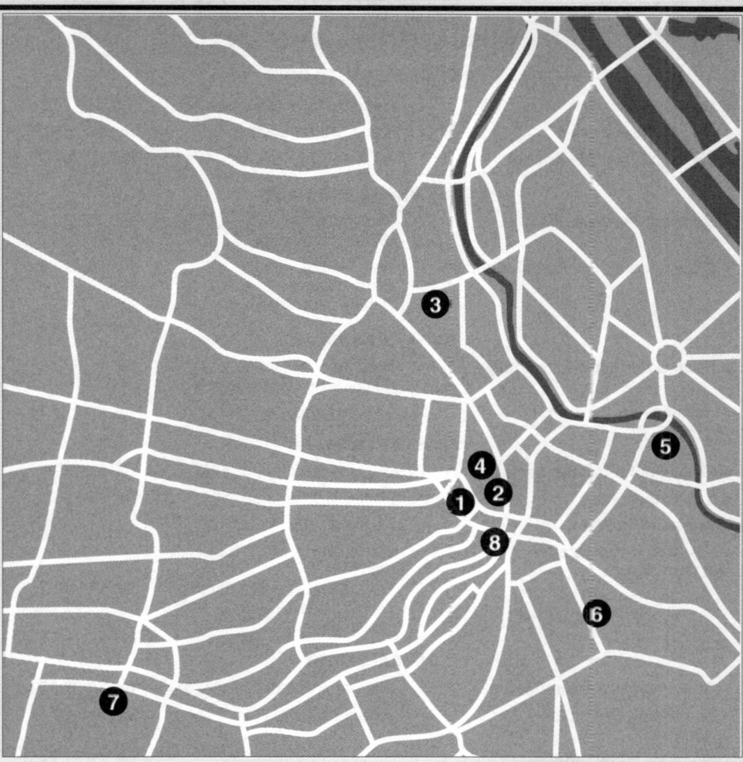

Häuser berühmter Musiker

Mozart:
Figaro-Haus
Domgasse 5, I.,
Tel. 513 62 94

Haydn-Museum
Haydngasse 19, VI.,
Tel. 596 13 07
Joseph Haydn lebte und starb in diesem Haus, in dem sich heute ein Museum befindet. Einer der Räume ist Johannes Brahms gewidmet .

Schubert-Geburtshaus:
Nussdorfer Straße 54, IX., Tel. 34 59 924
In der Geburtsstätte wurde ein Museum eingerichtet.
Sterbezimmer
Kettenbrückengasse 6, IV., Tel. 573 90 72

Johann-Strauss-Wohnung
Praterstraße 54, II.,
Tel. 24 01 21
Johann Strauß Sohn lebte in dem Haus, in dem sich jetzt ein kleines Museum befindet.

Beethoven-Häuser:
Pasqualatihaus
Mölker Bastei 8, I.,
Tel. 535 89 05
Testament-Haus in Heiligenstadt
Probusgasse 6, XIX.,
Tel. 37 54 08
Eroica-Haus
Döblinger Hauptstraße 92, XIX.,
Tel. 369 14 24

Villa Lehár-Schikaneder
Hackhofergasse 18, XIX., Tel. 371 82 13
Villa des Musikers Franz Lehár.

Gluck:
Sterbehaus
Wiedner Hauptstraße 32, IV.

Johannes Brahms:
Sterbehaus
Karlsgasse 4, IV.

Richard Strauss:
Jacquingasse 8-10, III.
Die Villa wurde von 1922 bis 1926 für den deutschen Musiker gebaut.

Architektonische Kunstwerke

Hildebrandt-Haus
Singerstraße 3, I.
Das Haus wurde 1721 im Stil des Architekten Hildebrandt erbaut.
Loos-Haus
Michaelerplatz 3, I.
Adolf Loos baute dieses zu seiner Zeit sehr umstrittene Haus in den Jahren 1910/1911, um dort Wohnungen und Geschäfte einzurichten. Heute befinden sich dort die Räume einer Bank. Das Gebäude ist ein Beispiel des Übergangs zur funktionellen Architektur zu Beginn des Jahrhunderts.
Ankerhaus
Graben 10, I.
Großes Geschäftshaus, gebaut von Otto Wagner, u. a. Atelier Hundertwassers.
Majolika-Haus
Linke Wienzeile 40, VI.
Die Fassade des ebenfalls von Otto Wagner errichteten, ansonsten rein funktionalen Baus ist mit blütenbemalten Fliesen verkleidet.

Französische Botschaft
Schwarzenbergplatz 12, IV.
Das zwischen 1906 und 1909 von Georges-Paul Chédanne errichtete Gebäude ist ein Paradebeispiel des französischen Jugendstils.
Hundertwasserhaus (5)
Ecke Kegelgasse und Löwengasse, III.
Das Wohnhaus ist das Werk des Malers Friedensreich Hundertwasser. Es wurde zwischen 1983 und 1985 gebaut und umfaßt rund 50 verschiedene, von Künstlern bewohnte Wohnungen.
Haas-Haus
Stock-im-Eisen-Platz 6, I.
Hans Hollein errichtete zwischen 1988 und 1990 dieses extrem moderne und unter den Wienern sehr umstrittene Gebäude, in dessen Mauern aus Glas und Metall sich der Stephansdom spiegelt.

AUSGEWÄHLTE MUSEEN		
ANTIKE, ARCHÄOLOGIE		
◆ **Ephesos-Museum**	Neue Burg, Heldenplatz, I.	Tel. 52 17 70
◆ **Römische Ruinen**	Markt, Hoher Markt 3, I.	Tel. 535 56 06
◆ **Römische Baureste Am Hof**	Am Hof 9, I.	Tel. 505 87 47
KUNST DES 15. BIS 18. JH.		
◆ **Neidhart-Fresken**	Tuchlauben 19, I. (Fresken aus dem 15. Jh.)	Tel. 535 90 65
◆ **Österreichisches Barockmuseum**	Rennweg 6a, III. In den Räumen des Unteren Belvedere	Tel. 78 41 58-0
KUNST DES 19. JH.		
◆ **Neue Galerie in der Hofburg**	Hofburg, Josefsplatz, I. Europäische Malerei des 19. Jh.	Tel. 587 55 54-515
◆ **Hermesvilla**	Lainzer Tiergarten, XIII.	Tel. 804 13 24
KUNST DES 20. JH.		
◆ **Ernst-Fuchs-Privatmuseum**	Hüttelbergstraße 26, XIV.,	Tel. 94 85 75
◆ **KunstHaus Wien**	Hüttelbergstraße 26, XIV.,	Tel. 94 85 75
◆ **Kunstforum Wien**	Karlsplatz, I.	
◆ **Stadtbahn-Haltestellen von Otto Wagner**	Stadtbahn-Haltestelle Karlsplatz Karlsplatz, I. Stadtbahn Hofpavillon Hietzing Schönbrunner Schloß-straße, XIII.	Tel. 877 15 71
SAKRALKUNST		
◆ **Dom und Diözesanmuseum**	Stephansplatz 6, I.	Tel. 51 55 25 60
◆ **Sammlung Religiöser Volkskunst**	Johannesgasse 8, I.	Tel. 512 13 37
◆ **Museum mittelalterlicher Kunst**	Rennweg 6a, III. Unteres Belvedere	Tel. 78 41 58-0
◆ **Virgilkapelle**	Stephansplatz, I., in der U-Bahn-Station	Tel. 513 58 42
◆ **Kaisergruft**	Neue Markt, I.	Tel. 512 68 5312
◆ **Herzgruft der Habsburger in der Augustinerkirche**	Augustinerstraße 3, I.	Tel. 533 70 99
◆ **Schatzkammer des Deutschen Ordens**	Singerstraße 7, I.	Tel. 51 21 06 56
◆ **Stephansdom**	Stephansplatz, I.	Tel. 51 55 25 26
◆ **Kirche Am Steinhof**	Baumgartner Höhe 1, XIV.	
◆ **Kirche zur Heiligen Dreifaltigkeit**	Mauer, Ecke Georgsgasse und Rysergasse, XXIII.	Tel. 881 61 85
◆ **Glockenmuseum**	Troststraße 38, X.	Tel. 604 34 60
◆ **Ankeruhr**	Hoher Markt 10/11, I.	
◆ **Zentralfriedhof**	Simmeringer Hauptstraße 234, XI.	Tel. 76 55 44
◆ **Sankt Marxer Friedhof**	Leberstraße 6-8, III.	
◆ **Bestattungsmuseum**	Goldeggasse 19, IV.	Tel. 50 19 52 27
ANGEWANDTE KUNST		
◆ **Österreichisches Museum für angewandte Kunst**	Stubenring 5, I.	Tel. 71 13 60
◆ **Hofsilber- und Tafelkammer in der Hofburg**	Michaelerplatz, I.	Tel. 587 55 54 51
◆ **Bundessammlung alter Stilmöbel**	Mariahilfer Straße 88, VII.	Tel. 93 42 40

Auf dem Graben, der schönsten Einkaufsstraße Wiens, finden sich luxuriöse Geschäfte.

Haushalt

Gläser, Porzellan
Galerie Lobmeyr (11)
Kärntner Straße 26, I.
Geschäft für ungarisches, handgemaltes Tafelgeschirr sowie Glas – mit einer kleinen Ausstellung alter Stücke.
Wiener Porzellanmanufaktur Augarten (7)
Stock-im-Eisen-Platz 3-4, I.
Berühmte Porzellan-Manufaktur: handbemalte Rokoko-Stücke

Textilien
Zur schwäbischen Jungfrau
Graben 26, I.
Tischwäsche, Bettwäsche.
Jungmann & Neffe
Albertinaplatz 3, I.
Geschäft für Stoffe, jüngst restauriert.
Backausen
Kärntner Straße 33, I.
Deko-Stoffe.
Argenterie
Jarosonski & Vaugoin
Zieglergasse 24, VII.
Silber.

Wiener Lebenskunst

Blumenarrangements
Matern
Herrengasse 10, I.
Ruhmann
Singerstraße, I.
Sädtler
Opernring 13, I.
Verleih von Abendgardrobe, Cocktailkleidern, Kostümen
Lambert J. Hofer
Margaretenstraße 25, IV.
Coiffeur
Rudolf Schiff
Kärntner Straße 8, I.

Gemäldegalerien

Die meisten Galerien befinden sich im I. Bezirk zwischen Blutgasse und Bäckerstrasse. Viele sind auf zeitgenössische Kunst spezialisiert.
Galerie Hilge
Dorotheergasse 5, I,
Tel. 512 53 15
International bekannt, darstellende, aber auch abstrakte Kunst.
Galerie nächst St. Stephan
Grünangergasse 1, I.,
Tel. 512 12 66
Zentrum der Avantgarde, Konzeptkunst und Minimalisten. In Sachen moderner Kunst eine der wichtigsten Adressen Wiens.
Galerie Ambiente
Lugeck 1, I.,
Tel. 513 11 30
Die beste Galerie für Jugendstil-Werke.
Galerie Krinzinger
Seilerstätte 16, I.
Schwerpunkt auf Künstler der 60er und 70er Jahre und der Neuen Österreichischen Malerei.
Galerie Grita Insam
Köllnerhofgasse 6, I.
Video-Kunst.
Galerie Peter Pakesch
Ungargasse 27, III.
Die Galerie stellt vor allem Werke junger Künstler aus.

Antiquitäten und Kunst

Das Viertel der Antiquitätenhändler erstreckt sich rund um das Dorotheum.

Flohmärkte
Es gibt mehrere Trödelmärkte in den verschiedenen Bezirken Wiens. Der bekannteste ist der Naschmarkt, Mo und Sa von 7 - 18 Uhr.

◆ **Kunst und Antikmarkt** (9)
Donaukanal Promenade, U-Bahnstation Schwedenplatz und Schottenring
An Wochenenden.
◆ **Naschmarkt**
Flomarkt, VI.
Der größte Flohmarkt von Wien.

Auktionshaus
Dorotheum (10)
Dorotheergasse 17, I.,
Tel. 51 56 00
Eines der größen Auktionshäuser der Welt, 1707 durch Kaiser Joseph I. gegründet. Anfangs war es ein Pfandleihhaus, wo Leute in finanziellen Schwierigkeiten ihre Wertsachen versetzen konnten. Heute erstreckt sich das Dorotheum über mehrere Etagen und bietet alte Möbel, Gemälde, Schmucksachen Porzellan, Kleidung und Nippes.

Kunstgalerien
Rund um Josefsplatz, Augustinerstraße, Spiegelgasse, Plankengasse und Dorotheergasse kann man noch echte Stücke aus Rokoko, Biedermeier und Jugendstil finden, Möbel von Michael Thonet und Josef Hoffmann.
◆ **Galerie Slavik**
Himmelpfortgasse 17, I., Tel. 513 48 12
Antiquitäten und zeitgenössisches Design.
◆ **Mak-Design shop**
Weiskirchnerstraße 3, I.
Kreationen verschiedener Designer der Kunstschule.
◆ **Thonet Wohnen**
Kohlmarkt 6, I.
Nachbauten der klassischen Kaffeehausstühle von Thonet.

◆ Lokale ◆

Kaffeehaus: so nennt man hier, was woanders Café heißt
Bäckerei: hier erhält man Semmeln und anderes Brot
Konditorei: ist dagegen für die feineren Backwaren zuständig
Confiserie: macht der Konditorei Konkurrenz
Zuckerbäcker: eine typisch Wiener Einrichtung, zuständig für süßen Seiten des Lebens
Beis(e)l: die Alternative zum Restaurant wie auch zur Fastfood-Bude, deftiges Essen in eher einfachem Ambiente
Heurigen: eine Weinstube, meist mit guten Kontakten zu den Weinbauern der Umgebung
Tabak-Trafik: Ein Kiosk, wo es nicht nur Zigaretten gibt

◆ Der Kaffee ◆

Großer Schwarzer: große Tasse schwarzen Filterkaffees, für den kleinen Durst bestelle man einen *Kleinen Schwarzen*
Großer Brauner: große Tasse Filterkaffee mit einem Schuß Milch; auch als *Kleiner Brauner* erhältlich
Melange: Kaffee und Milch halb und halb, darüber ein Häubchen → Schlagobers, wahlweise mit Zimt, Kakao oder Kaffeepulver bestäubt
Kaisermelange: Kaffee statt mit Milch mit einem Eidotter verrührt
Kapuziner: Kaffee mit einem Schuß ungeschlagener Sahne
Verlängerter: Mit heißem Wasser gestreckter Kaffee
Verkehrter: Milchkaffee mit mehr Milch als Kaffee
Einspänner: Mokka mit Schlagobers, im Glas serviert
Türkischer: Mokka nach türkischer Sitte in einem Kupferkännchen aufgekocht, mit Satz serviert;, wenn man ihn *passiert* bestellt, wird der Satz abgefiltert
Fiaker: Mokka, im Glas serviert
Franziskaner: Milchkaffee mit Schkoloden-raspel
Mazzagran: kalter Kaffee mit Eisplittern und einem Schuß Rum, serviert mit Strohhalm
Eiskaffee: Vanilleeis mit Kaffee, Obers und Waffeln.
Teeschale licht: große Tasse Tee mit viel Milch

◆ Gebäck ◆

Buchteln: Hefegebäck, meist mit Vanillesauce serviert
Golatschen: Blätterteig gefüllt mit → Topfen, → Powidl o. ä.
Guglhupf: Napfkuchen
Holler: Holunder
Indianer: Krapfen mit Schokolade
Krapfen: in Öl ausgebackener Rührteig
Marille: Aprikose
Nußbeugel: Hörnchen mit Nußfüllung
Semmel: Brötchen, Wecken etc.
Weckerl: Kleingebäck

◆ Küche ◆

Backhenderl: ausgelöstes, paniertes Hähnchen
Blaukraut: Rotkohl
Blunzn: Blutwurst
Burenhäudel: fettreiche Brühwurst
Einbrenn: Mehlschwitze
Fleckerln: kleine Teigwaren
Frankfurter: Wiener Würstchen
Fritaten: kleingeschnittener Pfannkuchen als Suppeneinlage
Germknödel: Hefeknödel
Geselchtes: Räucherfleisch
Kaiserschmarrn: Eierspeise mit Rosinen und Mandeln
Kalbsvögerl: Stück von der Kalbshaxe
Karrée: Schulterstück vom Schwein
Kohlsprosserl: Rosenkohl
Kren: Meerrettich
Kudlfleck: Kutteln
Kukuruz: Mais
Lungenbraten: Lendenbraten
Nockerln: Mehlklöße
Palatschinken: Pfannkuchen
Panadl: Suppeneinlage aus Brotteig
Paradeiser: Tomate
Powidl: Zwetschgenmus
Quargel: Topfenkäse
Rollgerstensuppe: Graupensuppe
Schwammerl: Pilze
Tafelspitz: gekochtes Rindfleisch mit → Kren
Stelze: Unterschenkel von Kalb oder Schwein
Topfen: frischer Quark

Adressenverzeichnis

- Panorama
- Stadtmitte
- Ausserhalb
- Luxus-Restaurant
- Mittelklasse-Restaurant
- Preiswertes Restaurant
- Luxus-Hotel
- Mittelklasse-Hotel
- Preiswertes Hotel
- Parkplatz
- Bewachte Garage
- TV auf dem Zimmer
- Ruhige Lage
- Schwimmbad
- Kreditkarten
- Kinderermässigung
- Tiere verboten
- Musik
- Live-Musik

◆ Hotels im Überblick

	Preiskategorie	Ausblick	Ruhige Lage	Typisch Wienerisch	Restaurant	Bar	Kinderermäßigung	Schwimmbad	Parkplatz	Zimmer
I. Bezirk										
Hotel Ambassador	♦♦♦♦♦	●	●		●	●			●	106
Hotel Bristol	♦♦♦♦♦	●	●		●	●	●		●	146
Hotel de France	♦♦♦♦♦	●	●		●	●			●	214
Hotel Imperial	♦♦♦♦♦				●	●				145
Hotel Sacher	♦♦♦♦♦	●	●		●	●			●	118
Hotel Vienna Plaza	♦♦♦♦♦	●	●		●	●	●		●	223
Hotel Am Schubertring	♦♦♦♦		●			●	●		●	39
Hotel Am Stephansplatz	♦♦♦♦	●	●	●	●			●	●	62
Hotel Bajazzo	♦♦♦♦		●					●	●	12
Capricorno	♦♦♦♦		●						●	46
Hotel Domino	♦♦♦♦		●					●		6
Hotel Europa	♦♦♦♦	●	●		●	●			●	102
Hotel Graben	♦♦♦♦	●	●		●			●	●	46
K + K Palais Hotel	♦♦♦♦		●		●	●	●	●	●	66
Hotel Kaiserin Elisabeth	♦♦♦♦	●	●			●	●	●	●	63
Hotel König von Ungarn	♦♦♦♦		●		●	●		●		33
Hotel Marc Aurel	♦♦♦♦		●			●			●	18
Hotel Opernring	♦♦♦♦	●	●						●	35
Hotel Rathauspark	♦♦♦♦	●	●	●		●		●	●	117
Hotel Royal	♦♦♦♦	●	●		●			●	●	81
Hotel Tigra	♦♦♦♦		●			●		●	●	75
Hotel Austria	♦♦♦		●					●		46
Hotel Kärntnerhof	♦♦♦	●	●					●		43
Hotel Post	♦♦♦		●		●			●		107
Hotel Wandl	♦♦♦	●	●	●		●	●		●	138
Hotel Zur Wiener Staatsoper	♦♦♦			●				●		22
Mercure Wien City									●	
Hotel Pension City			●					●		
Pension Aviano	♦♦♦♦	●	●	●			●	●	●	17
Pension Arenberg	♦♦♦♦		●	●						22
Pension Domizil	♦♦♦♦		●			●		●	●	21
Pension Neuer Markt	♦♦♦♦	●	●	●	●	●		●	●	37
Pension Pertschy	♦♦♦♦		●	●			●	●		43
Riemergasse Appartement-Pension	♦♦♦♦		●	●				●		14
Pension Christina	♦♦♦		●	●			●	●		33
Pension Elite	♦♦♦			●		●		●	●	27

	Preiskategorie	Ausblick	Ruhige Lage	Typisch Wienerisch	Restaurant	Bar	Kinderermässigung	Schwimmbad	Parkplatz	Zimmer
Pension Geissler	♦♦♦		●		●				●	23
Pension Lerner	♦♦♦								●	7
Pension Nossek	♦♦♦	●		●				●		26
Pension Residenz	♦♦♦	●	●	●				●		13
Pension Suzanne	♦♦♦	●							●	19
Pension Aclon	♦♦	●		●				●		22
III. Bezirk										
Hotel Inter Continental	♦♦♦♦	●	●				●		●	492
Schwarzenberg	♦♦♦♦♦				●	●				38
Hotel Vienna Hilton	♦♦♦♦♦		●		●	●	●		●	600
Pullman Hotel Belvedere	♦♦♦♦		●		●	●	●		●	211
VI. Bezirk										
Hotel Beethoven	♦♦♦♦	●	●						●	36
Hotel Schneider	♦♦♦♦		●	●				●		71
Pension Esterhazy	♦									15
VII. Bezirk										
K + K Hotel Maria Theresia	♦♦♦♦		●		●	●	●	●	●	123
Hotel Tangra	♦♦		●			●		●		28
Pension Reimer	♦♦							●		14
VIII. Bezirk										
Hotel Josefshof	♦♦♦♦	●		●		●		●	●	43
Pension Alsergrund	♦♦									58
Pension Auersperg	♦♦									75
Pension Carina	♦♦									21
Pension Columbia	♦♦									8
Pension Koper	♦♦							●		16
Pension Lehrerheim des Lehrerhausvereines	♦♦			●				●	●	40
Pension Wild	♦							●	●	14
Pension Edelweiss			●	●			●	●	●	
IX. Bezirk										
Hotel Atlanta	♦♦♦♦		●	●	●				●	57
Hotel Regina	♦♦♦♦	●	●		●	●		●	●	124
Hotel Am Schottenpoint	♦♦♦		●			●			●	17
Pension Bleckmann	♦♦♦			●				●	●	14
Pension Vera	♦♦		●							14
XVII. Bezirk										
Pension Am Lerchenfeld	♦♦									15

◆ Restaurants im Überblick

I. Bezirk	Luxus	Mittelklasse	Preiswert	Ausblick	Terrasse	Essen nach Mitternacht	Orchester	Parkplatz
Bierhof			●		●	●		
Bierleutgeb			●					
Bistro de France	●			●				
Brezelg'wölb			●	●	●			
Café Landtmann			●	●	●			
Demel's Vis-à-Vis	●			●				
Diglas			●		●			
Do & Co	●							
Do & Co im Haas-Haus	●			●				
Drei Husaren	●							
Figlmüller's			●					
Göttweiger Stiftskeller			●					
Griensteidl			●	●				
Gulaschmuseum			●		●			
Königsbacher			●	●	●			
Kornat	●							
Korso	●			●			●	
Krah-Krah		●			●	●		
Kupferdachl			●		●			
Le Siècle im SAS Hotel	●							
Lustig Essen					●			
Miljöö			●			●		
Mongolian Barbecue			●					
Noodles & Co	●			●	●	●	●	
Ofenloch			●		●			
Opera			●			●		
Oswald und Kalb			●					
Paulusstuben			●	●	●			
Pfudl			●	●				
Pürstner			●		●			
Rosa Elefant			●		●	●		
Rosenberger Markt		●						
S'Müllerbeisl			●		●			
Sirk	●			●				●
Sowieso			●		●	●		
Stadtbeisl			●	●	●			
Trattoria San Carlo			●	●				
Trzesniewski			●					
Walfischeck		●			●			
Warsteiner			●		●	●		
Werner's			●		●			
Wrenkh	●				●			
Zu den drei Hacken			●		●			
Zum Basilisken			●		●			
Zum Bettelstudent		●			●	●		

	Luxus	Mittelklasse	Preiswert	Ausblick	Terrasse	Essen nach Mitternacht	Orchester	Parkplatz
Zum König von Ungarn				●	●			
Zum Leupold			●	●	●			
Zum Schwarzen Kameel			●					
Zum Suppentopf			●					
Zum Weissen Rauchfangkehrer			●					
Zur Majestät	●							
Zwölf Apostelkeller			●					●
II. Bezirk								
Altes Jägerhaus			●	●	●			
Lusthaus			●	●	●			●
Schweizerhaus			●	●	●			●
Vincent	●							●
III. Bezirk								
Im Kunsthaus			●	●				
Palais Schwarzenberg	●				●			
Rôtisserie Prinz Eugen	●							●
Steirereck	●							●
Vier Jahreszeiten	●							
IV. Bezirk								
Zu den Drei Buchteln			●					
V. Bezirk								
Altes Fassl			●		●			
Motto			●		●	●		
Schlossgasse 21			●		●	●		
VI. Bezirk								
Hauswirth	●				●			
Ludwig Van			●	●				
VII. Bezirk								
Eck			●					
Plutzer Bräu					●	●		
Zu ebener Erde & ersten Stock		●	●		●	●		
Zur Stadt Krems			●		●			
VIII. Bezirk								
Le Tunnel								
Maria Treu		●	●				●	
IX. Bezirk								
Regina			●	●	●			
XIII. Bezirk								
Villa Hans Moser	●							
XV. Bezirk								
Altwienerhof	●				●			
Vikerl's Lokal			●					
XIX. Bezirk								
Fischerbräu			●		●			
XXII. Bezirk								
Strandcafé			●	●				

INFORMATION

ÖSTERREICHISCHE FREMDENVERKEHRSWERBUNG
ÖSTERREICH INFORMATION
(Zentrale Stelle in der Bundesrepublik Deutschland)
Postfach 1231
82019 Taufkirchen
Tel. 089/66 67 01 00
Fax 089/66 67 02 00
WIEN INFORMATION
(Schriftlich und telefonisch)
Obere Augartenstr. 40
1025 Wien
Tel. 211 14-0
Fax 216 84 92

... IN DER SCHWEIZ
Zweierstr. 146
8037 Zürich
Tel. 01/4 51 15 51
Fax 4 51 11 80

INFORMATIONSSTELLE IN WIEN
1, Opernpassage
Unterirdischer Fußgängerbereich bei der Staatsoper,
tgl. 9 - 19 Uhr.

◆

ANREISE

MIT DEM FLUGZEUG
Direktflüge von der Bundesrepublik zum Flughafen Wien-Schwechat aus folgenden bundesdeutschen Städten: Düsseldorf, Frankfurt/M., Hannover, Köln/Bonn, Leipzig, München, Nürnberg, Stuttgart und Berlin (Schönefeld); von der Schweiz ab Genf und Zürich.
Der Flughafen liegt 19 km südöstlich des Stadtzentrums. Das City Air Terminal in Wien 3, Am Stadtpark (Hotel Hilton) sowie der Süd- und Westbahnhof sind durch einen regelmäßig verkehrenden Bus-Zubringerdienst erreichbar, zum Bahnhof Wien-Nord bzw. Wien-Mitte verkehren etwa stündlich Schnellbahnzüge.

MIT DER BAHN
Es gibt von verschiedenen Städten aus Euro-City-Verbindungen nach Wien, den aktuellen Stand erfragen Sie bitte bei der DB und der SBB. Diese Züge sind zuschlagpflichtig, es empfiehlt sich zu reservieren.
Reisende aus der Bundesrepublik und der Schweiz kommen am Westbahnhof an. Von dort erreicht man mit der U-Bahn-Linie U 3 in wenigen Minuten die Innenstadt.

MIT DEM AUTO
Entfernungen nach Wien von München 440 km, von Berlin (über Prag) 650 km, von Zürich 770 km.
Geschwindigkeitsbeschränkungen: Autobahn 130 km/h, Landstraßen 100 km/h und innerhalb von Ortschaften 50 km/h. In Österreich reicht Ihr nationaler Führerschein aus, ferner die nationale Zulassung und ein Nationalitätenzeichen, ein Warndreieck und einen Verbandskasten.

MIT DEM SCHIFF
Zwischen Mai und September können Sie ab Passau mit der *Ersten Donaudampfschiffahrts-Gesellschaft* (DDSG) von Passau oder auch Budapest aus nach Wien reisen. Flußaufwärts sind Sie 22, flußabwärts 16 Std. unterwegs.
Telefonische Auskunft über Donaureisen unter 2 17 50-0, Fahrplanauskunft unter 15 37.

◆

I. BEZIRK
INNERE STADT

ALLGEMEINES

RATHAUS-INFORMATION/ STADTINFORMATION
Friedrich-Schmidt-Halle
Rathaus
Tel. 403 89 89
Geöffnet Mo - Fr
8 - 18 Uhr.
Informationsbüro der Stadt Wien.

JUGEND INFO WIEN
Dr. Karl-Renner-Ring
Bellaria Passage
Tel. 526 46 37
Geöffnet Mo bis Fr
12 - 19 Uhr, Sa und an Feiertagen 10 - 19 Uhr.
Informationsbüro für junge Leute.

WIEN INFORMATION
(ZWEIGSTELLE)
Kärntner Straße 51
(gegenüber der Oper)
Tel. 513 88 92
Rund um die Uhr geöffnet.
Hier erhalten Sie kostenlose Pläne und Prospekte in allen Sprachen, können Stadtführungen buchen und Geld wechseln. Zimmerreservierungen sind hier allerdings nicht möglich. Dies können Sie telefonisch unter 211 14/66 erledigen.

POLIZEI
Stephansplatz
U-Bahn-Station
Tel. 313 47-20 23
Rund um die Uhr geöffnet.
Die Polizeiwache befindet sich in der Station der U 1, unter dem Stephansplatz.

POSTAMT
Barbaragasse 2
Tel. 512 76 81-0
Rund um die Uhr geöffnet.

GELDWECHSEL

WECHSELAUTOMAT
Kärntner Straße 51
(gegenüber der Oper)
Rund um die Uhr in Betrieb.

WECHSELSTUBEN
Stephansplatz 2
Geöffnet tgl. 8 - 18 Uhr.
Opernpassage
Geöffnet tgl. 9 - 19 Uhr.

VERKEHR

SCHIFF
DDSG DONAUREISEN
Anlegestelle Schwedenplatz
Tel. 217 50-451
Geöffnet tgl.
Nur für mehrstündige Fahrten auf der Donau und dem Donaukanal.

RUNDFLÜGE
VIENNA SIGHTSEEING TOURS
Tel. 712 46 83
Bieten Rundflüge über Wien vom Flughafen Schwechat aus an.
AUSTRIAN AIRLINES
Kärntner Ring 18
Geöffnet Mo bis Fr
9 - 17 Uhr.
Tel. 505 57 57

FAHRRADVERLEIH
COOPERATIVE FAHRRAD
Unter der Salztorbrücke
Tel. 532 82 34
Geöffnet April bis Okt.
9 - 20 Uhr.
Hier können Sie Fahrräder, Tandems und Mountainbikes mieten.

MIETWAGEN
AVIS
Opernring 1
Tel. 587 62 41
Geöffnet Mo bis Fr
9 - 17 Uhr.
Weitere Niederlassung am Flughafen.
HERTZ
Kärntner Ring 17
Tel. 512 86 77
Geöffnet Mo bis Fr
8.30- 17 Uhr.

KULTUR

ADALBERT-STIFTER-MUSEUM
Mölker Bastei 8
Tel. 637 06 65
(◆ *329)*

AKADEMIE DER BILDENDEN KÜNSTE
Schillerplatz 3
Tel. 588 16 -225
Geöffnet Di, Do, Fr 10 - 14, Mi 10 - 13 und 15 - 18 Uhr, Sa, So und an Feiertagen 9 - 13 Uhr

GRAPHISCHE SAMMLUNG ALBERTINA
Augustinerstraße 1
Tel. 534 83
Geöffnet Mo, Di, Do 10 - 16 , Mi 10 - 18, Fr 10 - 14 Uhr, Sa und So 10 - 13 Uhr
Geschlossen So und im Juli/August.
Größte einschlägige Sammlung der Welt.
(▲ *196)*

ALTES RATHAUS
Wipplingerstraße 8
Tel. 534 36-779/332
Geöffnet Mo, Mi und Do 9 -17 Uhr.
In der 3. Etage des Alten Rathauses befindet sich das Museum des österreichischen Freiheitskampfes.
(▲ *169*)

BÖRSE
Börseplatz
Geöffnet Mo bis Fr 9 - 17 Uhr.
Geschlossen Sa, So und an Feiertagen.
(▲ *201)*

BURGKAPELLE
Hofburg
Im Schweizerhof
Führungen (ab 5 Personen) Di und Do 14.30 - 15 Uhr, 15. Jan. bis 26. Juni, 16. Sept. bis 23. Dez.
Messe – außer sommers – stets mit den Wiener Sängerknaben: So und an kirchlichen Feiertagen 9.15 Uhr, Jan. bis Juni, Sept. bis Dez.
Kapelle der Hofburg.
(▲ *183)*

BURGTHEATER
Dr. Karl-Lueger-Ring 2
Tel. 514 44-26 13
Je nach Probenbetrieb Besichtigung auf Anfrage auch tagsüber möglich. *(▲ 204)*

DOM- UND DIÖZESANMUSEUM
Rotenturmstr. 2 (Eingang Stephansplatz 6)
Tel. 515 25 60
Geöffnet Di bis Mi, Fr bis Sa 10 - 16, Do 10 - 18 Uhr, So und an Feiertagen 10 -13 Uhr.
Sammlung sakraler Kunst im alten Stiftshof neben dem Erzbischöflichen Palais.
(◆ 330)

EPHESOS-MUSEUM
Neue Burg 1
Heldenplatz
Tel. 52 17 70
Geöffnet 10 - 16 Uhr, Di geschlossen.
Sammlung klassischer und hellenistischer Ausgrabungen, darunter der großartige Partherfries. (▲ 184)

FIGAROHAUS
Domhaus 5
Tel. 513 62 94
Geöffnet 9 -12.15 und 13 - 16.30 Uhr, Mo geschl.
Gedenkräume für W. A. Mozart, der hier wohnte.
(▲ 150)

FILMMUSEUM
Augustinerstraße 1 (Albertina)
Tel. 533 70 54
Geöffnet Mo bis Sa, Okt. bis Mai auch Abendvorstellungen.
Neben der Sammlung an Büchern, Programmen und Filmen gibt es Vorstellungen deutsch- und fremdsprachiger Filme. Im Sommer werden Filmfestivals veranstaltet. (◆ 331)

HERZGRUFT DER HABSBURGER
Augustinerstraße 3
In der Augustinerkirche
Tel. 533 70 99
Geöffnet Mo, Di und Do 8 - 9.30, Mi 8 - 8.45, Fr 8 - 8.45 und 10 - 12 Uhr.
Im ›Herzgrüfterl‹ befinden sich 54 silberne Urnen mit den Herzen der Habsburger. (▲ *195)*

HISTORISCHES MUSEUM DER STADT WIEN
Karlsplatz
Tel. 505 87 47
Geöffnet Di bis So 9 - 16.30 Uhr.
Die reichhaltige Sammlung dokumentiert die 2000jährige Stadtgeschichte. (▲ *241)*

HOFBURG – KAISERAPPARTEMENTS
Michaelerplatz
Tel. 58 75 55 45 15
Geöffnet Mo bis Sa 8.30 - 12 und 12.30 - 16 Uhr, So und an Feiertagen 8.30 - 12.30 Uhr.
(▲ 178)

JÜDISCHES MUSEUM DER STADT WIEN
Dorotheergasse 11
Tel. 535 04 31
Geöffnet 10 -18 Uhr, Sa geschlossen.
Im Herbst 1993 eröffnet, widmet es sich Vergangenheit und Gegenwart der örtlichen Jüdischen Gemeinde.
(◆ 330)

KAISERGRUFT
Neuer Markt
Tel. 512 68 53 12
Geöffnet tgl. 9.30 - 16 Uhr.
(▲ 142)

KUNSTHISTORISCHES MUSEUM
Maria-Theresia-Platz
Tel. 52 17 70
Geöffnet Do bis So 10 - 18, Di und Fr 19- 21 Uhr.
Bedeutendste Sammlung der Stadt. Besonders imposant: die niederländische und die italienische Abteilung. (▲ 208)

MARIA AM GESTADE
Passauerplatz
Gotischer Bau mit bemerkenswertem Turmhelm. (▲ 172)

MICHAELERKIRCHE
Michaelerplatz
Ehemalige Hofpfarrkirche auf einem der schönsten Plätze der Stadt. (▲ 174)

MINORITENKIRCHE
Minoritenplatz
Italienische National-kirche aus dem 13. Jh.
(▲ 161)

MUSEUM FÜR VÖLKERKUNDE
Neue Burg
Heldenplatz
Tel. 52 17 70
Geöffnet tgl. 10 - 16 Uhr.
In einem Seitenflügel der Neuen Hofburg befinden sich Objekte alter Stammeskulturen samt hervorragendem Archiv und Bibliothek.
(▲ 187)

MUSIKVEREIN
Bösendorferstraße 12
Tel. 505 81 90
Hier befindet sich der wegen seiner Akustik weltberühmte Goldene Saal, der Sitz der Wiener Philharmoniker.

NATIONALBIBLIOTHEK
Josefsplatz 1
Tel. 53 41 03 97
Barocker Prunksaal von Fischer von Erlach. Größte österreichische Bibliothek. (▲ 192)

NATURHISTORISCHES MUSEUM
Maria-Theresia-Platz
Burgring 7, 1. Etage
Tel. 521 70
Geöffnet 9 - 18, im Winter nur bis 15 Uhr.
Eine der größten naturwissenschaftlichen Sammlungen Europas, leider etwas altertümlich und verstaubt präsentiert.

NEIDHART-FRESKEN
Tuchlauben 19
Tel. 535 90 65
Geöffnet 9 - 12.15 und 13 - 16.30 Uhr, Mo geschlossen.
Sehenswerte Fresken aus dem 14. Jh.

ÖSTERREICHISCHES MUSEUM FÜR ANGEWANDTE KUNST
Stubenring 5
Tel. 711 36-0
Geöffnet 11 - 18, Do bis 21 Uhr, Di geschlossen.
Neben der kunstgewerblichen Dauerschau auch

1 Do & Co im Haas-Haus
2 Bistro de France im Hotel de France
3 Sirk Rotisserie im Hotel Bristol
4 Kornat
5 Zu den drei Hacken
6 Zum Bettelstudent
7 Oswald und Kalb
8 Trzesniewski
9 Noodles & Co
10 Zum Leupold
11 Figlmüller

12 Demel
13 Café Bar in der Wiener Secession
14 Café Landtmann
15 Café Europa
16 Zum Schwarzen Kameel
17 Café Diglas
18 Mongolian Barbecue
19 Zu den drei Husaren
20 Roter Engel
21 Café Central
22 Pfudl
23 Wrenkh
24 Korso
25 Zum Basilisken

Sonderausstellungen. (▲ *228*)

PARLAMENT
Dr. Karl-Renner-Ring 3
Tel. 401 10 22 11
Führungen (außer an Sitzungstagen) Mo bis Fr 11 und 15 Uhr, Juli und Aug. auch 10, 13 und 14 Uhr. (▲ *205*)

PESTSÄULE
Graben
Zum Gedenken an die Pestepedemie von 1679 errichtet. (▲ *138*)

PETERSKIRCHE
Petersplatz
Paradebeispiel österreichischen Hochbarocks mit Kuppelfresken von J. M. Rottmayr. (▲ *139*)

PUPPEN- UND SPIELZEUGMUSEUM
Schulhof 4
Tel. 535 68 60
Geöffnet tgl. außer Mi 10 - 18 Uhr. (▲ *168*)

RATHAUS
Friedrich-Schmidt-Platz
Tel. 403 89 89
Geöffnet Mo bis Fr (Führung) 13 Uhr.
Im Inneren: ganzjährig spezielle Ausstellungen, im Sommer: Konzerte im Arkadenhof. In der Adventszeit auf dem Vorplatz: stimmungsvoller ›Christkindlmarkt‹. (▲ *205*)

RÖMISCHE BAURESTE AM HOF
Am Hof 9
Tel. 505 87 47 46
Geöffnet Sa, So und an Feiertagen 11 - 13 Uhr.
Hier sind Überreste aus der Zeit des römischen Feldlagers Vindobona zu sehen sowie erläuternde Pläne und Fotos.

RÖMISCHE RUINEN UNTER DEM HOHEN MARKT
Hoher Markt 3
Tel. 535 56 06
Geöffnet 9 - 12.15 und 13 - 16.30 Uhr, Mo geschlossen.
Ruinen von Offiziershäusern aus der Römerzeit.

RUPRECHTSKIRCHE
Ruprechtsplatz
Die älteste romanische Kirche Wiens blieb von den Bomben des Zweiten Weltkriegs verschont. Sie stammt angeblich aus dem 8. Jh., ist für das 12. Jh. auch urkundlich belegt. (▲ *154*)

SCHATZKAMMER DES DEUTSCHEN ORDENS
Singerstraße 7
Tel. 51 21 06 56
Geöffnet 10 - 18 Uhr, Di geschlossen.
Neben der kaiserlichen die bedeutendste Schatzkammer Österreichs. (▲ *149*)

SCHOTTENKIRCHE
Freyung
Im 9. Jh. geweiht. Im Inneren »Flucht aus Ägypten« – älteste Ansicht Wiens. (▲ *163*)

SCHOTTENSTIFT
Freyung
Neben der Schottenkirche liegendes klassizistisches Stiftsgebäude mit bedeutenden Kunstschätzen. (▲ *164*)

SECESSION
Friedrichstraße 12
Tel. 587 53 07
Geöffnet Di bis Fr 10 - 18 Uhr, Sa, So und an Feiertagen 10 - 16 Uhr.
Programmatischer Bau, der der Künstlervereinigung gleichen Namens als Ausstellungsgebäude diente; »Beethovenfries« von Gustav Klimt. Hier finden Ausstellungen zeitgenössischer Kunst statt. (▲ *232*)

SPANISCHE REITSCHULE
Josefsplatz
Tel. 533 90 31
und 533 90 32
Fax 535 01 86
In der Hofburg, Termine s. Veranstaltungskalender (◆ 307).
In der Spanischen Hofreitschule treten die berühmten Lipizzaner auf. (▲ *190*)

STAATSOPER
Opernring 2
Tel. 514 44 26 13
Führungen tgl. 10, 11, 13, 14 und 15 Uhr im Juli und Aug., von Sept. bis Juni Besichtigung nach Vereinbarung.
(▲ *223*)

STEPHANSDOM
Stephansplatz
Tel. 51 55 25 63
und 51 55 25 26
Allgemeine Führungen durch dieses bekannteste Wahrzeichen Wiens:
Mo bis Sa 10.30 und 15, So 15 und 19 Uhr von Juni bis Sept.
KATAKOMBEN
Führungen tgl. 10, 11, 11.30, 14, 14.30, 15.30, 16 und 16.30 Uhr.
SÜDTURM
Geöffnet 9 - 17.30 von März bis Okt. 9 -16.30 von Nov. bis Feb.
NORDTURM
Geöffnet 9 - 17.30 Uhr.
(▲ *132*)

SYNAGOGE
Seitenstettengasse 4
Die Hauptsynagoge bildet den Mittelpunkt des traditionsreichen Jüdischen Viertels. Sie beherbergt auch das Israelitische Gemeindezentrum.
(▲ *156*)

ÖSTERREICHISCHES THEATERMUSEUM
Lobkowitzplatz 2
Tel. 512 88 00-0
tgl. außer Mo 10 - 17 Uhr. Führungen nach Vereinbarung.
Gedenkräume für berühmte Schauspieler, Wechselausstellungen.

UHRENMUSEUM DER STADT WIEN
Schulhof 2
Tel. 533 22 65
Geöffnet tgl. 9 - 16.30 Uhr, Mo geschlossen.
Hier sind die Erzeugnisse der traditionellen Wiener Uhrenindustrie zu bewundern.
(▲ *168*)

STERNWARTE URANIA
Uraniastraße 1
Tel. 24 94 32
Führungen bei klarem Himmel Mi, Fr und Sa 20 Uhr, April bis Sept. 21, So 11 Uhr, im Aug. geschlossen.
(▲ *229*)

VIRGILKAPELLE
Stephansplatz
Tel. 513 58 42
Geöffnet 9 - 12.15 und 13 -16.30 Uhr, Mo geschlossen.
Kapelle aus dem 13. Jh. mit unterirdischem Nischenraum, die eine historische Keramiksammlung beherbergt.
(▲ *136*)

VERANSTALTUNGEN

BURGTHEATER
Dr. Karl-Lueger-Ring 2
Tel. 514 44 22-18

ENSEMBLE THEATER
Petersplatz 1
Tel. 535 32 00
Mainstream und Avantgarde im Keller.

HOFMUSIKKAPELLE-SÄNGERKNABEN
Hofburg

KAMMERSPIELE
Rotenturmstraße 20
Gehobener Boulevard.

PALAIS PÁLFFY
Josefsplatz 6
Tel. 512 56 81-0
Diverse Konzerte, Symposien, Ausstellungen.

STAATSOPER
Opernring 2
Tel. 514 44 26-50

WIENER KAMMEROPER
Fleischmarkt 24
Tel. 513 60 72

WIENER SÄNGERKNABEN
Hofburg
Kartenbestellungen: A-1010 Wien, Hofmusikkapelle, Hofburg. Direktverkauf: Fr ab 17 Uhr an der Tageskasse (Eingang).

VORVERKAUFSSTELLEN
BUNDESTHEATER-KASSEN
Hanuschgasse 3
Goethegasse 1
Tel. 514 44 29-59
und 514 44 29-60
Fax 513 15 13
Geöffnet Mo bis Sa 7 - 19 Uhr.

Hier bekommen Sie Karten und Informationen über Burgtheater, Akademietheater, Staatsoper und Volksoper. Verkauf eine Woche im voraus. Sechs Tage im voraus können Sie auch telefonisch mit Kreditkarte bestellen. (Restkarten für die Oper mit internationalem Studentenausweis um 50 öS erhältlich).

REISEBÜRO INTROPA
Kärntner Straße 38
Tel. 515 14-0
Geöffnet Mo bis Fr 9 - 17 Uhr.
Reisebüro neben der Tourist-Information, in dem Sie u. a. Karten für die Spanische Hofreitschule bekommen können.

RESTAURANTS

BISTRO DE FRANCE
Schottenring 3
Tel. 34 35 40 33 70
Geöffnet tgl. 11 - 23.30 Uhr.
Restaurant im Hotel de France.
200 ÖS - 500 ÖS
◍ C ☼ ▭

BREZLG'WÖLB
Ledererhof 9
Tel. 533 88 11
Geöffnet tgl.11.30 -1 Uhr.
Gemütliches Innenhoflokal (Kerzenlicht, gute Küche). Mit urigen Räumen im Souterrain.
150 ÖS - 300 ÖS
◑ C ☼ ♫

DEMEL'S VIS-À-VIS
Kohlmarkt 11
Tel. 535 17 17
Geöffnet tgl. 11 - 20 Uhr.
Kleines edles Bistro gegenüber der berühmten Konditorei gleichen Namens.
350 ÖS - 600 ÖS
◍ C ☼

DO & CO
Akademiestraße 3
Tel. 512 64 74
Geöffnet Mo bis Fr 9.30 - 18.30, Sa 9 - 14.30 Uhr, So und an Feiertagen geschlossen.
Mehlspeisen aus eigener Konditorei. Spezialität: frische Meerestiere. Klassisch-modernes Ambiente.
400 ÖS - 750 ÖS
◍ C ▭

DO & CO IM HAAS-HAUS
Stephansplatz 12
7. Etage
Tel. 53 53 96 90
Geöffnet Mo bis Sa 12 - 24 Uhr, So und an Feiertagen geschlossen.
In dem modernen Gebäude am Stephansplatz sitzen Sie im Sommer auf der schönsten Terrasse der Stadt. Menü-Tip: Fisch und Hummer.
400 ÖS - 800 ÖS
◍ C ☼ ▭

ZU DEN DREI HUSAREN
Weihburggasse 4
Tel. 512 10 92
Geöffnet tgl. 12 - 15 und 18 - 2 Uhr.
Hier wird in exquisitem großbürgerlichem Rahmen klassische Wiener Küche zelebriert. Eine der besten Adressen der Stadt.
500 ÖS - 1000 ÖS
◍ C ▭

FIGLMÜLLER
Wollzeile 5
Tel. 512 61 77
Geöffnet 11 - 22 Uhr.
Der Wiener Schnitzel-Spezialist – eine Institution; etwas versteckt in einem kleinen Gäßchen gelegen.
200 ÖS - 300 ÖS
◑ ≋ C

GÖTTWEIGER STIFTSKELLER
Spiegelgasse 9
Tel. 512 78 17
Geöffnet Mo bis Do 8 - 22 , Fr 8 - 21 Uhr, Sa, So und an Feiertagen geschlossen. Im Dezember Sa 9 - 14 Uhr.
Berühmtes Gasthaus mit Stammpublikum; sehr ›wienerisch‹.
120 ÖS - 250 ÖS
◑ C

GULASCHMUSEUM
Schulerstraße 20
Tel. 512 10 17
und 512 10 18
Geöffnet tgl. 9 - 24 Uhr.
Mehr als 100 Gulasch-Spezialitäten.
100 ÖS - 200 ÖS
◑ C

KÖNIGSBACHER
Walfischgasse 5
Tel. 513 12 10
und 513 10 49
Geöffnet Mo bis Fr 10 - 24 Uhr, Sa 10 -16 Uhr, So und an Feiertagen geschlossen.
Hausmannskost und nettes Ambiente. Guter Durchschnitt. Im Sommer: Schanigarten.
100 ÖS - 200 ÖS
◑ ≋ C ☼

KORNAT
Marc-Aurel-Straße 8
Tel. 535 65 18
Geöffnet Mo bis Sa 11 - 15 und 18 -1 Uhr, So und an Feiertagen geschlossen.
Dalmatinische Fischspezialitäten.
300 ÖS - 500 ÖS
◍ C

KORSO
Mahlerstraße 2
Tel. 51 5[illegible] 65 40
Geöffnet 12 - 15 und 19 -1 Uhr, Sa 19 -1 Uhr, Juli und August mittags geschlossen.
Gourmettempel der Spitzenklasse. Erlesene Küche, imperiales Ambiente. Ein Garant für einen festlichen Abend.
800 ÖS -2500 ÖS
◍ C ☼ ▭ 🎺

KRAH-KRAH
Rabensteig 8
Tel. 533 81 93
Geöffnet 11 - 2 Uhr.
Eines der Pionier-Lokale im ›Bermuda-Dreieck‹. Sensationelle Bier-Auswahl. Für Freunde sehr lauter Musik.
80 ÖS - 200 ÖS
○ C ♪

KUPFERDACHL
Schottengasse 7
Tel. 533 93 81
Geöffnet Mo bis Fr 12 - 15 und 18 - 24 Uhr, Sa 18 - 24 Uhr.
Gutbürgerliches Restaurant, nach dem Umbau leider etwas steril.
200 ÖS - 450 ÖS
◑ C ▭

LE SIÈCLE
Weihburggasse 32
Tel. 515 17-19 60
Geöffnet Mo bis Sa 12 - 15 und 19 - 23, So 11 - 15 Uhr.
Restaurant im SAS Palais Hotel. Vorzügliche Küche mit französisch-skandinavischem Touch.
800 ÖS - 1500 ÖS
◍ ≋ C ▭

LUSTIG ESSEN
Salvatorgasse 6
Tel. 533 30 37
Geöffnet Mo bis Sa 11.30 - 0 Uhr, So und an Feiertagen geschlossen.
Frühstücks-Restaurant.
50 ÖS - 150 ÖS
C

MILJÖÖ
Dorotheergasse 19
Tel. 513 19 44
Geöffnet tgl. 11 -2 Uhr.
Etwas schummriger Beisl-Treff mit guter Küche.
200 ÖS - 400 ÖS
◑ C ▭ ♫

MONGOLIAN BARBECUE
Fleischmarkt 4, 1. Etage
Tel. 535 31 76
Geöffnet tgl. 12 - 15 Uhr und 17.30 - 0.30 Uhr.
150 - 300 ÖS
◑ ≋ C

NOODLES & CO
Karlsplatz 5
Tel. 505 38 39
Geöffnet So bis Fr 11 - 15 und 18 - 4 Uhr, Sa 11 - 4 Uhr.
Schickimicki-Treff im Souterrain des Künstlerhauses. Italienische Spezialitäten, ab 22 Uhr

Live-Klavier. Im Sommer: Schanigarten mit Blick auf die abends erleuchtete Karlskirche.
300 ÖS - 600 ÖS

OFENLOCH
Kurrentgasse 8
Tel. 533 88 44
Geöffnet tgl. 10 - 24 Uhr.
Holzgetäfelt, herzlich, etwas eng, dafür exzellente Wiener Küche.
350 ÖS - 600 ÖS

OSWALD & KALB
Bäckerstraße 14
Tel. 512 13 71
und 512 69 92
Geöffnet tgl. 18 - 1 Uhr.
Intellektuellen-Treff. Stets voll. Interessante Gesprächspartner am Bartresen garantiert.
150 ÖS - 300 ÖS

PAULUSSTUBE
Walfischgasse 7
Tel. 512 81 36
Geöffnet tgl. 11 - 1 Uhr.
Wienerisches Lokal zwischen Heurigem und Bistro.
100 ÖS - 250 ÖS

PFUDL
Bäckerstraße 22
Tel. 512 67 05
Geöffnet tgl. 9 - 24 Uhr.
Kleines Restaurant nahe der Alten Universität. Institution.
180 ÖS - 300 ÖS

PÜRSTNER
Riemergasse 10
Tel. 512 63 57
Geöffnet tgl. 10 - 24 Uhr.
Traditionelle Küche, sommers Straßencafé.
150 ÖS - 350 ÖS

ROSA ELEFANT
Fleischmarkt 4
Tel. 63 75 30

Geöffnet tgl. 16 - 2 Uhr.
Mit dunklem Holz getäfelt, warme Küche bis 1 Uhr! Angenehmer Hafen für Nachtvögel. Sommers: kühler Schanigarten.
150 ÖS - 300 ÖS

ROSENBERGER MARKT
Maysedergasse 2
Tel. 512 34 58
Geöffnet tgl. 11 - 23 Uhr.
Dreistöckiges Selbstbedienungsrestaurant im US-Stil. Hektisch, aber Riesenauswahl an frischen Gerichten, speziell für Bio-Freunde.
150 ÖS - 300 ÖS

S'MÜLLERBEISL
Seilerstätte 15
Tel. 512 42 65
Geöffnet tgl. 11 -15 und 17. 30 - 23 Uhr.
Eines der immer seltener werdenden typischen Wiener Beisln.
80 ÖS - 200 ÖS

SIRK ROTISSERIE
Kärntner Ring 1
Tel. 515 16-552
Geöffnet tgl. 7 - 10, 12 -15 und 18 -1 Uhr, im Juli und Aug. 19 - 23 Uhr.
Ideal für das späte Dinner nach der Oper (liegt direkt gegenüber im ersten Stock des Hotel Bristol). Pikante Snacks – auch im Café im Erdgeschoß.
400 ÖS - 1000 ÖS

LA SORBETTERIA DI RANIERI
Kärntner Straße 28
Tel. 512 31 34
Geöffnet So bis Mi 8 - 2 Fr und Sa 8 - 6 Uhr.
Kleines, lebhaftes und modernes italienisches Restaurant, im Sommer Terrasse zur Fußgängerzone.
200 ÖS - 350 ÖS

SOWIESO
Grashofgasse 1
Tel. 512 12 36
und 512 63 88
Geöffnet tgl. 12 -4 Uhr.
In einem mittelalterlichen stillen Gäßchen gelegen. Beliebter Treff für Nachtschwärmer.

Besonders nett: im Sommer draußen sitzen.
150 ÖS - 250 ÖS

STADTBEISL
Naglergasse 21
Tel. 533 33 23
Geöffnet tgl. 9 - 24 Uhr.
Typisch wienerisches Lokal, das seit dem 17. Jh. besteht. Die Küche orientiert sich an traditionellen Wiener Rezepten.
300 ÖS - 500 ÖS

TRATTORIA SAN CARLO
Mahlerstraße 3
Tel. 513 89 84
Geöffnet tgl. 12 -15 und 18.30 - 23.30 Uhr.
Gehobener Italiener unmittelbar neben der Oper.
250 ÖS - 500 ÖS

TRZESNIEWSKI
Dorotheergasse 1
Tel. 512 32 91
Geöffnet Mo bis Fr 9 - 19.30, Sa 9 -1, am langen Sa 9 - 18 Uhr, So und an Feiertagen geschlossen.
Berühmt für seine belegten Brötchen. Beliebter Ankerplatz während des Shopping-Bummels.
75 ÖS - 150 ÖS

WALFISCHECK
Walfischgasse 8
Tel. 512 69 80
Geöffnet Mo bis Fr 7 - 21 Uhr, Sa 10 - 22 Uhr, So und an Feiertagen geschlossen.
Traditionelle Wiener Küche; empfehlenswert: Fischspezialitäten.
100 ÖS - 250 ÖS

WARSTEINER
Grashofgasse 4
Tel. 513 82 18
Geöffnet tgl. 11 - 1 Uhr.
Internationale und Schweizer (Fondue) Spezialitäten. Helles Holz, etwas gereiftes Publikum, hübscher Schanigarten.
200 ÖS - 400 ÖS

WERNER'S
Schönlaterngasse 13
Tel. 513 97 98
und 513 97 99
Geöffnet Mo bis Sa 18 - 2 Uhr,
So und an Feiertagen geschlossen.
Angenehmes In-Beisl mit attraktiver Bar, Live-Pianisten, Stoffservietten, frische Tischblumen. Moderne, preiswerte Kost.
200 ÖS - 400 ÖS

WRENKH
Bauernmarkt 10
Tel. 533 15 26
Geöffnet Mo bis Sa 11 -14 und 18 - 24 Uhr
So und an Feiertagen geschlossen.
Bestes vegetarisches Lokal der Stadt. Stilvoll, mit fantasievoller Speisekarte.
250 ÖS - 450 ÖS

ZU DEN DREI HACKEN
Singerstraße 28
Tel. 512 58 95
Geöffnet Mo bis Fr 9 - 24 , Sa 10 - 15 Uhr, So und an Feiertagen geschlossen.
Angenehmes Lokal, gute Küche mit Hang zum Steirischen (Kernöl!). Hier aß – angeblich – schon Schubert.
150 ÖS - 300 ÖS

ZUM BASILISKEN
Schönlaterngasse 3/5
Tel. 513 31 23
Geöffnet Mo bis Do, 11 - 2 Fr bis So 11 - 4 Uhr.
Turbulenter In-Treff im verwinkelten Herzen der Stadt. Viel Rauch, viel Jugend, viel Atmosphäre.
200 ÖS - 400 ÖS

ZUM BETTELSTUDENTEN
Johannesgasse 12
Tel. 513 20 44
Geöffnet tgl. 10 - 2 Uhr.
Von der Pizza über das Steak bis zur gut durchschnittlichen Wiener Küche. Nichts Besonderes, aber auch nicht schlecht.
150 ÖS - 300 ÖS

ZUM KÖNIG VON UNGARN
Schulerstraße 10
Tel. 512 53 19
Geöffnet 12 - 15 und 18 - 24 Uhr, Sa geschlossen.
Renommiertes Restaurant im Hotel gleichen Namens.
400 ÖS - 800 ÖS

ZUM LEUPOLD
Schottengasse 7
Tel. 533 93 81
Geöffnet So - Fr 9 - 24 Uhr, Sa 17 - 24 Uhr
Große Portionen, kleine Preise, große Auswahl, hohe Qualität.
250 ÖS - 500 ÖS

ZUM SCHWARZEN KAMEEL
Bognergasse 5
Tel. 533 89 67
Geöffnet Mo bis Fr 9 - 19, Sa 9 - 14 .30 Uhr, So und an Feiertagen geschlossen.
Essen in einer Feinkosthandlung. Im Stehen: exzellente Brötchen; im Sitzen: gepflegte Wiener Küche. Das Publikum: leicht snobby.
100 ÖS - 500 ÖS

ZUM SUPPENTOPF
Wipplingerstraße 21
Tel. 533 24 35
Geöffnet Mo bis Fr 7 - 19.30 Uhr, Sa, So und an Feiertagen geschl.
Brav, aber gut. Der Zwischenstopp für den kleinen Hunger. Kleiner Schanigarten.
150 ÖS - 300 ÖS

ZUM WEISSEN RAUCHFANGKEHRER
Weihburggasse 4
Tel. 512 34 71
Geöffnet tgl. 12 - 1 Uhr.
Traditionelle Küche, eines der besten Beisl der Stadt.
200 ÖS - 350 ÖS

ZUR MAJESTÄT
Kärntner Ring 16
Tel. 501 10-356
Geöffnet tgl. 12 - 15 und 19 - 23 Uhr.
Luxus-Restaurant im Hotel Imperial, eine der besten Küchen der Stadt.
1000 ÖS - 3000 ÖS

ZWÖLF APOSTELKELLER
Sonnenfelsgasse 3
Tel. 512 67 77
Geöffnet tgl. 16.30 - 24 Uhr.
Einer der großen, traditionsreichen Stadtheurigen, mit riesigem Kellergewölbe.
150 ÖS - 250 ÖS

HOTELS

AM STEPHANSPLATZ
Stephansplatz 9
Tel. 53 40 50
Fax 53 40 57-11
*(4 *) Zentraler geht es nicht – direkt gegenüber dem Stephansdom. Gediegen, wenn auch nicht berauschend originell. Zusatzplus: das hauseigene Café im 1. Stock.*
1550 ÖS - 2060 ÖS

CAPRICORNO
Schwedenplatz 3-4
Tel. 53 33 10 40
Fax 533 76 71-4
*(4 *) Außen pfui (50er-Jahre-Kasten), innen zwar nicht hui, aber tadellos. Gute Lage: am Donaukanal, zwei Gehminuten ins ›Bermuda-Dreieck‹.*
1500 ÖS - 2100 ÖS

HOTEL AM SCHUBERTRING
Schubertring 11
Tel. 71 70 20
Fax 713 99 66
*(4 *) Moderne Architektur, gemischt mit Jugendstil. Hier können Sie auch Appartements mieten.*
1400 ÖS - 2250 ÖS

HOTEL AMBASSADOR
Neuer Markt 5
Tel. 514 66
Fax 513 29 99
*(5 *) Wurde im 19. Jh. gegründet, die Zimmer sind im Biedermeier-Stil ausgestattet.*
2800 ÖS - 4000 ÖS

HOTEL AUSTRIA
Wolfengasse 3
Tel. 515 23
Fax 515 23-506
(3) Kein Wohn-Erlebnis, aber auch keine Enttäuschung. Zusatzplus: Ruhe, weil in einem verkehrsarmen Durchgang gelegen.*
1200 ÖS - 1500 ÖS

HOTEL BAJAZZO
Esslinggasse 7
Tel. 533 89 03
Fax 535 39 97
*(4 *) Modernes Hotel in einem ruhigen Viertel.*
1480 ÖS - 1900 ÖS

HOTEL BRISTOL
Kärntner Ring 1
Tel. 51 51 60
Fax 515 16 55-0
*(5 *) Eines der schönsten und teuersten Hotels der Stadt, wurde 1892 eröffnet.*
4320 ÖS - 4400 ÖS

HOTEL DE FRANCE
Schottenring 3
Tel. 34 35 40
Fax 31 59 69
*(5 *) Luxuriöses Haus, frisch renoviert.*
2400 ÖS - 3600 ÖS

HOTEL DOMINO
Gölsdorfgasse 4
Tel. 535 06 75
Fax 535 06 75-78
An einem großen, ruhigen Platz im Zentrum.
1280 ÖS - 1780 ÖS

HOTEL EUROPA
Neuer Markt 3
Tel. 51 59 40
Fax 513 81 38
*(4 *) Liegt in der Fußgängerzone.*
2150 ÖS - 2600 ÖS

HOTEL GRABEN
Dorotheergasse 3
Tel. 512 15 31
Fax 512 15 31-20
*(4 *) Zentral im Antiquitätenviertel. Der Kaffeehausliterat Peter Altenberg hatte hier nicht grundlos sein Dauerquartier. Angenehmes Ambiente. Italienisches und österreichisches Restaurant.*
1500 ÖS - 2000 ÖS

HOTEL IMPERIAL
Kärntner Ring 16
Tel. 50 11 00
Fax 50 11 04 10
*(5 *) Der Rolls-Royce unter den Hotels der Stadt. Hier logieren Staatsgäste und Stars.*
4600 ÖS - 5000 ÖS.

HOTEL KAISERIN ELISABETH
Weihburggasse 3
Tel. 515 26
Fax 512 26-7

1 Royal
2 Kaiserin Elisabeth
3 Graben
4 Neuer Markt
5 Aviano
6 Domizil
7 Riemergasse Appartement Pension
8 Am Stephansplatz
9 Pertschy
10 Nossek
11 Wandl
12 City
13 Kärntnerhof
14 Sacher
15 Hotel de France
16 Vienna Plazza
17 Bajazzo
18 Elite
19 Tigra

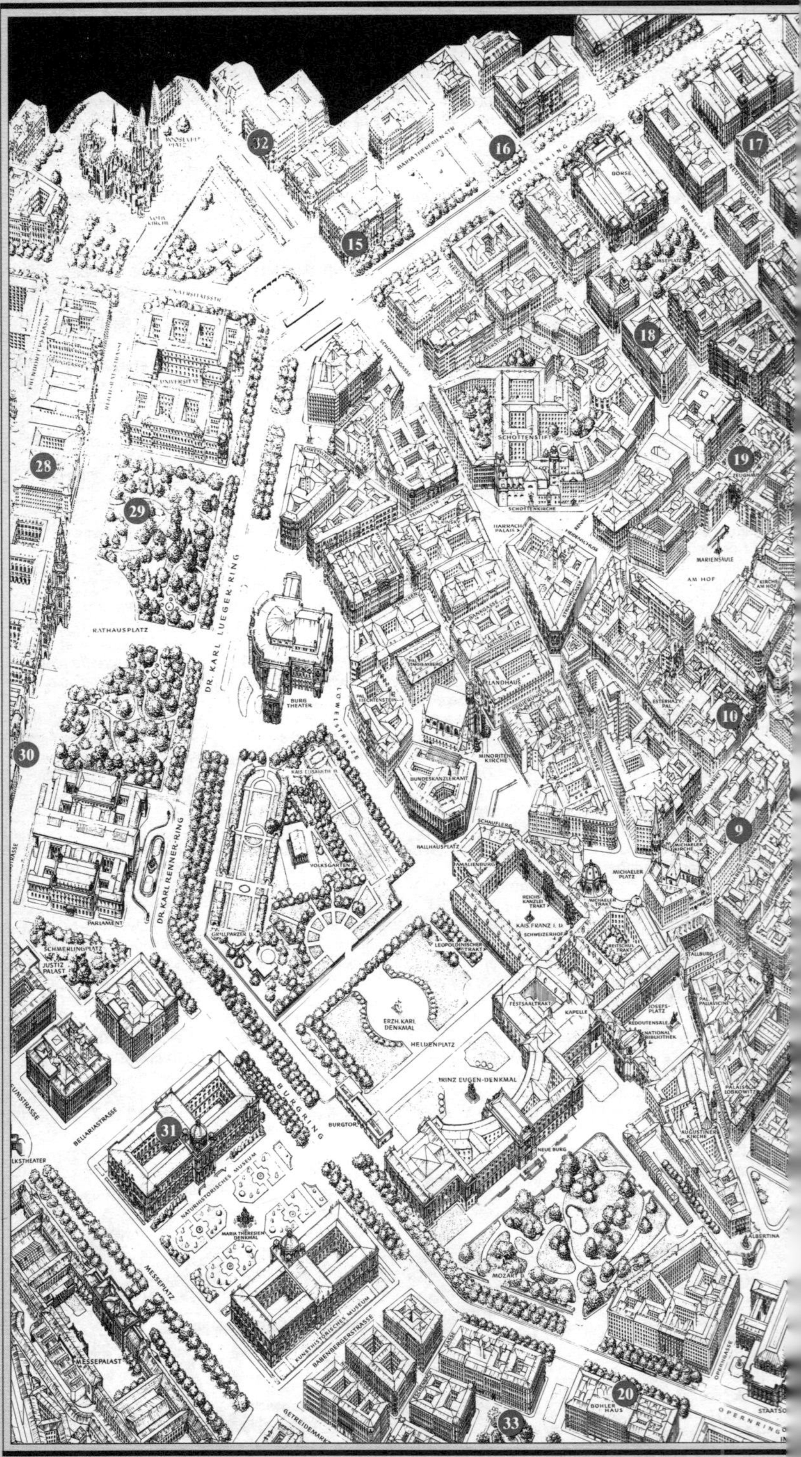

0 Opernring
21 Imperial
22 Am Schubertring
23 SAS Palais Hotel
24 Vienna Marriot
25 Arenberg
26 Domino
27 K+K Palais Hotel
28 Rathauspark
29 Residenz
30 Josefshof
31 K+K Maria Theresia
32 Regina
33 Beethoven
34 Inter-Continental Wien
35 Ambassador
36 Europa
37 Aclon
38 Suzanne
39 Bristol

*(4 *) Wienerisches Luxushotel, gutes Preis-Leistungs-verhältnis.*
1650 ÖS - 2150 ÖS

HOTEL KÄRNTNERHOF
Grashofgasse 4
Tel. 512 19 23
*(3 *) An einem Durchgang in der Nähe des Heiligenkreuzerhofs. Sie können auch Appartements mieten.*
1300 ÖS - 1600 ÖS

HOTEL KÖNIG VON UNGARN
Schulerstraße 10
Tel. 51 58 40
Fax 51 58 48
*(4 *) Eines der charmantesten Hotels von Wien, alte Möbel, Wintergarten. Akzeptable Preise für ein Gutteil an Luxus.*
1800 ÖS - 2000 ÖS

HOTEL MARC AUREL
Marc-Aurel-Straße 8
Tel. 53 35 22 60
und 533 36 40-0
Fax 533 00 78
*(4 *) Modernes Hotel mitten im Zentrum.*
1200 ÖS - 1400 ÖS

HOTEL OPERNRING
Opernring 11
Tel. 587 55 18
Fax 587 55 18-29
*(4 *) Fast genau gegenüber der Oper.*
1400 ÖS - 2400 ÖS

HOTEL PENSION CITY
Bauernmarkt 10
Tel. 533 95 21
Fax 535 52 16
Liegt zentral.
850 ÖS - 1050 ÖS

HOTEL POST
Fleischmarkt 24
Tel. 51 58 30
Fax 513 83 80-8
*(3 *) Eines der preisgünstigsten Hotels der Stadt. Zentral gelegen, aufgewertet durch die vielen Renovierungen in der Umgebung.*
650 ÖS - 750 ÖS

HOTEL RATHAUSPARK
Rathausstraße 17
Tel. 404 12
Fax 404 12-761
*(4 *) 5 Minuten zur Oper, eine ins Burgtheater. Schon deshalb empfehlenswert.*
1400 ÖS -1750 ÖS

HOTEL ROYAL
Singerstraße 3
Tel. 515 68
Fax 513 96 98
*(4 *) Mitten in der Stadt.*
1450 ÖS - 2300 ÖS

HOTEL SACHER
Philharmonikerstraße 4
Tel. 514 56
und 52 55 75
Fax 514 57-810
*(5 *) Das wohl bekannteste Hotel Wiens. Im 19. Jh. als privatime Absteige der Oberen Zehntausend gegründet, recht plüschig, also wienerisch; nach wie vor sehr gediegen. Wurde gerade renoviert.*
3200 ÖS - 4600 ÖS

HOTEL TIGRA
Tiefer Graben 14
Tel. 533 96 41
Fax 533 96 45
*(4 *) Zwei zusammengehörende Hotels, das eine modern, das andere traditionell eingerichtet. Sie können Appartements mieten.*
1300 ÖS - 1800 ÖS

HOTEL VIENNA PLAZA
Schottenring 11
Tel. 31 39 00
Fax 313 90-160
*(5 *) Erst 1989 eröffnet, zählt dieses Hilton-Hotel zu den stilvollsten Adressen der Stadt. Überaus edles Jugendstil-Ambiente; beliebt bei Prominenten mit Sinn für extravagante Ästhetik.*
3900 ÖS - 4400 ÖS

HOTEL WANDL
Petersplatz 9
Tel. 53 45 50
Fax 534 55 77
*(3 *) In einer ruhigen Straße 30 m vom Graben entfernt. Sie können Appartements für bis zu fünf Personen mieten.*
1350 ÖS - 1600 ÖS

HOTEL ZUR WIENER STAATSOPER
Krugerstraße 11
Tel. 513 12 74
Fax 513 12 74-15
*(3 *) Mitten in der Stadt in der Nähe der Oper, trotzdem ruhig.*
1100 ÖS - 1200 ÖS

K + K PALAIS HOTEL
Rudolfsplatz 11
Tel. 533 13 53
Fax 533 13 53-70
*(4 *) Liegt ruhig mitten in der Stadt in einem renovierten Gebäude.*
1500 ÖS - 1980 ÖS

MERCURE WIEN CITY
Fleischmarkt 1a und 2
Tel. 534 60-0
Fax 534 60 23-2
Modernes Durchschnittshaus in zentraler Lage. Verfügt auch über Appartments.
1990 ÖS - 2900 ÖS

PENSION ARENBERG
Stubenring 2
Tel. 512 52 91
Fax 513 93 56
*(4 *) Eine der schönsten Wiener Pensionen. Elegant, privatim, charmant geführt.*
1650 ÖS - 1800 ÖS

PENSION AVIANO
Marco d'Avianogasse 1
Tel. 512 83 30
Fax 512 81 65
*(4 *) In der Nähe der Kärntner Straße, im 3. Stock. Wie auch alle in der Folge aufgeführten Pensionen individuell, weil mit nur wenigen Zimmern; für Gäste die typisch wienerisch wohnen möchten.*
900 ÖS - 1100 ÖS

PENSION CHRISTINA
Hafnersteig 7
Tel. 533 29 61
Fax 533 29 61-11
*(4 *) 1000 ÖS - 1200 ÖS*

PENSION DOMIZIL
Schulerstraße 14
Tel. 513 31 99

und 513 31 99
Fax 512 34 84
*(4 *) 1300 ÖS - 1500 ÖS*

PENSION ELITE
Wipplingerstraße 32
Tel. 533 25 180
und 533 51 13-0
Fax 535 57 53
*(3 *)*
1200 ÖS - 1450 ÖS

PENSION GEISSLER
Postgasse 14
Tel. 533 28 03
Fax 533 26 35
*(3 *) 650 ÖS - 1050 ÖS*

PENSION LERNER
Wipplingerstraße 23
Tel. 533 52 19
und 34 35 69
*(3 *) 840 ÖS - 900 ÖS*

PENSION NEUER MARKT
Seilergasse 9
Tel. 512 23 16

Fax 513 91 05
*(4 *) 1000 ÖS - 1300 ÖS*

Pension Nossek
Graben 17
Tel. 533 70 41
Fax 535 36 46
*(3 *) Zimmer mit Blick auf den Graben.*
950 ÖS - 1250 ÖS

Pension Pertschy
Habsburgergasse 5
Tel. 534 49
Fax 534 49-49
*(4 *) Gehört zu einer Kette Wiener Pensionen. An einer ruhigen Straße, die an den Graben grenzt, separater Aufzug.*
1000 ÖS - 1300 ÖS

Pension Residenz
Ebendorferstraße 10
Tel. 43 47 86-0
Fax 434 78 65-0
(3) 1000 ÖS - 1150 ÖS*

Pension Suzanne
Walfischgasse 4
Tel. 513 25 07
*(3 *) 900 ÖS - 1000 ÖS*

Riemergasse (Appartement-Pension)
Riemergasse 8
Tel. 51 27 22 00
Fax 513 77 78
(4) Zimmer und Appartements.*
1100 ÖS - 1200 ÖS

Cafés

Alt-Wien
Bäckerstraße 9
Tel. 512 52 22
Geöffnet tgl. 10 - 2 Uhr.
Verrauchter Künstler- und Szenetreff in einem Gäßchen nahe der Alten Universität. Nicht gerade ein Gourmettempel, aber herrlich ›verkommen‹.
50 ÖS - 100 ÖS

Bawag Café
Tuchlauben 5
Tel. 534 53 26 06
Geöffnet Mo bis Sa 8 - 20, So 9 - 20 Uhr.
Etwas steriler Zwischenstopp für Kaffee und Kuchen.
25 ÖS - 150 ÖS

Bräunerhof
Stallburggasse 2
Tel. 512 38 93
Geöffnet Mo bis Fr 7.30 - 19.30, Sa 7. 30 - 18 und So 8 - 18 Uhr.
Ein Café, in dem man Stunden damit verbringen kann, heiße Schokolade zu trinken, Zeitung zu lesen und am Wochenende den Kammermusikern zuzuhören.
50 ÖS - 150 ÖS

Burggarten-Meierei
Burggarten
Palmenhaus
Tel. 533 10 33
Geöffnet tgl. 11 - 21 Uhr.
Wunderbar ruhig auf einer Terrasse in einem der schönsten Stadtgärten gelegen. Bei Regen auch im Palmenhaus. Nur sommers Betrieb.
50 ÖS - 100 ÖS

Café-Bar in der Wiener Secession
Friedrichstraße 12
Tel. 56 93 86
Angenehm schlichtes Ambiente, moderne Küche, besonders gutes Zeitschriftensortiment.

Café Central
Herrengasse 14
Tel. 533 37 63 26
Geöffnet Mo bis Sa 8 - 18 Uhr, So und an Feiertagen geschlossen .
Glanzvoll restauriertes Literatencafé in einem Prunkgebäude (Palais Ferstel; Einkaufspassage). *(▲ 160)*
50 ÖS - 150 ÖS

Demel
Kohlmarkt 14
Tel. 535 17 17
Geöffnet tgl. 11 -20 Uhr.
Wiens feinste und teuerste Konditorei. Das Gebäck wird von Hand zubereitet.

Diglas
Wollzeile 10
Tel. 512 84 01
Geöffnet Mo bis Sa 7 - 23.30, So und an Feiertagen 10 - 23.30 Uhr
Gutbürgerliche Küche, gute Mehlspeisen.
50 ÖS - 100 ÖS

Café Hotel Europa
Kärntner Straße 18
Tel. 51 59 40
Geöffnet tgl. 8 - 23.30 Uhr.
Urbaner Treff für Jung und Alt. Unterhaltsame Aussicht auf Fußgängerzone. Terrasse.
75 ÖS - 150 ÖS

Café de l'Europe
Graben 31
Tel. 533 10 52
Geöffnet tgl. 6.30 - 24 Uhr.
Sommers sitzt man inmitten der Fußgängerzone. Jedoch: Massenbetrieb.
60 ÖS - 120 ÖS

Griensteidl
Michaelerplatz 2
Tel. 535 26 92
Geöffnet 8 - 24 Uhr.
Elegantes Remake des gleichnamigen berühmten Literatencafés. Gute Küche, eindrucksvolle Lage gegenüber der Hofburg.
80 ÖS - 150 ÖS

Café Hawelka
Dorotheergasse 6
Tel. 512 82 30
Geöffnet Mi bis Mo 8 - 2, an Feiertagen 16 -2 Uhr.
Viel besungener Künstlertreff. Unbedingt probieren: die Buchteln!
50 ÖS - 100 ÖS

Kursalon
Johannesgasse 33
Im Stadtpark
Tel. 713 21 81
Geöffnet tgl. 14 - 23 Uhr.
Befindet sich in einem ehemaligen Ballsaal mit Blick auf den Stadtpark. Kaffee und Kuchen bei Live-Walzerklängen. Massenbetrieb! Terrasse, Operettenaufführungen im Sommer (bis Okt.)
100 ÖS - 200 ÖS

Café Landtmann
Dr. Karl-Lueger-Ring 4
Tel. 5320621
Geöffnet Mo 8 - 24 Uhr.
Institution neben dem Burgtheater. Etwas teuer, aber die hausgemachten Desserts sind ausgezeichnet. Sommers: schöne Terrasse.
150 ÖS - 350 ÖS

Café Museum
Friedrichstraße 6
Tel. 56 52 02
Geöffnet tgl. 7 - 23 Uhr.
Originaleinrichtung von Adolf Loos. Ziemlich heruntergekommen und verraucht. Intellektuellen-Treff.
50 ÖS - 120 ÖS

Café Sacher
Philharmonikerstraße 4
Tel. 51 45 78 46
Geöffnet tgl. 6.30 - 23.30 Uhr.
Im Hotel Sacher gegenüber der Oper gibt es die berühmte ›Sacher‹-Schokoladentorte.
50 ÖS - 120 ÖS

Tirolerhof
Tegetthofstraße 8
Tel. 512 78 33
Geöffnet Mo bis Sa 7 - 21, So und an Feiertagen 9.30 - 20 Uhr.
Typisches Innenstadtcafé. Meist sehr voll.
75 ÖS - 150 ÖS

Volksgarten Café
Burgring 1
Tel. 63 05 18
Geöffnet Mo bis Do 20 - 2, Fr und Sa 20 - 4 , So und an Feiertagen 17 - 2 Uhr.
Reizvolles 50er-Jahre-Styling. Abends: Disco, wochenends Clubbing für ›Beautiful People‹. Eingang vom Ring aus.
80 ÖS - 150 ÖS

Volksgarten-Meierei
Im Volksgarten
Tel. 533 21 05
Geöffnet April bis Sept. 8 - 21, Sept. bis Dez. 9 - 18 Uhr.
Biedermeier-Treff mitten im Volksgarten. Terrasse.
75 ÖS - 120 ÖS

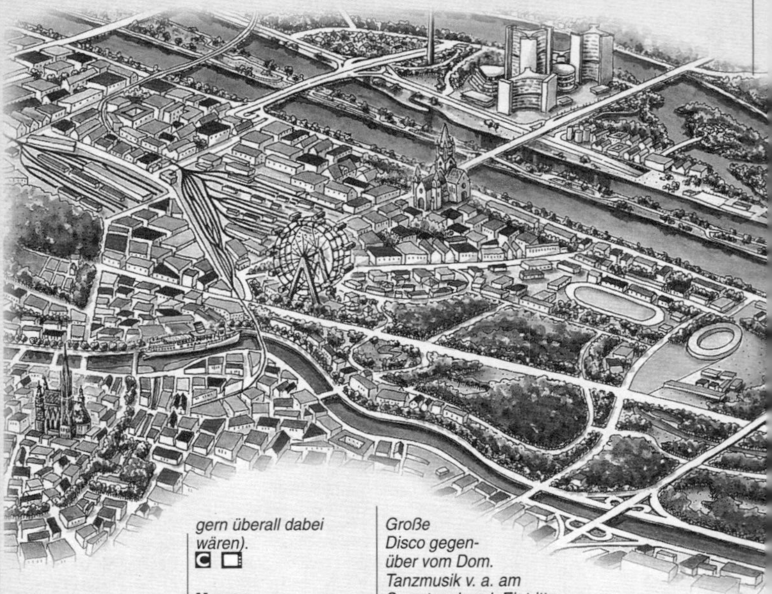

NACHTLEBEN

DIE BAR
Sonnenfelsgasse 9
Tel. 513 14 99
C ♫

DUESENBERG
Stubenring 4
Tel. 513 84 96
Eine überaus beliebte Szene-Bar, durchgestylt, meist überfüllt, wenig Sitzmöglichkeiten.

ECHO
Passauer Platz 2
Tel. 533 89 84
C ♫

EDEN BAR
Liliengasse 2
Tel. 512 74 50
Promi-Treff mit vielen Adabeis (solche, die gern überall dabei wären).
C

HOPFERL
Naglergasse 13
Tel. 533 26 41
Durch unterirdische Gänge gelangt man von hier auch zum Bierhof, *kleine Terrasse.*
C ♫

KAKTUS
Seitenstettengasse 5
Tel. 533 19 38
Im ›Bermuda-Dreieck‹, junges Publikum.
C ♫

KOLAR BEISL
Kleeblattgasse 5
Tel. 533 52 25
Bar in einem Altstadtgäßchen in einem niedrigen Gewölbe.
C

LE SPLENDID
Jasomirgottstraße 3
Tel. 533 34 30
Große Disco gegenüber vom Dom. Tanzmusik v. a. am Samstagabend. Eintritt: 80 ÖS.
C

LUKAS
Schönlaterngasse 2
Tel. 513 50 90
Eine der Bars mit studentischem Publikum, die spät schließen.
C ♫

MONTEVIDEO
Annagasse 3a
Tel. 513 85 74
Dancefloor und Soul. Beste Abende: Do (Eintritt 100 ÖS) und Sa.
C

MOULIN ROUGE
Walfischgasse 1
Tel. 512 21 30
Unter der Woche: traditioneller Striptease. Teuer. An den Wochenenden: Clubbing. Eintritt: 150 ÖS.
C

NEW YORK NEW YORK
Annagasse 8
Tel. 513 86 51
Kleine Bar mit Terrasse gegenüber von der Disco Montevideo.
C ♫

NEW YORKER
Biberstraße 9
Tel. 513 75 29
C

OSKAR
Concordiaplatz 2
Tel. 63 83 55
Geöffnet 16.30 - 2 Uhr.
Riesige Bar, in der Sie auch nach Mitternacht noch essen können.
C

P 1
Rotgasse 9
Tel. 5359995
Betont männliches Publikum.
C ♫

PETER'S CAFÉ HARTAUER
Riemergasse 9
Tel. 512 89 81
Geöffnet 8 - 2 Uhr.
Ein Erlebnis für Opernfans! Alte Aufnahmen vom Band. Alte Fotos an der Wand.
C

REISS BAR
Marco d'Aviano Gasse 1
Tel. 512 71 98
Champagner-Treff für Schick und Mick.
C ♫

ROTER ENGEL
Rabensteig 5
Tel. 535 41 05
Im ›Bermuda-Dreieck‹, Billardsaal und Bar im Keller und Erdgeschoß.

Do bis Sa Live-Musik ab 22 Uhr.

SANTO SPIRITO
Kumpfgasse 7
Tel. 512 99 98
Edel-klassizistisches Ambiente, gutes

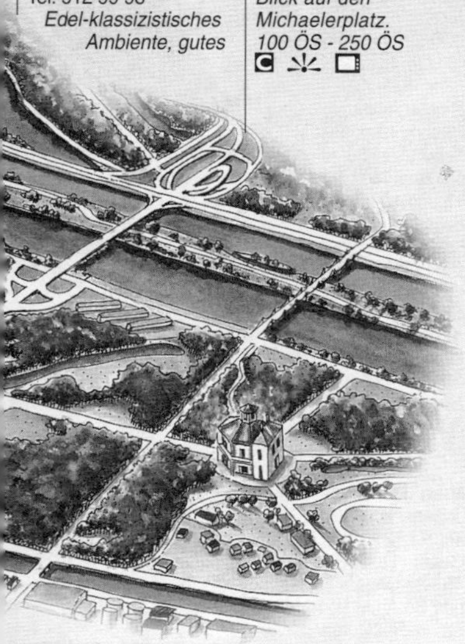

Essen, klassische Musik.

STEINZEIT
Fischerstiege 9
Tel. 533 97 60
Hard Rock.

TRAM BAR
Krugerstraße 6
Tel. 512 51 45
Bar, die wie ein Trambahn-Wagen ausgestattet ist.

WEIN COMPTOIR
Bäckerstraße 6
Tel. 512 17 60
Gute Weine.

WUNDER-BAR
Schönlaterngasse 8
Tel. 512 79 89
Kleine Bar mit wenig Sitzmöglichkeiten im Zwischengeschoß.

SPEZIALITÄTEN

DEMEL
Kohlmarkt 14
Tel. 533 17 17
und 533 55 16
Geöffnet tgl. 11 - 22 Uhr.
Renommier-Café, putzig, teuer, nicht zuletzt bekannt für seine erstklassigen Mehlspeisen. Terrasse mit schönem Blick auf den Michaelerplatz.
100 ÖS - 250 ÖS

II. BEZIRK
LEOPOLDSTADT

KULTUR

AUGARTEN
Augarten
Großer, ruhiger Park. Sehenswert: Porzellanmanufaktur (Tel. 211 24-0; Führungen April-Sept., Mo -Mi 9.30 Uhr), sowie das Museum des Bildhauers Gustinus Ambrosi.

JOHANN STRAUSS-WOHNUNG
Praterstraße 54
Tel. 24 01 21
Geöffnet tgl. außer Mo 9 - 12.15, 13 - 16.30 Uhr.

PLANETARIUM
Prater, Hauptallee
Tel. 24 94 32
Astronomische Shows am Fuß des Riesenrads (angeschlossen: Pratermuseum).

RIESENRAD IM PRATER
Prater
Tel. 26 21 30
Geöffnet April bis Sept. 9 - 23, Feb., März und Okt. 10 - 22, Nov. bis Jan. 11 - 18 Uhr.

VERANSTALTUNGEN

ODEON
Taborstraße 10
Tel. 214 55 62
Heimstatt des Serapiontheaters.

VINDOBONA
Wallensteinplatz 6
Tel. 33 42 31
Kleinkunst und Kabarett.

RESTAURANTS

ALTES JÄGERHAUS
Freudenau 255
Tel. 218 95 77
Geöffnet Mi bis So 9 - 23 Uhr, Mo und Di geschlossen.
Am Ende der Hauptallee, traditionsreiches Gasthaus, Wildspezialitäten.
250 ÖS - 400 ÖS

LUSTHAUS
Freudenau 254
Ende Praterhauptallee
Tel. 218 95 65
Geöffnet Mo bis Sa 11 - 23, So 11.30 - 19 Uhr.
Entzückender Rokoko-Pavillon gegenüber dem Alten Jägerhaus. Unvergeßlich: Essen auf der Terrasse an einem lauen Sommerabend.
150 ÖS - 400 ÖS

SCHWEIZERHAUS
Prater 116
Tel. 218 01 52
Geöffnet tgl. 10 - 23 Uhr, Nov. bis März geschlossen.
Bierseliger Traditionstreff nahe dem Volksprater mit mehr als 2000 Sitzplätzen.
150 ÖS - 300 ÖS

VINCENT
Große Pfarrgasse 7
Tel. 214 15 16
Geöffnet Mo bis Sa 11.30 - 14, 18 - 2 Uhr, So und an Feiertagen geschlossen.
300 ÖS - 700 ÖS

◆

III. BEZIRK
LANDSTRASSE

KULTUR

OBERES BELVEDERE
Prinz-Eugen-Straße 27
Geöffnet Di bis So 10 - 16 Uhr.
Sommerpalais des Prinzen Eugen, u.a. mit prachtvollem Marmorsaal; im Sommer Ton-Dia-Show vor dem Schloß, tgl. 21.30 Uhr.

UNTERES BELVEDERE
Rennweg 6
Gleiche Öffnungszeiten wie für das Obere

Belvedere.
Marmor- und Spiegelsaal, Barockmuseum.

ALPENGARTEN IM OBEREN BELVEDERE
Landstraßer Gürtel 1
Tel. 78 31 49
Geöffnet April bis Juni, Mo bis Fr 10 - 18, Sa., So und an Feiertagen 9 - 18 Uhr.
Juli bis 18. Aug., Mo bis Fr 10 - 16, Sa und So 9 -16 Uhr.
Sept. bis März geschlossen.

FRIEDHOF ST. MARX
Leberstraße 6 - 8
Geöffnet April bis Okt. 7 - 17 Uhr, Mai bis Sept. 7 - 18 Uhr, Juli bis Aug. 7 - 19 Uhr, Nov. bis März 7 Uhr bis zur Dunkelheit.
Einziger erhaltener Biedermeier-Friedhof Europas. Hier wurde W. A. Mozart in einem Massengrab beigesetzt.

KUNSTHAUS WIEN
Untere Weißgerberstraße 13
Tel. 712 04 91
Geöffnet tgl. 9 - 19 Uhr.
Hundertwasser-Schau und interessante Wechselausstellungen.

ÖSTERREICHISCHE GALERIE
Prinz-Eugen-Straße 27
Tel. 784 15 80
Geöffnet tgl. außer Mo 10 - 17 Uhr.
Klimt, Schiele, Waldmüller, Kokoschka etc. im Oberen Belvedere.

VERANSTALTUNGEN

AKADEMIETHEATER
Lisztstraße 1
Tel. 514 44 29 59
Dependance des Burgtheaters mit demselbem Ensemble.

KONZERTHAUS
Lothringerstraße 20
Tel. 712 46 88
Renommierter Hort der klassischen Moderne; drei Säle.

PALAIS RASUMOFSKY
Rasumofskygasse 23
Gelegentlich Kammerkonzerte.

RESTAURANTS

GOTTFRIED
Marxergasse 3
Tel. 713 82 56
Geöffnet So bis Fr 12 - 15 und 18 - 24 Uhr, Sa 18 - 24 Uhr.
Luxuslokal mit Neuer Österreichischer Küche.
750 ÖS - 2000 ÖS

IM KUNSTHAUS WIEN
Weißgerberlände 14
Tel. 712 04 97
Geöffnet tgl. 10 - 24 Uhr.
Speisen à la Hundertwasser. Alternativ, aber durchaus schmackhaft, Terrasse im Sommer.
150 ÖS - 350 ÖS

PALAIS SCHWARZENBERG
Schwarzenbergplatz 9
Tel. 78 45 56 00
Geöffnet tgl. 12 - 14.30, 18 - 23 Uhr.
Eine der elegantesten Adressen, erstklassige Küche. Traumhaft: Dinner im Wintergarten mit Blick auf den Park, in dem manchmal das Staatsopernballett tanzt.
800 ÖS - 2500 ÖS

ROTISSERIE PRINZ EUGEN
Am Stadtpark
Tel. 71 70 03 53
Geöffnet Mo bis Fr 12 - 14, 19 - 23, Sa und So 19 - 23 Uhr.
First-Class-Restaurant im Hilton. Besser läßt es sich in der Donaustadt nur an wenigen Plätzen tafeln.
600 ÖS - 1200 ÖS

STEIRERECK
Rasumofskygasse 2
Tel. 713 31 68
Geöffnet Mo bis Fr 12 - 15 und 19 - 24 Uhr.
Sa, So und an Feiertagen geschlossen.
Ein Familienbetrieb als Pionier der Neuen Österreichischen Küche. Vom Wein bis zum Gedeck: vorzüglich. Steirische Spezialitäten.
800 ÖS - 2000 ÖS

VIER JAHRESZEITEN
Johannesgasse 28
Tel. 71 12 21 43
Geöffnet tgl. 12 - 15 und 19 - 24 Uhr, Sa Mittag und So Abend geschl.
Luxus-Restaurant mit internationaler Küche; abends Klaviermusik.
700 ÖS - 1500 ÖS

HOTELS

HOTEL INTER-CONTINENTAL WIEN
Johannesgasse 28
Tel. 71 12 20
Fax 713 44 89
*(5 *) Hoch über dem Stadtpark; Luxus von der Stange.*
2730 ÖS - 3900 ÖS

HOTEL VIENNA HILTON
Am Stadtpark
Tel. 71 70 00
Fax 713 06 91
*(4 *) Nomen est omen. Wie gewohnt erstklassig, aber nicht gerade typisch wienerisch.*
3600 ÖS - 4000 ÖS

PULLMAN HOTEL BELVEDERE
Am Heumarkt 35-37
Tel. 71 61 60
Fax 716 16-844
*(4 *) Tadelloses Haus in zentraler Lage.*
1640 ÖS-1850 ÖS

SCHWARZENBERG

Schwarzenbergplatz 9
Tel. 784515
Fax 784714
*(5 *) Absoluter Luxus, gepaart mit höchstem Stil. Individuelles Wohnen im Barock-Palais (s. auch Restaurants).*
4000 ÖS - 5200 ÖS

◆

IV. BEZIRK
WIEDEN

ALLGEMEINES

FAHRRADBÜRO
Krankenberggasse 11
Tel. 505 84 35
Geöffnet Feb. bis Dez. 14 - 18 Uhr.
Informationsbüro für Fahrradfahrer.

ÖSTERREICH-INFORMATION
Margaretenstraße 1
Tel. 587 20 00
Geöffnet Mo bis Fr 9 - 17.30 Uhr
Information und Broschüren über ganz Österreich. Keine Zimmerreservierungen.

ZIMMERNACHWEIS IM SÜDBAHNOF
Wiedner Gürtel
Tel. 83 51 68
Geöffnet tgl. 6.30 - 22 Uhr im Sommer, 6.30 - 21 Uhr im Winter
Zimmerreservierung.

KULTUR

KARLSKIRCHE
Karlsplatz
Fischer von Erlachs Meisterstück – Wiens

Paradekirche aus dem Barock. Kuppelfresken von Johann Michael. Rottmayr.

SCHUBERTS STERBEZIMMER
Kettenbrückengasse 6
Tel. 573 90 72
Geöffnet tgl. außer Mo 9 - 12.15, 13 - 16.30 Uhr.

VERANSTALTUNGEN

BÖSENDORFER SAAL
Graf-Starhemberg-Gasse 14
Tel. 65 66 51

ORF-FUNKHAUS
Argentinierstraße 30a
Gelegentlich Konzerte des hauseigenen Orchesters und Sonderveranstaltungen.

KARTENVERKAUF
VIENNA TICKET SERVICE
BP 160
Tel. 587 98 43

RESTAURANTS

ZU DEN DREI BUCHTELN
Margaretenstraße 11
Tel. 587 13 10
Geöffnet Mo bis Fr 18 - 24 Uhr
Geschlossen Sa., So und an Feiertagen.
Gehobenes Beisl, sehr voll, sehr gut.
200 ÖS-350 ÖS

◆

V. BEZIRK
MARGARETEN

VERANSTALTUNGEN

SPEKTAKEL
Hamburgerstraße 14
Tel. 587 06 53
Diverse Kleinkunst.

THEATER KABARETT SIMPL
Wollzeile 36
Tel. 512 47 42
Konventionelles Unterhaltungskabarett.

RESTAURANTS

ALTES FASSL
Ziegelofengasse 37
Tel. 55 42 98
Geöffnet Di bis Sa 18 - 1 Uhr, So 12 - 15 und 18 - 1 Uhr.
Geschlossen Mo und an Feiertagen.
Große Auswahl hervorragender Haumannskost; im Sommer stimmungsvoller Innenhof.
200 ÖS - 400 ÖS

MOTTO
Schönbrunner Straße 30 / Rüdigergasse 2
Tel. 587 06 72
Geöffnet tgl. 20 - 4 Uhr (Terrasse 18 - 23 Uhr)
Altgedienter Szene-Treff, Marke: Schwarzes Leder. Neonverspiegelte WC's. Gutes Essen bis spät in die Nacht.
250 ÖS - 450 ÖS

SCHLOSSGASSE 21
Schloßgasse 21
Tel. 55 07 67
Geöffnet tgl. 12 - 2 Uhr.
Schöner Garten im Sommer. Ambitionierte Weinkarte; gute Neue Küche.
150 ÖS - 350 ÖS

◆

VI. BEZIRK
MARIAHILF

KULTUR

HAYDN-MUSEUM
Haydngasse 19
Tel. 596 13 07
Geöffnet tgl. außer Mo. 9 - 12.15 und 13 - 16.30 Uhr.

VERANSTALTUNGEN

KABARETT UND KOMÖDIE AM NASCHMARKT
Linke Wienzeile 4
Tel. 587 22 75

Mainstream-Kabarett mit Qualität.

RAIMUNDTHEATER
Wallgasse 18-20
Tel. 599 77 27
Eine der großen Wiener Musicalbühnen.

THEATER AN DER WIEN
Linke Wienzeile 6
Tel. 58 83 02 65
Traditionsreiches, sehr schönes Logentheater. Das Jahr über Musicals; im Frühsommer Veranstaltungen der Wiener Festwochen.

THEATERGRUPPE 80
Gumpendorfer Straße 67
Tel. 56 52 22
Freies Theater von unterschiedlicher Qualität.

WIENER FESTWOCHEN
Lehárgasse 11
Tel. 586 16 76
Information und (im Frühjahr) Kartenvorverkauf.

RESTAURANTS

HAUSWIRTH
Otto Bauer Gasse 20
Tel. 587 12 61
Geöffnet Mo bis Fr 11.30 - 14 und 18 - 21, Sa 18 -22 Uhr, So und an Feiertagen geschlossen.
Gutbürgerlicher Prominentenwirt mit ausgezeichneter Küche.
350 ÖS - 600 ÖS

LUDWIG VAN
Laimgrubengasse 22
Tel. 587 13 20
Geöffnet Mo bis Sa 18 - 1 Uhr, So und an Feiertagen geschlossen.
Gepflegtes Essen bei Kerzenlicht im Jugendstil-Ambiente.
150 ÖS - 300 ÖS

HOTELS

HOTEL BEETHOVEN
Millöckergasse 6
Tel. 58 74 48 20
Fax 587 44 42
*(4 *) Hotel der Best Western-Kette; tadellos.*
1100 ÖS - 1700 ÖS

HOTEL SCHNEIDER
Getreidemarkt 5
Tel. 58 83 80
Fax 58 83 82 12

Appartements in Zentrumsnähe.
1500 ÖS - 1900 ÖS

PENSION ESTERHAZY
Nelkengasse 3
Tel. 587 51 59
*(1 *) In einer kleinen Seitenstraße zur Mariahilferstraße.*
450 ÖS - 490 ÖS

NACHTLEBEN

BARFLY'S CLUB IM HOTEL FÜRST METTERNICH
Esterházygasse 33
Tel. 588 70
Lokal im Erdgeschoß, Bar/ Disco im Untergeschoß.

TITANIC
Theobaldgasse 11
Tel. 537 47 58
Tanzlokal mit Live-Musik im Untergeschoß. Warme Küche bis spätnachts.

◆

VII. BEZIRK
NEUBAU

KULTUR

TABAKMUSEUM
Mariahilferstraße 2
Im Messepalast
Tel. 96 17 16
Geöffnet Di 10 - 19, Mi bis Fr 10 - 15,

Sa, So und an Feiertagen 9 - 13 Uhr.
Sammlung zur Geschichte des Nikotin(miß-)brauchs und Sonderausstellungen.

VERANSTALTUNGEN

MESSEPALAST
Messeplatz 1
Tel. 526 05 60
Diverse Messen. Umbau geplant, Beginn voraussichtlich 1994/95.

TANZTHEATER
Burggasse 38
Tel. 96 39 34
Experimentelles auf hohem Niveau.

VOLKSTHEATER
Neustiftgasse 1
Tel. 93 27 76
Stücke der klassischen Moderne und Gegenwart.

RESTAURANTS

ECK
Neustiftgasse 82
Tel. 93 14 74
Geöffnet Mo bis Do 18 - 3,
Fr und Sa 18 - 4 Uhr.
Im Sommer Mo bis Sa 19 - 4 Uhr, So und an Feiertagen geschlossen.
Wienerisches Essen der feineren Art.
250 ÖS - 400 ÖS

PLUTZER BRÄU
Schwankgasse 4
Tel. 526 12 15
und 526 87 11
Geöffnet Mo bis Sa11 - 2 , So 11 - 23 Uhr.
In einer kleinen Straße des 7. Bezirks.
125 ÖS - 250 ÖS

ZU EBENER ERDE UND ERSTER STOCK
Burggasse 13
Tel. 93 62 54
Geöffnet Di bis Sa 11.30 - 14 und 18 - 24 Uhr.
So, Mo und an Feiertagen geschlossen.
Passender kulinarischer Abschluß eines Bummels durch das Biedermeier-Viertel Spittelberg. Fein speisen oben, einfacher unten; schnuckelige Atmosphäre.
150 ÖS - 400 ÖS

ZUR STADT KREMS
Zieglergasse 37
Tel. 93 72 00
Geöffnet Mo bis Sa 11 - 14 und 18 - 24, So 11 - 15 Uhr, Okt. bis Mai an Feiertagen geschlossen.
Gehobene Wiener Tafelkultur.
150 ÖS - 250 ÖS

HOTELS

HOTEL TANGRA
Mariahilferstraße 58
Tel. 526 13 06
Fax 526 49 29
(2 *)
880 ÖS - 980 ÖS

K + K HOTEL MARIA THERESIA
Kirchberggasse 6-8
Tel. 521 23
Fax 521 23-70
Hotel der Best Western-Kette. Charmant inmitten des Gassenlabyrinths am Spittelberg gelegen.
1500 ÖS - 2000 ÖS

PENSION REIMER
Kirchengasse 18
Tel. 936162
Kleine Pension mit 15 Zimmern auf mehreren Etagen, ruhig.
(2 *)
350 ÖS - 600 ÖS

NACHTLEBEN

DONAU
Karl-Schweighofer-Gasse 10
Tel. 93 81 05
Weitläufiges Szenelokal mit lauter Musik und ›gruftigem‹ Publikum.

◆

VIII. BEZIRK JOSEFSTADT

VERANSTALTUNGEN

KABARETT NIEDERMAIR
Lenaugasse 1a
Tel. 408 44 92
Engagierte Kleinkunst vom besten. Hier präsentiert Wiens Kabarett-Elite regelmäßig ihre neuen Programme.

PALAIS AUERSPERG
Auerspergstraße 1
Tel. 401 07
Unregelmäßig Kammerkonzerte.

THEATER IN DER JOSEFSTADT
Josefstädter Straße 24-26
Tel. 402 51 27
Hohe, sehr wienerische Schauspielkunst mit gutbürgerlichem Publikum.

VIENNA'S ENGLISH THEATRE
Josefsgasse 12
Tel. 402 12 60
Wiens beste englischsprachige Bühne; hin und wieder mit echten Stars.

RESTAURANTS

TUNNEL
Florianigasse 39
Tel. 42 34 65
Geöffnet tgl. 9 - 2 Uhr.
Treffpunkt für Studenten und Nachtschwärmer; Rock-Konzerte im Untergeschoß.
90 ÖS - 150 ÖS

MARIA TREU
Maria Treu Gasse 8
Tel. 43 47 09
Geöffnet Mo bis Sa 7.30 - 23 Uhr.
Terrasse in dem Hof neben der Piaristenkirche.
200 ÖS - 300 ÖS

HOTELS

HOTEL JOSEFSHOF
Josefsgasse 4-6
Tel. 438 90 10
Fax 83 89 01-150
*(4 *) In einer Straße des 7. Bezirks fünf Gehminuten vom Ring. Sie können zwischen Appartements und Suiten wählen.*
1500 ÖS - 2000 ÖS

PENSION ALSERGRUND
Alserstraße 33
Tel. 512 74 93
*(2 *) Studentenwohnheim, das von Juli bis September als Pension genutzt wird. An dem roten Dreieck an der Fassade zu erkennen.*
350 ÖS - 400 ÖS

PENSION AUERSPERG
Auerspergstraße 9
Tel. 512 74 93
*(2 *) In Zentrumsnähe.*
350 ÖS - 400 ÖS

PENSION CARINA
Alser Straße 21
Tel. 42 52 68
Fax 26 90 23-75
*(2 *) 790 ÖS - 1090 ÖS*

PENSION COLUMBIA
Kochgasse 9
Tel. 42 67 57
(2 *)
560 ÖS - 650 ÖS

PENSION EDELWEISS
Langegasse 61
Tel. 42 23 06
Fax 42 46 31-10
900 ÖS - 1100 ÖS

PENSION KOPER
Bennogasse 21
Tel. 403 41 93
und 408 64 43
Fax 402 31 43
*(2 *) Zwei getrennte Gebäude in aneinandergrenzenden Straßen.*
210 ÖS - 220 ÖS

PENSION LEHRERHEIM DES LEHRERHAUSVEREINES
Langegasse 20 - 22
Tel. 403 23 58
und 402 74 35-0
(2 *) *600 ÖS - 800 ÖS*

PENSION WILD
Langegasse 10
Tel. 43 51 74
*(1 *) In der Nähe des Rings und der großen Museen.*
500 ÖS - 550 ÖS

CAFÉS

CAFÉ EILERS
Josefstädterstr. 2
Tel. 42 34 10
Geöffnet Mo bis Fr 7 - 22
Sa, So Ftg. 8-22 Uhr.
Eines der ›echtesten‹ Wiener Cafés, gemischtes Publikum, viele Zeitungen, Schnitzel, Apfelstrudel.

◆

IX. BEZIRK
ALSERGRUND

ALLGEMEINES

ALLG. KRANKENHAUS
Währingergürtel 18 - 20
oder Spitalgasse 2 / 23
Tel. 404 00

FUNDBÜRO
Wasagasse 22
Tel. 313 44-92 11
Geöffnet Mo bis Fr
8 - 12 Uhr.

KULTUR

MUSEUM MODERNER KUNST
Fürstengasse 1
Im Palais Liechtenstein
Tel. 34 12 59
und 34 63 06
Geöffnet tgl. außer Di
10 - 18 Uhr.
Zeitgenössische und moderne Kunst von Rauschenberg bis Beuys.

SCHUBERT-GEBURTSHAUS
Nussdorfer Straße 54
Tel. 345 99 24
Geöffnet tgl. außer
Mo 9 - 12.15 und
13 - 16.30 Uhr.

SIGMUND-FREUD-MUSEUM
Berggasse 19
Tel. 31 15 96
Geöffnet tgl. 9 - 15 Uhr
Memorabilia und Fotos in Freuds alter Praxis.

VERANSTALTUNGEN

VOLKSOPER
Währinger Straße 78
Tel. 514 44 33 18
Die ›kleine Schwester‹ der Staatsoper mit etwas ›leichteren‹ Stücken.

RESTAURANTS

RIEDL'S WIENER BEISL
Schlickgasse 5
Tel. 34 92 49
Geöffnet Mo bis Do 9 - 24, Fr 9-15 Uhr
Ein Beisl wie aus dem Bilderbuch mit vorzüglicher Küche.
200 ÖS - 300 ÖS

HOTELS

HOTEL AM SCHOTTENTOR
Währinger Straße 22
Tel. 310 87 87
Fax 310 87 87-4
*(3 *) Durchschnittliche Qualität, liegt aber zentral.*
1240 ÖS - 1340 ÖS

HOTEL ATLANTA
Währinger Straße 33
Tel. 42 12 30
*(4 *) 500 m vom Zentrum.*
975 ÖS - 1575 ÖS

HOTEL REGINA
Rooseveltplatz 15
Tel. 42 76 81-0
Fax 408 83 92
*(4 *) Blick auf die Votivkirche, gutes Restaurant im Erdgeschoß.*
1500 ÖS - 2100 ÖS

PENSION BLECKMANN
Währinger Straße 15
Tel. 42 71 03
Fax 402 20 24
*(3 *) In der 1. Etage eines gut ausgestatteten Hotels nahe beim Zentrum.*
1080 ÖS - 1150 ÖS

PENSION VERA
Alser Straße 18
Tel. 402 77 11
und 43 25 95
Fax 93 02 13
*(2 *) Im Jahr 1992 renoviertes Hotel im Geschäftsviertel mit guten Trambahn-Verbindungen in die Innenstadt.*
750 ÖS - 800 ÖS

CAFÉS

CAFÉ STEIN
Währinger Straße 6
Tel. 31 72 41
Geöffnet Mo bis Sa,
7 - 1 , So 9 - 1 Uhr,
an Feiertagen geschlossen
Karg gestyltes Café, wo sich die intellektuelle Jugend der Universität trifft.
80 ÖS - 200 ÖS

◆

X. BEZIRK
FAVORITEN

ALLGEMEINES

REISEBÜRO IM SÜDBAHNHOF
Wiedner Gürtel 1a - 1b
Tel. 53 00-310 50

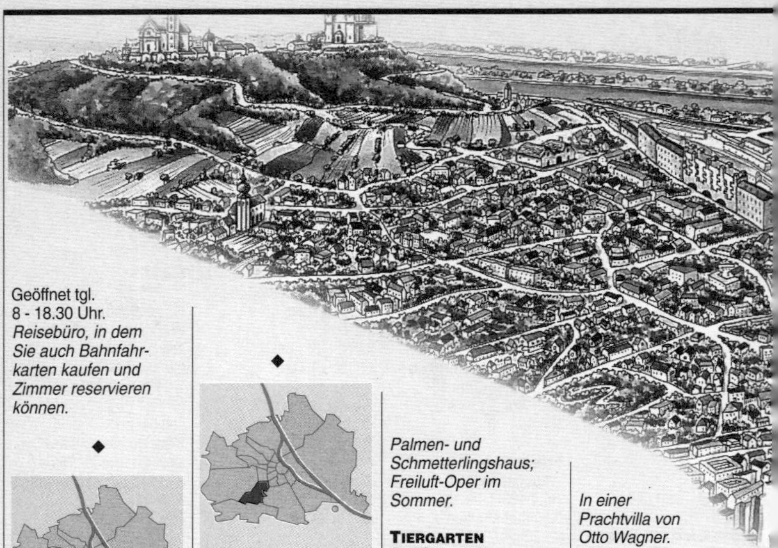

Geöffnet tgl.
8 - 18.30 Uhr.
Reisebüro, in dem Sie auch Bahnfahrkarten kaufen und Zimmer reservieren können.

◆

XI. BEZIRK
SIMMERING

Kultur

Zentralfriedhof
Simmeringer Hauptstraße 234
Tel. 76 55 44
Geöffnet März, April, Sept. und Okt. 7 - 18, Mai bis Aug. 7 - 19, Nov. bis Feb. 8 -17 Uhr.
Die Grabmale von Mozart, Beethoven, Schubert, Strauß, Schönberg und Brahms liegen in der Musikerabteilung. Jüdischer Friedhof.

◆

XII. BEZIRK
MEIDLING

Nachtleben

U 4
Schönbrunner Straße 222
Tel. 85 83 18
Altgediente Groß-Disco, vor allem mit Rockmusik. Eintritt: 100 ÖS.

◆

XIII. BEZIRK
HIETZING

Kultur

Schloss Schönbrunn
Schönbrunner Schloßstraße
Tel. 811 13
Führungen April bis Juni, Okt. tgl. 8.30 - 17 Uhr, Juli bis Sept. tgl. 8.30 - 17.30 Uhr, Nov. bis März tgl. 9 - 16 Uhr.
Sommerresidenz der Habsburger mit Kutschenmuseum, Palmen- und Schmetterlingshaus; Freiluft-Oper im Sommer.

Tiergarten Schönbrunn
Schönbrunner Schloßpark
Tel. 877 12 36
Geöffnet April bis Sept. tgl. 9 - 18 Uhr, Okt. bis März tgl. 9 - 16.30 Uhr.
Europas einziger Barockzoo, Zugang vom Schloßpark.

Restaurants

Café Dommayer
Dommayergasse 1
Tel. 82 54 65
Geöffnet tgl. 7 - 24 Uhr
Teuer, aber stilecht. Hier spielte einst Johann Strauß auf. 500 ÖS - 1500 ÖS

◆

XIV. BEZIRK
PENZING

Kultur

Ernst-Fuchs-Privatmuseum
Hüttelbergstraße 26
Tel. 94 85 75
Geöffnet Mo bis Fr 9 - 16 Uhr für angemeldete Führungen.
In einer Prachtvilla von Otto Wagner.

Kirche am Steinhof
Baumgartner Höhe 1
Tel. 94 90 60 23 91
Führungen nur Sa 15 Uhr. Gruppenführungen nach Voranmeldung.
Unregelmäßig finden hier Opern- und Theateraufführungen statt.

◆

XV. BEZIRK
RUDOLFSHEIM-FÜNFHAUS

Allgemeines

Zimmernachweis im Westbahnof
Mariahilferstraße 132
Tel. 83 51 85
Geöffnet tgl. 6.15 - 23 Uhr im Sommer, 6.15 - 22 Uhr im Winter.

Restaurants

Altwienerhof
Herklotzgasse 6
Tel. 892 60 00
Geöffnet Mo bis Fr 12 - 14, 18 - 23 Uhr,

Sa 18 -23 Uhr. So und an Feiertagen geschlossen.
Hier finden Sie exzellente Neue Wiener und französische Küche.
1000 ÖS - 3000 ÖS

VIKERL'S LOKAL
Würfelgasse 4
Tel. 894 34 30
Geöffnet Mo bis Do 11.30 - 14.30, 18 - 23 Uhr, Fr, Sa 18 - 23 Uhr, So und an Feiertagen geschlossen.
Gutes Essen in einem guten Lokal, die Gegend selbst indes ist jedoch weniger schön.
150 ÖS - 500 ÖS

XVII. BEZIRK
HERNALS

KULTUR

FIAKERMUSEUM
Veronikagasse 12
Tel. 432 60 70
Geöffnet am ersten Mittwoch im Monat 10 - 12 Uhr.

HOTELS

PENSION AM LERCHENFELD
Hernalser Gürtel 5
Tel. 436867
*(2 *) Trotz lauter Umgebung (am Gürtel gelegen) ein nettes Quartier.*
700 ÖS - 750 ÖS

XIX. BEZIRK
DÖBLING

RESTAURANTS

GRINZINGER HEURIGE
Sie gehören zu Wien wie die Lipizzaner und die Philharmoniker – die Heurigen dieses Nobelvorortes. Hier eine kleine Auswahl:

OPPOLZER
Himmelstr. 22
Tel. 32 24 16

Geöffnet tgl. außer So und feiertags 17- 24 Uhr.

SCHREIBERHAUS
Rathstr. 54
Tel. 44 38 44
Geöffnet Mo bis Fr 14 - 1,

Sa, So und feiertags 11 - 1 Uhr.

ZIMMERMANN
Armbrustergasse 5
Tel. 37 22 11
Geöffnet Mo bis Sa 17 - 0.30 Uhr, So, feiertags. geschlossen.

XXII. BEZIRK
DONAUSTADT

VERKEHRSMITTEL

FAHRRAD-VERLEIH
FREIZEITZENTRUM WEIDINGER
Raffineriestraße
Tel. 220 50 65
Geöffnet Sa, So und feiertags 9 -16 Uhr.
RADVERLEIH STEINSPORNBRÜCKE
Am Hubertusdamm
Tel. 22 33 78
Geöffnet Sa, So und an Feiertagen 9 - 19 Uhr.
Ideal für Ausflüge auf der Donauinsel.

RESTAURANTS

STRANDCAFÉ
Florian-Berndl Gasse 20
Tel. 23 67 47
Geöffnet 15. März - 15. Okt. tgl. 10 - 24 Uhr, 16. Okt. bis 14. März Mo bis Fr 17 - 24, Sa, So und feiertags 11 - 24 Uhr.
Terrasse und Pontons mit wunderbarem Ausblick auf die Alte Donau.
200 ÖS - 400 ÖS

Anhang

◆ ARCHITEKTUR ◆

◆ Achleitner, Friedrich: *Österreichische Architektur im 20. Jh. Bd. III/1: Wien*, Residenz, Salzburg 1990
◆ *Architektur in Wien*, (Hg.) Österr. Gesellschaft für Architektur, Prachner, Wien ²1988
◆ Borsi, Franco und Godoli, Ezio: *Wiener Bauten der Jahrhundertwende. Architektur der habsburgischen Metropole zwischen Historismus und Moderne*, DVA, Stuttgart 1985
◆ Feuerstein, Günther: *Visionäre Architektur Wien 1958-1988*, W. Ernst, Berlin 1988
◆ Genee, Pierre: *Wiener Synagogen 1825-1938*, Löcker, Wien 1987
◆ Haiko, Peter und Schezen, Roberto: *Architektur. Wien 1850-1930*, Brandstätter, Wien 1992
◆ Hausner, Ernst: *Wien*, Jugend und Volk, Wien-München 1988
◆ Komarek, R.: *Wien*, Kremayer und Scheriau, Wien 1990
◆ Kraus, Wolfgang und Müller, Peter: *Wiener Palais*, Blanckenstein, München 1991
◆ Loos, Adolf: *Das Werk des Architekten*, hg. von Heinrich Kulka (1931), Löcker, Wien 1985
◆ Lehne, Andreas: *Jugendstil in Wien und Budapest*, Jugend und Volk, Wien 1990
◆ Nebehay, Christian: *Wien speziell. Architektur und Malerei um 1900*, Brandstätter, Wien 1983
◆ Nemec, Helmut: *Schloß Schönbrunn. Geschichte und Geschichten*, Herder, Freiburg 1989

◆ KUNST ◆

◆ Kollektiv: *Stadtchronik Wien*, Brandstätter, Wien-München 1986
◆ Frodl, Gerbert: *Klimt*, DuMont, Köln 1992
◆ Klimt, Gustav: *Hauptwerke*, hg. Fernando Orlandi, Lechner, 1990
◆ Koschatzky, Walter: *Friedensreich Hundertwasser*, Orell Füssli, Zürich 1990
◆ Koschatzky, Walter: *Des Kaisers Guckkasten, Eine Sammlung altösterreichischer Ansichten aus der Wiener Hofburg*, Residenz, Salzburg 1991
◆ Neuwirth, W., Kölbel, A. und Auböck, M.: *Die Wiener Porzellan Manufaktur Augarten*, Wien 1992
◆ Nemetschke, Nina und Kugler, Georg J.: *Lexikon der Wiener Kunst und Kultur*, Ueberreuter, Wien 1990
◆ Sabarsky, Serge: *Egon Schiele*, Edition Cantz, Stuttgart 1988
◆ Schmied, Wieland: *Der Zeichner Alfred Kubin*, Residenz, Salzburg 1967
◆ Werkner, Patrick: *Die Wiener Moderne*, Oldenbourg, München 1990

◆ GESCHICHTE ◆

◆ Adler, Josef; Gruber, Clemens M.: *Berühmte Gräber in Wien und Umgebung*, Perlen-Reihe, Wien ²1991
◆ Beller, Steven: *Wien und die Juden 1867-1938*, Böhlau, Wien 1993
◆ Botz, Gerhard: *Nationalsozialismus in Wien*, Obermayer, Buchloe 1988
◆ Botz, Gerhard; Oxaal, Ivar, Pollak; Michael: *Eine zerstörte Kultur. Jüdisches Leben und Antisemitismus in Wien seit dem 19. Jh.*, Obermayer, Buchloe 1990
◆ Chaloupek, Günther; Wagner, Michael; Eigner, Peter: *Wien - Wirtschaftsgeschichte 1740-1938*, Jugend und Volk, Wien 1991
◆ Croy, Otto; Haslinger, Josef: *Leben in der Asche. Trümmerjahre in Wien 1945-1948*, Kremayr & Scheriau, Wien 1993
◆ Csendes, Peter: *Geschichte Wiens*, Oldenbourg, München ²1990
◆ Czeike, Felix: *Historisches Lexikon Wien. Bd. 1: A-Ha*, Kremayr & Scheriau, Wien 1992
◆ Eickhoff, Ekkehard: *Venedig, Wien und die Osmanen. Umbruch in Südosteuropa 1645-1700*, Klett-Cotta, Stuttgart ²1992
◆ Engelman, Edmund: *Berggasse 19: Sigmund Freud in Wien*, Brandstätter, Wien 1993
◆ Fischer, Gerhard (Hg.): *Die Stadt und die Wildnis. Wien 1000-1500*, Stroemfeld, Frankfurt/M. 1992
◆ Freud, Ernst; Freud, Lucie; Grubrich-Simitis, Ilse (Hg.): *Sigmund Freud. Sein Leben in Bildern und Texten*, Insel, Frankfurt/M. 1989
◆ Galen, Hans (Hg.): *1789 - Wien, Münster, Paris am Vorabend der Revolution*, Eggenkamp, Greven 1989
◆ Gerhartl, Gertrud: *Belagerung und Entsatz von Wien 1683*, ÖBV, Wien ³1985
◆ Magris, Claudio: *Die Donau. Biographie eines Flusses*, Hanser, München 1988
◆ Roschitz, Karlheinz: *Ringstraßenzeit. Der Aufstieg Wiens zur Weltstadt 1857-1897*, Brandstätter, Wien 1984
◆ Schorske, Carl E.: *Wien. Geist und Gesellschaft im Fin de Siècle*, Fischer, Frankfurt/M. 1982
◆ Spiel, Hilde: *Glanz und Untergang. Wien 1866-1938*, List, München 1987
◆ Zweig, Stefan: *Die Welt von gestern. Erinnerungen eines Europäers*, Fischer, Frankfurt/M. ³1990

◆ HABSBURGER ◆

◆ Fink, Humbert: *Joseph II. Kaiser, König und Reformer*, Econ, Düsseldorf 1990
◆ Gutkas, Karl: *Kaiser Joseph II. Eine Biographie*, Zsolnay, Wien 1989
◆ Hamann, Brigitte: *Elisabeth von Österreich. Kaiserin wider Willen*, Piper, München ⁴1992
◆ Hawlik van de Water, Magdalena: *Die Kapuzinergruft. Begräbnisstätte der Habsburger in Wien in über 100 Kurzbiographien*, Herder, Freiburg 1992
◆ Herm, Gerhard: *Der Aufstieg des Hauses Habsburg*, Econ, Düsseldorf ³1989
◆ Kann, Robert A.: *Geschichte des Habsburgerreiches 1526-1918*, Böhlau, Wien 1990
◆ Tötschinger, Gerhard: *Auf den Spuren der Habsburger*, Amalthea, Wien 1992
◆ Vacha, Brigitte: *Die Habsburger. Eine europäische Familiengeschichte*, Styria, Graz 1992
◆ Wandruszka, Adam: *Das Haus Habsburg. Die Geschichte einer europäischen Dynastie*, Herder, Freiburg ⁷1989

◆ LITERATUR ◆

◆ Altenberg, Peter: *Extrakte des Lebens. Gesammelte Skizzen 1898-1919*, Löcker, Wien 1987
◆ Arndt, Ernst Moritz: *Sehnsucht nach der Ferne. Die Reise nach Wien und Venedig 1798*, :Thienemanns, Stuttgart 1988
◆ Artmann, Hans C.: *Im Schatten der Burenwurst. Skizzen aus Wien*, Residenz, Salzburg ³1991
◆ Bachmann, Ingeborg: *Malina*, Suhrkamp, Frankfurt/M. 1971
◆ Bachmann, Ingeborg: *Das dreißigste Jahr*, Piper, München 1978
◆ Bernhard, Thomas: *Alte Meister*, Suhrkamp, Frankfurt/M. 1985
◆ Bernhard, Thomas: *Auslöschung. Ein Zerfall*, Suhrkamp, Frankfurt/M. 1986
◆ Bernhard, Thomas: *Heldenplatz*, Suhrkamp, Frankfurt/M. 1988
◆ Bernhard, Thomas: *Der Untergeher*, Suhrkamp, Frankfurt/M. 1983
◆ Bernhard, Thomas: *Wittgensteins Neffe*, Suhrkamp, Frankfurt/M. 1982
◆ Canetti, Elias: *Die gerettete Zunge. Geschichte einer Jugend*, Hanser, München 1977
◆ Canetti, Elias: *Das Augenspiel. Lebensgeschichte 1931-1937*, Hanser, München 1985
◆ Canetti, Elias: *Die Fackel im Ohr. Lebensgeschichte 1921-1931*, Hanser, München 1985
◆ Canetti, Veza: *Die Gelbe Straße*, Hanser, München 1990
◆ Doderer, Heimito von: *Die Dämonen*, dtv, München 1956
◆ Glassbrenner, Adolf: *Wien ... mit dem Herzen verstehen lernen*, Schendl, Wien 1992
◆ Greene, Graham: *Der dritte Mann*, Zsolnay, Wien 1962
◆ Jonke, Gert: *Erwachen zum grossen Schlafkrieg*, Residenz, Salzburg 1982
◆ Kraus, Karl: *Pro domo et mundo*, Suhrkamp, Frankfurt/M. 1990
◆ Kraus, Karl: *Sprüche und Widersprüche*, Suhrkamp, Frankfurt/M. 1965
◆ Lernet-Holenia, Alexander: *Ich war Jack Mortimer*, Zsolnay, Wien 1984
◆ Mörike, Eduard: *Mozart auf der Reise nach Prag*, in: Werke in einem Band, (Hg.) Herbert G. Göpfert, Hanser, München 1993
◆ Musil, Robert: *Der Mann ohne Eigenschaften*, Rowohlt, Reinbek 1978

◆ Perutz, Leo: *Der Meister des Jüngsten Tages*, Rowohlt, Reinbek 1990

◆ Perutz, Leo: *Wohin rollst du, Äpfelchen?*, Rowohlt, Reinbek 1989

◆ Perutz, Leo: *Herr erbarme dich meiner*, Rowohlt, Reinbek 1989

◆ Roth, Joseph: *Radetzkymarsch*, Kiepenheuer & Witsch, Köln 1984

◆ Roth, Joseph: *Die Kapuzinergruft*, Kiepenheuer & Witsch, Köln 1972

◆ Schnitzler, Arthur: *Jugend in Wien*, Fischer, Frankfurt/M. 61992

◆ Stifter, Adalbert: *Aus dem alten Wien. Zwölf Studien*, Insel, Frankfurt/M. 1986

◆ ANTHOLOGIEN ◆

◆ Kubelka, Susanna: *Mein Wien. Ein Lesebuch*, Ullstein, Berlin 1992

◆ Gumpelmayr, Heinz (Hg.): *Reise Textbuch Wien*, dtv, München 1987

◆ Gyory, Jean: *Liebe und Tod in Wien. Geschichten*, Insel, Frankfurt/M. 1985

◆ Krischker, Gerhard C. (Hg.): *Wien im Gedicht*, Insel, Frankfurt/M. 1993

◆ Pirker, Herbert: *Im Wiadshaus, auf da Gossn und dahaam. Mundart-Gedichte aus Wien*, Edition Atelier, Wien 1990

◆ Weinheber, Josef: *Wien wörtlich. Gedichte*, Otto Müller, Salzburg 1985

◆ Wunberg, Gotthard (Hg.): *Die Wiener Moderne. Literatur, Kunst und Musik zwischen 1890 und 1910*, Reclam, Stuttgart 1981

◆ MUSIK ◆

◆ Adorno, Theodor W.: *Mahler. Eine musikalische Physiognomik*, Suhrkamp, Frankfurt/M. 1960

◆ Barbaud, Pierre: *Joseph Haydn*, Rowohlt, Reinbek

◆ Becker, M. (Hg.): *Mozart, sein Leben und seine Zeit in Texten und Bildern*, Insel, Frankfurt/M. 1991

◆ Blaukopf, Herta und Kurt: *Die Wiener Philharmoniker. Welt des Orchesters, Orchester der Welt*, Löcker, Wien 1992

◆ Braunbehrens, Volkmar: *Mozart in Wien*, Piper, München 41991

◆ Elias, Norbert: *Mozart. Zur Soziologie eines Genies*, Suhrkamp, Frankfurt/M. 1991

◆ Endler, Franz: *Musik aus Wien - Musik in Wien. Ein kleiner Führer durch die Wiener Musikgeschichte*, ÖBV, Wien 1985

◆ Freitag, Eberhard: *Arnold Schönberg*, Rowohlt, Reinbek 1973

◆ Hildesheimer, Wolfgang: *Mozart*, Suhrkamp, Frankfurt/M. 1977

◆ Kraus, G.: *Musik in Österreich*, Brandstätter, Wien 1989

◆ Kretschmer, Helmut: *Mozarts Spuren in Wien*, J & V, Wien 1990

◆ Pichler, Ernst: *Beethovens Spuren in Wien*, Jugend und Volk, Wien 1991

◆ Scherliess, Volker: *Alban Berg*, Rowohlt, Reinbek 1975

◆ DIVERSES ◆

◆ Andics, H: *Begegnung an der Donau*, J & V, Wien 1977

◆ Antel, Franz und Winkler, Christian F.: *Hollywood an der Donau. Geschichte der Wien-Film in Sievering*, Österr. Staatsdruckerei, Wien 1991

◆ Anwander, Berndt: *Beisln und Alt-Wiener Gaststätten*, Falter, Wien 21993

◆ Bakos, Eva: *Wien*, DuMont, Köln 41990

◆ Bauer, W. T.: *Wiener Friedhofsführer*, Falter, Wien 1988

◆ Brauneis, Walther und Czeike, Felix: *Wien und Umgebung*, DuMont, Köln 111990

◆ Benning, Achim; Hitz, Bruno; VomHove, Oliver: *Burgtheater Wien. Ebenbild und Widerspruch 1776-1986*, Schroll, Wien 1986

◆ Buxbaum, G.: *Mode aus Wien*, Residenz, Salzburg 1986

◆ Cachee, Josef: *Die Hofküche des Kaisers. K.u.K. Hofküche, Hofzuckerbäckerei und der Hofkeller in der Wiener Hofburg*, Amalthea, Wien 1985

◆ Dreissinger, Sepp und Zenker, Helmut: *Hausmeisterporträts. Wien - Paris - Berlin*, Otto Müller, Salzburg 1989

◆ Grieser, Dietmar: *Wiener Adressen. Ein kulturhistorischer Wegweiser*, Insel, Frankfurt/M. 1989

◆ Grill, Sebastian: *Graf Bobby und Baron Mucki. Geschichten aus dem alten Wien*, Piper, München 1989

◆ Herre, Franz: *Wien. Historische Spaziergänge*, Kiepenheuer & Witsch, Köln 1992

◆ Hirt, Elisabeth und Gronner, Ali: *Dieses Wien. Ein Führer durch Klischee und Wirklichkeit*, Junius, Wien 1986

◆ Kreisler, Georg: *Ist Wien überflüssig? Satiren über die einzige Stadt der Welt, in der ich geboren bin*, Ueberreuter, Wien 1987

◆ Lajta, Hans: *Land um Wien. Köstlichkeiten aus Küche und Keller*, ÖBV, Wien 1987

◆ Mang, Karl: *Thonet Bugholzmöbel*, Brandstätter, Wien 1982

◆ Martinek, Thomas: *Kaffeehäuser in Wien*, Falter, Wien 21992

◆ Mayer, Eduard und Schuhmacher, Karl: *Wiener Süßspeisen*, Trauner, Wien 91990

◆ Nack, Emil: *Sagen aus Wien*, Ueberreuter, Wien 1973

◆ Rösler, Walter: *Gehn ma halt a bisserl unter. Kabarett in Wien von den Anfängen bis heute*, Henschel, Berlin 21993

◆ Schöffer, Christl und Rosenberger, Hannelore: *Alte Volkskunst, Trachten aus und rund um Wien*, Stocker, Wien 1985

◆ Schreiber, Hermann: *Wanderer, kommst du nach Wien, Anekdoten und Geschichten aus der Donaumetropole*, Herder, Freiburg 1989

◆ Schreiner, E.: *100 Jahre Volkstheater*, J & V, Wien 1989

◆ Schwarzbach, Berti: *Das Kochbuch aus Wien*, Hölker, Münster 1978

◆ Sinhuber, Bartel F.: *Der Wiener Heurige. Geschichte und Geschichten*, Amalthea, Wien 31990

◆ Sinhuber, Bartel F.: *Zu Gast im alten Wien. Erinnerungen an Hotels, Wirtschaften und Kaffeehäuser, an Bierkeller, Weinschenken und Ausflugslokale*, Hugendubel, München 1989

◆ Teply, K. *Türkische Sagen und Legenden um die Kaiserstadt Wien*, Böhlau, Wien 1980

◆ Veigl, Hans: *Lachen im Keller. Kabarett und Kleinkunst in Wien 1901-1945*, Löcker, Wien 1986

◆ Wehle, Peter: *Sprechen Sie wienerisch? Von Adaxl bis Zwuschtkerl*, Ueberreuter, Wien 1980

◆ Weiss, Walter M.: *Wien*, DuMont, Köln 21992

◆ NACHWEISE ◆

◆ 106 Kara Mustafa aus: Das türkische Tagebuch der Belagerung Wiens, © Verlag Styria, Graz, Wien und Köln 1966

◆ 107 Giacomo Casanova aus: Geschichte meines Lebens, Bd. 3, © 1985 Propyläen Verlag, Berlin

◆ 108 Adalbert Stifter aus: Wien und die Wiener in Bildern aus dem Leben, © Artemis und Winkler Verlag, München 19 XX

◆ 110 Hugo von Hofmannsthal aus: Eleonora Duse. Die Legende einer Wiener Woche. S. Fischer Verlag Berlin 1930, in: Gesammelte Werke. Reden und Aufsätze I, © Fischer Taschenbuch Verlag, Frankfurt/M. 1979

◆ 110 Stefan Zweig aus: Die Welt von Gestern, © Bermann-Fischer A.B., Stockholm 1944, Abdruck mit Genehmigung des S. Fischer Verlags, Frankfurt/M.

◆ 112 Hermann Broch aus: Dichten und Erkennen. © Suhrkamp Verlag Frankfurt/M. 1955

◆ 113 Heimito von Doderer aus: Die Strudlhofstiege oder Melzer und die Tiefe der Jahre, © 1951 Biederstein Verlag, München

◆ 114 Arthur Schnitzler aus: Eine Jugend in Wien, Verlag Fritz Molden, Wien, München, Zürich, New York 1981

◆ 115 Joseph Roth aus: Die Kapuzinergruft, © 1950, 1987 by Verlag Kiepenheuer & Witsch Köln und Verlag Allert de Lange Amsterdam

◆ 115 Karl Kraus aus: Glossen. © Suhrkamp Verlag Frankfurt/M. 1954

◆ 117 Robert Musil aus: Mann ohne Eigenschaften, in: Gesammelte Werke, © 1978 by Rowohlt Verlag, Reinbek

◆ 118 Graham Greene aus: Der Dritte Mann, © Paul Zsolnay Verlag, Wien / Hamburg 1962, © Graham Greene 1950

◆ 119 Paul Morand aus: Eine Frau unseres Jahrhunderts, in: Elisabeth von Österreich, © Matthes & Seitz Verlag, München 1983

Abkürzungen:
ÖNB: Österreichische Nationalbibliothek, Wien
HMW: Historisches Museum der Stadt Wien
KM: Kunsthistorisches Museum, Wien
HM: Heeresgeschichtliches Museum, Wien
ÖMFAK: Österreichisches Museum für angewandte Kunst, Wien

Umschlaginnenklappe vorn:
Fellini-Vitrine im *Café Demel*, © Holzbachova/Bénet.

Umschlag vorn:
Kaiserliche Kutsche, © HM.
Werbeplakat © Martin Breese, Retrograph Archiv, London.
Plakat für das Kabarett *Fledermaus*, 1908, © HMW.
Griechenkirche, © Holzbachova/Bénet.

Rücken:
Franz Schubert, © Eric Lessing.
Zeichnung von Maurice Pommier.
Rundschild, Türkei, Topkapı Serail Museum, Istanbul, A. R. vbh.

Umschlag hinten:
Schloß Schönbrunn, © Holzbachova/Bénet.
Karte von Jean-Yves Duhoo.
Leopoldskirche, Steinhof, Zeichnung von Ph. Biard.
U-Bahn-Station am Karlsplatz, © Philippe Biard,
Ausschnitt der Kuppel des Michaelertrakts, © WFVV.

Umschlaginnenklappe hinten:
Hundertwasserhaus, Zeichnung von F. Hillion

1 Auf dem Naschmarkt, Kroatische Bäuerinnen verkaufen Gemüse, F. Holluber, 1905, Foto, © ÖNB/Clam.
2-3 Der Ring vor der Oper, um 1900, Foto, © Roger-Viollet.
4-5 Das Riesenrad im Prater, um 1930, Foto, © Roger-Viollet.
6-7 Am Graben, um 1900, Foto, © Roger-Viollet.
9 *Blick auf Wien*, um 1871, Grisaille, © Chr. Brandstätter.
15 Zeichnungen von J. Chevallier, C. Felloni und F. Desbordes.
16 Zweimal Blick auf den Park von Schloß Schönbrunn, © F. Bony/Ph. Dubois
16-17 Zeichnungen von J. Chevallier, F. Desbordes und C. Lachaux.
18 ungeschliffene Edelsteine von C. Felloni und J. Chevallier.
Der Wienerwald, © Ph. Dubois.
18-19 Zeichnung von F. Desbordes.
20-21 Zeichnungen von J. Chevallier, F. Desbordes, J.-M. Kacédan und P. Robin.
21 Luftaufnahme der Donau, © Holzbachova/Bénet.
22 Die Lobau, © Ph. Dubois.
22-23 Zeichnungen von P. Robin, F. Desbordes, J. Chevallier, A. Larousse, J. Wilkinson.
24-25 Zeichnungen von C. Felloni, J. Chevallier und F. Desbordes.
26 Im *Heurigen* in Grinzing, alte Postkarte, A. R. vbh.
Rebstöcke in Wien, © ÖFVW.
Die letzten Rebstöcke im Stadtzentrum, Schwarzenbergplatz, © P. Crisol.
Weiße Weintrauben, Rebsorte »Grüner Veltliner«, © P. Crisol.
Weinlese in Wien, © ÖFVW.
Weinetiketten, Samml. P. Crisol.
Rote Weintrauben, Rebsorte »Blauer Portugieser«, © H. Lichtenecker.
Weinflasche und Glas, © ÖFVW.
27 *Wiener Kongreß*, kolorierter Stich, 1814-1815, HMW, © Holzbachova/Bénet.
28 *Herakles*, Vase, vor dem 4. Jh., HMW, © Holzbachova/Bénet.
Gefäß in Form eines männlichen Kopfes, Ton, 1.-3. Jh., HMW, © Holzbachova/Bénet.
Venus von Willendorf, Steinskulptur, 725-500 v. Chr., Naturhistorisches Museum, Wien, © Lessing/Magnum.
Hoher Markt, HMW, © Holzbachova/Bénet.
29 Büste des Kaisers Rudolf II., A. von Vries, 16. Jh, Bronze, KM, © Lessing/Magnum.
Kaiser Maximilian I., A. Dürer, 1519, Öl/Holz, KM, © Lessing/Magnum.
30 *Prinz Eugen von Savoyen*, Öl/Leinw., flämische Schule, Musée des Beaux-Arts de Cambrai. © Lessing/Magnum.
Kaiser Maximilian II. mit Familie, G. Archimboldo, Leinwand, 1553, Schloß Ambras, Innsbruck, © Lessing/Magnum.
Kaiser Karl V., nach Titian, Mosaik, Schloß Ambras, Innsbruck, © Lessing/Magnum.
Kaiser Ferdinand I., nach Titian, 1548, Mosaik/Holz von Zuccherini, Schloß Ambras, Innsbruck, © Lessing/Magnum.
31 Die Schlacht von Wagram, Stich, 19. Jh., © HM.
Kaiser Leopold I. in seinem vergoldeten Harnisch, G. Cagnacci, 17. Jh, KM, © Lessing/Magnum.
Karlskirche, HMW, © Holzbachova/Bénet.
Einwohner von Wien versorgen verletzte Franzosen, Stich, 19. Jh., © von Selva-Tapabor.
32 *Portrait Prinz von Metternich*, Stich, 19. Jh., © ÖNB.
Franz Joseph I. in Uniform, F.-X. Winterhalter, KM, © Lessing/Magnum.
Franz I., Stich, 19. Jh., Samml. Gilhofer, Wien © Holzbachova/Bénet.
Szene in einer Wiener Kneipe, N. J. Michel, Öl/Leinw., HMW, © Lessing/Magnum.
33 *Hinrichtung während der Revolution 1848*, H. Ch. Schöller, HMW, © Holzbachova/Bénet.
K. von Schuschnigg, Foto, © Roger-Viollet.
Warteschlange vor einem zerstörten Kino, Wien, zwischen 1939 und 1945, © Roger-Viollet.
34 *Süleyman I. »der Prächtige«*, anonym, Öl/Leinw., 16. Jh., KM, © Lessing/Magnum.
Kara Mustafa, anonym, Öl/Leinw., 1696, HMW, © Lessing/Magnum.
Geschuppte Rüstung (Karacena), mit Leopardenfell, Helm und Säbel, Nationalmuseum Krakau, © Lessing/Magnum.
34-35 Wien, 14 Juli 1633. *Die Armee von Kara Mustafa belagert Wien*, F. Geffels, Öl/Leinw., HMW, © Lessing/Magnum.
35 *Belagerung Wiens*, anonym, Öl/Leinw., 17. Jh., © HM.
Rundschild, Türkei, Topkapı Serail Museum, Istanbul, A. R. vbh.
Die Parade der Janitscharen, Codex Vindobonis, 1590, © ÖNB.
36 *Maria Theresia als Königin von Ungarn*, Öl/Leinw., Kanzleramt, © KM.
Kaiser Franz I., Herzog von Lothringen, das Abzeichen des Ordens zum Goldenen Vlies tragend, Öl/Leinw., Schloß Schönbrunn, Wien, © Lessing/Magnum.
36-37 *Maria Theresia im Krieg gegen die Preußen*, Stich, anonym, © HM.
37 *Schloß Schönbrunn, Gärten*, B. Belloto, 1758-1761, Öl/Leinw., KM, © Lessing/Magnum.
Kaiser Joseph II. trifft Zarin Katharina II., Aquarell, © HMW.
Joseph II., J. Hickel, 1776, Öl/Leinw., HM, © Lessing/Magnum.
Kaiser Joseph II. beim Pflügen eines Ackers in einem mährischen Dorf, Aushängeschild des Hauses Nr. 27 *Zum Kaiseracker*, Kaiserstraße, Wien, Öl/Leinw., HMW, © Lessing/Magnum.
38 *Erzherzog Karl in der Schlacht bei Aspern*, J. P. Krafft, Öl/Leinw., 19. Jh., © HM.
38-39 *Der Kongreß tanzt*, Karikatur, 19. Jh, © Lauros-Giraudon.
Die Rückkehr des Kaisers, Franz I. kehrt nach der Belagerung Wiens durch Napoleon im Dezember 1809 in die Stadt zurück, J. P. Krafft, Freske, 1833-1837, KM, © Lessing/Magnum.
39 *Redoutenball, Wiener Kongreß*, Aquarell, 19. Jh., © HMW.
Ch.-M. de Talleyrand-Périgord, A. Scheffer, Öl/Leinw., Musée

Condé, Chantilly, © Lessing/Magnum.

40 *Ermordung des Kriegsministers Latour,* Aquarell, 19. Jh., © Chr. Brandtstätter. *Exekution des Abgeordneten Robert Blum,* Lithografie, 19. Jh., © Chr. Brandtstätter. Flucht Metternichs, 1848, Karikatur, A. R. vbh.

40-41 *Wachensaal in der alten Universität,* F. Schams, Kohle und Tusche, HMW, © Lessing/Magnum.

41 *Barrikaden am 25. Mai 1848,* F. Gaul, HMW, © Holzbachova/Bénet. *Fürst Windischgrätz tritt die revolutionäre Fahne mit Füßen,* © Chr. Brandtstätter. Franz Joseph in jungen Jahren, 1848, © Lessing/Magnum. *Kaiser Ferdinand I. in der Robe des Ordens zum Goldenen Vlies,* L. Wiese, Öl/Leinw., © KM.

42 Filmplakat zu *Der Dritte Mann,* © ÖNB. Banknote, 1947, Österr. Nat. Bank, © Chr. Brandtstätter.

42-43 Der Stephansdom nach den Bombenangriffen 1945, Foto, © Roger-Viollet.

43 Kinder spielen Fußball zwischen Ruinen am Prater, Foto, © Votava. »Die Vier« im Jeep, Foto, 1947, © Votava. Briefmarke des Deutschen Reichs, gültig zwischen 1939 und 1945, priv. Samml., Die Pummerin, 1952 erneuert, © Votava. Ein Dach für den Stephansdom, Plakat, 1946, © Chr. Brandtstätter.

44 *Szenen aus dem Volks- und Straßenleben,* G. E. Opiz, HMW, © Holzbachova/Bénet. *Drei Juden,* E. Orlik, Lithografie, © HMW.

45 Österreichische und ungarische Fährmänner, *Szenen ...*, G. E. Opiz, 1810, © HMW. Postbote, Samml. Gilhofer, Wien, © Holzbachova/Bénet.

46 Plattenhülle von *Live* von W. Ambros, © Bellaphon. Aushängeschild *Kleines Café,* © Holzbachova/Bénet. Hülle der Cassette *Nachtflug* von Falco, © EMI Electrola GmbH, 1992. Das *Elefantenhaus,* nach 1690 *Zur goldenen Krone,* Foto, vor 1866, © ÖNB.

47 Warteschlange vor dem Theater, © HMW.

48 *Posthumes Porträt von W. A. Mozart,* B. Krafft, 1819, Gesellschaft der Musikfreunde, Wien, © Lessing/Magnum. Faksimile der Unterschrift Mozarts, A. R. vbh., *W. A. Mozart, seine Schwester und sein Vater,* Carmontelle, Aquarell, 18. Jh., Musée Condé, Chantilly, © Lessing/Magnum.

49 *Festessen zur Vermählung von Joseph II. und Isabella von Parma, Oktober 1760,* M. van Meytens, Öl/Leinw., Schloß Schönbrunn, Wien, © Nimatallah/Artephot. *Chr. Gluck am Spinett,* J. S. Duplessis, Öl/Leinw., KM, © Lessing/Magnum. *J. Haydn,* anonym, Öl/Leinw. © Lessing/Magnum. *Nikolaus, Fürst Esterházy,* anonym, Öl/Leinw., HMW, © Lessing/Magnum.

50 *Beethoven beim Komponieren der »Missa Solemnis«,* Kopie des Bildes von J. Stieler, 1819, © AKG. *Abend bei Schubert,* J. Schmid, 1897, Öl/Leinw., Gesellschaft der Musikfreunde, Wien, © Lessing/Magnum. Schubert, Gedenkmünze, © P. Léger/Gallimard.

50-51 Unterschrift von L. van Beethoven, © AKG.

51 Lied *Ich liebe dich,* von Beethoven im August 1817 geschrieben, von Brahms im April 1872 mit Anmerkungen versehen, auf der Rückseite einige Notizen von Schubert, Gesellschaft der Musikfreunde, Wien, © Lessing/Magnum. *Beethoven beim Spaziergang, »der einsame Meister«,* nach einem Bild von O. Nowak, 1908, © Roger-Viollet. *Brahms,* Stich, 19. Jh., © HMW. *A. Bruckner an der Orgel,* H. Schliessmann, Schattenriß, A. R. vbh. H. Wolf, Öl/Leinw., © Chr. Brandtstätter. *G. Mahler beim Dirigieren,* H. Schliessmann, Schattenriß, A. R. vbh. G. Mahler, Foto, um 1907, © ÖNB.

53 Plakat für ein Konzert von Schönberg, Gesellschaft der Musikfreunde, Wien, © Lessing/Magnum. A. von Webern, Foto, um 1902, ÖNB, © Chr. Brandtstätter. A. Schönberg, E. Schiele, 1917, © Chr. Brandtstätter. *A. Berg, A. Schönberg,* Öl/Leinw., um 1910, © B. Atala/Centre Georges Pompidou, L. Schönberg, Los Angeles, 1993.

54 Flöten, D. Grand, 1993, © Gallimard. *G. Mahler beim Dirigieren,* H. Böhler, Karikatur, A. R. vbh. Faksimile der Unterschrift von G. Mahler, A. R. vbh. Philharmonisches Orchester Wien, © ÖFVW.

55 *Festessen zur Vermählung von Joseph II. und Isabelle von Parma,* M. van Meytens, Schloß Schönbrunn, © Lessing/Magnum. Wiener Philharmonie, © ÖFVW. Violine, D. Grand, 1993, © Gallimard. Klassisches Konzert im Palais Schwarzenberg, © ÖFVW. Trio auf der Kärntner Straße © Holzbachova/Bénet.

56 *J. Lanner,* J. Kriehuber, 1839, Lithografie, A. R. vbh. *»J. Lanner beim Dirigieren der Hans-Jörgel-Polka«,* Stich, 1842, © ÖNB.

56-57 Phenakistiscop von F. Freiherr von Uchatius, 19. Jh., © Technisches Museum. Tanzfiguren, © HMW.

57 Partitur von Joseph Strauß, © Holzbachova/Bénet. Partitur der *Hans-Jörgel-Polka,* © ÖNB.

58 Deckblatt der Partitur *Kaiserwalzer,* J. Strauß, A. R. vbh. Plakat des Opernballs, Wien, 27. Februar 1992, A. R. vbh. Plakat des Opernballs, Wien, 7. Februar 1991, A. R. vbh.

58-59 Opernball © Holzbachova/Bénet.

59 Ball, altes Foto, A. R. vbh. Neujahrsball, 1900, W. Gause, HMW, © Holzbachova/Bénet. Gendarmerieball, © Holzbachova/Bénet. Jägerball, © Holzbachova/Bénet. Opernball, © Holzbachova/Bénet.

60 *Fanny Essler,* Pl. Vachs, um 1840, © ÖNB.

60-61 Vorhang des Josephstädter Theaters, © HMW. *Der Talisman,* H. Ch. Schöller, Gouache, 19. Jh., © HMW.

61 Die Wiener Oper, © Franklin/Magnum. Aufführung in der Wiener Oper, © ÖFVW. *Der Freischütz,* Oper von C. M. von Weber, Lünetten im Foyer der Oper, M. von Schwind, Freske, 19. Jh., © Lessing/Magnum. *Die Zauberflöte* von W. A. Mozart, Lünette im Foyer der Oper, M. von Schwind, Freske, 19. Jh., © Lessing/Magnum. *Neues Burgtheater am Franzensring,* Stich, 19. Jh., Samml. Gilhofer, Wien, © Holzbachova/Bénet.

62 *Doctor Karl als Stefert verkleidet,* H. Ch. Schöller, 19. Jh., A. R. vbh., Biedermeierstuhl, A. R. vbh.

62-63 Biedermeierzimmer, © ÖMFAK.

63 Wiener *Salon,* Aquarell, 1837, © HMW. Goldene Teekanne, Biedermeier, A. R. vbh. Augenarzt, Danhauser, Samml. Gilhofer, Wien, © Holzbachova/Bénet. Blumen, A. R. vbh.

64 Dirndl, Bozen, Südtirol, Boutique Tostmann, © Holzbachova/Bénet. Österreichische Mode, © Pfister, Zillertaler Strickmoden. Dirndl, Lochthal, Tirol, Boutique Tostmann, © Holzbachova/Bénet.

65 Dirndl, Leibelkittel, Boutique Tostmann, © Holzbachova/Bénet.

Öl/Leinw., 1653, KM, © Lessing/Magnum. *Infant Philipp Prosper*, A. R. vbh., Vélasquez, Öl/Leinw., 1629-1664, KM, © Lessing/Magnum.
222 Mozart-Denkmal, Burggarten, © K. Leithner. Akademie der Bildenden Künste, Schillerplatz, © J.-C. Klotchkoff. Goethe-Denkmal, Burggarten, © Holzbachova/Bénet. Detail des Sockels des Mozart-Denkmals, Burggarten, © Holzbachova/Bénet. Plakate zur 15. und 16. Secession, A. Böhm und A. Roller, 1902 und 1903, A. R. vbh.
223 *Fidelio*, Oper von L. van Beethoven, M. von Schwind, Freske im Foyer der Oper, Wien, © Lessing/Magnum. Briefmarken zum 100. Geburtstag der Oper, Wien, priv. Samml. Stuhl im *Café Museum*, © Thonet. U-Bahn-Station, Karlsplatz, O. Wagner, © K. Leithner. Innenraum des *Café Museum*, Architektur A. Loos, Karlsplatz © Holzbachova/Bénet, Spadem, 1993.
224 Innnenraum des *Café Schwarzenberg*, Kärntner Ring, © Holzbachova/Bénet. Eingang des *Café Schwarzenberg*, Kärntner Ring, © Holzbachova/Bénet. *R. Wagner*, Karikatur, A. R. vbh. Ecke Kärntner Ring/ Schwarzenbergstraße,, © K. Leithner. *Hotel Imperial*, Kärntner Ring © Holzbachova/Bénet. Gebäude der Elsässischen Bank, Schwarzenbergplatz, © K. Leithner.
225 Straßenbahnschild, © Holzbachova/Bénet. Gebäude Ecke Schubertring/ Johannesgasse © K. Leithner. *Der Stadtpark*, Stich, 19. Jh., Samml. Gilhofer, © Holzbachova/Bénet. *Der Kursalon im Stadtpark*, Stich, 19. Jh., © Bibl. Nat. Schubertring Nr. 6, © K. Leithner.
226 Erzhog Wilhelm von Österreich in der Kluft des Deutschmeisterordens, Foto, Ende 19. Jh., © ÖNB. Spielende Kinder im Stadtpark, Postkarte der Wienerwerke © Chr. Brandstätter. An der Wien, Stadtpark, © K. Leithner. *Hotel Marriot*, Parkring, © K. Leithner.
227 *Schubert am Klavier*, nach einem Gemälde von G. Klimt, Öl/Leinw., © Lessing/Magnum. *Bürgermeister Karl Lueger im Prater*, W. Gause, 1904, Öl/Leinw., © Lessing/Magnum. *Ansturm auf Mineburg*, Gobelin, 1. Viertel des 15. Jh., © ÖMFAK. Johann-Strauß-Denkmal, Stadtpark, © Holzbachova/Bénet. Detail des Johann-Strauß-Denkmals, Stadtpark, © Holzbachova/Bénet.
228 Lüftungsrohr, Postsparkasse Wien, Arch. O. Wagner, © Holzbachova/Bénet. *Hundertwasser-Haus*, © Holzbachova/Bénet. Schild am Hundertwasser-Haus © Holzbachova/Bénet. Innenraum der Postsparkasse, Otto Wagner, © Lessing/Magnum. Fassade der Postsparkasse, © Holzbachova/Bénet.
228-229 *Köpfe von Militärs*, Skulpturen, Regierungsgebäude, Zeichnungen J.-P. Chabot, 1993, © Gallimard.
229 Donaukanal, Foto, 1. Hälfte des 20. Jh., A. R. vbh. Urania © Holzbachova/Bénet. Regierungsgebäude, Ehemaliges Reichskriegsministerium, Stubenring © K. Leithner. Eingang des Hauses Köstlergasse, Wienzeile, © Holzbachova/Bénet.
230 Ferdinandsbrücke, Stich, 19. Jh., Samml. Gilhofer, © Holzbachova/Bénet. Franzensbrücke, altes Foto, A. R. vbh. Stephaniebrücke, altes Foto, A. R. vbh. Marienbrücke und Salztorbrücke, altes Foto, A. R. vbh. Aspernbrücke, altes Foto, A. R. vbh.
231 Secessions-Gebäude © Holzbachova/Bénet.
232 Secession, Foto, um 1900, HMW, © Holzbachova/Bénet. Plakat der Secession, J. M. Olbrich, © Chr. Brandstätter. Pavillon der Secession, Kuppel aus vergoldeten Metall-Lorbeerblättern, © Holzbachova/Bénet.
233 Die Secessionisten, Foto, 1902, © ÖNB.
234 Stoff mit Motiven der Secession, © ÖMFAK: Eintrittskarte für die Kunstschau 1908, © Chr. Brandtstätter.
234-235 Beethovenfries, G. Klimt, 1902, Österr. Galerie, Wien, © Lessing/Magnum.
235 Sekretär mit eingebautem Stuhl, K. Moser, um 1905, © Chr. Brandtstätter. Plakat für die 16. Ausstellung der Secession, A. Roller, 1903, Lithografie, © Chr. Brandstätter. Plakat für die 18. Ausstellung der Secession, K. Moser, 1902, Lithografie, © Chr. Brandstätter.
236 A. Loos, Foto, um 1920, © ÖNB. Händler auf dem Naschmarkt, © Holbachova/Bénet. *Café Museum*, Architekt A. Loos, Foto, 1899, © Albertina, Spadem, 1993.
236-237 Markt, R. Moser, 1904, HMW, © Holzbachova/Bénet.
237 Fassade an der Wienziele, © Holbachova/Bénet. Fassade des Hauses Nr. 38, Wienzeile, © Holzbachova/Bénet. Fassade des Hauses Nr. 40, Wienzeile © Holzbachova/Bénet.
238 Karlskirche, © Holzbachova/Bénet. Polychromer Marmor, Karlskirche, © M. Listri.
238-239 Innenansicht der Kuppel, Karlskirche, © M. Listri.
239 Karlsplatz, Postkarte, Anfang 20. Jh., MHW, © Holzbachova/Bénet. Orgel, Karlskirche, © M. Listri.
240 U-Bahn-Station am Karlsplatz, O. Wagner, Detail, © J.K. Klotchkoff. Idem. Statue von Brahms, © Th. Höpker/Magnum.
240-241 U-Bahn-Station am Karlsplatz, O. Wagner, © Holzbachova/Bénet.
241 U-Bahn-Station am Karlsplatz, O. Wagner, Detail, © J.-K. Klotchkoff. Briefmarke der U-Bahn-Station, O. Wagner, priv. Samml.
242 *Künstlerhaus und Musikvereingebäude*, Stich, 19. Jh., Samml. Gilhofer, Wien, © Holzbachova/Bénet. Plakat von A. H. Schrom, Wien, 1902, © Chr. Brandstätter. Goldener Saal, Musikverein, © Lessing/Magnum. Innenraum des Musikvereinsgebäudes, Detail, © Lessing/Magnum.
243 Ziergitter am Eingang des Oberen Belvedere, Prinz-Eugenstraße © Holzbachova/Bénet.
244 Wappen am Giebel des Theresianums, © M. Cremer. Das Theresianum © M. Cremer. *Blick auf Wien vom Palais Schwarzenberg*, Stich, 19. Jh., HMW, © Holzbachova/Bénet.
245 Palais Schwarzenberg, © I. Mabath/Magnum.
246 Unteres Belvedere, © Holzbachova/Bénet.
246-247 *Wien, vom Belvedere aus*, C. Schütz, 1784, Aquarell, © Albertina. Skulpturen in den Gärten des Belvedere, © Holzbachova/Bénet.
247 Wappen des Prinzen Eugen von Savoyen, © HM.
248 Brunnen, Belvederegärten, © Holbachova/Bénet. Muse, Belvederegärten, © Th. Höpker/Magnum. Giebel des Oberen Belvedere, © Holzbachova/Bénet.
248-249 *Blick aus der Luft auf Wien*, 1871, Stich, © Städtisches Archiv,- Wien.
249 Charakterfigur, F. X. Messerschmidt,

Österreichische Galerie, Wien, © Lessing/Magnum.
250 *Garten mit Sonnenblumen*, G. Klimt, 1905-1906, Öl/Leinw. © Lessing/Magnum. *Vignetten*, C. O. Czeschka, A. R. vbh. G. Klimt, Foto, © ÖNB.
250-251 *Adele Bloch-Bauer*, G. Klimt, Österreichische Galerie, Wien, © Lessing/Magnum.
252-253 *Die Familie*, E. Schiele, 1918, Öl/Leinw., Österreichische Galerie, Wien, © Lessing/Magnum.
253 E. Schiele, A. Trcka, Foto, 1914, © ÖNB. *Vier Bäume*, E. Schiele, 1917, Öl/Leinw., Österreichische Galerie, Wien, © Lessing/Magnum. *Bildnis Carl Moll*, O. Kokoschka, Öl/Leinw., Österreichische Galerie, Wien, © Lessing/Magnum, Spadem, 1993. *Selbstporträt lachend*, R. Gerstl, 1907, Öl/Pappe, © Österreichische Galerie, Wien.
256 Eingangsportal des Oberen Belvedere, 1714-1723, © Lessing/Magnum. Straßenschild, © Holzbachova/Bénet.
256-257 *Wien von der Theresienbrücke aus*, M. Loder, um 1810, © Albertina. Belvedere, S. Kleiner, Stich, 1724-1735, © ÖNB. *Marmorgalerie im Belvedere*, Stich, Samml. Gilhofer, Wien, © Holzbachova/Bénet.
258 Museum des 20. Jh., A. R. vbh. Fassade des Heeresgeschichtlichen Museums, © HM. *Militärische Übung*, J. de Geyn, Den Haag, 1608, © HM.
259 Ruhmeshalle, Heeresgeschichtliches Museum, © HM. Treppenhaus, Heeresgeschichtliches Museum, © HM. Vestibül des Heeresgeschichtlichen Museums, © HM.

Die Ermordung des Feldmarschalls A. W. Wallenstein, 25. Februar 1634, anonym, Bundesrepublik, Papier, © HM. *Militärische Übung*, J. de Gey, Den Haag, 1608, © HM.
260 *Loudon über das Kunersdorfer Schlachtfeld reitend*, Siegmund L'Allemand, 1878, Öl/Leinw., © HM. Türkische Musketen, 18. Jh., © HM.
261 *Schlacht bei Novara, 23. März 1849*, A. Adam, Öl/Leinw., © H. M. Standarte des Dragoner-Regiments ›Prinz Eugen von Savoyen‹, © HM. Münze zum Gedenken an Joseph I., im Juli 1789 von ihm selbst entworfen, © HM. Fahne eines kaiserlichen Infanterie-Regiments, © HM.
262 Büste von Brahms, Zentralfriedhof, © Holbachova/Benet. Grab von Josef Strauß, Zentralfriedhof, © Holzbachova/Bénet. Grab von F. Schubert, Zentralfriedhof, © Holzbachova/Bénet. Grab von Johann Strauß, Zentralfriedhof, © Holzbachova/Bénet. Grab von L. van Beethoven, Zentralfriedhof, © Holzbachova/Bénet. Schild auf dem Zentralfriedhof, © Holzbachova/Bénet. Grab von W. A. Mozart, Zentralfriedhof, © Holzbachova/Bénet.
263 Das Riesenrad im Prater, © Holzbachova/Bénet.
264 Haus von Johann Strauß, Praterstraße, © Holbachova/Bénet. Schild am Haus von J. Strauß, © Holzbachova/Bénet.
265 *Die Praterstraße*, R. Völkel, 1902, HMW, © Holzbachova/Bénet. Schild des Café *Im Prater* © Holzbachova/Bénet. Schiff auf der Donau, © Holzbachova/Bénet.
266 *Venedig in Wien*, Plakat, um 1900, A. R. vbh. Riesenrad im Prater, © G. Riha.
266-267 *Riesenrad im Prater*, Zeichnung, V. Brunot, 1993, © Gallimard.

267 Orson Wells in *Der Dritte Mann* von C. Reed, © Cahier du cinéma.
268 Das »Lusthaus«, Café im Prater, Foto, um 1900, © Roger-Viollet. *Der Prater*, Stich, 19. Jh., Samml. Gilhofer, Wien © Holzbachova/Bénet. Werbeplakat, A. R. vbh.
268-269 Augarten-Service, Biedermeier, Motiv »Wiener Rose«, Zeichnung, J.-M. Lanus, 1993, © Gallimard
269 *Gärten des Augartenpalais*, Stich, 19. Jh., © Bibl. Nat. Wiener Sängerknaben, © Th. Höpker/Magnum.
270 Gärten des Augartenpalais, © Th. Höpker/Magnum. Verzierte Vase, Gärten des Augartenpalais, © M Cremer.
270-271 *Schutzwall und Schlagbrücke*, Batty, Stich, 19. Jh., Samml. Gilhofer, Wien © Holzbachova/Bénet.
271 Schild am Mexikoplatz © Holzbachova/Bénet. Blick auf die Donau, © ÖFVW. Mexikoplatz © Holzbachova/Bénet.
272 Donauturm, © Holzbachova/Bénet. O.N.U., J. Staber, © Holzbachova/Bénet. Donau und Donauturm, © Holzbachova/Bénet.
273 Schönbrunn, © Holzbachova/Bénet.
274 Park von Schloß Schönbrunn, Stich, 19. Jh., Samml. Gilhofer, Wien, © Holzbachova/Bénet. Springbrunnen im Park von Schönbrunn, © Holzbachova/Bénet.
275 Neptunbrunnen, Detail, Park von Schönbrunn, © M. Franck/Magnum.
276 Hof von Schloß Schönbrunn, © Holzbachova/Bénet. Kaiserliche Kutsche, 17. Jh., © KM. Reisekutsche von Rudolf, um 1860, © KM.
277 Skulpturen im Park von Schönbrunn, © M. Cremer. Idem. *Triumph der Liebe*, J. F. Greipel, Öl/Leinw., Schloß Schönbrunn, Wien, © Lessing/Magnum.
278 *Gartenszene*, J. Bergl, Detail, Freske, Schloß Schönbrunn, Wien,

© Lessing/Magnum.
279 *Spiegelgalerie im Schloß Schönbrunn*, Stich, 19. Jh., HMW, © Dagli Orti. *Offizieller Speisesaal, Schloß Schönbrunn*, Stich, 19. Jh., HMW, © Dagli Orti. *Salon der Prinzessin Sophie, Schloß Schönbrunn*, Stich, 19. Jh., HMW, © Dagli Orti. *Gartenzimmer oder Personsaal, Schönbrunn*, Stich, 19. Jh., HMW, © Dagli Orti.
280 *Maria Theresia als Witwe und ihr Sohn Joseph II.*, H. F. Füger, 1776, Öl/Leinw., Österreichische Galerie, Wien, © Lessing/Magnum. *Kaiserin Maria Theresia und ihre Kinder am Nikolaustag*, Öl/Leinw., Schloß Schönbrunn, © KM.
281 *Joseph II. am Bett seiner erneut niedergekommenen Frau*, Öl/Leinw., Schloß Schönbrunn, © KM. *Mozart im Kindesalter wird in Schönbrunn von der kaiserlichen Familie empfangen*, Stich, 17. Jh. © ÖNB. Porzellanzimmer in Schloß Schönbrunn, altes Foto, HMW, © Holzbachova/Bénet.
282 Vieux-Laque-Zimmer, Schloß Schönbrunn, © Lessing/Magnum. Napoleonzimmer, Schloß Schönbrunn, © Lessing/Magnum. Gobelinzimmer, © Lessing/Magnum.
283 *Maria Theresia, ihr Mann Franz von Lothringen und ihre Kinder*, Schloß Schönbrunn, Wien, © KM. *Napoleon II., Herzog von Reichstadt*, F. Herzog, Schloß Schönbrunn, Wien © KM.
284 Schöner Brunnen, Park von Schönbrunn, © M. Cremer. Römische Ruinen, Park von Schönbrunn, © M. Cremer. Brunnen, Park von Schönbrunn, © M. Cremer. Statue, Park von Schönbrunn, © Holbachova/Bénet.
284-285 Schloß Schönbrunn © Holzbachova/Bénet.
285 *Blick auf den Park von Schönbrunn und*

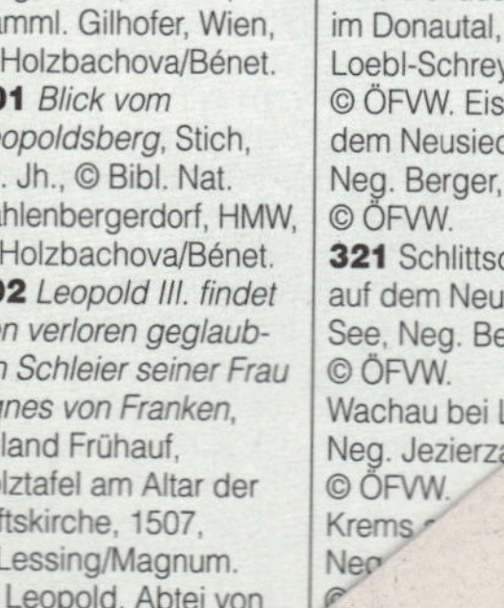

◆ N ◆

◆ O ◆

◆ P ◆

◆ U ◆

◆ V ◆

◆ W ◆

◆ Z ◆

◆ Bezirke ◆

◆ Kirchen und Kapellen ◆

◆ Hofburg ◆

WIEN /II 1:40.000 (1 cm = 400 m) 0 250 500 m

BADEN km 12

WIENER NEUSTADT km 46